Haut-Sénégal-Niger
(Soudan Français)

Séries d'études publiées sous la direction
de M. le Gouverneur CLOZEL

PREMIÈRE SÉRIE

Le Pays, les Peuples, les Langues, l'Histoire, les Civilisations

PAR

Maurice DELAFOSSE

Administrateur en chef des Colonies
Chargé de cours à l'École Coloniale et à l'École des Langues Orientales

Préface de M. le Gouverneur CLOZEL

80 illustrations photographiques, 22 cartes dont une carte d'ensemble au 1 : 5.000.000.
Bibliographie et Index

TOME II

L'Histoire

PARIS
ÉMILE LAROSE, LIBRAIRE-ÉDITEUR
11, Rue Victor-Cousin, 11

1912

Haut-Sénégal-Niger

(Soudan Français)

PREMIÈRE SÉRIE

Tome II

SOUS PRESSE :

DEUXIÈME SÉRIE

Géographie économique

Voies de communication. — Faune sauvage. — Productions forestières. — Productions agricoles. — Elevage des bovidés et des ovidés. — Elevage des équidés. — Industries indigènes. — La question des mines d'or. — Commerce intérieur. — Commerce extérieur. — La politique économique à suivre).

Par Jacques MENIAUD

Ouvrage illustré de nombreuses photographies et de cartes documentaires

EN PRÉPARATION :

TROISIÈME SÉRIE

Le Territoire militaire du Niger

Par Jules BRÉVIÉ

Haut-Sénégal-Niger

(Soudan Français)

Séries d'études publiées sous la direction
de M. le Gouverneur CLOZEL

PREMIÈRE SÉRIE

Le Pays, les Peuples, les Langues, l'Histoire, les Civilisations

PAR

Maurice DELAFOSSE

Administrateur de 1re classe des Colonies
Chargé de cours à l'École Coloniale et à l'École des Langues Orientales

Préface de M. le Gouverneur CLOZEL

80 illustrations photographiques, 22 cartes dont une carte d'ensemble au 1 : 5.000.000.
Bibliographie et Index

TOME II
L'Histoire

PARIS
ÉMILE LAROSE, LIBRAIRE-ÉDITEUR
11, Rue Victor-Cousin, 11

1912

ERRATA DU DEUXIÈME VOLUME

Page 61, note 1, et page 83, note 1, ligne 5, *au lieu de* : Schoffer, *lire* : Schofer.
Page 149, note 2, ligne 3, *au lieu de* : *sotigui*, *lire* : *kountigui*.
Page 170, ligne 2, *au lieu de* : non loin de sa victoire, *lire* : non loin du lieu de sa victoire.
Page 179, ligne 7, *au lieu de* : de Bélédougou, *lire* : du Bélédougou.
Page 227, lignes 9 et 13, *au lieu de* : Mohammed II, *lire* : Mohammed III.
Page 260, entre les lignes 16 et 17, *intercaler* : 1° *bis* Mohammed-Gao, frère d'Issihak.
Page 277, note 1, ligne 4, *au lieu de* : Ganoua, *lire* : Ganaoua.
Page 290, ligne 22, *au lieu de* : le son aïeul, *lire* : de son aïeul.
Page 376, ligne 27, *au lieu de* : Andéoud, *lire* : Audéoud.
Page 377, ligne 28, *au lieu de* : Makhfar, *lire* : Maghfar.
Page 378, ligne 8, *au lieu de* : Ould-Omar, *lire* : Ould-Amar.
Page 420, ligne 6, *au lieu de* : à un traité, *lire* : un traité à.

Cliché Bouchot

Fig. 29. — Groupe de Maures du Hodh.

Fig. 30. — Groupe de Maures, à Kayes.

QUATRIÈME PARTIE

L'histoire

CHAPITRE PREMIER

Le Soudan occidental avant notre ère.

L'histoire proprement dite des pays du Soudan qui constituent aujourd'hui la colonie civile du Haut-Sénégal-Niger ne commence qu'au début de notre ère, et encore est-il bien difficile de la retracer jusque-là avec quelque exactitude. Entre la naissance de J.-C. et l'hégire, c'est-à-dire pour les six premiers siècles, nous n'avons pour nous guider que les traditions orales des indigènes, et j'ai dit déjà le peu de foi qu'il convenait de leur accorder. Pour les âges précédant l'ère chrétienne, c'est le néant; je n'oserais même pas dire que ce soit la préhistoire, car, au Soudan, la préhistoire n'est éclairée que par des hypothèses, sans, pour ainsi dire, aucun fait matériellement prouvé sur lequel ces hypothèses puissent trouver un point d'appui solide.

Le plus ancien document écrit parlant du Soudan Occidental que nous possédons à l'heure actuelle date du xe siècle de notre ère : c'est la relation de voyage d'Ibn-Haoukal. Je ne veux pas dire qu'avant cette date des auteurs n'aient pas parlé des Nègres de l'Afrique Occidentale; mais ils ne nous ont rien dit sur leur pays, qu'ils ignoraient, ni naturellement sur leur histoire. Et ceux qui nous ont livré leurs impressions sur la race noire ne l'avaient étudiée que dans la personne des esclaves vivant auprès d'eux, en Europe ou dans le Nord de l'Afrique. Tel Galien (IIe siècle ap. J.-C.), dont l'appréciation sur les Nègres a été souvent reproduite, en particulier par Ibn-Saïd, et, d'après ce dernier, par Aboulféda; pour le célèbre médecin grec de l'antiquité, les Nègres se distinguaient des Blancs par dix caractères principaux : leurs cheveux crépus, leur barbe maigre, leurs narines larges, leurs lèvres épaisses, leurs dents aiguës, leur peau mal odorante, leur couleur noire, l'écartement de leurs doigts et de leurs orteils, la longueur de leur membre viril et leur grand amour des réjouissances. Ce portrait succinct n'est pas mal tracé et n'a pas perdu de sa valeur en vieillissant, mais il ne suffit pas à nous éclairer sur l'état du Soudan au temps de Galien.

Tout au plus peut-on glaner, par-ci par-là, dans les auteurs de l'antiquité un vague renseignement se rapportant aux populations de l'extrême Nord du Soudan. Mais, en dehors de maigres indications relatives à quelques tribus berbères du Sahara, de données géographiques vagues ou erronées, il n'y a rien à tirer, je crois, en ce qui concerne le Soudan Français, des historiens grecs et latins, pas plus que des papyrus de l'ancienne Egypte.

Tout ce que nous apprennent ces sources d'information, c'est que, avant J.-C. comme depuis, le Soudan a approvisionné d'esclaves et de poudre d'or les pays méditerranéens. Mais nous ne savons même pas comment ces deux produits parvenaient en Europe ni même dans le Nord de l'Afrique, ni quelle population allait les chercher. Hérodote nous dit bien (1) que les Carthaginois se rendaient par mer en un pays situé au-delà des colonnes d'Hercule, dans le but d'y acheter de l'or aux indigènes : il est vraisemblable que ce pays, découvert sans doute par Hannon, était situé entre le Maroc actuel et le Sénégal, peut-être même à l'embouchure de ce dernier fleuve ; mais il est peu probable que les Carthaginois aient jamais quitté leurs vaisseaux pour s'avancer dans l'intérieur des terres et qu'ils aient pénétré dans la région que nous appelons aujourd'hui le Soudan. D'ailleurs leurs procédés commerciaux, qu'a décrits Hérodote, ne permettent pas de supposer qu'ils aient eu un contact quelconque avec les indigènes, même avec ceux de la côte : dès leur arrivée, les Carthaginois tiraient de leurs vaisseaux les marchandises apportées de leur pays, les rangeaient

---

(1) Livre IV, CXCVI.

le long du rivage, remontaient ensuite sur leurs navires et allumaient des feux dont la fumée servait à signaler leur présence aux naturels de la contrée ; ceux-ci alors s'approchaient du bord de la mer et disposaient des petits tas de poudre d'or à côté des paquets de marchandises, puis s'éloignaient. « Les Carthaginois, continue Hérodote, sortent alors de leurs vaisseaux, examinent la quantité d'or que l'on a apportée, et, si elle leur paraît répondre au prix de leurs marchandises, ils l'emportent et s'en vont. Mais, s'il n'y en a pas pour leur valeur, ils s'en retournent sur leurs vaisseaux, où ils restent tranquilles. Les autres reviennent ensuite, et ajoutent quelque chose, jusqu'à ce que les Carthaginois soient contents. Ils ne se font jamais tort les uns aux autres. Les Carthaginois ne touchent point à l'or, à moins qu'il n'y en ait pour la valeur de leurs marchandises ; et ceux du pays n'emportent point les marchandises avant que les Carthaginois n'aient enlevé l'or. » Un tel système de troc faisait assurément le plus grand honneur à la loyauté et au bon sens commercial des Carthaginois comme des Berbères ou des Nègres côtiers, mais il ne devait guère permettre aux premiers de se documenter sur les seconds, sur leurs institutions et leur histoire.

Il est fort probable que les Noirs du Soudan étaient aussi en relations par terre avec les Carthaginois, les Cyrénéens et les Egyptiens. Peut-être des Egyptiens ou d'autres gens du Nord se rendaient-ils au Soudan pour y chercher de l'or : quelques traditions que j'ai recueillies autrefois à la Côte d'Ivoire tendraient à le prouver, mais elles ne constituent qu'un argument bien faible. Il est peu vraisemblable par contre que des Nègres se soient jamais avancés de leur propre volonté jusqu'aux bords de la Méditerranée. Mais on a parfaitement le droit de supposer qu'autrefois comme aujourd'hui des caravanes s'organisaient dans le nord de l'Afrique et, traversant le Sahara, allaient porter au Soudan des tissus, du cuivre, des verroteries (1), etc.,

---

(1) La présence en Afrique Occidentale de perles de verre, de fabrication phénicienne ou égyptienne remontant à une haute antiquité, a été signalée à maintes reprises, ainsi que celle de perles en agathe ou corna-

pour s'y procurer en échange de l'or et des esclaves. Sans doute celles de ces caravanes qui se dirigeaient vers les pays du Niger et du Haut-Sénégal se composaient surtout de Berbères, voyageant soit pour leur propre compte, soit pour celui de commerçants puniques, grecs ou égyptiens. Mais rien ne peut nous fixer exactement à cet égard.

Il paraît bien certain que les changements politiques survenus dans l'Afrique du Nord n'ont pas eu de répercussion sensible au Soudan, en dehors de quelques exodes déterminés par certains de ces changements et dont il a été question dans la deuxième partie de cet ouvrage.

Les Egyptiens ont pu constituer leurs différentes dynasties ; les Assyriens, les Chaldéens, les Mèdes et les Perses ont pu guerroyer dans l'Afrique du Nord, les Phéniciens et les Grecs y fonder des colonies florissantes, les Romains s'emparer du pouvoir sur les Carthaginois et les Berbères : il ne semble pas que l'écho de ces bouleversements ait traversé le Sahara. Si les colonnes romaines se sont avancées jusque dans le Sud du Maroc avec Suétonius Paullinus, dans le Fezzan et au-delà avec Cornelius Balbus et Septimius Flaccus, si elles ont même atteint l'Aïr avec Julius Maternus, ces reconnaissances ne furent jamais poussées jusqu'à la région qui nous occupe présentement, et les renseignements récoltés par les officiers latins — ou tout au moins ceux d'entre ces renseignements qui nous sont parvenus — ne jettent aucun jour sur l'état du Soudan à cette époque reculée.

Si maintenant nous demandons à l'archéologie et à l'épigraphie les indications que l'histoire ne peut nous fournir, nous nous trouvons en présence d'un pareil néant.

On a découvert, il est vrai, en plusieurs points de l'Afrique Occidentale — en Guinée, dans le bassin du Haut-Sénégal, dans la boucle du Niger, à la Côte d'Ivoire, au Sahara soudanais et ailleurs, — des gisements nombreux d'ustensiles en pierre polie ou taillée et même des grottes aux parois constel-

---

line dont l'origine paraît être également méditerranéenne, mais relativement plus récente.

lées de dessins divers. Mais il est absolument impossible, jusqu'à présent, d'assigner en général (1) une date quelconque à ces ustensiles et à ces dessins, dans des régions où certaines peuplades appartenaient hier encore à l'âge de la pierre polie et où d'autres y appartiennent encore aujourd'hui dans une certaine mesure : ces stations, qu'on les appelle paléolithiques ou néolithiques, peuvent remonter à cent ans aussi bien qu'à trois ou quatre mille ans. Il n'est pas démontré non plus que les objets trouvés dans une station n'y aient pas été apportés d'ailleurs : plusieurs Européens — entre autres M. Vuillet, directeur du service de l'agriculture à Koulouba — ont rencontré dans la boucle du Niger des forgerons qui, sans les avoir fabriqués eux-mêmes, utilisent dans la pratique de leur métier des instruments en pierre ; Lenz a signalé que les Nègres d'Araouân se servent, pour les travaux du ménage, d'outils en pierre polie qu'ils rapportent de Taodéni. Et d'autre part, dans plusieurs contrées du Haut-Sénégal-Niger et du Sahara soudanais, on fabrique encore de nos jours, en même temps que des ustensiles en fer, des objets en pierre tels qu'anneaux de bras, ornements de lèvres, boules servant à écraser le tabac ou les arachides, marteaux pour frapper les écorces de certains ficus, etc. ; j'ai pu, pour ma part, assister dans le cercle de Gaoua à la fabrication de ces objets divers, ainsi qu'au forage de perles en pierre.

Les ruines nous apprennent moins encore : sauf, je crois, chez les Tombo des falaises, on ne bâtit au Soudan qu'avec de l'argile et du bois. Seuls, les soubassements des murs sont souvent en pierres brutes, maçonnées avec de la boue. Aussi les ruines que l'on peut rencontrer sont fatalement récentes : j'estime qu'au bout de deux siècles au maximum, nulle trace ne

---

(1) Je dis « en général », car je ne voudrais pas être trop affirmatif. Ainsi il est constant que les haches en pierre polie sont considérées presque partout, par les indigènes actuels du Soudan, comme des pierres tombées du ciel ; on prétend que, lorsque la foudre tombe, c'est une de ces pierres qui cause les dégâts. Cette interprétation tendrait à prouver l'antiquité des haches en pierre qu'on trouve au Soudan, puisque les indigènes actuels attribuent leur origine à un phénomène naturel.

peut subsister d'une cité soudanaise ; tout au plus pourra-t-on reconnaître, par la présence de certains arbres, l'emplacement d'un village disparu, et encore sera-t-il impossible d'assigner une date à la disparition de ce village, car les arbres actuels peuvent provenir des graines de ceux que l'homme avait plantés. Les plus importantes des villes soudanaises dont nous ont parlé les auteurs arabes du moyen-âge ne se composaient, au dire de ces auteurs eux-mêmes, que de huttes cylindriques aux murs d'argile surmontés d'une toiture en paille, exception faite des maisons de Ghana qui avaient parfois des murs en pierre ; il semble, comme je l'ai dit précédemment, que les premières maisons à terrasse n'ont fait leur apparition au Soudan qu'au xiv° siècle : il y a bien des chances pour que les habitations antérieures à notre ère n'aient pas été autrement construites et pour que, par conséquent, il soit absolument impossible aujourd'hui d'en retrouver les restes.

Il y a bien, il est vrai, les débris de poteries et d'ustensiles divers que l'on peut exhumer des *tumuli* ou des emplacements des villes disparues. Mais que prouvent ces débris ? Tous ceux que l'on a trouvés jusqu'à présent ne se distinguent pas des poteries et ustensiles fabriqués de nos jours au Soudan ; tout au plus a-t-on trouvé en telle ou telle région des débris ne répondant pas au type actuellement en usage dans cette région mais répondant à un type encore en usage dans une contrée voisine : comme, de tout temps, des échanges ont existé entre les divers pays du Soudan et même entre le Soudan et les pays méditerranéens, cela même ne peut fournir matière à aucune déduction certaine (1).

Restent les fameuses ruines du Lobi. On trouve près de Gaoua, ainsi qu'entre Gagouli ou Galgouli et Lorhosso, des ruines de constructions en pierres maçonnées dont on ignore l'origine. Ce qui les caractérise surtout, c'est la rectitude et le

---

(1) On m'a remis une fois, dans la basse Côte d'Ivoire, comme un échantillon de l'ancienne industrie du pays, une sorte de manche de stylet en cuivre qui représentait un mousquetaire et une dame du temps de Richelieu. Si cet objet était de fabrication relativement ancienne, il était plus manifestement encore de fabrication européenne.

parfait alignement des murs ; ces murs, généralement en latérite, se présentent sous l'aspect d'une enceinte rectangulaire, dans laquelle est parfois inscrite une seconde enceinte parallèle à la première, comme c'est le cas pour les ruines de Gaoua et celles de Karankasso (près de Lorhosso) ; à Tioboulouma (à l'Ouest de Gagouli), on aperçoit même les ruines d'une véritable maison en pierres qui possédait un étage et qui présente encore des traces d'embrasures de portes et de fenêtres en pierres apparemment taillées.

Quelle peut être l'origine de ces ruines ? Sont-elles les vestiges d'établissements qu'auraient installés des chercheurs d'or portugais des xve ou xvie siècles? Il semble peu probable que les Portugais se soient avancés aussi loin dans l'intérieur des terres : Gagouli en effet est à plus de cinq cents kilomètres du point le plus proche de la côte (dans l'espèce Grand-Bassam) et à plus de 1.500 kilomètres de l'embouchure du Rio Grande. Ces constructions furent-elles l'œuvre d'une population indigène aujourd'hui disparue ? En dehors du fait, insolite au Soudan, qu'elles ont été bâties en maçonnerie, le parfait alignement de leurs murs et la rectitude des angles paraissent difficilement conciliables avec le génie architectural de la race noire. Seraient-ce les restes d'une poussée vers le Sud de quelques peuples méditerranéens ? Cette dernière hypothèse me semble aussi invraisemblable que les autres ; elle aurait besoin en tout cas, pour se pouvoir soutenir, de quelques éléments supplémentaires d'information.

Les indigènes qui habitent actuellement les régions où se trouvent ces ruines — Lorho, Gan, Lobi, Birifo — affirment tous n'être pas autochtones ; ils affirment également tous que, lors de l'arrivée de leurs ancêtres, ces ruines existaient déjà dans leur état actuel, sans que les autochtones d'alors — là où il s'en trouvait — en connussent l'origine. Ces déclarations permettraient de faire remonter la construction de ces bâtiments au-delà du xie siècle de notre ère (1), mais c'est tout ce

(1) Nous avons vu que les dates probables de leur arrivée dans le pays sont la fin du xie siècle pour les Lorho, la fin du xiiie pour les Gan, le xive pour les Lobi et la fin du xviie pour les Birifo.

qu'on en peut conclure avec quelque raison. On peut encore espérer que des fouilles exécutées méthodiquement nous révéleront quelque jour, au moins en partie, l'origine de ces ruines du Lobi : pour le moment elles demeurent un mystère inexpliqué et ne nous fournissent aucun renseignement.

Quant aux inscriptions relevées dans le Haut-Sénégal-Niger, elles ne nous apportent aucune indication de quelque importance, au moins en ce qui concerne l'époque ancienne. Les dessins et signes divers découverts dans les grottes n'ont pas encore pu être expliqués ; la plupart d'ailleurs ressemblent singulièrement aux dessins et signes ornementaux tracés de nos jours sur les murs des habitations et sur certains rochers et ils peuvent être l'œuvre, non pas d'anciens troglodytes, mais de modernes indigènes du Soudan, de chasseurs notamment, qui vont se réfugier dans ces grottes pour y dormir ou s'y abriter de la pluie et qui ont pu les décorer pour tromper leur désœuvrement momentané ; d'autres semblent avoir une origine et une signification religieuses, mais il est impossible absolument de leur donner une date ; rien même ne prouve que ces dessins soient contemporains des objets en pierre trouvés dans quelques-unes de ces grottes.

Les inscriptions en *tifinarh* sont rares, le plus souvent indéchiffrables et ne portent point de date. On n'en a d'ailleurs rencontré aucune, jusqu'à présent, dans le Soudan proprement dit ; elles sont localisées aux pays qu'occupent ou ont occupés les Berbères (Mauritanie, Sahara soudanais et surtout Sahara propre) (1).

Les inscriptions arabes sont plus nombreuses ; on en a trouvé en particulier une quantité considérable à Bentia, à Gao et en d'autres points voisins du Niger : toutes celles qui ont pu être déchiffrées sont des inscriptions funéraires, gravées sur des

(1) Si les inscriptions arabes trouvées au Soudan sont nécessairement récentes, au moins relativement, il n'en est pas fatalement de même des inscriptions en *tifinarh* : cet alphabet était en effet en usage dès l'an 1500 avant J.-C., ainsi que le prouveraient des découvertes faites à Cnosse, où l'on aurait trouvé des caractères analogues au *tifinarh* employés dans la figuration des comptes des scribes du roi Minos.

pierres tombales. La plupart sont datées et les plus anciennes ne remontent pas au-delà du xiv° siècle ; comme d'autre part elles ne contiennent pas autre chose que le nom du défunt, la date de sa mort et quelques formules pieuses, l'intérêt qu'elles offrent n'est que fort secondaire : elles montrent seulement qu'il y avait des musulmans établis dans la région de Gao à partir du xiv° siècle au moins, ce que nous savions déjà d'autre part (1).

Et c'est ainsi que, de tout ce chapitre une seule certitude se dégage : c'est que nous ne savons rien de l'histoire du Haut-Sénégal-Niger antérieure aux premiers siècles de notre ère et que nous n'avons que bien peu de probabilités d'être mieux informés dans l'avenir sur cette obscure période.

(1) M. le lieutenant Marc a rapporté cette année en France plusieurs pierres tombales de Bentia, choisies parmi celles dont les inscriptions sont encore lisibles. Des estampages et des copies d'autres pierres gravées de même provenance ont été recueillis par cet officier ; M. le capitaine Figaret en a photographié de son côté et M. de Gironcourt a copié plusieurs inscriptions au cours de son dernier voyage. M. Houdas, qui a eu entre les mains ces divers documents, n'a relevé aucune inscription présentant un caractère historique et n'en a pas trouvé une seule qu'on puisse dire être antérieure au xiv° siècle.

CHAPITRE II

L'empire de Ghana
(IV° au XIII° siècles).

Il est matériellement impossible d'exposer dans son ensemble, par tranches synchroniques, l'histoire des divers pays qui constituent aujourd'hui la colonie du Haut-Sénégal-Niger, ces pays n'ayant jamais formé un tout. J'ai pensé que la meilleure méthode consisterait à examiner l'un après l'autre les principaux Etats indigènes qui se sont succédé ou ont coexisté dans les différentes régions du Soudan Français et, comme il faut bien adopter un ordre quelconque, je placerai les monographies de ces Etats selon la date à laquelle chacun d'eux est apparu pour la première fois sur la scène de l'histoire. C'est ainsi que je me trouve débuter par l'empire de Ghana (1).

I. — L'emplacement de Ghana.

Ainsi que je l'ai dit en parlant des origines des Peuls et des Soninké, la ville ancienne de Ghana était située à l'extrême Nord du Bagana, dans l'Aoukar, non loin des localités actuelles de Néma et de Oualata, dont la première sans doute fut contemporaine de Ghana et dont la seconde succéda à celle-ci comme métropole du Soudan saharien. Je crois qu'en plaçant Ghana à l'Est légèrement Sud de Néma et sur la ligne joignant Oualata

(1) Voir la carte de l'ancien empire de Ghana, page 57.

à Bassikounou, on doit se rapprocher autant qu'il est possible de la vérité.

Ibn-Haoukal, qui visita Ghana au x⁵ siècle et parla le premier de cette ville (1), la situe à une distance de 10 à 20 journées de marche à l'Est d'Aoudaghost, que nous avons placé (2) à une soixantaine de kilomètres au Nord-Est de Kiffa. Il ajoute, en donnant son itinéraire de Ghana au Fezzan par Koukaoua (Kouka), qu'on met presque un mois pour se rendre de Ghana à *Sâmat* en passant par *Kaoga* ou *Gaoga* (pour Gaogao) : si l'on identifie cette dernière ville avec Gao et Sâmat avec la localité actuelle de Samet ou Samit, située à 100 kilomètres environ à l'Est-Nord-Est de Gao, — deux identifications très vraisemblables, — il se trouve que l'emplacement que j'assigne à Ghana se serait trouvé à environ 750 kilomètres à l'Ouest de Samit, soit à 30 journées de 25 kilomètres chacune, ce qui correspond bien à l'évaluation d'Ibn-Haoukal.

Bekri (xi⁵ siècle) (3) est plus précis encore. Il nous a donné plusieurs itinéraires aboutissant à Ghana ou en partant ; l'un place cette ville à quatre jours du dernier village berbère en venant de l'Oued Draa, village appelé *Mouddoûken* et peuplé de Zenaga, ce qui indique bien que Ghana se trouvait à l'extrême limite septentrionale du pays des Nègres ; un autre itinéraire, partant du Sénégal, situe Ghana à 20 journées de *Silla* qui, ainsi que je l'ai dit plus haut (4), était un peu à l'Ouest de Bakel ; un troisième la place à 18 jours de *Gadiaro* ou *Gadiara*, ville située à 12 milles du Sénégal près de Yaressi ou Diaressi, c'est-à-dire dans le Guidimaka (5). Ailleurs Bekri nous dit que Ghana

(1) Massoudi, qui mourut en 956, mentionne simplement dans ses *Prairies d'Or* le nom de Ghana comme celui d'un Etat nègre.
(2) 1ᵉʳ vol., page 187.
(3) Abou-Obeïd-Abdallah el-Bekri, né en Espagne vers 1030 d'une famille arabe, mourut en 1094 ; il ne voyagea pas au Soudan, mais il eut à sa disposition, à Cordoue, des documents fort circonstanciés émanant de divers voyageurs ; en outre, il puisa largement dans les ouvrages de Mohammed-ibn-Youssof, qui ne nous sont pas parvenus. C'est vers 1070 qu'il termina son livre sur l'Afrique.
(4) 1ᵉʳ vol., p. 262.
(5) Voir même page.

se trouvait dans un pays appelé *Aoukar* : ce terme, appliqué par les Berbères et les Maures à plusieurs régions d'aspect chaotique, est en particulier le nom actuel du pays où sont bâties Oualata et Néma. Le même auteur dit encore que les habitants de Ghana s'abreuvaient au moyen de puits, ce qui implique qu'aucun fleuve ni cours d'eau n'arrosait la ville. Enfin Bekri, décrivant les chemins qui conduisaient de Ghana au Niger, dit que, si l'on quitte Ghana en marchant vers l'endroit où le soleil se lève, on suit une route qui traverse des habitations nègres et qu'on arrive à un lieu appelé *Aougâm*, où se trouvent des champs de mil ; de ce lieu (situé vraisemblablement à proximité de Ghana et à la limite des plantations dépendant de cette ville), on arrive en quatre jours à *Ras-el-Ma*, où le Nil (Niger, représenté en la circonstance par la dérivation du Faguibine) commence à couler hors du pays des Noirs (pour arroser une région habitée par des Berbères). En un autre passage, Bekri reproduit des renseignements qui lui avaient été fournis par le jurisconsulte Abou-Mohammed Abd-el-Melek-ibn-Nakhkhâs el-Gharfa, lequel avait voyagé dans ces contrées ; d'après ce voyageur, Ras-el-Ma — que Bekri appelle cette fois *Safongo* pour *Sabongo* ou *Issabongo*, son nom songaï — se trouvait séparé de Ghana par trois gîtes d'étape, c'est-à-dire qu'on s'y rendait de Ghana — ou plutôt d'Aougâm, limite des dépendances directes de Ghana — en quatre jours. Tous ces renseignements concordent d'une façon saisissante à placer Ghana dans le triangle Oualata-Néma-Bassikounou.

Edrissi, qui écrivit vers 1150 sa compilation géographique, s'est inspiré surtout de Bekri en ce qui concerne la partie occidentale du Soudan, mais il est beaucoup plus confus et ses données sont souvent contradictoires. Il place Ghana à 12 jours seulement « à l'Est » de Barissa ou Yaressi, alors que Bekri la situait à 18 ou 20 jours du même point et au Nord-Est ; il est à remarquer d'ailleurs qu'Edrissi professe une singulière affection pour le nombre douze : il indique 12 jours entre Tekrour et Barissa, 12 jours entre Barissa et Aoudaghost, 12 jours entre Barissa et Ghana, 12 jours encore entre Mallel et Ghana, etc. Mais, ce qui est plus grave, il prétend que Ghana se composait de deux villes à cheval sur « le fleuve » et que son roi possédait « sur le bord du Nil » un château fortifié, bâti en 1116, orné de sculptures et de peintures et *muni de fenêtres vitrées !* Ce « fleuve » ou « Nil » ne peut être que le Niger, d'après l'ensemble des indications d'Edrissi, et la situation qu'il donne à Ghana ne pourrait correspondre qu'à celle de Sansanding ; mais comme d'autre part le même auteur place Gaoga (Gao) à l'Est de Ghana — ce qui n'est exact que si Ghana se trouvait là où la met Bekri — et au Sud de Koukaoua (Kouka) — ce qui constitue une erreur inexcusable —, comme il commet une foule de confusions faciles à relever, nous devons nous méfier fortement de ses assertions ; la description du luxueux palais du roi de Ghana suffirait d'ailleurs à nous mettre sur nos gardes.

Il ne nous faut pas oublier du reste que, au temps d'Edrissi, Ghana avait déjà diminué beaucoup d'importance, ayant été saccagée vers la fin du siècle précédent par les Almoravides et ayant perdu une bonne partie de sa population ; ce ne devait plus être un centre commercial bien achalandé et Edrissi n'a sans doute pas été renseigné sur cette ville, comme l'avait été Bekri, par des gens y ayant passé eux-mêmes : cette circonstance enlève beaucoup de sa valeur à un récit qui ne fait que reproduire, plus ou moins exactement, des passages mal compris d'ouvrages antérieurs. Il se pourrait aussi qu'entre l'époque de Bekri et celle d'Edrissi une nouvelle ville se fût fondée sur le Niger, à laquelle on aurait également donné le nom de Ghana ; le fait est fréquent au Soudan de localités naissantes auxquelles on donne le nom de la patrie de leurs fondateurs et il peut amener facilement des confusions. Cependant, ce que dit Edrissi de la situation commerciale de sa Ghana correspond bien à ce que nous avaient appris Ibn-Haoukal et Bekri.

Yakout (fin du XIIe siècle et commencement du XIIIe), bien que légèrement postérieur à Edrissi, mérite davantage créance, car il ne puisa en général qu'à de bonnes sources les matériaux de son dictionnaire géographique. « Ghana, nous dit-il, est une grande ville située à l'extrémité méridionale du Maghreb et contiguë au pays des Nègres ; c'est le lieu de réunion des commerçants qui, de cette cité, *pénètrent dans les déserts* conduisant aux régions d'où vient la poudre d'or. Si Ghana n'existait pas, l'accès de ces régions ne serait pas possible : elle se trouve en effet placée au point de séparation de la Berbérie (*Gharb*) d'avec le pays des Nègres (*Bldd-es-Soudân*) ». Ailleurs le même géographe nous parle de Ghana comme se trouvant « à la limite extrême du pays des Nègres ». Rien ne peut nous indiquer plus nettement que Ghana était au nord du Soudan proprement dit et même séparée de lui par une zone désertique qui correspond exactement à la zone séparant Oualata de Goumbou. Parlant — à l'article *et-tibr* (la poudre d'or) — de la façon dont s'accomplissaient les voyages en vue de l'acquisition de l'or, Yakout dit que les commerçants venus du Maghreb doivent renouveler leur provision d'eau une fois arrivés à Ghana, attendu qu'ils ont à traverser, au sud de cette ville, « un désert où règnent des vents brûlants qui assèchent l'eau en pénétrant dans les outres ; aussi doit-on adopter un nouveau mode de transport et de conservation de l'eau dans ce désert : pour cela, on choisit des chameaux haut-le-pied ou peu chargés qu'on laisse assoifés durant un jour et une nuit avant de les amener à l'abreuvoir et qu'on abreuve alors deux fois de suite jusqu'à ce que leur estomac soit gonflé ; les chameliers les poussent devant eux et, lorsque les outres se sont vidées et que l'on a besoin d'eau, ils égorgent l'un de ces chameaux et on boit le liquide contenu dans son ventre ; puis le voyage continue et, chaque fois que l'on a de nouveau besoin d'eau, on recourt au même procédé et on remplit également les outres de ce liquide. C'est ainsi que l'on peut, sans trop de fatigue, poursuivre le voyage jusqu'aux approches du lieu où l'on doit se rencontrer avec les Noirs possesseurs de poudre d'or. » Après cela il me paraît bien difficile de placer Ghana aux environs de Ségou, ainsi qu'on a cru parfois pouvoir le faire.

Ibn-Saïd, qui fut contemporain de la destruction de Ghana (1), assigne à cette ville une position astronomique qui, considérée isolément, est absolument invraisemblable : il la place par 10°15′ de latitude Nord et 29° de longitude planimétri-

(1) Il mourut en 1286 et Ghana fut détruite vers 1240 par Soundiata.

que à l'Est des îles Fortunées, ce qui correspondrait au Sud-Ouest du Bornou. Mais nous savons que les latitudes d'Ibn-Saïd sont presque toutes plus ou moins reculées vers le Sud et que ses longitudes, en ce qui concerne le Soudan, ne sont à peu près exactes que les unes par rapport aux autres : c'est ainsi qu'il place l'embouchure de son « Nil de Ghana » (Sénégal) dans l'Océan Atlantique par 14° lat. et 10°20′ long., point qui viendrait tomber à 50 kilomètres environ au sud de Goumbou ! Mais si nous plaçons sa longitude de Ghana d'après celle qu'il donne pour Aoudaghost (22°), nous obtenons un méridien passant approximativement par Ras-el-Ma, ce qui se rapproche sensiblement de la vérité.

Les auteurs qui viennent après Ibn-Saïd sont tous postérieurs à la destruction de Ghana, dont ils n'ont pu parler que d'après les ouvrages de leurs devanciers. Aboulféda (mort en 1331) se contente de la placer « à l'extrême Sud du Maghreb », ce qui est exact. Quant à Ibn-Khaldoun (né en 1332), il se borne à citer Edrissi et réédite l'erreur de ce dernier relative à la soi-disant proximité de Ghana par rapport au Niger. Ibn-Batouta, qui visita le Soudan vers 1352, est muet au sujet de Ghana, ce qui est bien naturel puisque cette ville n'existait plus depuis un siècle au moment de son voyage et avait été remplacée par Oualata. Il en est de même de Léon l'Africain, dont le voyage au Soudan eut lieu au début du xvie siècle. Quand à Sa'di (xviie siècle), il nous dit simplement que Kaya-Maghan avait établi sa résidence à Ghana, « grande ville située dans la terre de Bagana », ce qui s'accorde avec les indications d'Ibn-Haoukal et de Bekri, à condition de ne pas confondre le Bagana avec le Bakounou actuel et de placer Ghana dans son extrême Nord.

Cooley (*The Negroland of the Arabs*, 1841), qui s'est trompé souvent dans ses identifications en rapportant au Niger ce qui a trait au Sénégal, mais qui cependant a fait faire un pas énorme à la connaissance de l'ancien Soudan, démontre par une longue et minutieuse dissertation que Ghana se trouvait dans la région de Tombouctou et à l'Ouest de cette ville (1).

(1) Page 34 et *passim*.

Barth, dont la conscience scientifique nous est connue et qui n'avançait rien en général dont il ne se fût assuré à l'avance, a cru pouvoir placer Ghana par 18° de latitude Nord et 7° de longitude Ouest de Greenwich, ce qui situe cette ville dans l'Aoukar et à proximité de Oualata (1). Enfin Coppolani, dont la compétence ne peut être niée par personne en la circonstance, identifiait Ghana avec Néma ou tout au moins avec un emplacement très voisin de Néma, ainsi qu'il résulte de notes manuscrites rédigées par lui qui sont conservées à Saint-Louis aux archives de la Mauritanie (2).

Après tous ces témoignages, il est peut-être inutile de perdre du temps à réfuter une erreur qui a fait quelques adeptes et qui consistait à placer Ghana à proximité du Niger, dans la région comprise entre Bamako, Banamba et Ségou : cette erreur provenait d'abord d'une foi trop grande accordée aux renseignements d'Edrissi et ensuite de l'interprétation inexacte donnée à un paragraphe du *Tarikh-es-Souddn*. La lecture d'Ibn-Haoukal et de Bekri aurait suffi à faire rejeter l'indication fantaisiste d'Edrissi. Quant au paragraphe de Sa'di auquel je fais allusion, il est traduit ainsi par M. Houdas (3) : « Melli est le nom d'une grande contrée, très vaste, qui se trouve à l'extrême occident du côté de l'Océan Atlantique. Qaramagha fut le premier prince qui régna dans cette région. La capitale était Ghâna, grande cité sise dans le pays de Bâghena. » On a voulu déduire de là que Ghana devait être identifiée avec Mali, ville évidemment située près du Niger à peu près à hauteur de Ségou, ainsi qu'il résulte en particulier du témoignage d'Ibn-Batouta, qui la visita et y séjourna assez longtemps. Mais rien absolument, dans le passage en question, n'autorise une pareille identification que, du reste, toute la documentation que nous possédons sur le Soudan du Moyen-Age rend par ailleurs impossible. Sa'di, à mon avis, a voulu dire simplement que le premier prince

---

(1) Le même auteur place Aoudaghost sur la même latitude à peu près et par 11° de longitude Ouest de Greenwich, ce qui correspond exactement à la position que je donne moi-même à cette ville, entre Kiffa et Tichit.
(2) Renseignement communiqué par M. le commandant Gaden.
(3) Page 18.

dont il savait le nom, — ou le premier prince de race noire, — parmi ceux qui avaient régné dans la région où se développa plus tard l'empire de Mali, résidait à Ghana ; la traduction littérale du paragraphe, qui serait la suivante, ne laisse d'ailleurs aucun doute à cet égard : « Or [le] Mali [est] une grande contrée occupant un espace considérable dans l'occident le plus éloigné (*Maghreb-el-aqsa*) vers le côté de la mer entourée (l'Océan Atlantique), et Qaya-Magha [fut] celui qui commença la domination dans cette région (1), et le séjour de son pouvoir [était] Ghana, qui [était] une grande ville dans la terre de Bâghena ».

J'ai dit plus haut (2) que des impossibilités matérielles nous empêchent d'accorder le moindre crédit à la théorie de M. le lieutenant Desplagnes, d'après laquelle les ruines récentes et modestes du petit village de Gana près Banamba ne seraient autres que les ruines de l'antique Ghana ; ces dernières, datant aujourd'hui de près de sept siècles, seraient du reste bien difficiles à retrouver, étant donnée la nature probable des constructions fragiles qui devaient dominer dans la ville détruite par Soundiata. Pour être juste, il me faut ajouter que, s'il n'est pas possible de placer Ghana dans la région de Banamba, Mali par contre ne devait pas être bien éloigné de ce dernier point, ainsi que nous le verrons plus loin ; mais Mali était situé plus près du Niger et avait d'ailleurs vraisemblablement disparu lorsque fut fondé, vers la fin du xvii° ou le commencement du xviii° siècle, le petit village banmana dont on voit aujourd'hui les ruines près du Gana actuel.

---

(1) On voit que Sa'di n'a pas dit explicitement que Kaya-Maghan ait été le premier roi de Ghana : il a voulu indiquer que Kaya-Maghan fut le premier prince de la dynastie mandé-soninké qui remplaça à Ghana la dynastie de race blanche, c'est-à-dire le premier prince de race noire, ainsi qu'il résulte des paragraphes suivants (pages 18 et 19 de la traduction Houdas) ; nous y reviendrons plus loin. Le passage du *Tarikh-es-Soudân* n'implique pas non plus que Ghana fût située dans le Mali, mais simplement qu'elle était la résidence d'un roi dont la domination s'étendait sur des régions qui, plus tard, firent partie du Mali.

(2) 1ᵉʳ vol., page 287. Voir aussi le supplément au n° de mars 1910 de l'*Afrique Française* (pages 60 à 64), où sont décrites les ruines insignifiantes que l'on peut voir actuellement à quelques kilomètres de Banamba.

II. — Le nom de Ghana.

Le nom de Ghana nous a été transmis par tous les auteurs arabes sans exception sous la forme *Ghânat*, faisant au nominatif *Ghânatou*, à l'accusatif *Ghânata* et au cas indirect *Ghânati* (par *ghaïn*, *alif*, *noun* et *ta-merboutha*). Les Noirs qui en ont connaissance à l'heure actuelle, pour l'avoir lu dans des ouvrages écrits en arabe, le prononcent *Ganata*, ainsi qu'ils font pour la plupart des mots arabes de la même désinence (Fatimata, Aïssata, etc.). Je me sers ici de la forme *Ghana* parce qu'elle est la plus généralement employée en Europe ; j'aurais pu supprimer la lettre *h*, que les Noirs ne font pas sentir et qui sans doute ne devait pas exister dans la prononciation indigène du mot, comme je l'ai supprimée dans le mot « Bagana » (1), mais je l'ai maintenue à seule fin d'éviter une confusion possible avec le nom du village actuel de Gana près Banamba.

Yakout (2) nous dit que Ghana — *Ghânatou* dans le titre de l'article — est un mot étranger dont il ne connaît pas l'équivalent en langue arabe. Bekri par contre nous apprend que *ghana* était le titre donné aux rois de l'Aoukar, titre qui, par extension, était devenu le nom de la ville et celui de l'empire : on disait sans doute « la ville du ghana, le pays du ghana » ou plutôt, comme l'article n'existait probablement pas dans la langue des indigènes (3), « la ville ou le pays de Ghana ». Quoi qu'il en soit, les géographes et historiens arabes, y compris Bekri lui-même, ont tous donné Ghana comme le nom d'une ville et celui de l'Etat dont cette ville était la capitale.

Ce mot *ghana*, ayant sans doute le sens primitif de « chef » ou de « roi » d'après Bekri, n'appartenait certainement pas à

---

(1) Les mots Ghâna, Gâna ou Ghana, par un *a* long après le *g*, et Bâghena, Bâghana ou Bagana, par un *a* long après le *b* et un *a* bref après le *g*, n'ont très vraisemblablement pas la même origine ; leur ressemblance partielle n'est due sans doute qu'à une coïncidence fortuite.

(2) Vol. III, page 770, de l'édition Wüstenfeld.

(3) Si la langue usuelle de Ghana était le soninké, comme le suppose Barth avec beaucoup de vraisemblance, la chose devient certaine.

la langue arabe ; Yakout nous le dit d'ailleurs. Il n'appartenait vraisemblablement pas non plus à la langue berbère, ou alors il aurait eu en cette langue une autre signification (1). Il existe bien en soninké un mot *kana* qui est employé parfois avec l'acception de « chef », mais le titre donné aux rois dans cette langue semble avoir toujours été *tounka* ou *tonka*, mot qui était déjà employé dans ce sens au temps de la dynastie soninké de Ghana, puisqu'il nous a été transmis par Bekri comme le titre précédant le nom de l'empereur de cette dynastie qui vivait de son temps : Tounka Ménîn. En mandingue le titre correspondant est *mansa* ou *massa*. Enfin dans beaucoup de pays du Soudan, on a usé et on use encore des mots *fari, farima, farhama, fama* (mandé), *faran* (songaï), *fara* (haoussa), *far-ba* (ouolof), qui proviennent peut-être de la racine sémitique *far'* « sommet, cime, chef, prince », d'où dérive également le titre des Pharaons. Mais nulle part nous ne trouvons aujourd'hui de mot ressemblant à *ghana* employé comme titre de souveraineté. Peut-être ce mot appartenait-il à la langue des premiers fondateurs de l'empire de Ghana, c'est-à-dire à cette langue qui provenait sans doute d'éléments à la fois araméens, égyptiens et berbères, que parlaient les Judéo-Syriens lors de leur arrivée dans l'Aoukar et sur laquelle nous ne pouvons qu'émettre des conjectures.

J'ajouterai que, d'après Mohammed-Lahmed Yôra, marabout de la tribu mauritanienne des Oulad-Daïmân, le nom actuel du *Tagant* ne serait pas autre chose que la forme berbérisée de Ghana ou Gana ; « Tagant » signifierait donc en berbère « pays de Ghana », mais ce mot aurait pris, avec le temps, une signification plus restreinte et ne serait plus appliqué qu'à la région qui forma la province occidentale de l'empire de Ghana au moment de son apogée (2).

(1) Deux racines berbères existent d'où pourrait à la rigueur être dérivé le mot *gana* : l'une exprime l'idée d'élévation, l'autre l'idée de noirceur.
(2) Cette interprétation du nom du Tagant m'a été communiquée par M. le commandant Gaden ; M. Houdas partage l'opinion de Mohammed-Lahmed. Il me faut ajouter que, dans plusieurs dialectes berbères, il existe un mot *tagant* ayant le sens de « forêt ».

III. — L'hégémonie judéo-syrienne (ɪᴠᵉ au ᴠɪɪɪᵉ siècles).

En relatant le premier exode des Judéo-Syriens de Cyrénaïque, nous les avions suivis à travers l'Aïr jusqu'au Massina, où nous les avions laissés, vers le commencement du ɪɪᵉ siècle après J.-C., sous le commandement de *Kara*, descendant d'Israël, et de *Gama*, descendant du syrien Souleïmân (1). Lorsque, vers l'an 150 de notre ère, les Judéo-Syriens provenant de cet exode quittèrent le Massina pour se rendre dans l'Aoukar, leurs chefs appartenaient encore aux deux mêmes familles ; celle de Kara avait la prééminence et le souvenir en a été conservé jusqu'à nos jours par certaines fractions peules, chez lesquelles les nobles portent le nom modernisé de *Karanké* ou *Kananké* (ceux de Kara ou Kana) (2). Kara — ou son successeur — s'installa à Ghana, auprès d'un village soninké qui sans doute existait déjà depuis un certain temps sous un autre nom, et fut le chef de la première colonie judéo-syrienne arrivée dans l'Aoukar. Lorsque, une cinquantaine d'années plus tard, le deuxième exode vint, par la voie du Touat, rejoindre le premier, les nouveaux arrivants obtinrent du descendant de Kara l'autorisation de planter leurs tentes dans la région et reconnurent également son autorité. Mais cette dernière ne s'étendait vraisemblablement pas encore aux Soninké, premiers maîtres du pays. Ce ne fut guère, semble-t-il, que cent ans après l'arrivée de l'immigration provenant du Touat que les Judéo-Syriens, qui avaient dû dans une certaine mesure adopter des habitudes sédentaires et faire de Ghana une véritable ville, devinrent les maîtres effectifs du pays. C'est donc vers l'an 300 qu'il convient de placer la fondation proprement dite de l'empire de Ghana et le début de la dynastie impériale judéo-syrienne issue de Kara.

Cette dynastie conserva le pouvoir, très probablement, jusqu'à la fin du ᴠɪɪɪᵉ siècle. C'est elle qui fournit ces quarante-

---

(1) 1ᵉʳ vol., page 215.
(2) C'est pour cela sans doute que l'ancêtre Kara est appelé parfois Karaké ou Karanké dans les traditions peules et soninké.

quatre princes de race blanche et d'origine inconnue dont nous parle Sa'di, desquels 22 auraient régné avant l'hégire — de 300 à 622 — et 22 après la même date — de 622 à 790 environ, ce qui ferait une moyenne de 15 à 16 ans pour chaque règne précédant l'hégire et de 7 à 8 ans seulement pour chacun des règnes postérieurs à cette date. On peut trouver cette proportion bien inégale : si elle est dans l'ordre ordinaire des choses pour la période précédant l'hégire, elle paraît plutôt faible pour la période suivante ; mais il convient d'observer que la division du *Tarikh-es-Soudân* en deux nombres parfaitement égaux de règnes, séparés par l'hégire, présente au contraire trop de symétrie pour n'être pas un arrangement apocryphe ; il est plus vraisemblable de supposer que la tradition recueillie par Sa'di mentionnait simplement une succession de 44 souverains dont une partie étaient antérieurs à l'hégire et que l'auteur du *Tarikh* a traduit « partie » par « moitié ». Si nous nous en tenons à cette hypothèse et si nous admettons seulement le chiffre de 44 princes — chiffre d'ailleurs peu certain lui-même — s'étant succédé de 300 à 790, nous obtenons une durée moyenne de 11 ans pour chaque règne ; étant donné que le pouvoir passait en général à l'aîné des frères subsistants du souverain défunt, cette moyenne n'a rien que de très normal : certains empereurs devaient être en effet fort âgés lorsqu'ils montaient sur le trône et, même sans tenir compte de révolutions de palais assez probables, il se peut fort bien que 44 rois se soient succédé durant une période de cinq siècles.

Certains ont voulu faire des Berbères de ces empereurs blancs de Ghana : la chose me paraît fort improbable. S'ils avaient été des Berbères, Sa'di ne nous aurait pas dit : « Ils étaient de race blanche, mais nous ignorons d'où ils tiraient leur origine » (1). Car il n'est pas admissible que, vivant à Tombouctou en contact permanent avec des Touareg, il n'eût pas recueilli quelques traditions relatives à cette ancienne domination berbère. Ibn-Khaldoun, si abondamment documenté sur l'histoire ancienne des Berbères du Sud, n'aurait pas manqué

---

(1) Traduction Houdas, page 18.

également de connaître et de signaler la chose ; or, dans ses *Prolégomènes*, il rapporte — ainsi que l'avait fait Edrissi et sans doute d'après ce dernier — qu'on attribue l'origine des anciens empereurs blancs de Ghana à un nommé *Saleh*, descendant de Ali, gendre du Prophète, par Abdallah fils de Hassân fils d'El-Hassân, fils lui-même de Ali ; puis il fait remarquer que cette hypothèse est invraisemblable, aucun homme du nom de Saleh n'étant cité parmi la descendance de Abdallah le Fatimite ; il ajoute qu'au reste cette dynastie blanche a entièrement disparu et que, de son temps, le pays de Ghana faisait partie de l'empire de Mali. Il aurait pu, s'il avait connu la chronologie du premier empire de Ghana, observer simplement qu'un descendant de Ali n'aurait pu donner naissance à une dynastie antérieure à l'hégire, c'est-à-dire à Ali lui-même. Mais ce qui est à retenir de ce passage d'Ibn-Khaldoun, c'est qu'il n'a pas songé un seul instant à donner une origine berbère aux premiers princes de Ghana.

D'autres ont supposé que le fondateur de l'empire de Ghana et le premier des 44 princes de race blanche aurait été Kaya-Maghan. Cette supposition était basée sur une interprétation, que je crois mauvaise, d'un passage du *Tarikh-es-Soudân* cité plus haut. A mon avis, dans l'esprit de Sa'di, Kaya-Maghan était, non pas le premier des 44 rois blancs dont il fait mention, mais bien le premier des princes nègres de famille mandé qui succédèrent à cette dynastie blanche. Cela résulte, quoique peu clairement d'ailleurs, du contexte de son récit. En tout cas il ne dit nulle part de façon explicite que Kaya-Maghan ait appartenu à la dynastie des 44 rois blancs. Les traditions indigènes d'autre part sont nettes et formelles à cet égard : Kaya-Maghan, nègre soninké, dernier roi du Ouagadou, s'empara du pouvoir à Ghana sur un prince de race blanche.

Je crois avoir suffisamment montré, et par ce qui précède et par les pages de la deuxième partie de cet ouvrage relatives à l'origine des Peuls, que la dynastie de race blanche qui régna à Ghana du IVe au VIIIe siècles appartenait, au moins vraisemblablement, à la population sémitique d'origine judéo-syrienne qui donna plus tard naissance aux Peuls.

Quant à l'histoire de Ghana sous cette dynastie, elle nous est inconnue. Tout ce que nous apprend le *Tarikh-es-Soudân*, c'est que le pays renfermait, à côté de la population de race blanche détenant le pouvoir, des vassaux *ouangara* ou *ouakoré*, c'est-à-dire des Mandé ; nous savons par ailleurs que ces Mandé étaient des Soninké originaires du Diaga, mais c'est tout.

Les traditions indigènes ne nous renseignent que sur les faits qui précédèrent immédiatement et motivèrent en partie la mainmise des Soninké sur l'empire. Ainsi que nous l'avons vu, le pouvoir appartenait à la famille issue de Kara. Les descendants de Gama n'occupaient que le second rang. L'empereur qui régnait vers la fin du viiie siècle tua, pour une raison futile, un Soninké nommé Bentigui Doukouré, qui était le serviteur préféré du chef de la famille issue de Gama, alors premier ministre de l'empereur. La veuve de Bentigui, qui était enceinte, fut recueillie par ce ministre ; peu après, elle accoucha d'un fils. Afin de soustraire cet enfant à la haine de l'empereur, le ministre lui substitua une petite fille née le même jour et fit cacher le fils de Bentigui dans un village de culture éloigné. Lorsque l'enfant fut devenu un homme, le ministre lui révéla le secret de sa naissance ; le fils de Bentigui alors se rendit auprès de l'empereur, le tua et s'empara du pouvoir, soutenu par ses compatriotes soninké. Ainsi finit l'hégémonie judéo-syrienne à Ghana.

IV. — L'hégémonie soninké (viiie au xie siècles).

Vers l'époque où le fils de Bentigui assassina le dernier empereur judéo-syrien de Ghana, c'est-à-dire vers 790, survenait la dispersion des Soninké du Ouagadou. *Kaya-Maghan Sissé* roi de ce pays, se portait vers l'Aoukar avec le plus grand nombre de ses sujets et arrivait à Ghana au moment où ses compatriotes venaient de secouer le joug des Judéo-Syriens ou Proto-Peuls. Le fils de Bentigui était devenu momentanément maître du pouvoir, mais Kaya-Maghan possédait sans doute une armée assez considérable et il lui fut facile de contraindre, de gré ou de force, le fils de Bentigui à se démettre de son autorité momentanée ; en tout cas, l'ancien roi du Ouagadou se fit proclamer empereur. Peut-être les Judéo-Syriens essayèrent-ils de lui résister, mais ils n'étaient pas de force à lutter les armes à la main avec les Soninké mieux organisés au point de vue militaire, et ils évacuèrent le pays pour se porter vers le Tagant, le Gorgol et le Fouta, laissant seulement dans l'Aoukar quelques familles, dont celle des *Massîn*, qui se composait probablement des descendants de Gama (1).

Kaya-Maghan dut, dès le début de son règne, asseoir fortement son autorité et l'étendre fort loin de sa résidence, puisque Ibn-Khaldoun nous raconte que, lorsque le Maghreb fut conquis par les musulmans — c'est-à-dire au viiie siècle —, des marchands arabes commencèrent à se rendre dans le Soudan occidental et constatèrent qu'aucun roi nègre n'avait à cette époque une puissance comparable à celle de l'empereur noir de Ghana, dont les Etats s'étendaient jusqu'à l'Atlantique.

Le pouvoir se transmit dans la famille des *Sissé-Tounkara*, c'est-à-dire des Sissé de souche royale, descendants de Kaya-Maghan (2). Peu à peu, l'autorité des empereurs soninké de

---

(1) Nous avons vu (IIe partie) qu'une fraction de ces Massîn fonda Tichit. C'est d'eux très probablement qu'a voulu parler Yakout en disant qu'une tribu connue sous le nom de *Guenaoua* et originaire de la région de Ghana nomadisait dans le pays des Noirs contigu au territoire de cette dernière ville. M. le commandant Gaden m'a signalé la présence actuelle au Tagant d'une tribu que les Maures appelleraient encore *Oulad-Gana*.

(2) Barth pensait que Kaya-Maghan était le fondateur de Ghana et le premier des princes de race blanche et il croyait que ces derniers étaient des Peuls — identifiés par lui avec les *Leucœthiopes* des anciens — parlant déjà le peul. J'ai dit précédemment que je ne pouvais partager son opinion relativement à l'identification des Peuls avec les *Leucœthiopes* et que la population fondatrice de l'empire de Ghana ne devait adopter la langue peule que longtemps après, lors de son exode dans le Fouta. Barth, qui écrit *Wagadja-Mangha* le nom de Kaya-Maghan dit que le nom de ce prince appartenait à la langue peule, dans laquelle « grand » se dirait *mangha* ou *mangho ;* or il existe bien en peul une racine *ma'* ou mieux *maw* exprimant l'idée de « grandeur » ou d' « aînesse », et des mots *ma'nga* ou mieux *mawnga*, *ma'ngo* ou mieux *mawngo*, qui peuvent signifier « grand » ; mais, accolé à un nom d'homme, « grand » se dit *mawo* ou *mawdo* et ne peut jamais se dire *manga* ou *mango* ni *mawnga* ou *mawngo*. En réalité *Maghan* est un nom excessivement fréquent chez les divers peuples mandé et nous avons vu qu'il était porté en parti-

Ghana s'étendit bien au-delà des limites qu'avait atteintes celle des empereurs judéo-syriens. L'empire ne tarda pas à englober, non seulement l'Aoukar et tout le Bagana, c'est-à-dire approximativement le quadrilatère Oualata-Goumbou-Sosso-Sokolo, mais aussi tous les pays du Sahel déjà peuplés en grande partie de Soninké (le Diaga, le Kaniaga, le Nord du Bélédougou et du Kaarta, le Kingui, le Diafounou), ainsi que la majeure portion du Hodh et du Tagant, où les Berbères cédaient alors le pas aux Soninké et aux familles judéo-syriennes plus ou moins mélangées de Soninké (Massin de Tichit et autres). Il est probable même que le royaume soninké du Galam (Guidimaka, Kaméra et Goye) était plus ou moins vassal de l'empereur de Ghana et que l'autorité de ce dernier se faisait ainsi sentir vers le Sud-Ouest jusqu'aux confins du Tekrour. Par contre, il ne semble pas qu'à l'Est elle ait jamais dépassé le Niger : la région de Dienné et de Tombouctou devait, de ce côté, constituer la marche extrême de l'empire. Au Nord et au Nord-Ouest, les Berbères Messoufa, Lemtouna et Goddala se trouvaient en bordure de la partie désertique des Etats du *Tounka* de Ghana et ils reconnaissaient son autorité dès qu'ils s'avançaient au Sud de leur domaine propre. Du côté du Midi enfin, le Sénégal et son affluent le Baoulé devaient former la limite approximative de l'empire.

Telle était vraisemblablement la situation de cet Etat vers le milieu du IXe siècle, c'est-à-dire au début de son apogée. Quant aux événements qui se déroulèrent depuis l'avènement de Kaya-Maghan jusqu'à cette époque, nous ne savons rien à leur sujet.

Nous ne commençons à être documentés qu'à partir du moment où les Berbères se répandirent dans le Hodh d'une façon appréciable et se fortifièrent au Tagant, intervenant dans

---

culier par tous les rois soninké du Ouagadou ; il se présente, selon les dialectes ou les pays, sous les formes *Maghan*, *Marhan*, *Makhan*, *Makan* ou, plus rarement, *Magha*, *Marha*, *Makha*, *Maka*. Ce devait être le prénom de l'ancêtre des Sissé, plus connu sous le surnom légendaire de Digna : ses fils furent appelés Maghan-Diabé, Maghan-Kaya, etc., c'est-à-dire en soninké « Diabé fils de Maghan, Kaya fils de Maghan, etc. », expressions qui, dans la bouche des Peuls, sont devenues Diabé-Maghan, Kaya-Maghan, etc., avec la même signification.

les affaires intérieures de l'empire de Ghana, c'est-à-dire à partir de l'an 825 environ.

Les premières conquêtes des Berbères dans le Nord du Soudan et leurs premières attaques contre les Soninké furent dirigées par un chef zenaga de la tribu pastorale des Lemtouna (fraction des Ourtentak), nommé *Tiloutane*, fils de Tiklâne, lequel mourut en 836 ou 837, à l'âge de 80 ans (1). Ce Tiloutane avait succédé lui-même à Telagagguine, fils d'Ourekkout ou Ouayaktine, qui est le plus ancien chef lemtouna dont le nom nous ait été conservé.

A la tête d'une armée de 100.000 méharistes, si nous en croyons Ibn-Khaldoun, Tiloutane était parvenu à asseoir son autorité sur tous les Berbères du Sahara occidental (Lemtouna, Goddala, Messoufa, Lemta, Mesrâta, Telkâta, Maddassa, Ouareth ou Aourets, etc.) et à se faire payer par plus de vingt chefs nègres, sinon un tribut régulier, au moins des redevances moyennant lesquelles ses bandes protégeaient leurs domaines du pillage et garantissaient la sécurité des caravanes venant du Nord ou s'y rendant. Les auteurs arabes ne nous disent pas si l'empereur de Ghana lui-même payait cette sorte de tribut, mais il paraît bien certain que plusieurs des rois vassaux de son empire y étaient astreints.

A Tiloutane succéda son fils *Betsine*, qui mourut en 851 ; puis vint *Ilettane* ou Latsir, fils de Betsine, qui mourut en 900. Après Ilettane régna son fils *Temîm* qui, en l'an 919, fut renversé par une coalition des chefs des diverses tribus zenaga et massacré par les conjurés. Après sa mort, les Lemtouna perdirent momentanément leur hégémonie sur les Berbères du Sahara, les différentes tribus du désert demeurèrent indépendantes les unes des autres pendant plus d'un siècle et les empereurs soninké de Ghana virent s'accroître leur autorité du côté du Hodh et du Tagant. L'apogée de leur puissance doit se placer à peu près à cette époque, c'est-à-dire au début du xe siècle ; elle dura un peu plus de cent ans, pour finir vers le milieu du xie siècle avec les commencements de l'empire almoravide.

(1) Gharnati (*Roudh-el-Qarthâs*) et Ibn-Khaldoun (*Histoire des Berbères*).

Ce n'est pas à dire pourtant que, durant cette période, les empereurs soninké et leurs vassaux n'eurent pas à lutter contre les Berbères, ou tout au moins contre la principale tribu berbère de la région, celle des Lemtouna. Celle-ci s'était constituée en une sorte de royaume dont la capitale, depuis le ix⁰ siècle probablement, était la ville d'*Aoudaghost* (1), située, ainsi que je l'ai dit, à l'extrémité orientale du Tagant actuel, à 60 kilomètres environ au Nord-Est de Kiffa, sur la route conduisant de cette dernière localité à Tichit (2). Ibn-Haoukal nous a donné d'Aoudaghost une description que Bekri a complétée par la suite. D'après ce dernier auteur, cette ville était grande et bien peuplée ; elle s'élevait dans une plaine sablonneuse, au pied d'une montagne stérile et dénudée qui la protégeait du côté du Sud, tandis qu'une haute colline couverte de gommiers la dominait au Nord ; elle était entourée de jardins où croissaient des dattiers et de champs de blé cultivés à la houe et arrosés à la main. Seuls d'ailleurs, les nobles se nourrissaient de blé ; le menu peuple ne mangeait que du sorgho, du mil et des haricots (3). On y trouvait aussi quelques petits figuiers et

(1) Il semble qu'Aoudaghost avait été fondé, longtemps auparavant et sous un autre nom, par des Soninké venus de Ghana ; mais des Berbères et des marchands arabes s'y étaient installés par la suite, et les Soninké ne devaient s'y trouver qu'en minorité à partir du ix⁰ siècle.

(2) Le nom de cette ville est écrit *Aoudsaghast* par Yakout et *Aoudaghost* par la plupart des autres auteurs arabes. La ville était, d'après Ibn-Haoukal, à un mois de chemin des salines d'Aoulil, situées au bord de l'Atlantique entre Saint-Louis et Nouakchott. Entre Aoudaghost et Sidjilmassa (Tafilelt), on comptait un mois et demi de voyage à grandes étapes ; le pays séparant ces deux villes était habité par des Berbères nomades, Cherata et Messoufa, dont les derniers faisaient payer des droits aux caravanes traversant leur territoire. D'après Bekri, Aoudaghost était à 40 jours de marche de Tâmedelt, localité située près de l'oued Draa ou Dara, entre la ville de Dara et l'Océan. Aboulféda place Aoudaghost à l'Est du désert de Tisr ou Tirs (Tiris) qui s'étendait entre le royaume des Lemtouna et l'Océan, au Sud de déserts allant jusqu'au Tafilelt, à l'Ouest et au Nord de pays habités par les Nègres (Voir 1ᵉʳ vol., page 187, la position assignée à Aoudaghost par Ibn-Saïd ; Barth plaçait la même ville par 18° ou 19° de latitude Nord et par 10° ou 11° de longitude Ouest de Greenwich). L'emplacement d'Aoudaghost serait connu des Tadjakant qui fréquentent de nos jours le Sud-Est du Tagant.

(3) Yakout, d'après El-Mehellebi.

quelques pieds de vigne, ainsi que des plants de henné. Les puits donnaient une eau excellente ; les bœufs et les moutons étaient en abondance et on pouvait avoir dix béliers et même plus pour un *mitskal* (c'est-à-dire environ 4 gr. 50 d'or, valant aujourd'hui de 13 à 15 francs). La poudre d'or servait en effet de monnaie ; elle venait des mines du Ouangara (Bambouk principalement). Le marché était très achalandé et on y rencontrait, entre autres choses, du miel provenant du pays des Nègres ; du Nord de l'Afrique venaient du blé, des raisins et autres fruits secs, toutes denrées qui, au temps de Bekri (xi⁰ siècle), se vendaient six *mitskal* le quintal. Les habitants étaient de race blanche mais avaient le teint jaunâtre, parce que, dit Bekri, « ils sont minés par la fièvre et les affections de la rate ». En dehors des Lemtouna, ces habitants comprenaient quelques Arabes originaires de l'Ifrîkia (Tripolitaine, Tunisie et province de Constantine) et des Berbères appartenant aux tribus Bergadjâna, Nefoussa, Louâta, Zenâta et surtout Nefzâoua ; enfin il s'y trouvait un grand nombre d'esclaves noires, fort appréciées comme cuisinières. Les jeunes filles blanches d'Aoudaghost étaient appréciées à un autre point de vue et Bekri s'étend longuement sur leurs charmes. Les gens de la ville étaient musulmans, au moins en partie, puisque, un peu avant l'époque almoravide, plusieurs mosquées existaient déjà à Aoudaghost où l'on apprenait à lire le Coran. Mais, au dire de Yakout, on y trouvait aussi des païens vénérant le soleil et mangeant des viandes non saignées. La population berbère qui campait en dehors de la ville se composait de pasteurs nomades, cultivant cependant la terre lorsqu'elle avait été bien arrosée par les pluies ; ces nomades, de teint clair dans le Nord, avaient la peau de plus en plus foncée à mesure qu'on s'avançait vers le Sud ; ceux qui avoisinaient le Soudan proprement dit étaient très noirs.

L'industrie locale consistait surtout dans la fabrication des boucliers de cuir, qui étaient vendus aux Berbères nomades. Les importations comprenaient du cuivre, des burnous et des blouses de couleur rouge et de couleur bleue, venant du Maroc et de l'Espagne, et du sel provenant d'Aoulil ; quant aux produits exportés, c'était surtout : de l'ambre gris, dont la qualité était excellente, « vu, dit Bekri, la proximité de l'Océan » ; de l'or raffiné et transformé en torsades filiformes, or dont la pureté était considérée comme supérieure à celle de l'or de tous les autres pays; enfin de la gomme, récoltée dans les environs même de la ville et qui était expédiée en Espagne pour lustrer les étoffes de soie.

Des renseignements fournis par Bekri et Ibn-Haoukal, il résulte que les habitants d'Aoudaghost étaient aisés et que cette ville jouissait d'une prospérité réelle. Le second de ces auteurs nous dit que de riches caravanes partaient sans cesse de Sidjilmassa (Tafilelt) pour le Soudan et, traversant Aoudaghost, rapportaient de grands profits aux gens de cette cité. Lorsqu'il la visita, Ibn-Haoukal y vit un écrit par lequel un indigène de Sidjilmassa se reconnaissait le débiteur d'un habitant d'Aoudaghost pour une somme de 40.000 dinars, chose que le voyageur arabe considérait comme unique en Orient à son époque (xe siècle).

A la même époque et d'après le témoignage du même voyageur, le roi des Lemtouna, qui résidait à Aoudaghost, entretenait des relations avec l'empereur de Ghana et celui de Gao et leur faisait des cadeaux pour les empêcher de lui faire la guerre, ce qui nous donne une idée assez précise de la puissance de ces souverains et de la situation d'Aoudaghost vis-à-vis de Ghana au point de vue politique.

Les Soninké d'ailleurs ne se gênaient pas pour aller razzier les territoires occupés par les Berbères : Bekri nous apprend en effet que, à cinq jours d'Aoudaghost sur la route conduisant de cette ville au Maroc, se trouvait une montagne nommée Azgounane ou Azdjounane où les Noirs s'embusquaient pour couper la route aux caravanes et les piller (1).

Vers 970 d'après Bekri, entre 920 et 940 d'après Ibn-Khaldoun, régnait à Aoudaghost un prince lemtouna nommé *Tinyéroutane* ou Bérouyane, fils de Ouichnou ou Ouachnik et petit-

(1) Cette montagne, donnée par Bekri comme dominant au Nord un puits qu'il appelle Ouarane ou Ourane, devait se trouver non loin de Chinguetti, dans l'Est de l'Adrar mauritanien.

fils de Nizar ou Izar, qui avait réussi à acquérir une véritable puissance. Comme son prédécesseur du ɪxᵉ siècle Tiloutane (1), il avait plus de vingt chefs nègres comme vassaux ou tributaires, et la partie habitée de son royaume s'étendait sur deux mois de marche en longueur et autant en largeur. Il pouvait mettre en campagne 100.000 méharistes et en profitait pour intervenir dans les querelles intestines qui divisaient les petits Etats vassaux de Ghana. Invité par Tàrine ou Taarbine, alors chef des Massin de Tichit (2), à le soutenir contre le chef noir d'Aougam (3), il fournit au premier 50.000 méharistes qui envahirent et razzièrent le pays d'Aougam, brûlant les maisons et détruisant les récoltes; le chef du parti vaincu, se voyant perdu, jeta son bouclier, sauta à bas de son cheval, détacha sa selle, la posa sur le sol, s'y assit et se laissa tuer; ses femmes, trop fières pour se laisser tomber au pouvoir des Blancs, se tuèrent en se jetant dans les puits.

Peu après cependant, vers 990, Aoudaghost tomba au pouvoir de l'empereur de Ghana qui, au moment de la prise de cette ville par les Almoravides en 1054, y était encore représenté par un gouverneur nègre.

V. — Les Almoravides et leurs premiers empiétements sur l'empire de Ghana (xɪᵉ siècle).

Vers l'an 1020, les chefs des diverses tribus zenaga s'entendirent pour s'unir de nouveau comme au temps de Tiloutane, afin de résister aux empiétements des Soninké sur le Sahara et

(1) Il se pourrait que le Tiloutane de Gharnati et le Tinyéroutane de Bekri ne fussent qu'un même personnage, ou du moins que les deux auteurs arabes aient confondu les deux princes et attribué à l'un des actes ou des faits qui devraient se rapporter à l'autre.
(2) Et non pas chef du Massina, au moins très vraisemblablement.
(3) Bekri ne nous dit pas s'il s'agit de la localité de ce nom qu'il a mentionnée ailleurs comme formant le faubourg oriental de Ghana; il semble même, dans le passage que je rapporte en ce moment, faire d'Aougam tantôt le nom d'un pays ou d'une ville et tantôt le nom ou le titre d'un chef. En tout cas le contexte indique clairement que les habitants d'Aougam — ou les sujets du chef Aougam — étaient des Nègres, tandis que leurs adversaires Massin étaient des Blancs.

Fig. 31. — Type de Jeune Maure.

Fig. 32. — Métisse de Maure et de femme noire.

le Tagant et de secouer leur suprématie. Ils se choisirent un roi qui fut pris, cette fois encore, parmi les Lemtouna ; ce fut *Tarsina* ou Tarchina, fils de Tifat ou Tifaout. Le premier sans doute parmi les princes berbères du Sahara occidental, Tarsina se convertit à l'islamisme et prit le nom de Abdallah-abou-Mohammed ; il se rendit même en pèlerinage à La Mecque, fit la guerre sainte à ses voisins infidèles, Berbères ou Nègres, et, après trois ans de règne, fut tué en 1023 au cours d'une razzia dirigée contre une tribu d'origine sémitique et de religion israélite, peut-être quelque fraction des Judéo-Syriens chassés de Ghana deux siècles auparavant ; cette tribu résidait aux environs d'une localité qui, au xive siècle, s'appelait Teklessine et était habitée par des Zenaga-Ouareth musulmans (1) : cette indication permet de situer vraisemblablement dans le Nord de la Mauritanie actuelle l'endroit où fut tué Tarsina et qui s'appelait alors *Bekdra*, d'après l'auteur du *Roudh-el-Qarthâs*. Bekri donne au même lieu le nom de *Gangara*, nom identique, dit-il, à celui d'une tribu nègre (sans doute les Gangara, Ouangara ou Mandingues), et appelle In-Kelâbine la localité voisine habitée par des Zenaga-Ouareth musulmans.

Après la mort de Tarsina, le commandement des Zenaga du désert ou « Zenaga voilés » échut à son gendre *Yahia-ben-Ibrahim*, lequel appartenait à la tribu des Goddala ; cette dernière tribu formait alors avec celle des Lemtouna une confédération unique, dont le territoire s'étendait depuis le Tagant jusqu'au rivage de l'Océan Atlantique, les Goddala habitant à l'Ouest des Lemtouna, entre l'Adrar et la mer.

En 1035 (2), Yahia-ben-Ibrahim remit provisoirement le pouvoir à son fils Ibrahim-ben-Yahia et partit pour La Mecque. Au retour de son pèlerinage, il passa par Kaïrouân (Tunisie) et y rencontra un illustre docteur originaire de Fez, Abou-Amrân, dont il suivit les leçons et devint l'ami. Le docteur ne tarda pas à s'apercevoir que le prince berbère était, quoique musulman fervent, très ignorant des choses de la religion, et

---

(1) *Roudh-el-Qarthâs*, traduction Beaumier, page 165.
(2) Ou en 1050 seulement d'après Bekri et Ibn-Khaldoun, mais la date de 1035 donnée par Gharnati semble plus exacte.

il apprit de lui que ses sujets sahariens l'étaient plus encore. Au cours d'une conversation roulant sur cette fâcheuse ignorance, Yahia demanda à Abou-Amrân de lui confier quelque savant jurisconsulte qui pût donner à son peuple l'enseignement dont il avait besoin. Aucun des disciples d'Abou-Amrân n'ayant voulu accepter cette mission, celui-ci engagea Yahia à aller à Nefis (1), dans le pays des Masmouda, et à s'adresser là à un savant lemta originaire du Sous et nommé Mohammed-Ouaggag-ben-Zelloui (ou Ouag-ag-Zelloui), pour lequel il lui remit une lettre d'introduction. Yahia se rendit auprès de Ouaggag, qu'il rencontra en 1038, peu avant la mort d'Abou-Amrân lui-même. L'un des disciples de Ouaggag, un Berbère nommé *Abdallah-ben-Yassine-ben-Meggou* (2), accepta de partir avec Yahia. Ce dernier regagna alors l'Adrar Mauritanien, accompagné de Abdallah-ben-Yassine, qui commença ses prédications dans la tribu à laquelle appartenait Yahia, c'est-à-dire celle des Goddala.

Abdallah voulut tout d'abord interdire à ceux-ci d'avoir plus de quatre femmes ; les Goddala trouvèrent le réformateur trop sévère, et surtout trop morose et trop ennuyeux, et se prirent à le détester. Découragé, il voulut se rendre chez les Noirs du Tekrour, où l'islamisme commençait à briller d'un vif éclat grâce aux efforts du roi toucouleur Ouâr-Diâbi ou Ouâr-Diâdié, qui venait d'affranchir son pays du joug des Peuls et de chasser ces derniers vers le Ferlo. Mais Yahia ne consentit pas à se séparer de Abdallah et lui proposa de se retirer avec lui dans une île ou une presqu'île comprise entre la mer et le Sénégal, près de l'embouchure de ce fleuve ; on pouvait, de la rive nord d'un bras du Sénégal, se rendre à gué dans cette île à marée basse, tandis qu'il était nécessaire de se servir de pirogues à marée haute. Les deux dévots (3), accompagnés de sept fidèles

(1) Ou à Melkous, d'après Bekri ; cette localité en tout cas devait être voisine de Sidjilmassa, ainsi que le fait observer Ibn-Khaldoun.
(2) D'après Bekri, la mère de Abdallah, nommée Tinizamaren, appartenait à une fraction de la tribu berbère des Djezoula ou Guezoula qui habitait Temamanaout, dans la partie du Sahara avoisinant Ghana.
(3) D'après Ibn-Khaldoun, Yahia-ben-Ibrahim était déjà mort à cette époque et Abdallah aurait été accompagné dans sa retraite par Yahia-ben-

Goddala, se transportèrent en effet dans cette île et y bâtirent sur une colline un ermitage où ils s'enfermèrent, en faisant vœu d'y adorer Dieu jusqu'à leur mort. Mais, dès que Abdallah eut cessé de vouloir convertir les Berbères malgré eux, ces derniers vinrent à lui. Au bout de trois mois des masses de gens — principalement des Lemtouna —, attirés surtout par la curiosité, se rendaient à l'ermitage et demandaient à être instruits; bientôt Abdallah eut ainsi un millier d'adeptes qui ne quittaient plus l'ermitage (*ribâth*) et que, pour cela, il nomma *al-morabethîn* (ceux du *ribâth*, les ermites), mot que nous avons transformé en *Almoravides* et qui, dans une autre acception, a donné le mot « marabout ».

Ces adeptes de la secte nouvelle appartenaient presque tous à des familles nobles et jouissaient d'une certaine autorité dans leurs tribus ou sous-tribus respectives ; néanmoins lorsque, envoyés par leur maître, ils se présentèrent à leurs compatriotes dans le but de les convertir, personne ne voulut les écouter. Ils revinrent conter leur déconvenue à Abdallah, qui alla lui-même exhorter les tribus, mais sans plus de succès.

On était arrivé à 1042 et le nombre des Almoravides dévoués à Abdallah s'élevait à deux mille environ. Le réformateur se mit alors à leur tête, prêcha la guerre sainte contre les Zenaga infidèles ou mauvais croyants et, quittant les rives du Sénégal, il partit en guerre contre les Goddala, en tua un grand nombre et convertit les autres. Ensuite il agit de même vis-à-vis des Lemtouna récalcitrants, qu'il bloqua dans les montagnes de l'Adrar et auxquels il enleva la plupart de leurs troupeaux.

Cependant Abdallah fatiguait ses partisans par son rigorisme ; il prétendait interdire les pillages et refusait de manger la chair et de boire le lait provenant des troupeaux pris à l'ennemi. Il alla plus loin encore et — en un endroit que nous ne connaissons pas mais qui devait se trouver dans la Mauritanie actuelle — il obligea ses fidèles à construire une ville (que Bekri appelle Aretnenna) dont toutes les maisons devaient être égales en hauteur. Ce puritanisme exalté lui aliéna de nouveau

---

Omar et par Aboubekr, frère de ce dernier, qui devaient plus tard régner l'un et l'autre sur les Almoravides.

les sympathies des Goddala. L'un d'eux, le jurisconsulte El-Djouher-ben-Sekkem, avec l'aide des chefs Eyar et In-Teggou, parvint à enlever à Abdallah le droit d'imposer ses conseils à la communauté et lui arracha l'administration du trésor public. Enhardis par ces premiers succès, les Goddala finirent par chasser le réformateur de leur pays, démolirent sa maison et pillèrent ses biens.

Abdallah, fuyant le Sahara, alla conter ses infortunes au Tafilelt à son maître Ouaggag. Celui-ci fit alors mander aux Goddala que quiconque refuserait l'obéissance à Abdallah serait excommunié et privé du salut éternel, et il leur renvoya le proscrit. Abdallah, ayant sans doute recruté des partisans en route, principalement chez les Lemtouna, massacra tous ses ennemis dès son retour en pays goddala, plus une foule de gens qu'il décréta criminels ou impudiques. Parvenant à fanatiser à nouveau ses premiers disciples, il accrut rapidement le nombre des Almoravides, entraîna les Lemtouna dans la guerre sainte contre les Messoufa infidèles qui habitaient la région de Kaoukadam ou Gaogadem, entre l'Adrar et le Dara, soumit même les Lemta de l'Ouest et finit par devenir le chef incontesté de tous les Zenaga du Sahara occidental, Yahia ne conservant qu'une autorité purement nominale et n'étant qu'un instrument docile entre ses mains. Les rebelles qui venaient faire leur soumission recevaient d'abord, pour leur purification, cent coups de nerf de bœuf et étaient ensuite instruits des vérités de la religion et autorisés à prononcer la formule de la foi musulmane. Ils étaient astreints à payer la dîme et d'autres impôts, dont le produit servait à acheter des armes et des montures pour continuer la guerre au profit des Almoravides.

Ces derniers, armés seulement de piques et de javelots, pénétrèrent au Nord jusque dans le Dara et s'emparèrent de Sidjilmassa (Tafilelt), sous la conduite de Yahia et de Abdallah, qui revinrent ensuite dans le Sahara, après avoir laissé une garnison dans leur dernière conquête.

Yahia-ben-Ibrahim étant venu à mourir, Abdallah rassembla tous les chefs des tribus zenaga du désert et déclara qu'il ne voulait garder que le pouvoir spirituel, et qu'on devait élire un roi, ou chef à la fois militaire et civil, en remplacement du défunt. Pour donner la prééminence aux Lemtouna, qui l'avaient le mieux soutenu, il fit élire roi un chef de leur tribu, descendant de Telagagguine et nommé *Yahia-ben-Omar*; ce dernier ne fut du reste que le commandant en chef de l'armée almoravide, Abdallah conservant en fait l'autorité suprême.

Yahia-ben-Omar, sur l'ordre de Abdallah, s'empara de tout ce qui restait à prendre dans le Sahara, ainsi que d'un grand nombre de villages peuplés de Nègres et relevant de l'autorité de l'empereur de Ghana. Aoudaghost, demeuré jusque-là fidèle à ce prince, fut attaqué en 1054 par Abdallah lui-même. A cette époque, la population de la ville, composée surtout d'Arabes et de Berbères, était divisée en deux fractions ennemies; profitant de cette circonstance et attirés par la richesse des habitants et le nombre de leurs esclaves, les Almoravides se ruèrent à l'assaut avec impétuosité, s'emparèrent de la ville, la pillèrent de fond en comble, violèrent les femmes, capturèrent les esclaves et massacrèrent tous les hommes qui ne purent prendre la fuite. Abdallah fit même mettre à mort un saint personnage nommé Zebâgara, né à Kaïrouân d'un père arabe et qui avait fait le pèlerinage de La Mecque. La raison de cette rigueur des Almoravides, nous dit Bekri, était que les habitants d'Aoudaghost reconnaissaient la suzeraineté de l'empereur de Ghana.

Peu après, vers 1055, le peuple de Sidjilmassa massacra la garnison almoravide. Les docteurs de la ville, conseillés par Ouaggag et redoutant la colère de Abdallah, mirent le massacre sur le compte des Zenâta et firent demander au réformateur de venir purger leur pays des infidèles qui le déshonoraient. Abdallah convoqua aussitôt tous les Almoravides, mais les Goddala, mécontents de ce qu'on avait choisi le roi parmi les Lemtouna, refusèrent de marcher et se retirèrent sur le bord de l'Océan, entre la baie d'Arguin et le Sénégal. Emmenant alors avec lui le plus grand nombre des guerriers lemtouna, Abdallah en personne se rendit dans le Sud marocain, s'empara du Dara et de Sidjilmassa sur les Maghrâoua qui s'en étaient rendus maîtres et commença à installer au Maroc la domination des Lemtouna venus de l'Adrar et du Tagant, domination qui devait bientôt s'étendre à l'Espagne.

Cependant Yahia-ben-Omar était demeuré dans le Sud. Le gros contingent des Almoravides étant parti pour le Maroc avec Abdallah, il ne disposait que d'un nombre d'hommes restreint et une attaque des Goddala rebelles était à craindre. Aussi, sur le conseil que lui avait donné Abdallah en le quittant, Yahia s'installa au cœur des montagnes des Lemtouna qui, d'accès difficile, abondaient en eau et en pâturages et s'étendaient sur un espace de six journées de marche dans un sens contre une journée dans l'autre : à cette description donnée par Bekri, il est facile de reconnaître l'Adrar Mauritanien (1). Une place forte, nommée *Azgui* ou Azoggui — sans doute le point actuel d'Azougui, près et au Nord-Ouest d'Atar (2), — lui servait de résidence et d'abri ; cette forteresse, entourée d'une forêt de 20.000 dattiers, avait été construite par Yannou, frère aîné de Yahia-ben-Omar. Redoutant, malgré sa position, de ne pouvoir résister aux Goddala, Yahia fit implorer le secours de l'empereur du Tekrour, qui lui envoya un contingent toucouleur commandé par Lebbi, fils de l'empereur Ouâr-Diâbi. Les Goddala en effet, au nombre de 30.000 guerriers, marchèrent en 1056 ou 1057 contre Yahia. Ce dernier, à la tête de ses propres soldats et du contingent toucouleur, se porta au devant de l'ennemi, qu'il rencontra à *Tebferilla* ou *Tin-Ferella*, lieu qui se trouvait sans doute dans la région d'Akjoujt, au Sud-Ouest d'Atar (3). Les Goddala furent vainqueurs et, à partir de ce jour, ne furent

(1) Les Lemtouna se partageaient alors en deux fractions : celle du Tagant, avec Aoudaghost comme ville principale, plus ou moins vassale de l'empereur de Ghana, et celle de l'Adrar, toujours demeurée indépendante et ayant comme chef-lieu Azgui.

(2) Aboulféda donne comme position à Azgui 22° de latitude Nord et 4° de longitude à l'Est de l'embouchure du Sénégal, ce qui correspond, à 150 kilomètres près, à la position d'Atar : si l'on ne trouvait pas d'approximations plus inexactes dans les positions d'Aboulféda, ce serait magnifique.

(3) Bekri place Tebferilla entre la montagne des Lemtouna (région d'Atar et d'Oujeft) et le Taliouyen ou Talouine ; ailleurs il dit que les Lemtouna de la montagne passaient l'été dans l'Amatlous (sans doute l'Amatlich de la carte Gerhardt, au sud d'Akjoujt) et dans le Taliouyen, régions situées à dix jours au nord du pays des Noirs.

plus inquiétés par les Almoravides. Quant à Yahia-ben-Omar, il fut tué au cours du combat.

Abdallah, informé de cet événement, fit donner le commandement de l'empire almoravide au frère du défunt, *Aboubekr-ben-Omar*, né d'un père lemtouna et d'une mère goddala, qui se trouvait alors avec lui dans le Sud marocain. Aboubekr s'empara du Sous sur les Guezoula, du Deren (Atlas) sur les Masmouda, d'Aghmat sur les Maghrâoua, puis fit la guerre aux Berghouâta. C'est au cours de cette expédition que fut tué Abdallah-ben-Yassine, en 1058 ou 1059, au combat de Kerifelt. Ce dernier, si rigoriste pour les autres, avait mené lui-même une vie fort dissolue, épousant chaque mois plusieurs femmes nouvelles et les répudiant ensuite. « Il n'entendait pas parler d'une jolie fille, dit Gharnati, sans la demander aussitôt en mariage ; il est vrai qu'il ne donnait jamais plus de quatre ducats de dot » (1).

A la mort de Abdallah, Aboubekr devint le seul maître de l'empire almoravide. Il résidait alors à Aghmat, à un jour de l'emplacement où devait s'élever Marrakech quelques années plus tard, sur la route du Tafilelt. L'année suivante (1059 ou 1060), il apprit que les Berbères du Sud se révoltaient contre son autorité et que les Messoufa se portaient contre les Lemtouna demeurés dans l'Adrar. Laissant donc son cousin *Youssof-ben-Tachfine* au Maroc pour le gouverner en son absence, il partit en 1060 ou 1061 pour le Sahara, ramena à l'obéissance les nomades révoltés et, pour leur donner de l'occupation, les emmena guerroyer au Soudan contre l'empereur de Ghana, qui se nommait alors *Bassi*.

Ce dernier n'était monté sur le trône qu'à l'âge de 85 ans ; devenu aveugle, il s'entendait avec son entourage pour cacher cette infirmité à son peuple. Quoique infidèle, il aimait à témoigner des égards aux musulmans, mais cela ne l'empêcha pas de se trouver en butte aux hostilités des Almoravides.

Sur ces entrefaites, Aboubekr apprit que son cousin Youssof, en son absence, avait fait du Maroc un grand et riche empire,

(1) Traduction Beaumier, p. 184.

et il quitta le Soudan pour aller se remettre à la tête des Almoravides du Nord. Mais Youssof, sur le conseil de sa femme Zineb, ex-femme d'Aboubekr, se porta à la rencontre de ce dernier avec une forte armée et beaucoup de cadeaux, laissant entendre à son cousin qu'il le combattrait si celui-ci tentait de reprendre le pouvoir, tandis que, dans le cas contraire, il lui donnerait tous ces trésors, si rares au Sahara. Aboubekr accepta les cadeaux et retourna au Tagant, où il établit définitivement sa résidence habituelle.

C'est ainsi que la majeure partie de l'armée des Almoravides demeura dans le Maroc et se porta de là en Espagne, tandis que les pays du Soudan et du Sahara où leur puissance était née ne conservèrent que de faibles contingents, commandés par Aboubekr. Celui-ci, ne pouvant plus songer à être le sultan du Nord, voulut être celui du Sud. Utilisant avec habileté les guerriers lemtouna qui lui étaient demeurés fidèles et les alliés qu'il pouvait recruter parmi les autres tribus zenaga restées au Sahara, il fit une guerre sans merci à l'empereur de Ghana et à ses différents vassaux.

VI. — L'empire de Ghana vers 1065.

Avant de passer au récit des événements qui mirent la ville de Ghana entre les mains des Almoravides, il me paraît nécessaire de jeter un coup d'œil sur ce qu'était l'empire de Ghana au moment où Aboubekr-ben-Omar se sépara de Youssof-ben-Tachfine.

A cette époque (1062), l'empereur Bassi vint à mourir et fut remplacé par son neveu utérin *Ménin*, car « l'usage de ce peuple, — nous dit Bekri qui écrivait son ouvrage cinq ans après l'avènement de Ménin, — veut que le roi ait pour remplaçant le fils de sa sœur, afin d'être sûr que son successeur soit bien de son sang ».

L'empereur ou *tounka* Ménin, bien que ses Etats se trouvassent amputés d'Aoudaghost et de plusieurs principautés tributaires de moindre importance, était maître encore d'un vaste domaine et, d'après le témoignage de Bekri, sa puissance était considérable. Il pouvait mettre en campagne 200.000 guerriers, dont 40.000 archers au moins ; il possédait une cavalerie, mais de valeur assez médiocre, les chevaux du pays étant fort petits Son autorité, amoindrie dans le Nord et dans l'Ouest par la fortune rapide de l'empire almoravide, s'exerçait cependant encore sur Tichit et sur une partie tout au moins de l'ancien royaume d'Aoudaghost ; d'après le *Kitâbou-l-jarafiya*, ouvrage arabe anonyme cité par Cooley, l'empereur de Ghana faisait. avec succès la guerre aux Almoravides campés au Nord-Est de sa capitale, entre celle-ci et Rayoun ou Araouân, qui était « la ville du désert la plus proche de Sidjilmassa et de Ouargla ». Au Sud, l'autorité du prince soninké s'étendait jusqu'au haut Sénégal et se faisait même sentir sur la rive gauche de ce fleuve, dans les pays aurifères du Ouangara (Bambouk et Gangaran) et parmi les sauvages Diallonké — les *Lemlem* des auteurs arabes —, chez lesquels ses bandes armées allaient renouveler de temps à autre sa provision d'esclaves. A l'Est, le pouvoir de Ménîn ne dépassait pas le Niger, à partir duquel commençait à se faire sentir l'influence de l'empire de Gao. Au Sud-Ouest enfin son autorité cessait là où commençait celle de l'empereur de Tekrour : les Soninké du Galam, placés entre deux feux, obéissaient tantôt à l'un et tantôt à l'autre des deux souverains, ou profitaient de leur situation pour garder l'indépendance ; à l'époque où écrivait Bekri (1067-68), les Soninké de *Silla* (près et à l'Ouest de Bakel) dépendaient du Tekrour : ils avaient été convertis à l'islamisme par Ouâr-Diâbi et leur chef était considéré comme assez puissant pour résister aux armées que l'empereur de Ghana aurait pu envoyer contre lui ; il faisait la guerre à ceux de ses voisins demeurés païens. Parmi ces derniers étaient les habitants de *Galambou*, ville du Kaméra située près de l'embouchure de la Falémé, à un jour de Silla, et qui, elle, dépendait du *tounka* Ménîn ainsi que *Diaressi* (Diarissona, Yaressi ou Barissa), qui était alors le chef-lieu du Guidimaka et devait se trouver à peu près en face d'Ambidédi.

Bekri nous a laissé une excellente description de Ghana et des principales contrées de l'empire, tel qu'il existait de son temps, c'est-à-dire une dizaine d'années avant que la capitale ne fût prise et saccagée par les Almoravides. Ghana, d'après lui, se composait de deux villes situées dans une plaine. L'une, habitée par les musulmans (marchands arabes et berbères), renfermait douze mosquées, pourvues chacune d'un imâm, d'un muezzin et d'un lecteur ; on y rencontrait des jurisconsultes et des savants distingués. Des puits d'eau douce servaient à abreuver les habitants et, près de ces puits, on cultivait des légumes. Le climat cependant était malsain pour les gens du Maghreb ; au moment de la maturité des épis, presque tous les étrangers tombaient malades et une grande mortalité sévissait à l'époque de la moisson. La ville païenne, où résidait l'empereur, était à six milles de la ville musulmane ; des habitations s'étendaient d'ailleurs entre les deux quartiers. La ville impériale, la plus vaste des deux, était appelée par les Arabes *El-Ghâba* (la forêt), parce qu'elle était entourée de bois sacrés où des huttes servaient de demeures aux prêtres chargés du culte national et où étaient conservées les idoles, à côté des tombes des souverains ; des gardiens empêchaient de pénétrer dans ces bois et de voir ce qui s'y passait. C'était également dans ces bois sacrés que se trouvaient les prisons d'Etat : dès que quelqu'un y était enfermé, nous dit Bekri, on n'entendait plus parler de lui.

Les maisons de Ghana étaient construites avec des pierres (1) et du bois de gommier. Le palais de l'empereur se composait d'une sorte de château qu'entouraient des huttes de terre à toit conique en paille, le tout environné d'un mur. Près du tribunal impérial était une mosquée, à l'usage des musulmans qui venaient rendre visite à l'empereur.

Les interprètes, le trésorier et la plupart des ministres étaient choisis par l'empereur parmi les musulmans. L'empereur et son héritier présomptif avaient seuls le droit, parmi les païens, de porter des vêtements confectionnés ; les sujets du prince ne se vêtaient que de pagnes de laine (appelés *kassa* par Edrissi), de

(1) Ghana est la seule ville du Soudan dans laquelle les auteurs arabes aient signalé des maisons en pierres ; encore ces maisons ne devaient-elles s'y rencontrer qu'exceptionnellement, puisque, plus loin, Bekri parle de huttes d'argile entourant le palais impérial. Il est probable que ces pierres n'étaient pas maçonnées ni taillées.

coton (*fouta* dans le même auteur), de soie ou de velours, selon les moyens de chacun. Les hommes se rasaient la barbe et les femmes la chevelure. L'empereur portait des colliers et des bracelets et se couvrait la tête de plusieurs bonnets brodés superposés, entourés d'un turban de cotonnade très fine.

Ce monarque donnait audience sous une sorte de tente ou de vaste parasol ; auprès de lui se tenaient alors dix chevaux richement caparaçonnés et derrière lui étaient dix serviteurs portant des boucliers et des épées à poignée d'or ; à sa droite étaient rangés les fils des rois vassaux, superbement vêtus, les cheveux tressés et ornés de bijoux d'or. Quant au maire de la ville et aux ministres, ils s'asseyaient par terre devant l'empereur. L'entrée de la tente était gardée par des chiens portant des colliers d'or et d'argent garnis de grelots également en or et argent. L'ouverture de l'audience était annoncée au moyen de longs tambours appelés *daba* (1), dont la caisse était faite d'un tronc d'arbre évidé. Lorsque les sujets de l'empereur se présentaient devant le prince, ils se prosternaient et se jetaient de la poussière sur la tête ; quant aux musulmans, ils se contentaient de frapper leurs mains l'une contre l'autre, en signe de respect.

Edrissi rapporte que, tous les matins, l'empereur faisait à cheval le tour de sa capitale, suivi de tous ses officiers ; les gens qui avaient à se plaindre de quelque injustice pouvaient, au cours de cette promenade, s'adresser à lui : il réglait l'affaire sur-le-champ et, une fois la justice ainsi rendue, rentrait à son palais. Il faisait une nouvelle promenade dans la soirée, mais alors nul ne pouvait l'aborder.

Lorsque le souverain venait à mourir, on construisait une sorte de dôme en bois à l'endroit où devait s'élever le tombeau, puis on plaçait le corps sur une estrade garnie de tapis et de coussins, à l'intérieur du dôme ; auprès du cadavre, on disposait les ornements et les armes du défunt, ainsi que les plats et les calebasses dans lesquels il avait coutume de manger et de boire et que l'on remplissait d'aliments et de boisson avant

(1) Le nom de ces tambours est aujourd'hui encore *daba* ou *taba* en soninké et en mandingue.

de les placer dans la chambre sépulcrale ; on enfermait aussi dans cette chambre plusieurs des serviteurs du défunt, choisis parmi ceux qui, de son vivant, lui préparaient sa nourriture. Puis on recouvrait l'édifice avec des nattes et des étoffes et toute la foule assemblée jetait de la terre dessus, de façon à former un grand tertre qu'on entourait ensuite d'un fossé.

Bekri raconte que les gens de Ghana sacrifiaient des victimes aux morts et leur offraient des boissons fermentées. L'épreuve du poison était admise en justice : si quelqu'un niait une dette ou était accusé d'un crime et refusait de s'en reconnaître l'auteur, le juge prenait une parcelle d'un bois âcre et amer et la faisait infuser dans de l'eau, puis obligeait l'accusé à boire cette infusion : si l'estomac du défendeur rejetait le breuvage, il était proclamé innocent ; sinon, on le considérait comme coupable.

Les principaux articles d'importation venant du Maroc ou du Sahara étaient le cuivre, les cauries, les tissus, les figues, les dattes et le sel.

L'empeur prélevait un dinar par chaque âne chargé de sel qui pénétrait sur son territoire et deux dinars par chaque charge de sel quittant le pays. Le droit sur le cuivre importé à Ghana était de cinq *mitskal* par charge et le droit sur toute autre marchandise était de dix *mitskal* par charge. Le sel était apporté par caravanes des mines de Tatental, situées dans le Sahara à 40 jours au nord de Ghana et à 20 jours au sud du Tafilelt, et aussi des mines d'Aoulil ; le sel d'Aoulil arrivait à Ghana en traversant le Tagant ou bien encore était transporté par mer d'Aoulil à l'embouchure du Sénégal, puis remontait le fleuve en pirogues jusqu'à Silla ou Diaressi, d'où il gagnait Ghana par caravanes. Aoulil fournissait aussi de l'ambre gris.

L'or était importé des pays situés au Sud de l'empire ; on allait chercher à *Gadiaro* ou Gadiara, ville située à dix-huit jours de Ghana, par une route ne traversant que des contrées habitées par des Nègres. Gadiaro n'était d'ailleurs qu'un marché d'échange : l'or lui-même provenait des régions montagneuses situées sur la rive gauche du haut Sénégal. Toutes les pépites trouvées dans les mines dépendant de l'empire appartenaient au souverain, mais l'or en poudre appartenait à qui l'avait récolté. Bekri assure qu'on rencontrait parfois des pépites pesant d'une once à une livre et qu'une pépite énorme faisait, de son temps, partie du trésor impérial ; d'après Edrissi, elle aurait pesé trente livres et l'empereur l'aurait fait percer d'un trou pour y attacher la longe de son cheval.

Le pays qui produisait l'or était alors comme aujourd'hui la région comprise entre la Falémé et le haut Niger — Bambouk, Gangaran, Manding et Bouré — région connue des Arabes sous le nom de *Ouangara* qui fut, par extension, appliqué aux Mandingues et à tous les peuples de la famille mandé sujets des empires de Ghana et de Mali. D'après Edrissi, le Ouangara formait une île de 300 milles de long sur 150 de large, entourée de tous côtés « par le Nil » ; cette description, appliquée à l'ensemble des pays que je viens d'énumérer, est assez exacte : le Sénégal au Nord, la Falémé à l'Ouest, le Bakhoy à l'Est, le Niger et le Tinkisso au Sud forment en effet une ceinture fluviale presque continue autour de la région aurifère. Edrissi relate que, vers le mois d'août, les eaux sortaient du lit des rivières et inondaient une bonne partie du Ouangara, et que l'on ramassait l'or au moment où les eaux se retiraient ; Sa'di s'exprime à peu près de même : il en faut conclure que, au moins dans les vallées, on procédait surtout par lavage des sables d'alluvion.

Le fait que Ghana était en quelque sorte l'entrepôt de l'or du Soudan fut sans doute la cause principale de sa prospérité. Yakout nous fournit à cet égard des renseignements très complets et très intéressants. Il nous dit même que la richesse des habitants de Sidjilmassa et de Dara, dans le Sud marocain, provenait de ce que ces villes se trouvaient situées sur la route conduisant à Ghana et de là aux mines d'or du Soudan. Il nous explique comment s'organisaient à Ghana les voyages accomplis en vue d'aller acquérir le précieux métal. Les commerçants du Maghreb y arrivaient du Tafilelt avec un stock de marchandises se composant de sel acheté en route à Tatental (région de Teghazza) et d'un bois résineux, mais sans odeur désagréable, qui servait à parfumer les outres de cuir et à rendre buvable l'eau qui y avait séjourné longtemps ; ils apportaient en outre des perles de verre bleu (1), des anneaux, boucles d'oreille et bagues en cuivre rouge. Durant la traversée du Sahara, les caravanes s'approvisionnaient d'eau chez les Lemtouna voilés du Sud marocain et du Nord de l'Adrar, car, en dehors de ces régions, on ne rencontrait que quelques puits d'eau saumâtre, à moins de se trouver à passer après une pluie abondante, auquel cas on pouvait trouver çà et là un peu d'eau courante. A la sortie du territoire des Lemtouna du Nord, les voyageurs buvaient d'abord l'eau pure ramassée dans ce pays et en abreuvaient leurs chameaux; ensuite ils mélangeaient progressivement cette eau avec celle qu'ils trouvaient en route, car ceux qui ne buvaient que l'eau du désert tombaient malades, particulièrement quand ils n'y étaient pas habitués, et ne se rétablissaient qu'en arrivant à Ghana, après des fatigues considérables.

Une fois à Ghana, les commerçants maghrébins s'associaient avec des intermédiaires de la ville, gens habiles à conclure les marchés avec les populations du Sud, prenaient des guides et renouvelaient leur provision d'eau selon la méthode spéciale que j'ai décrite plus haut d'après le même auteur (2). Après un voyage d'une vingtaine de jours, fort pénible au début lors de la traversée du désert qui séparait Ghana du Soudan proprement dit, les caravanes arrivaient aux pays voisins du Sénégal et entraient en contact avec les indigènes de la région aurifère. Cette prise de contact était très particulière et rappelait singulièrement le procédé usité par les Carthaginois et rapporté par Hérodote. Les commerçants maghrébins frappaient sur de grands tambours dont le son s'entendait au loin ; les Noirs des pays aurifères, d'après ce qu'on raconta à Yakout, étaient des sauvages allant complètement nus, ignorant la pudeur comme les bêtes et se cachant dans des trous creusés dans la terre (3) ;

(1) Peut-être étaient-ce des perles d'origine phénicienne analogues à celles que l'on rencontre dans les régions aurifères de la Côte d'Ivoire et de la Côte d'Or.
(2) Premier volume, pages 87 et 88.
(3) Sans doute Yakout entend par ces « trous », non pas des habitations, mais les puits servant à l'extraction des alluvions aurifères.

ils avaient peur de se tenir debout en face des marchands blancs et ne venaient jamais au devant d'eux, mais, dès qu'ils entendaient le son des tambours, ils sortaient de leurs cachettes et attendaient sans bouger à une certaine distance. Les commerçants déballaient leurs marchandises (sel, anneaux de cuivre, perles bleues) : chacun déposait à terre, par petits paquets séparés, les marchandises lui appartenant en propre, puis tous s'éloignaient hors de la vue des indigènes. Ceux-ci s'approchaient alors et, à côté de chaque tas de marchandises, déposaient une quantité déterminée de poudre d'or, puis se retiraient. Les marchands revenaient ensuite, chacun prenant ce qu'il trouvait d'or à côté de son tas de marchandises, puis ils s'en retournaient en battant du tambour pour annoncer leur départ et la conclusion du marché, laissant les marchandises à l'endroit où ils les avaient déposées. Ces transactions à la muette s'accomplissaient, paraît-il, très régulièrement, et sans qu'aucune des parties craignit d'être trompée par l'autre. Massoudi (*Prairies d'or*, vol. IV, page 93) relate aussi cette coutume, qu'il dit être bien connue des gens de Sidjilmassa ; il ajoute que les marchands se rendant de cette ville dans l'empire de Ghana pour y acheter de l'or déposaient leurs marchandises sur les bords « du grand et large fleuve » près duquel vivaient les indigènes chercheurs d'or : ce grand et large fleuve n'était autre que le Sénégal, que les commerçants maghrébins atteignaient près de l'embouchure de la Kolembiné.

Yakout complète sa description des mœurs commerciales de cette époque en citant une opinion d'Ibn-el-Faqih, d'après lequel l'or poussait dans le sable du Ouangara comme poussent les carottes et se récoltait au lever du soleil ; d'après le même informateur, les indigènes de la région aurifère se nourrissaient de petit mil, de pois chiches et de haricots et s'habillaient de peaux de léopards, animaux très nombreux dans la contrée. D'après Edrissi, les indigènes de tous les pays soudanais dépendant de Ghana — comme aussi ceux relevant de Tekrour — étaient armés d'arcs et de flèches et de massues ; leurs maisons étaient construites en argile et couvertes de paille ; ils se paraient d'ornements en cuivre et de colliers en perles de vèrre ou de pierre ; ils cultivaient principalement le mil et en tiraient une boisson fermentée.

Route conduisant de Ghana à Gadiaro (d'après Bekri). — A quatre jours de Ghana, on trouvait *Samakanda* (chez les Samaka ou gens du Sama), capitale du *Sama*, pays vassal de Ghana ; les habitants de ce pays, qui passaient pour les meilleurs archers de tous les Nègres et se servaient de flèches empoisonnées, portaient le nom de *Bagama* ou Bakama (c'étaient sans doute des Kâgoro) : les hommes allaient complètement nus, tandis que les femmes cachaient leur sexe au moyen de lanières de cuir; elles se rasaient la tête, mais non le pubis Chez les Bagama — comme aujourd'hui chez les Kâgoro et les Banmana, — le fils héritait de son père, contrairement à l'usage qui régnait à Ghana et chez les Soninké de l'époque.

A deux jours de Samakanda, on entrait dans le pays de *Tâka* ou Dâga, où croissaient en abondance des arbres nommés *tadmout* en berbère (baobabs), donnant des fruits de la forme d'une pastèque, remplis d'une substance à la fois sucrée et acidulée (pain de singe) que l'on employait contre la fièvre.

Le septième jour, on arrivait à un affluent du Sénégal appelé *Diougou* (sans doute la Kolembiné), que les chameaux passaient à gué et les hommes en pirogue. Onze journées de marche séparaient l'endroit où l'on traversait cette rivière de Gadiaro. Après l'avoir franchie, on entrait dans le pays de *Garantel*, grand royaume païen fréquenté par des marchands musulmans qui ne faisaient qu'y passer mais étaient traités avec égard par les habitants ; ce pays renfermait des éléphants et des girafes. La ville même de Garantel, appelée Garbil par Edrissi et placée par lui à neuf jours de Samakanda, devait se trouver au sud du point où la route de Ghana à Gadiaro traversait le Diougou et sur la rive droite de cette rivière, à la pointe sud de l'étang de Magui, c'est-à-dire à l'Ouest de Koniakari et au Nord-Est de Kayes ; Edrissi dit qu'elle était bâtie au bord du « Nil » — lisez : d'une masse d'eau importante —, sur le flanc septentrional d'une montagne, et que ses habitants se vêtaient de laine et se nourrissaient de mil, de poisson et de lait de chameau.

Cliché Froment

FIG. 33. — Groupe de Touareg, à Bamba.

Cliché Froment

FIG. 34. — Cavaliers Songaï, près de Say.

En sortant du royaume de Garantel, on arrivait à *Gadiaro* (ou Gadiara, d'après Edrissi), rendez-vous des marchands qui allaient acheter de l'or et des expéditions venant lever le tribut sur les mines au nom de l'empereur de Ghana. Gadiaro était une ville fortifiée, située sur la rive Nord du Sénégal et à douze milles du fleuve (sans doute à peu près en face de notre Kayes actuel et non loin de l'ancien Kayes de la rive droite); de nombreux musulmans y habitaient. En réalité, Gadiaro n'était qu'un entrepôt : les mines d'or se trouvaient de l'autre côté du Sénégal et à une certaine distance, ainsi que je l'ai expliqué plus haut, dans le pays qu'habitaient les *Lemlem* d'Edrissi. Ce dernier rapporte que les gens de Gadiaro, montés sur des chameaux, allaient chez les Lemlem capturer des esclaves qu'ils vendaient aux gens de Ghana.

Pays et villes situés dans le bassin du Sénégal et faisant partie de l'empire de Ghana (toujours d'après Bekri). — A l'Ouest de Gadiaro, sur la rive Nord du Sénégal, se trouvait (à peu près en face d'Ambidédi) la ville de *Diaressi* ou Yaressi ou Diarissona (*alias* Barissa) (1), qui était peuplée de musulmans, quoique environnée de païens ; on y trouvait des chèvres de petite taille qui, prétend Bekri, se fécondaient sans le secours d'un mâle, en se frottant contre le tronc d'un certain arbre. Des commerçants noirs étrangers au pays et nommés *Nougamarta* venaient acheter de la poudre d'or à Diaressi et la transportaient de là dans tout le Soudan. Vis-à-vis de cette ville, sur la rive Sud du fleuve, s'étendait, sur une profondeur de huit journées de marche, un grand royaume dont le souverain portait le titre de *dou* — ou le nom de *Dao* — et dont les habitants combattaient avec des flèches ; ces habitants — des Diallonké probablement — sont appelés *Lemlem* par Edrissi, qui ajoute que les gens de Tekrour et de Ghana se rendaient dans leur pays pour y capturer des esclaves ; le même auteur cite, parmi les villages des Lemlem, une localité qu'il appelle *Mallel*, située sur une colline de terre rouge, au Nord d'une montagne d'où jail-

---

(1) Aboulféda place Barissa par 13°30' de latitude Nord et par 11°30' de longitude à l'Est de l'embouchure du Sénégal.

4

lissait une source qui alimentait en eau les habitants et donnait naissance à un affluent du Sénégal ; il cite encore une autre localité qu'il appelle *Dao*, sans doute du nom du chef mentionné par Bekri (1). Ce royaume du *dou* ou de Dao était contigu au pays de Mali ou des Mandingues, lequel était indépendant de Ghana.

A l'Ouest de Diaressi, en suivant le Sénégal, on trouvait la ville de *Galambou*, peuplée de païens qui étaient en butte aux incursions du chef de Silla ; Galambou devait se trouver sur la rive Sud du fleuve, très près du confluent de la Falémé.

A un jour en aval de Galambou — sans doute à l'Ouest et très près de Bakel —, était la ville de *Silla*, bâtie à cheval sur les deux rives du fleuve et peuplée de musulmans depuis le début du XIe siècle, époque à laquelle l'empereur toucouleur Ouâr-Diâbi ou Ouâr-Diâdié avait converti les habitants de Tekrour et de Silla. Les gens de cette dernière ville faisaient le commerce du mil, du sel d'Aoulil, des anneaux de cuivre provenant du Maghreb et de petits pagnes de coton appelés *tiaguia* ou *chakia* et fabriqués dans le pays des *Toronka* (sans doute au Fouta-Toro) ; ils possédaient beaucoup de bœufs, mais n'avaient ni moutons ni chèvres. Dans la partie de leur territoire touchant au Sénégal, en un endroit nommé Sahâbi, se trouvaient beaucoup d'hippopotames ; ces animaux étaient appelés *gabou* (Bekri orthographie *gafou*) dans la langue du pays, ce qui indique que le peul était alors parlé à Silla ou du moins dans la région de Silla, c'est-à-dire de Bakel ; les riverains les chassaient au moyen de courts javelots de fer munis chacun d'une corde : l'animal blessé plongeait, mourait au fond de l'eau, puis remontait à la surface, et on le halait alors

---

(1) Edrissi ajoute que les Lemlem, qui allaient souvent tout nus, se faisaient des stigmates sur les tempes et la face ; leur pays se trouvait en bordure d'un affluent du « Nil », c'est-à-dire du Sénégal (la Falémé ou le Bafing, ou les deux) et touchait à l'Ouest au pays des Magzâra ou Magrâra (par lequel il convient d'entendre le Boundou, le Fouta et le Diolof) et au Sud à des déserts inhabités (lisez : des contrées inconnues). La langue des Lemlem différait de celle des Magzâra (toucouleur, sérère et ouolof) et de celle de Ghana (soninké). Voir : Barth, *Central-Afrikanischer Vokabularien*, page CLXVII.

au moyen des cordes attachées aux javelots. On mangeait la chair des hippopotames et on confectionnait des cravaches avec leur peau.

Dans toutes ces régions baignées par le Sénégal, on semait deux fois par an : d'abord sur la partie du sol qui avait été inondée durant la crue, et ensuite sur les terrains arrosés par la pluie.

Dans les mêmes pays, la coutume était que la victime d'un vol pouvait à sa guise vendre le voleur comme esclave ou le tuer ; quant à celui qui se rendait coupable d'adultère, il était écorché vif.

A Silla finissaient les domaines de l'empereur de Ghana et commençaient ceux de l'empereur de Tekrour.

Pays de l'empire de Ghana situés à l'Ouest de la capitale (encore d'après Bekri). — Aoudaghost se trouvait à quinze journées de marche dans l'Ouest de Ghana ; un peu au Sud de la ligne joignant ces deux localités, c'est-à-dire à peu près sur la route actuelle de Néma à Kiffa, on rencontrait à six jours de Ghana la ville d'*In-Bara* ou Ambara, dont le chef — il s'appelait Târam à cette époque — n'obéissait pas à l'empereur Méntn, s'étant sans doute trouvé englobé dans la main-mise des Almoravides sur Aoudaghost et ses dépendances. Cette localité devait se trouver à mi-chemin environ de Goumbou et de Tichit.

En continuant dans la même direction, on trouvait, neuf jours au delà d'In-Bara, la ville de *Kougha*, peuplée de musulmans bien qu'entourée d'infidèles ; cette ville devait se trouver à peu de distance du poste actuel de Mbout dans la Mauritanie ; les caravanes venant de l'Adrar ou d'Aoulil s'y arrêtaient pour y déposer des cauries, du cuivre et du sel et en emporter de la poudre d'or provenant des mines de la Falémé : il semble que Kougha était le marché soudanais de l'Adrar, comme Diaressi et Gadiaro étaient ceux du Tagant et de Ghana. Bekri assure que les mines dont le produit allait à Kougha étaient celles qui, de tout le pays nègre, fournissaient le plus d'or. Cette ville se trouvait vraisemblablement sur la limite des zones d'influence respectives de Tekrour et de Ghana, car Bekri nous dit qu'une localité de la même région, qu'il appelle *Alouken* (située sans doute dans le Nord-Ouest du Guidimaka), était commandée par un nommé Kammara, fils de feu l'empereur Bassi et cousin de Ménin (1).

Bien que le géographe arabe ne l'indique pas, la route de Ghana à Tekrour par In-Bara et Kougha devait marquer l'extrême limite septentrionale du domaine propre des Noirs dans cette contrée ; il nous dit en effet qu'en partant du pays des Toronka (sans doute le Fouta-Toro) — qui s'étendait plus vers l'Est qu'aujourd'hui puisque sa capitale n'était pas très éloignée de Galambou et de Diaressi (2) —, et en se dirigeant vers l'Est « à travers le pays des Nègres », on traversait des royaumes qu'il n'a pas mentionnés sur la route sus-indiquée et qui, vraisemblablement, se trouvaient un peu plus au Sud.

Ces royaumes, en partant du Tekrour — c'est-à-dire de l'Ouest —, étaient ceux du *Diafouko* (peut-être le Diafounou ou un pays voisin appelé Diafounko (3), ce qui signifierait en mandingue « au delà du Diafounou ») et des *Faraoui* ou Faraoua (peut-être le Diomboko ou le Kaarta). Les Noirs du Diafouko adoraient un serpent ressemblant à un grand boa, mais pourvu d'une crinière et d'une queue poilue ; ce reptile se tenait dans une caverne à l'orifice de laquelle se trouvaient un arbrisseau

(1) Cooley a cru pouvoir identifier In-Bara avec Hombori et Kougha avec Gao ; à vrai dire, l'orthographe donnée à Kougha par Bekri est exactement la même que celle donnée à Gao par Ibn-Haoukal (Kougha ou Kaoga), mais, alors que le Kougha d'Ibn-Haoukal correspond manifestement à Gao, celui de Bekri, indiqué comme se trouvant à quinze jours à l'*Ouest* de Ghana et à proximité des mines d'or, de Tekrour et d'Aoulil, ne peut aucunement se confondre avec Gao. Il serait également invraisemblable qu'un cousin de l'empereur de Ghana eût exercé un commandement dans la région de Gao, puisque nous savons que l'autorité de Ménin s'arrêtait vers l'Est à Ras-el-Ma. Enfin Bekri nous donne, dans un autre passage, un itinéraire très circonstancié de Ghana à Gao, fort différent de celui de Ghana à Kougha, et il écrit le nom de Gao d'une manière bien distincte, qui ne peut se lire que Koukou, Koko, Kaokao ou Gaogao.

(2) D'après des traditions recueillies par M. le Commandant Gaden, la résidence du roi du Toro fut, à une certaine époque, *Gallat*, village situé non loin de l'emplacement actuel de Bakel.

(3) A la rigueur, Bekri mettant souvent un *f* à la place d'un *b* dans sa transcription des noms soudanais, on pourrait lire *Diomboko* le mot qu'il orthographie *Zefokou* ou *Diafouko*.

et des pierres ; ceux qui se consacraient au culte du serpent résidaient près de cette caverne et suspendaient aux branches de l'arbrisseau des vêtements précieux et des bijoux de bon aloi, déposant à son pied des calebasses qui renfermaient des aliments, ainsi que des vases remplis de lait ou de bière de mil. Lorsqu'ils voulaient faire venir le serpent, il prononçaient des mots magiques et faisaient entendre un sifflement particulier : aussitôt le serpent sortait de sa caverne et se montrait à eux. Lorsqu'un chef du pays venait à mourir, les prêtres du serpent rassemblaient auprès de la caverne tous les candidats à sa succession et prononçaient les mots magiques : le reptile, sortant alors de son trou, flairait les candidats l'un après l'autre, puis touchait l'un deux de son nez et retournait à sa caverne ; l'homme ainsi désigné courait après le serpent de toute sa vitesse, en arrachant autant de poils qu'il le pouvait à la crinière et à la queue de l'animal, car la durée de son règne devait être proportionnée au nombre des poils arrachés, à raison d'une année par poil.

Quant au royaume des Faraoui, il formait un Etat indépendant. Le sel s'y vendait au poids de l'or, ce qui indique que ce pays était assez éloigné du Sahara et de la mer et au contraire assez rapproché des régions aurifères. On y remarquait un étang où poussait une herbe dont la racine jouissait de vertus aphrodisiaques très remarquables ; le roi des Faraoui se réservait pour lui seul la récolte de cette herbe, qui lui permettait de visiter ses nombreuses épouses les unes après les autres sans éprouver aucun affaiblissement. Un roi musulman voisin ayant voulu lui acheter un peu de cette plante, le chef des Faraoui s'y refusa, disant que ce prince musulman, qui n'avait que peu de femmes, se laisserait aller, s'il usait de l'herbe mirifique, à des excès réprouvés par sa religion ; mais, en compensation, il lui envoya une autre plante qui guérissait de l'impuissance.

VII. — Décadence et fin de l'empire de Ghana (1076-1240).

Pendant que Youssof-ben-Tachfine fondait Marrakech en 1068, puis s'emparait de Fez en 1069 et de Séville en 1086,

Aboubekr-ben-Omar faisait la guerre sainte aux Noirs demeurés infidèles de l'empire de Ghana. Il trouva un allié en la personne de l'empereur de Tekrour, Lebbi ou Ibrahim Sal, dont les sujets toucouleurs étaient alors en grande partie musulmans et qui avait déjà, quelques années auparavant, soutenu Yahia-ben-Omar contre les Goddala ; on prétend même qu'Aboubekr aurait épousé Fatimata Sal, fille de l'empereur de Tekrour. L'empire de Ghana au contraire, demeuré réfractaire à l'islam et dont le renom de richesse et de prospérité n'était pas usurpé, devint le but naturel des efforts d'Aboubekr. Mais il semble que Ghana était de taille à résister, d'autant plus facilement que, comme le fait remarquer Ibn-Khaldoun, le gros des troupes almoravides était alors occupé à la conquête du Maroc et de l'Espagne et qu'Aboubekr ne pouvait espérer recevoir aucun secours de son cousin Youssof. Nous ignorons le détail des luttes qui se déroulèrent entre les Zenaga et les Soninké, mais nous savons qu'Aboubekr mit quatorze ans à se rendre maître de Ghana puisque, revenu au Tagant en 1061 ou 1062 après avoir renoncé au trône du Maroc, il ne conquit Ghana qu'en 1076. Mais cette conquête semble avoir été complète : non seulement les Almoravides prirent la ville, pillèrent les biens des habitants, massacrèrent une partie de la population soninké, forçant le reste à s'enfuir ou à embrasser la religion musulmane, mais ils obligèrent l'empereur (1) à reconnaître la suzeraineté d'Aboubekr et à lui payer tribut, et ils annexèrent à leur domaine politique toutes les dépendances de Ghana, jusques et y compris les montagnes aurifères du Bambouk.

Mais la puissance des Almoravides au Soudan ne devait pas être de longue durée : leurs points faibles étaient l'infériorité numérique de leur armée et leurs divisions intestines. Seuls en somme, les Lemtouna de l'Adrar soutenaient énergiquement et fidèlement Aboubekr, et ils n'étaient plus bien nombreux. Les Goddala faisaient toujours grise mine à l'élu de Abdallah-ben-Yassine, au frère de celui qu'ils avaient vaincu et tué à Tebferilla ; les Messoufa, les Lemta et les fractions de moindre impor-

(1) Probablement Ménin, qui était monté sur le trône en 1062.

tance des autres tribus se complaisaient dans des razzias isolées, mais n'aimaient pas prendre part, sous le commandement d'un chef étranger, à des expéditions militaires régulières. D'ailleurs, pendant qu'Aboubekr guerroyait au Soudan, la révolte éclatait dans son propre pays, au Nord-Ouest du Tagant. Il dut retourner dans l'Adrar pour la combattre et c'est en cherchant à la réprimer qu'il fut tué en 1087, d'une flèche empoisonnée que lui décocha un Nègre aveugle de la tribu des Gangara ou Ouangara, — c'est-à-dire un Mandingue ou un Soninké, — mercenaire au service des révoltés.

Avec la mort d'Aboubekr prit fin l'hégémonie des Almoravides au Sahara occidental et au Soudan ; ses successeurs furent simplement chefs des Lemtouna de l'Adrar et eurent assez à faire à défendre leur propre territoire contre les entreprises des Messoufa au Nord et des Goddala à l'Ouest et au Sud ; les Lemtouna du Tagant se rendirent à peu près indépendants et émigrèrent en partie vers l'Est du Hodh et la région de Tombouctou, entraînant avec eux une fraction notable des Goddala. Quant aux Soninké de Ghana, ils ne tardèrent pas à recouvrer leur indépendance, mais leur empire ne devait pas voir renaître la période glorieuse qui avait précédé la lutte avec les Almoravides : à mesure que s'effritait la puissance de ces derniers, les royaumes autrefois tributaires de Ghana se constituèrent en petits États indépendants. Le royaume soninké de Sosso en particulier, fondé dans le Kaniaga à la fin du viiie siècle par quelques familles venues du Ouagadou et fortifié depuis par l'arrivée d'un certain nombre de gens qui avaient fui Ghana lors de la prise de cette ville par Aboubekr, commençait à prendre de l'importance et à englober sous son autorité le Nord du Bélédougou, le Sud du Bagana et une partie du Diaga, toutes provinces qui jusque-là avaient été placées, comme le Kaniaga lui-même, sous la suzeraineté de Ghana : c'était le début de l'empire des Sossé, rival de l'empire de Ghana. Les Doukouré, vers la même époque, fondaient un nouveau royaume au Ouagadou et au Bakounou, et les Niakaté s'établissaient fortement à Diara, dans le Kingui ; le Galam se rendait indépendant ou, comme semble le dire Edrissi, devenait vassal du Tekrour.

En sorte que, au début du xiie siècle, l'empire de Ghana ne formait plus qu'un royaume de médiocre étendue, comprenant seulement l'Aoukar et la région de Bassikounou, c'est-à-dire qu'il était en réalité en dehors du Soudan proprement dit. Il en fut ainsi pendant tout le xiie siècle. Puis, en **1203**, Soumangourou Kannté, empereur de Sosso, s'empara de Ghana et l'annexa à ses Etats ; il ne transporta pas pour cela sa résidence à Ghana et, une fois l'expédition terminée, revint à Sosso pour surveiller les empiétements de son rival du Sud, l'empereur des Mandingues. Mais l'empire de Ghana avait vécu.

La ville elle-même, qui avait déjà perdu beaucoup de son importance depuis la conquête almoravide, déclina de jour en jour. Vingt-et-un ans après son annexion à l'empire de Sosso, en **1224**, les riches familles soninké et les marchands arabes et berbères de Ghana, voulant échapper sans doute aux exactions de la garnison sossé, se transportaient à quelque distance au Nord-Ouest et, sous la direction d'un cheikh nommé Ismaïl, revenant de La Mecque, fondaient *Birou* ou *Oualata*, qui remplaça Ghana comme métropole du Soudan septentrional et comme port du désert (1).

Seize ans après la fondation de Oualata, l'empereur malinké Soundiata, qui venait de renverser l'empire sossé et de l'annexer à ses Etats, s'emparait de Ghana et détruisait ce qui en restait encore (**1240**) (2).

On pourrait être tenté de croire que Ghana ait survécu à la

---

(1) La ville même de Oualata dut être musulmane depuis sa fondation, mais l'ancienne population soninké de l'Aoukar dut demeurer très longtemps païenne puisque, au dire de Léon l'Africain, les peuples dépendant de Oualata adoraient le feu au début du xvie siècle.

(2) D'après une tradition écrite recueillie à Araouân par M. Bonnel de Mézières, Ghana aurait été détruite par un *askia*, neuf cents ans avant l'arrivée du pacha Djouder à Tombouctou, c'est-à-dire vers la fin du viie siècle : le fait et la date sont également inacceptables puisque, à cette époque, le futur empire de Gao ne faisait que commencer à se constituer, le premier *askia* ne devant apparaître d'ailleurs qu'à la fin du xve siècle, et que la période de prospérité de Ghana n'avait pas commencé encore. Sans doute il convient d'interpréter cette tradition en disant que, vers 690, se fondait dans la région de Gao un empire qui, beaucoup plus tard, devait devenir le rival de celui de Ghana.

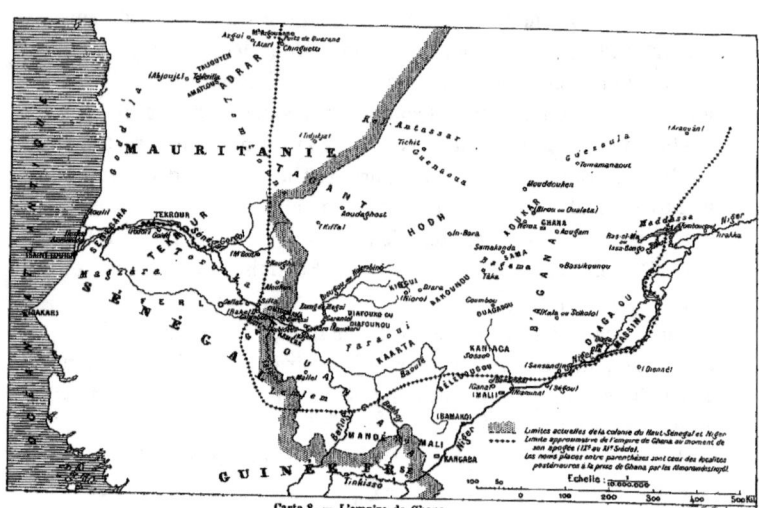

Carte 8. — L'empire de Ghana.

conquête mandingue, puisque des auteurs postérieurs à cette conquête, comme Aboulféda et Ibn-Khaldoun, parlent encore de Ghana, tout en disant que, de leur temps, elle faisait partie de l'empire de Mali. Mais il faut se rappeler que le renom de cette ville fameuse survécut à son existence même et que son nom fut appliqué longtemps encore au pays dont elle avait été la capitale. C'est ainsi qu'Ibn-Khaldoun nous dit avoir puisé la plupart de ses renseignements sur l'empire de Mali auprès d'un cheikh nommé Ousmân, mufti « des habitants de Ghana » — il ne dit pas « mufti de Ghana » —, qu'il rencontra en Egypte en 1393 ; ce mufti devait, très vraisemblablement, résider à Oualata, auprès d'une population composée en effet des descendants d'anciens habitants de Ghana. C'est ainsi encore que, du temps de Marmol (xvie siècle), Oualata était appelé parfois Ghana : « *Gualata que otros llaman Ganata* ».

CHAPITRE III

L'Empire de Gao (VII° au XVI° siècles).

I. — Goungaia, siège de l'empire (690-1009).

Bien que, pour demeurer fidèle à une formule généralement adoptée, je donne le nom d' « empire de Gao » à l'important Etat soudanais qui se développa et fleurit du vii° au xvi° siècles dans la vallée du Niger inférieur et moyen, la ville de Gao ne fut la capitale de cet empire qu'à partir du xi° siècle : durant les 320 premières années de son existence, il eut, comme ville principale et résidence de ses souverains, la localité de *Goungaia* (Koukia selon l'orthographe employée par les Arabes, Cochia dans Cadamosto). Ainsi que je l'ai dit précédemment (1), cette localité devait se trouver dans l'une des îles de Bentia, entre Gao et Tillabéry, à 150 kilomètres environ en aval du premier de ces deux points, ou en tout cas dans l'une des îles que l'on rencontre sur le Niger dans la même région.

J'ai raconté déjà (2) comment des Berbères des tribus Lemta et Hoouara, venant de Tripolitaine, s'étaient échoués à la fin du vii° siècle auprès des Songaï habitant la rive gauche du Niger en face de Goungaia, comment *Dia Aliamen*, chef de ces Berbères, avait réussi à débarrasser la contrée des Sorko pillards qui avaient fait de Goungaia leur principal repaire, com-

---

(1) 1er volume, page 192.
(2) 1er volume, pages 238 et suivantes.

ment ce service rendu aux indigènes lui avait valu d'être reconnu comme chef du pays et comment enfin, vers 690, il avait établi sa résidence à Gounguia même, à la place des Sorko chassés vers Gao, et avait fondé là un royaume qui devait devenir plus tard un véritable empire.

Les chefs et la classe dirigeante de cet empire appartinrent pendant huit siècles à la nation berbère (tribu des Lemta), tandis que ses sujets étaient au début des Nègres Songaï, auxquels vinrent s'adjoindre par la suite des fractions de peuples divers.

Ainsi que je l'ai fait observer déjà, je ne suis pas le premier à avoir attribué aux Berbères la fondation de l'empire de Gao : Barth a déjà soutenu cette théorie, avec preuves à l'appui, et, avant lui, Léon l'Africain et Marmol avaient explicitement représenté la dynastie des Dia et celle des Sonni comme étant de souche libyenne. Parlant en effet du premier *askia*, qui régnait à Gao au moment même du voyage de Léon au Soudan (1507 environ), ce dernier dit que ce prince « descendu des Noirs » était, avant son avènement, capitaine au service de « Soni Heli, de la lignée des Libyens » (1) : si l'on songe que Léon traversait le pays quinze ans seulement après la mort de Sonni Ali et que, par suite, les informations qu'il a recueillies sur ce dernier avaient des chances d'être exactes, on conviendra qu'il y a lieu, en cette circonstance tout au moins, d'accorder foi aux indications du célèbre voyageur. Marmol, lui, fait de Sonni Ali un *Lumptuna*, peut-être par suite d'une confusion assez fréquente entre les Lemta et les Lemtouna, mais en tout cas il lui attribue comme Léon une origine berbère. Or les princes de la dynastie des Sonni, bien que portant un titre différent, appartenaient à la même famille que leurs prédécesseurs de la dynastie des Dia, ainsi que nous le verrons plus loin (2).

---

(1) Edition Scheffer, vol. III, page 284.
(2) Ibn-Khaldoun, dans ses *Prolégomènes*, dit explicitement que le prince de Mali qui conquit Gao (Kankan-Moussa) appartenait à la race nègre, mais il laisse entendre que le roi de Gao, son tributaire, était de race blanche.

Sa'di donne au nom d'Aliamen et au titre de *dia* (1), qui précède son nom comme celui de ses trente successeurs, une étymologie qui peut à bon droit paraître fantaisiste. D'après cet auteur, le futur fondateur du royaume de Gounguia était originaire du Yémen et aurait quitté son pays avec son frère pour parcourir le monde ; après un long et pénible voyage, les deux frères arrivèrent en vue de Gounguia, sales, épuisés, vêtus de peaux de bêtes ; les indigènes, étonnés de l'aspect de ces inconnus, leur auraient demandé d'où ils venaient et l'un d'eux aurait répondu en arabe, en montrant son frère : *dja men el-Yemen* « il vient du Yémen » ; les indigènes auraient cru que ces syllabes, incompréhensibles pour eux et d'ailleurs mal entendues, représentaient le titre et le nom de celui que l'autre avait montré, et ils l'auraient appelé *Dia Aliamen*, faisant de *dia* un titre équivalent à « sultan ». Cette légende est remplie d'invraisemblances : d'abord ces deux hommes partant du Yémen pour faire le tour du monde et venant échouer en un coin perdu du Soudan ; ensuite ce fait de l'un deux disant en montrant son frère « il vient du Yémen », alors qu'il eût été plus logique, semble-t-il, qu'il dît « nous venons du Yémen » ; enfin, s'il était naturel que ces étranges touristes, s'ils venaient du Yémen, parlassent arabe et que les Songaï ne comprissent pas leur langue, il eût été par contre bien extraordinaire qu'ils eussent compris la question qui leur était adressée en songaï. A mon avis, il ne faut voir là qu'un nouvel exemple de la facilité avec laquelle les musulmans du Soudan attribuent une origine yéménite à tous les fondateurs d'empire et, de l'histoire rapportée par Sa'di, je retiens simplement : d'abord que Dia Aliamen était de race blanche, ensuite que lui et ses compagnons arrivèrent à Gounguia en assez piteux état (2).

(1) Ce mot, écrit *sa* par Sa'di, se prononce *dia* dans la région de Tombouctou et de Gao et *sa* dans la région de Say. Il a fait donner le nom de « dynastie des Dia » aux 31 souverains qui se succédèrent sur le trône, à Gounguia puis à Gao, depuis la fondation de l'empire jusqu'à Ali-Kolen, le premier *sonni*.
(2) J'ai dit qu'ils avaient été fort maltraités par leurs compatriotes du Sahara central et que c'était là la raison qui les avait conduits à chercher plus loin une terre moins inhospitalière (1er vol., page 192).

Je ne reviendrai pas ici sur l'autre légende rapportée par Sa'di, celle du poisson-tyran harponné par Aliamen : j'ai dit (1) qu'il convenait sans doute de voir dans ce poisson-tyran une interprétation symbolique des pêcheurs pillards de la caste des Sorko, dont Aliamen purgea la contrée avec l'aide de ses compagnons. Je ne reviendrai pas non plus sur les luttes entre le royaume naissant de Goungnia et cette caste des Sorko, luttes qui se terminèrent par la défaite de ces derniers : les uns acceptèrent, comme les autres Songaï, la suzeraineté des princes berbères de Goungnia ; les autres, remontant le Niger d'étape en étape, allèrent chercher jusque du côté du lac Débo une indépendance relative et momentanée. Je rappellerai seulement que ces luttes provoquèrent la fondation de Gao par les Sorko-Faran vers 690, celle de Bamba par les Sorko-Fono vers la même époque ou un peu plus tard, puis l'extension de l'autorité des rois de Goungnia sur la rive droite du Niger d'abord et ensuite à Gao vers 890.

C'est là à peu près tout ce que nous savons de l'histoire des quatorze premiers souverains, en outre de leurs noms que nous ont légués le *Tarikh-es-Soudân* et la tradition et qui sont les suivants, chacun étant précédé du titre énigmatique de *dia* : Aliamen, Azkaï, Atkaï, Akkaï, Akkou, Alifaï (ou Alfaï), Baï-Komaï, Baï, Kareï, Ayam-Karaoueï, Ayam-Danka, Ayam-Danka-Kibao, Konkoreï et Kenken (2).

Nous savons encore une chose de plus : c'est que ces quatorze princes n'étaient pas musulmans. Sa'di prétend qu'ils étaient païens, mais il est très possible qu'ils aient été chrétiens ou tout au moins qu'ils aient professé une sorte de christianisme abâtardi, car la religion chrétienne était fort répandue parmi les Berbères de Tripolitaine au moment où se produisit l'exode qui amena Dia Aliamen sur les bords du Niger. Tous, très probablement, ont résidé à Goungnia.

(1) 1ᵉʳ volume, page 239.
(2) Ces noms, dont la plupart présentent une physionomie berbère, peuvent être lus de bien des manières différentes sur le texte arabe ; je les ai orthographiés de la manière la plus conforme à la prononciation conservée par les traditions locales.

II. — La dynastie berbère des Dia à Gao (1009-1335).

Ici se place une date, que nous fournit Sa'di : celle de la conversion à l'islamisme, en 1009 ou 1010, de *Dia Kossoï* ou Kossaï, successeur de Dia Kenken et quinzième roi de Gounguia. Le *Tarikh-es-Soudân* ajoute que, à l'occasion de cette conversion, Dia Kossoï fut surnommé *Moslem-dam*, ce qui aurait signifié dans la langue du pays « qui a embrassé l'islam volontairement » ; j'ignore en quelle langue la syllabe *dam* a la signification de « volontairement », mais ce n'est pas en songaï en tout cas, à ce qu'il me semble.

C'est à cette date également que, me rangeant aux déductions de Barth, je place le transfert de la capitale de l'empire de Gounguia à *Gao*. Nous avons vu que Gao avait été fondé par des pêcheurs, peu après l'installation de Dia Aliamen à Gounguia, et que cette localité avait commencé à faire partie du royaume des princes lemta dès la fin du IXe siècle. C'est sans doute vers la même époque qu'elle devint un centre commercial important, jouant vis-à-vis des pays du Niger inférieur un rôle analogue à celui joué par Ghana vis-à-vis du Soudan occidental. Les caravanes partant de Tunisie, de Tripolitaine et même d'Egypte et passant par Tadmekket ou par Takedda s'y donnaient rendez-vous ; c'est ainsi que, dès le Xe siècle, cette ville dut abriter un certain nombre de musulmans, venus de l'Afrique du Nord et des cités sahariennes, qui nouèrent des relations avec les rois de Gounguia devenus suzerains de Gao et déterminèrent enfin l'un d'eux, Dia Kossoï, à embrasser la religion nouvelle. Il est vraisemblable que c'est au cours d'un voyage à Gao que Dia Kossoï se convertit à l'islamisme et qu'il fut alors sollicité par les marchands arabes et berbères en vue du transfert en cette ville de la capitale de l'Etat; les rives du Niger n'étaient pas toujours très sûres, les Sorko sur le fleuve et les Oulmidden nomades à proximité de la rive gauche devaient inquiéter souvent les commerçants et piller les caravanes, et la présence de l'empereur à Gao devait être désirée comme représentant un gage de sécurité et de protection efficace.

Il est probable cependant que Dia Kossoï et ses successeurs ne résidèrent pas à Gao de façon permanente ; ils devaient avoir conservé à Gounguia une sorte de forteresse militaire et plus d'une fois c'est en cette dernière localité qu'ils reçurent l'investiture. En tout cas, si Gounguia continua, dans une certaine mesure, à être pendant longtemps encore la capitale politique, Gao devint, dès le début du xi⁰ siècle, la métropole commerciale, la résidence habituelle de la cour et le centre des musulmans. Ces derniers ne comprenaient d'ailleurs que le roi, une partie de sa famille et de sa cour et les étrangers : l'ensemble de la population était encore infidèle et dut le demeurer jusqu'au xvi⁰ siècle, ainsi qu'il résulte du témoignage de Bekri pour le xi⁰ siècle et de la correspondance échangée entre le premier askia et le réformateur marocain El-Merhili pour la fin du xv⁰ (1).

Les princes berbères qui régnèrent à Gao, depuis et y compris Dia Kossoï jusqu'au dernier représentant de la dynastie des Dia, furent au nombre de dix-sept. Nous ne connaissons que la date de la conversion du premier à l'islamisme (1009 ou 1010) et la date approximative de la fin du règne du dernier, *Dia Bada* (1335). Voici leurs noms, d'après le *Tarikh-es-Soudân* : Kossoï (ou Kossaï), Kossoï-Daraï, Ngaroungadam, Baïkaï-Kimi, Nintassaï (*alias* Ayam-Daa), Baï-Keïna Kamba, Keïna-Tianiombo, Atib (2), Ayam-Daa, Fadadio, Alikar, Beïra-Foloko, *Assibaï* (qui régnait vers 1325 et sous le règne duquel l'empire de Gao devint vassal de l'empire de Mali), Douro, Diongo-Ber, Bissi-Ber et Bada.

Il est à remarquer que ces noms présentent une grande analogie avec ceux des quatorze Dia païens, en ce sens qu'aucun prénom musulman ne se rencontre parmi eux. Il est très difficile au reste de discerner la forme véritable qui doit être don-

---

(1) M. Bonnel de Mézières a rapporté récemment du Soudan une copie fort intéressante d'une lettre d'El-Merhili au premier askia.

(2) Ralfs intercale un autre souverain, Timbassinaï, entre Atib et Ayam-Daa, ce qui ferait en tout 32 princes de la dynastie des Dia, au lieu des 31 mentionnés par Sa'di dans les manuscrits de son ouvrage qui ont été rapportés en France.

née à chacun de ces noms; plusieurs ont des consonnances songaï et même on retrouve dans quelques-uns des épithètes songaï (Baï-Keïna « Baï le Petit », Diongo-Ber « Diongo le Grand », etc.), alors que d'autres semblent appartenir à la langue berbère. Il est très probable d'ailleurs que la langue songaï devait être le langage usuel, même à la cour, et que les noms berbères des princes lemta ont dû être modifiés singulièrement en passant par la bouche des Songaï.

Nous verrons tout à l'heure dans quelles circonstances le pouvoir passa, vers 1335, de la dynastie des Dia à celle des Sonni; mais avant de conter le récit de cet événement, je ne crois pas inutile de jeter un coup d'œil sur l'état de la ville de Gao et du reste de l'empire entre le xie siècle et l'avènement des Sonni.

La ville de Gao. — Le nom de la ville de Gao a été écrit de façons diverses par les différents auteurs arabes qui en ont parlé; d'autre part plusieurs cités soudanaises ont porté ou portent encore des noms qui, transcrits en caractères arabes, se rapprochent singulièrement de celui de Gao : ces deux ordres de faits ont été la cause de multiples confusions. Gao est écrit *Kaogha* par Ibn-Haoukal et Edrissi, *Kôkô* ou *Kaokao* par Bekri, Yakout et Ibn-Batouta, *Kâgho* ou *Kâ'o* par Sa'di, et Jean Temporal, le traducteur français de Léon l'Africain, nous a transmis ce nom sous la forme *Gago*, tandis que Dapper l'a écrit tantôt *Gago* et tantôt *Gaogo*. En réalité, si l'on tient compte de ce que la prononciation indigène est *Gao* ou *Gaogao* et de ce que l'alphabet arabe ne possédant pas de *g*, cette lettre est rendue tantôt par un *kef* (k), tantôt par un *ghaïn* (gh) et moins souvent — en ce qui concerne au moins les noms soudanais — par un *djim* (dj) ou un *qaf* (k emphatique), on s'apercevra que les différentes leçons données plus haut ne s'éloignent pas beaucoup les unes des autres et peuvent se rapporter toutes à la véritable forme indigène du mot. D'autre part Bekri nous parle, ainsi que je l'ai mentionné dans le chapitre précédent, d'une ville située non loin de la rive nord du Sénégal, dans le Sud-Est de la Mauritanie actuelle, dont il orthographie le nom absolument comme Ibn-Haoukal et Edrissi ont orthographié le nom de Gao : c'est la ville que j'ai appelée *Kougha* et qu'il faut bien se garder de placer sur le Niger.

On a voulu voir parfois le nom de Gao dans celui de Gounguia, écrit *Koukia* par les auteurs arabes qui en ont parlé et notamment Sa'di ; mais ce dernier n'a fait aucune confusion, écrivant toujours *Koukia* pour Gounguia et *Kâgho* ou *Kâ'o* pour Gao ; d'ailleurs plusieurs passages du *Tarikh-es-Soudân* nous montrent, sans aucune ambiguïté, qu'il s'agissait là de deux villes différentes et placées à plus de cent kilomètres l'une de l'autre, distance qui correspond à celle séparant Gao de Bentia : c'est ainsi qu'il est question d'un voyage accompli de *Kâgho* à *Koukia* par Daoud, frère de l'askia Issihak (pages 163 de la traduction et 99 du texte), et que ce même personnage, proclamé empereur le 24 mars à *Koukia*, n'entra que le 30 du même mois à *Kâgho* (page 165 de la traduction).

Mais c'est surtout avec Kouka ou Koukaoua, l'ancienne capitale du Bornou, que la confusion est possible ; le nom de Kouka en effet se trouve presque toujours orthographié chez les auteurs arabes par un *kef* et un *ouaou* répétés deux fois, ce qui peut donner *Koukou* ou *Kôkô* (1), c'est-à-dire exactement la forme adoptée par Bekri, Yakout et Ibn-Batouta pour le nom de Gao ; le traducteur de Léon l'Africain écrit *Gaoga* le nom de Kouka, absolument comme il est permis de prononcer le nom de Gao tel que l'ont transcrit Ibn-Haoukal et Edrissi, et Dapper l'écrit tantôt *Gaoga* et tantôt *Gaogao*. Et cependant il n'est pas douteux que le Gaoga de Léon ou le Gaogao de Dapper, situé « à l'Est du Bornou », le Koukou d'Edrissi et d'Aboulféda, que « d'aucuns placent dans le Kanem », désignent bien le Koukaoua ou Kouka voisin du lac Tchad et non pas le Gao du Niger.

Ibn-Haoukal mentionne simplement le nom de Gao dans ses itinéraires, sans nous fournir de renseignements sur ce qu'était cette ville à son époque (x⁰ siècle). Les plus anciennes indications que nous possédons sur Gao se trouvent dans Bekri et

---

(1) On a parfois un *ra* à la place du *ouaou*, ce qui donne *Karkar*, mais cette leçon provient d'une erreur de lecture de la part des copistes.

datent de la deuxième moitié du xie siècle, c'est-à-dire qu'elles sont postérieures à la conversion de Dia Kossoï et au transfert de la capitale de Gounguia à Gao (1). Cette dernière ville se trouvait alors comme aujourd'hui sur la rive gauche du Niger et était peuplée en majorité de gens de race noire — des Songaï vraisemblablement — et aussi de Berbères et de quelques marchands arabes ; ceux-ci, d'après Bekri, appelaient *Bezerkâni* ou *Bediergâni* les indigènes de Gao. La ville se composait de deux quartiers dont l'un était habité par les musulmans et l'autre par les infidèles ; l'empereur, bien que musulman, résidait dans le quartier des infidèles, qui sans doute constituait la véritable ville indigène, le quartier musulman ne renfermant que les commerçants originaires de l'Afrique du Nord ou de Tadmekket.

La cour impériale se distinguait déjà par une étiquette et des usages spéciaux : lorsque le souverain prenait ses repas, on battait du tambour, les femmes dansaient en secouant leur tête et toutes les affaires étaient interrompues jusqu'à ce que l'empereur eût fini de manger ; alors les restes du repas étaient jetés dans le Niger et les assistants poussaient de grands cris, ce qui faisait connaître au peuple que l'empereur avait achevé d'absorber sa nourriture et que chacun pouvait reprendre ses occupations. Lorsqu'un nouveau prince était appelé à prendre le pouvoir, on lui remettait, comme insignes de son autorité, un sceau, une épée et un Coran que l'on disait avoir été envoyés à Gao par le khalife de Bagdad comme témoignage d'investiture. Bien que l'immense majorité des habitants de l'empire ne pratiquât pas l'islamisme, la règle admise depuis Dia Kossoï voulait que le pouvoir ne fût confié qu'à un musulman.

Les indigènes de Gao étaient vêtus de pagnes ou de simples tabliers de peau, selon leur condition. Les femmes avaient la réputation de se livrer à la magie, d'après Edrissi. Le sel tenait lieu de monnaie dans tout le pays ; il était apporté des mines

(1) Bekri dit que, de son temps, l'empereur de Gao se nommait *Kanda* ou *Ganda* : peut-être faut-il voir là un simple titre de souveraineté ; peut-être aussi pourrait-on y retrouver la dernière partie du nom du deuxième successeur de Kossoï : Ngaroungadam ou Hin-Karoun-Kadam.

de Taotek, situées dans le Sahara à six jours au delà de Tadmekket.

La ville de Tadmekket. — Tadmekket ou Es-Souk (1) était à 9 jours dans le Nord-Nord-Est de Gao, à 300 kilomètres environ de cette dernière ville, et les relations étaient constantes entre la cité saharienne et la cité soudanaise. Au temps de Bekri, Tadmekket passait pour une ville mieux bâtie que Ghana et Gao ; ses habitants étaient des Berbères musulmans et portaient le voile que portent encore les Touareg de nos jours. Ils ne cultivaient pas la terre en général et s'approvisionnaient de mil auprès des Noirs riverains du Niger ; ils aimaient à se vêtir d'étoffes rouges et se servaient comme monnaie de pièces d'or sans alliage et ne portant aucune empreinte. Tadmekket était à cette époque (xie siècle) en relations avec Kaïrouân par Ouargla (2) et avec Ghadamès.

Les Berbères nomades dépendant de Tadmekket — ou les Kel-Tadmekket — étaient connus sous le nom de *Saghmâra* ; ils étaient répandus à l'Est et au Nord-Est de la ville, sur la route de Ghadamès, sur une étendue de six jours de marche ; on en trouvait aussi à l'Ouest et au Sud, entre Tadmekket et le Niger, et même sur la rive droite du fleuve, en face de Gao et dans l'intérieur du coude que domine aujourd'hui Bourem.

A quatre jours au delà de la limite extrême des Saghmâra de l'Est, c'est-à-dire à dix jours de Tadmekket en allant vers Ghadamès, se trouvait une contrée renfermant une mine de pierres précieuses ressemblant à l'agate, veinées parfois de rouge, de jaune et de blanc ; ces pierres, appelées *tàssi-n-semt* en berbère, faisaient l'objet d'un commerce important. Les gens de Tadmekket allaient les vendre à Ghana, où on les payait un bon prix ; une fois polies et percées d'un trou, au moyen d'une pierre dure d'une autre espèce nommée *tentouds*, ces sortes d'agates servaient à la parure des indigènes du Soudan (3).

(1) Edrissi donne à Tadmekket le nom de Saghmâra, qui était celui de la tribu berbère dont cette ville constituait la capitale.
(2) Bekri compte cinquante jours de marche entre Tadmekket et Ouargla.
(3) On rencontre encore aujourd'hui, dans la majeure partie de l'Afri-

Villes et pays situés entre Gao et Ghana. — Tadmekket, comme on vient de le voir, était en relations, non seulement avec Gao, mais aussi avec Ghana. Bekri nous a donné l'itinéraire suivi par les caravanes qui se rendaient de Tadmekket à Ghana. Cet itinéraire traversait d'abord la région désertique comprise entre Tadmekket et le Niger moyen, région que fréquentaient les Saghmâra ou Kel-Tadmekket de la rive gauche ; on atteignait le Niger vers l'endroit où finissait le territoire de ces Saghmâra, endroit qui devait se trouver à l'Ouest de Bamba et correspondre avec le Sahamar actuel (1). De là, on suivait la rive septentrionale du fleuve pendant trois jours environ et on arrivait à *Tirakka* ou Tiragga, ville grande et populeuse mais dépourvue de mur d'enceinte (d'après Edrissi), qui était située à six jours à l'Est de Ras-el-Ma et correspondait à peu près au point où se trouve aujourd'hui Ernessé, un peu à l'Est de l'emplacement de Tombouctou (2). Le marché de Tirakka, que n'avait pas encore remplacé celui de Tombouctou, attirait un grand nombre de commerçants de Ghana et de Tadmekket ; cet endroit était célèbre par la présence d'énormes tortues et par l'abondance des termites, abondance telle qu'on ne pouvait poser les marchandises que sur des pierres ou des tréteaux. De Tirakka, les caravanes se rendaient à *Bougarat*,

que Occidentale, des perles grossièrement polies et taillées répondant exactement à la description de Bekri ; ces perles atteignent un prix assez élevé, d'autant plus élevé qu'on s'avance vers le Sud, sans jamais atteindre cependant la valeur des perles en verre bleu dites « pierres d'aigris ». Les indigènes disent que ces perles en agate sont de fabrication ancienne et assurent qu'elles viennent des pays du Nord, sans préciser davantage.

(1) Peut-être y a-t-il une correspondance entre le nom de Sahamar et celui des Saghmâra.

(2) On a voulu placer Tirakka aux environs de Bourem en se basant sur une phrase de Bekri disant que « arrivé à Tirakka, le Nil tourne vers le Sud et rentre dans le pays des Noirs ». Bekri, comme beaucoup de géographes anciens, n'attachait pas une grande importance au sens du courant des fleuves et, de ce qu'il dit que « le Nil tourne vers le Sud », il ne faut pas nécessairement déduire que le Niger *coulait* vers le Sud à partir de Tirakka. A mon avis, c'est du coude de Tombouctou et non du coude de Bourem que Bekri a vouler parler, sans quoi ses informateurs, qui avaient voyagé dans ces contrées, ne lui auraient pas dit que Tirakka se trouvait à six jours seulement de Ras-el-Ma.

localité qui devait se trouver à l'extrémité Nord-Est du lac Faguibine et qui était habitée par des Zenaga-Maddassa. De là, en suivant la rive septentrionale du Faguibine, on gagnait *Ras-el-Ma* ou *Issabongo*, d'où l'on atteignait Ghana en quatre ou cinq étapes.

D'après Edrissi on pouvait aussi, en venant de Tadmekket, atteindre le Niger plus en aval, à un endroit situé à six jours de cette ville et à six jours de Tirakka, c'est-à-dire entre Bourem et Bamba. Une localité se trouvait là à laquelle Edrissi donne le nom de *Madassa*, Marassa ou Maouassa, « ville très peuplée et industrieuse, située sur la rive gauche du Nil, où l'on fait du riz et du gros mil ; la pêche et le commerce de l'or sont les principales industries des habitants ». Peut-être convient-il de rapprocher le nom de cette ville de celui des Zenaga-Maddassa placés par Bekri près du Faguibine, et qui devaient constituer une fraction des Messoufa. D'autre part Edrissi donne aux Berbères qui nomadisaient entre Tadmekket et le Niger, non plus le nom de Saghmâra que leur applique Bekri, mais celui de *Bagâma* ou *Tagâma* ; d'après le même auteur, ils se nourrissaient presque exclusivement de laitage et faisaient paître leurs chameaux le long d'une rivière venant de l'Est et se jetant dans le Niger (sans doute l'oued Tilemsi).

Yakout a consacré un court article de son dictionnaire à un Etat dont il écrit le nom *Koûkoû* et qui semble être Gao, mais qui pourrait être aussi Kouka. Voici la traduction de cet article : « Koûkoû est le nom d'un peuple et d'un pays du Soudan. El-Mehellebi dit que le Koûkoû fait partie du premier climat (extrême Sud du monde connu) et s'étend sur dix degrés de latitude. Le roi de ce pays manifeste de la bienveillance pour ceux de ses sujets qui sont musulmans et dont le plus grand nombre lui obéissent. Il possède une ville sur la rive orientale du Nil, appelée *Sarnât*, qui contient des marchés ; il s'y fait du commerce et on s'y rend de toutes les villes voisines. Il possède aussi une ville à l'Ouest du Nil (peut-être Gounguia, si par Koûkoû il faut entendre réellement l'empire de Gao), où il réside avec ses gens et sa garnison ; on y trouve une petite mosquée où le roi fait ses prières et une grande mosquée située entre deux écoles.

Dans sa capitale, le roi possède un château, mais il n'y habite pas et n'y loge que ses eunuques. La plupart des gens de son entourage sont musulmans. Le roi et ses principaux courtisans sont vêtus de tuniques et coiffés de turbans ; ils montent à cheval sans selle. Ce royaume est plus prospère (ou plus peuplé) que le royaume des Zagâoua (Kanem ou Ouadaï), dont le pays est cependant plus étendu. Les richesses des gens du Koûkoû consistent en troupeaux et en étoffes formées de bandes cousues ensemble ; le trésor royal se compose surtout de sel. »

Yakout mentionne aussi une ville nommée *Ouartants*, située « sur le fleuve qui baigne les régions méridionales de l'Ifrîkia, dans le pays des Berbères ». Cette ville était soumise au pouvoir des *Maddassa*, tribu zenaga en partie païenne et en partie musulmane ; les Maddassa païens mangeaient des viandes non saignées et adoraient le soleil mais, à côté de cela, redoutaient l'injustice et contractaient mariage avec des musulmans. Ces païens étaient des sauvages, ainsi d'ailleurs que la plupart des musulmans du pays ; leurs richesses consistaient en étoffes formées de bandes cousues ensemble. Yakout ajoute que le « fleuve » qui baignait Ouartants était une dérivation du « Nil » avoisinant le pays des Noirs et qu'entre cette ville et la ville nègre de *Koûkoû*, il y avait dix étapes. Si l'on identifie Koûkoû avec Gao, Ouartants correspondrait au Bougarat de Bekri, sur le Faguibine.

III. — La dynastie berbère des Sonni (1335-1493).

Depuis 1325, l'empire de Gao n'était plus qu'un royaume vassal de l'empire de Mali, lequel avait alors atteint son apogée, ainsi que nous le verrons dans l'un des chapitres suivants. Tombouctou, d'abord campement de Berbères nomades, puis marché d'échange, avait commencé à compter des habitations stables depuis le début du xiie siècle, puis avait peu à peu remplacé Tirakka comme port du Sahara sur le Niger et s'était même développé, depuis le premier quart du xive siècle, jusqu'à concurrencer sérieusement Oualata, mais c'est par les empereurs de Mali que cette ville avait été agrandie et embellie, notamment par Kankan-Moussa en 1325, après que l'armée de ce prince se fut emparée de Gao.

Dia Assibaï, sous le règne duquel Gao fut annexé au Mali, avait comme épouse préférée un femme nommée Fati qui devint enceinte à plusieurs reprises, sans que jamais ses grossesses pussent être conduites à terme. Ayant une sœur nommée Omma, elle conseilla à son mari d'épouser cette dernière, pensant qu'Omma lui donnerait des descendants. Dia Assibaï, bien que musulman, n'était pas au courant de la loi qui défend d'être le mari de deux sœurs en même temps ; il épousa donc Omma. Or les deux sœurs devinrent, le même jour, enceintes de ses œuvres et elles accouchèrent ensemble, durant la même nuit, d'un garçon chacune. On garda les nouveau-nés dans la même pièce jusqu'au lever du jour et alors seulement on les lava : le premier lavé fut considéré comme l'aîné et nommé *Ali-Kolen* ou Ali-Kolon ; l'autre fut appelé *Souleïmân-Nar* ou Nêri. Lorsque Kankan-Moussa se rendit à Gao pour recevoir la soumission d'Assibaï, il prit avec lui les deux fils de son nouveau vassal et les emmena à sa cour, les gardant comme otages et les employant à son service.

Ali-Kolen, chaque fois qu'il dirigeait une expédition militaire pour le compte de l'empereur de Mali, cherchait à se rapprocher des provinces constituant le domaine de sa propre famille et disposait des dépôts d'armes et de provisions sur la route y conduisant. Lorsqu'il jugea ses préparatifs suffisants, il partit à cheval avec son frère et quelques partisans habitués à le suivre au cours de ses expéditions, et prit la route de Gao. L'empereur de Mali, qui était alors Maghan, fils et successeur de Kankan-Moussa, envoya une troupe de gens armés pour les rattraper ; mais les deux frères défirent leurs poursuivants et atteignirent le pays de Gao (1335). Ali-Kolen, qui appartenait d'ailleurs à la famille impériale lemta, puisqu'il était fils de Dia Assibaï, se fit élire comme souverain en remplacement de Dia Bada et réussit à se rendre indépendant de l'empereur de Mali. Il ne put cependant étendre sa propre autorité jusqu'à Tombouctou, puisque Ibn-Batouta, qui visita cette dernière ville en 1352-53, rapporte qu'elle était demeurée sous la suzeraineté du Mali. D'après Sa'di, le pouvoir de Ali-Kolen et de ses seize premiers successeurs ne s'exerçait guère au Nord ni à l'Ouest de Gao et ce ne fut que vers la fin du xv⁰ siècle, avec Ali-Ber et les premiers *askia*, que le royaume de Gao mérita réellement le titre d'empire.

En réalité Ali-Kolen ne fonda pas une nouvelle dynastie et ne fit que continuer la dynastie berbère des Dia. Seulement il prit un nouveau titre de souveraineté, que nous écrivons généralement *sonni* d'après la leçon donnée par Léon l'Africain et Sa'di, mais que la plupart des manuscrits arabes du pays écrivent *soun*, *sinn* ou *chinn* et que les Songaï prononceraient *tyinn* ou *tyoun* ; j'ignore d'ailleurs l'étymologie et le sens de ce mot. Quoi qu'il en soit, ce titre ayant été donné à Ali-Kolen et à ses dix-huit successeurs en remplacement du titre de *dia*, on considère Ali-Kolen comme le fondateur d'une seconde dynastie, celle des *Sonni*.

Cette dynastie compta dix-neuf souverains, qui se succédèrent à Gao de 1335 à 1493 et dont la plupart, contrairement aux princes dia, portèrent des prénoms musulmans (1) ; ces souverains furent : Ali-Kolen, son frère Souleïmân-Nar (ou Nêri), Ibrahim-Kabaï, Ousmân-Kanafa, Bari-keïna-nkabé, Moussa, Bakari-Diongo, Bakari-Dilla-Bimbi, Mar-Kareï, Mohammed-Daa, Mohammed-Gounguia, Mohammed-Fari, Kar-Bifo (2), Mar-feï-koul-diam, Mar-har-kann, Mar-har-na-dano, Souleïmân-Dam, Ali-Ber et Bari ou Bakari-Daa.

A part l'audacieuse équipée de Ali-Kolen et de son frère, nous ne savons rien sur les faits et gestes des dix-sept premiers

(1) La plupart des noms qui suivent les prénoms musulmans ont une allure songaï ; plusieurs peuvent recevoir une interprétation facile dans cette langue, comme Souleïmân-Nêri (Souleïmân le Stupide), Ibrahim-Kabaï (Ibrahim le Savant), Ousmân-Kanafa (Ousmân l'Utile), Bari-Keïna-nkabé (le petit cheval barbu), Bakari-Diongo (Bakari le Chacal), Mar-Kareï (la panthère-crocodile), Kar-Bifo (il a frappé avant-hier), Mar-feï-koul-diam (la panthère divise les ouvriers de tout), Mar-har-kann (la panthère mâle dort), Mar-har-na-dano (la panthère mâle n'est pas aveugle), etc.

(2) Le nom de ce prince est omis dans les listes données par Ralfs et par M. Félix Dubois.

princes sonni, ni sur l'histoire de Gao à leur époque. Ibn-Batouta nous fait seulement connaître que, vers 1352, c'est-à-dire environ 17 ans après l'avènement de Ali-Kolen, Tombouctou était gouverné par un représentant de l'empereur de Mali et ne relevait pas de Gao, mais que cette dernière ville, où il séjourna un mois, était l'une des plus belles et des plus grandes villes du Soudan et que les vivres s'y trouvaient en abondance (1).

Il n'en est pas de même du dix-huitième sonni, *Ali-Ber* ou Ali-le-Grand, plus généralement connu sous la simple appellation de *Sonni Ali*. Ce dernier, qui occupa le trône de 1464 ou 1465 à 1492, eut un règne brillant et sut reculer fort loin les limites jusque-là modestes du royaume de Gao, dont il fit un empire véritable et qu'il affranchit définitivement de la suzeraineté de l'empereur de Mali, parachevant ainsi l'œuvre de son ancêtre Ali-Kolen. C'est surtout la prise de Tombouctou et celle de Dienné qui l'ont rendu célèbre.

Tombouctou, d'abord simple campement de Touareg, puis station commerciale, avait fait partie de l'empire de Mali depuis 1325 jusqu'en 1433. Vers cette époque, l'autorité des souverains de Mali étant devenue fort précaire dans les provinces éloignées de leur vaste empire, les Touareg commencèrent à faire de fréquentes incursions dans la ville et à ravager les environs, sans que la garnison mandingue cherchât même à s'y opposer. Enfin *Akil-ag-Meloual*, chef des Touareg de la région, conquit définitivement Tombouctou en 1433, chassa la garnison mandingue et demeura maître de la ville durant 35 ans (2).

(1) De Gao, Ibn-Batouta se rendit dans l'Aïr, à travers le pays des Touareg (qu'il appelle *Berdâma*), en passant par *Takedda*, ville commerçante en relations avec l'Egypte, le Maghreb, le Haoussa, le Songaï et le Bornou, qui devait son importance à l'exploitation de mines de cuivre et dont le chef, nommé Izar, était un Berbère campant en dehors des murs. La position de Takedda devait correspondre à celle du point actuel de *Teguidda* (la saline), signalé par le capitaine Cortier entre Agadès et Gao.

(2) Sa'di dit « pendant 40 ans », ce qui reporterait la prise de Tombouctou par Sonni Ali à l'année 1473, mais le même auteur dit ailleurs que Sonni Ali s'empara de Tombouctou en 1468. C'est sous la domination d'Akil à Tombouctou que Sidi Yahia, ancêtre de la famille kounta des Bekkaï, vint s'établir dans la région.

Nomade comme ses sujets berbères, campant à proximité du Niger pendant la saison sèche pour se porter du côté d'Araouân à la saison des pluies, Akil ne résida jamais à Tombouctou que tout à fait temporairement ; il se déchargeait de l'administration de la ville sur un Zenaga originaire de Chinguetti (Adrar) et nommé Mohammed-Naddi, qui avait exercé déjà les mêmes fonctions sous la domination mandingue. Ce Mohammed-Naddi mourut vers 1465, peu de temps après l'avènement de Sonni Ali, auquel il avait adressé à cette occasion une lettre de félicitations. Il fut remplacé par son fils Ammar qui, au contraire, envoya au prince lemta une lettre de menaces, lui mandant qu'il avait des forces pour repousser quiconque viendrait attaquer Tombouctou. Mais il devait bientôt changer d'allure.

Le principal bénéfice de la fonction de cette sorte d'administrateur-maire consistait dans le prélèvement du tiers de l'impôt ; mais Akil, après la mort de Mohammed-Naddi, prit l'habitude de faire irruption dans la ville au moment de la rentrée de l'impôt et de s'emparer du tiers réservé en principe au maire, qu'il utilisait pour habiller et nourrir ses guerriers, tandis que les deux autres tiers étaient distribués aux gens de sa suite et à ses partisans ; non contents de cela, les Touareg pénétraient dans les maisons et violaient les femmes. Ammar, très irrité de se voir enlever sa part des revenus et d'être traité par Akil en quantité négligeable, dépêcha en secret un messager à Ali-Ber, promettant de lui livrer la ville. L'empereur de Gao, qui occupait alors le trône depuis trois ans environ, récompensa richement le messager et marcha sur Tombouctou à la tête de sa cavalerie, en longeant la rive droite du Niger. Lorsqu'il arriva en face de Korioumé, Akil se trouvait en compagnie de Ammar près de Tombouctou, sur une colline de sable appelée Amadiaga ou Amadia, d'où ils pouvaient apercevoir l'armée de Gao. Akil prit aussitôt la fuite et alla se réfugier à Oualata avec les docteurs musulmans du quartier de Sankoré, tandis que Ammar expédiait des pirogues à Ali pour l'aider à traverser le fleuve avec ses guerriers. Cependant, lorsque Ammar eut vu l'empereur de Gao prendre pied sur la rive Nord, il prit peur à son tour, craignant que Sonni Ali ne cherchât à se venger de la malencontreuse lettre de menaces envoyée quelque deux ans auparavant, et il s'enfuit aussi à Oualata, après avoir recommandé à son frère El-Mokhtar d'aller faire sa soumission à Ali. L'empereur de Gao entra dans Tombouctou le 29 ou 30 janvier 1468, pilla et saccagea la ville de fond en comble, tua un grand nombre de gens, mais fit grâce à El-Mokhtar et lui confia la charge qu'exerçait auparavant son frère.

Le *Tarikh-es-Soudân* raconte en détail les circonstances qui accompagnèrent ou suivirent la prise de Tombouctou par Ali-Ber, circonstances qui ont permis à Sa'di de considérer le sac de cette ville par l'empereur de Gao comme plus terrible que ceux dont elle fut l'objet de la part des Mossi en 1333 et des Marocains en 1591. Le chef touareg Akil, nous l'avons vu, s'était enfui à Oualata; parmi les docteurs musulmans qui l'avaient accompagné se trouvaient les représentants de la famille goddala des Akit, qui devait fournir plus tard le célèbre écrivain de Tombouctou, Ahmed-Bâba. Akil avait avec lui mille chameaux. « Le jour du départ, dit Sa'di, on vit des hommes d'âge mur, tout barbus, trembler de frayeur quand il s'agissait d'enfourcher un chameau, et tomber ensuite à terre aussitôt que l'animal se relevait. C'est que nos vertueux ancêtres gardaient leurs enfants dans leur giron, en sorte que ces enfants grandissaient sans rien savoir des choses de la vie, parce que, étant jeunes, ils n'avaient jamais joué. Or le jeu, à ce moment, forme l'homme et lui apprend un très grand nombre de choses » (1).

Sonni Ali fit mettre à mort ou abreuva d'humiliations tous les docteurs et savants musulmans qui étaient demeurés à Tombouctou, sous prétexte qu'ils étaient les amis des Touareg. Un jour, il se fit amener au port de Kabara trente vierges, toutes filles de jurisconsultes éminents, et leur ordonna de retourner à pied à Tombouctou; lorsqu'elles furent arrivées auprès de la dune d'Amadia, elles déclarèrent n'avoir pas la force de continuer plus loin; Sonni Ali, avisé de cela, les fit mettre à mort et l'endroit fut appelé *Fina-kadar-el-abkdr* (en arabe:

(1) Traduction Houdas, page 106.

« seuil du destin des vierges »). Cette persécution des musulmans dura jusqu'en 1470. Ceux qui, à cette époque, étaient encore en vie s'enfuirent pour rejoindre à Oualata leurs compatriotes partis avec Akil ; Ali-Ber les fit poursuivre par El-Mokhtar, maire de Tombouctou, qui les rejoignit près du Faguibine à un endroit appelé Taadjit ; un violent combat eut lieu dans lequel périrent les plus éminents des derniers docteurs de Tombouctou. Les survivants se réfugièrent dans l'île d'Alfao, près et au nord de Goundam ; Sonni Ali les relança jusque là, en massacra un grand nombre et en fit mettre d'autres aux fers ; ceux qui purent s'échapper prirent la route du Sud-Ouest, mais des cavaliers de l'empereur les rattrapèrent à Sébi (entre Niafounké et le Débo) et les mirent à mort.

Non content d'avoir assis son pouvoir sur Tombouctou, Ali-Ber convoitait la riche ville de Dienné qui, jusqu'à lui, avait toujours su conserver son indépendance et sur laquelle les empereurs de Mali, malgré 99 tentatives, n'avaient jamais pu exercer leur domination. L'on ne sait pas exactement à quelle date Sonni Ali prit Dienné ; la lecture du *Tarikh-es-Soudân* semblerait faire croire qu'il s'empara de cette ville avant de prendre Tombouctou et que c'est de Dienné — et non de Gao — qu'il arriva à l'appel de Ammar pour mettre en fuite Akil et ses Touareg. Comme d'autre part le même ouvrage nous apprend que le siège de Dienné dura sept ans, sept mois et sept jours et que Ali, monté sur le trône en 1464-65, entra à Tombouctou en janvier 1468, la prise de Dienné doit nécessairement être considérée comme postérieure à celle de Tombouctou. Mais on peut supposer que Ali avait mis le siège devant Dienné dès le début de son règne ou au moins dès 1466, que, tout en y laissant une partie de ses troupes, il fit pendant ce siège d'autres expéditions dont l'une aboutit à la prise de Tombouctou, et qu'il ne se rendit définitivement maître de Dienné que vers 1473.

Pendant la durée du siège, son armée changeait de positions suivant les saisons : durant la sécheresse, elle campait dans le faubourg de Dioboro ; lorsque l'inondation gagnait et que les eaux entouraient la ville de tous côtés, elle se retirait sur un monticule qu'on appela pour cette raison « la colline du Sonni ».

Tant que durait l'hivernage, les troupes de Gao cultivaient la terre de ce monticule, pour se procurer des vivres, et, lorsque la baisse des eaux le permettait, elles retournaient s'installer à Dioboro. Malgré l'imperfection de cet investissement, la population de Dienné finit à la longue par souffrir de la famine. Mais les assiégeants n'étaient pas dans des conditions bien meilleures et Sonni Ali, fatigué de la durée de ces vaines opérations, allait abandonner son entreprise au bout de sept ans de siège, lorsque Séri Mohammed, l'un des principaux capitaines de Nso Mana, alors roi de Dienné, fit instruire secrètement l'empereur de la situation précaire des assiégés. Ali décida alors de continuer le siège et de resserrer l'investissement et bientôt le conseil des notables de Dienné se résigna à livrer la ville. Le roi de Dienné se rendit donc au camp de Sonni Ali, descendit de cheval et s'approcha de l'empereur pour lui prêter hommage ; ce dernier l'accueillit avec de grands égards, mais s'étonna de son jeune âge ; on lui fit alors observer que ce roi ne venait que de monter sur le trône, son père étant mort durant le siège. Ali-Ber fit asseoir le jeune prince auprès de lui et, à partir de cette époque, les chefs de Dienné eurent le privilège de s'asseoir sur la même natte que les empereurs de Gao et d'être traités par ceux-ci d'égal à égal. Ali entra dans la ville mais ne la livra pas au pillage (1) ; puis, après avoir épousé la mère du jeune roi, il prit la route du Nord.

Une fois maître de Tombouctou et de Dienné, Ali-Ber couronna ses conquêtes en ravageant toute la région comprise entre ces deux villes, région dont il avait fait un gouvernement connu sous le nom de *Dirma ;* le gouverneur de cette province, le *Dirma-Koï*, résidait un peu en aval de Niafounké, à *Tendirma*.

Sonni Ali commença par saccager *Diondio*, ville située sans doute sur la rive gauche du Bani, à peu près en face de Sofara, et autorisa le Dirma-Koï à y pénétrer à cheval, privilège qui, jusque-là, n'appartenait qu'au souverain du pays. Il conquit

(1) D'après d'autres traditions mentionnées ailleurs par Sa'di, le siège de Dienné n'aurait commencé qu'après la prise de Tombouctou et n'aurait duré que quatre ans : de toutes façons, il faudrait placer vers 1473 la prise de Dienné par Sonni Ali.

ensuite le Bara (entre le lac Débo et le Bara-Issa) et le pays de Nounou (à l'Ouest de Niafounké), alors gouverné par la reine Bikoun-Kabi (1), et opéra de fructueuses razzias sur les Peuls pasteurs du Farimaké. Mais, ayant été repoussé par les habitants du Borgou (région située à l'Ouest de Mopti), il rentra à Gao pour s'y reposer, vers 1476, après une absence de dix ans.

Cependant l'empereur mossi du Yatenga (2) se montrait jaloux des lauriers de son rival de Gao ; il ne pouvait oublier qu'un de ses ancêtres, en 1333, c'est-à-dire l'année qui suivit la mort du puissant empereur mandingue Kankan-Moussa et cent trente-cinq ans avant l'entrée de Sonni Ali à Tombouctou, s'était porté jusqu'à cette cité lointaine, avait mis en déroute la garnison mandingue, avait pillé la ville et y avait mis le feu. Plus tard, vers la fin de la domination du Mali à Tombouctou, c'est-à-dire au début du XVe siècle, un empereur mossi avait dirigé une nouvelle expédition dans la région des lacs et s'était avancé jusqu'à *Bango*, sur la rive sud du lac Débo (3). L'empereur du Yatenga contemporain de Sonni Ali, *Nasséré I* ou Nassodoba, voulut pousser plus loin encore le renom de son empire et il y réussit : profitant du séjour à Gao de Ali-Ber, qui ne pouvait pas de là surveiller facilement ses récentes conquêtes, il partit à la tête d'une armée, traversa sans doute le Niger du côté du lac Débo, pénétra en 1477 dans le *Sama* (4), entra à Oualata en 1480 après un mois de siège, pilla la ville et

---

(1) Il se pourrait que ce nom, prononcé Bikounkabé, fût le nom peul d'une tribu. Un manuscrit recueilli à Sokoto en 1827 par Clapperton semble le laisser entendre.

(2) Le *Tarikh-es-Soudân* ne précise pas s'il s'agit de l'empereur mossi du Yatenga ou de celui de Ouagadougou, mais il donne à ce souverain, lorsqu'il parle plus loin de la guerre que lui fit le premier Askia, le nom de *Na'sira* ou *Nasséré*, qui est celui du quinzième empereur du Yatenga, contemporain de Sonni Ali et de Mohammed Touré.

(3) D'après Sa'di, cette expédition fut mise en déroute grâce à la présence à Bango d'un saint homme nommé El-hadj, qui possédait le don d'accomplir des miracles.

(4) Probablement le Sama de Bekri, c'est-à-dire la région occidentale du Bagana, au Sud-Ouest de Oualata.

s'en retourna avec un grand nombre de femmes (1) et d'enfants et un immense butin. Ammar, ancien maire de Tombouctou, réussit à rassembler les hommes valides de Oualata, qui s'étaient dispersés lors de l'entrée des Mossi dans la ville, et il partit à leur tête à la poursuite de ces derniers ; il les atteignit à quelque distance au Sud de Oualata et parvint à leur reprendre une partie des gens qu'ils emmenaient en captivité.

Cependant Sonni Ali avait quitté Gao et était venu s'installer à Ras-el-Ma. Poursuivant ses projets de vengeance contre Akil et les docteurs de Tombouctou réfugiés à Oualata, il avait conçu une entreprise qui peut à bon droit passer pour fantastique : il ne s'agissait de rien moins que de creuser un canal long d'environ 250 kilomètres pour réunir Ras-el-Ma à Oualata, afin de pouvoir se rendre par eau jusqu'à cette dernière ville et l'attaquer plus facilement. Cette conception bizarre paraît d'autant plus surprenante que les Mossi venaient de démontrer qu'il n'était nullement besoin d'un canal pour aller prendre Oualata. L'empereur de Gao pourtant avait commencé le gigantesque travail et il se trouvait à un endroit appelé Chin-Feness, en train d'en surveiller l'exécution, lorsqu'il apprit que l'armée mossi, revenant de Oualata par le chemin suivi à l'aller, était parvenue aux environs du lac Débo et se disposait à venir attaquer ses derrières. Laissant alors son canal — qui ne fut jamais poussé plus loin —, Ali-Ber marcha au-devant de l'empereur Nasséré, qu'il rencontra en 1483 à *Dianguitoï*, petit village voivin de *Kebbi* (sans doute le Kebbi actuel, au Sud et près du lac de Korienza, à moins qu'il ne s'agisse de Kobi, au Sud du Débo); Ali-Ber fut vainqueur, mit l'armée mossi en déroute et la poursuivit jusque dans le Yatenga, où il pénétra derrière elle.

En revenant de cette expédition, Ali entreprit la conquête du pays montagneux des Tombo, mais fut repoussé par les Dogom et retourna à Tombouctou, où il ne tarda pas à persécuter de nouveau les musulmans : en 1486, il fit jeter en prison le maire

---

(1) Parmi ces captives se trouvait une jeune fille de famille noble que l'empereur mossi épousa, mais qui lui fut reprise plus tard par l'Askia Mohammed Touré lorsque celui-ci ravagea le Yatenga.

El-Mokhtar, qui pourtant l'avait puissamment servi au début de sa conquête, et, en 1488, il chassa de la ville un certain nombre de lettrés qui émigrèrent dans l'Aoukar et y demeurèrent jusqu'à sa mort.

Après ces événements, Ali-Ber dirigea plusieurs razzias dans le *Gourma*, c'est-à-dire dans les pays de la rive droite du Niger, guerroyant contre les Berbères-Zaghrâna et contre les Peuls ; en revenant de l'une de ces expéditions, il se noya le 6 novembre 1492 dans une rivière torrentueuse que Sa'di appelle le Koni (1).

Bien que vraisemblablement musulman, Sonni Ali ne fut pas tendre pour les disciples de Mahomet et il laissa parmi eux une fort mauvaise réputation. Sa'di l'accuse d'avoir été « méchant, libertin, injuste, oppresseur, sanguinaire », d'avoir fait périr un nombre considérable de fidèles et d'avoir persécuté les docteurs et les dévots. Cependant ce prince fantasque reconnaissait les mérites des lettrés, disant que, sans eux, « il n'y aurait ni agrément ni plaisir en ce monde », et il les comblait d'égards à sa manière : ayant razzié la tribu de Sonfontir (sans doute une fraction des Dialloubé du Massina) et ayant capturé ainsi un certain nombre de jeunes et jolies filles peules, il les envoya aux notables et aux savants de Tombouctou pour qu'ils en fissent leurs concubines ; certains épousèrent légalement la captive qui leur était échue et c'est d'une de ces alliances que naquit l'aïeul de Sa'di.

Sonni Ali avait une singulière façon d'accomplir ses devoirs religieux : il remettait à la nuit ou au lendemain matin ses cinq prières quotidiennes, et faisait alors, tout en restant assis, les divers gestes rituels, en disant : « Ceci est pour la prière du matin, ceci pour la prière du midi, etc. », après quoi il ajoutait : « maintenant répartissez-vous tout cela entre vous, puisque vous vous connaissez bien les unes les autres ».

Il semble que ce conquérant doublé d'un ingénieur, s'il avait beaucoup de conceptions brillantes, avait par contre peu

---

(1) Sans doute quelque ruisseau sortant des montagnes de la Boucle et grossi par les pluies ; à noter que *Koni* signifie « ruisseau » en mandingue.

de suite dans les idées : parfois il donnait l'ordre de tuer quelqu'un sans le moindre motif et se repentait ensuite de cette décision ; aussi ses serviteurs, qui connaissaient son caractère, mettaient à l'abri tous ceux dont la mise à mort aurait pu provoquer un repentir de sa part et, quand il déplorait l'ordre donné, lui annonçaient que le condamné vivait encore, ce qui lui causait un vif plaisir. C'est ce que faisait souvent l'un de ses lieutenant noirs, qui devait le remplacer sur le trône peu après sa mort et qui avait, contrairement à son maître, une grande force de caractère et un remarquable esprit de suite : Mohammed Touré.

Bakari-Daa, fils de Ali-Ber, fut proclamé empereur en 1492, à la mort de son père, dans le village de *Denga* (au sud de Bourem, sur la rive droite du Niger), où il se trouvait alors. Il fut le dernier des princes de souche berbère qui se succédèrent sur le trône depuis Aliamen. A vrai dire, les alliances répétées des Dia et ensuite des Sonni avec des femmes de race noire, songaï ou autres, avaient dû altérer singulièrement le type berbère primitif des empereurs de Gao, et il est fort probable que Sonni Ali et son fils devaient ressembler plus à des Nègres qu'à des Touareg. Cependant, comme je l'ai dit plus haut, ils étaient encore considérés comme des « Libyens ». Mais le successeur du dernier Sonni fut un vrai Nègre, un Soninké de la fraction des Silla, nommé Mohammed et fils d'Aboubakari Touré (1).

Comme je l'ai rappelé à l'instant, *Mohammed Touré* était l'un des principaux lieutenants de Sonni Ali ; sans doute il avait dirigé en personne plusieurs des expéditions heureuses dont on a fait gloire à Ali-Ber et était le véritable chef de l'armée de ce dernier. Aussi, à la mort de son maître, il se considéra

---

(1) « Le roy de Tombut qui est à present, nommé Abubacr Izchia decendu des Noirs, étant fait capitaine par Soni Heli de la lignée des Libyens et roy de Tombut et Gago, se revolta et meit à mort les enfans du defunct ; à cause de quoy, le domaine et seigneurie retourna souz la puissance des Noirs » (Léon l'Africain, édition Scheffer, 3ᵉ vol., page 284). Léon voyagea au Soudan vers 1507 et écrivit sa relation vers 1520. A noter qu'il donne au premier Askia le nom d'*Abubacr* qui, d'après Sa'di, était celui de son père.

comme en état de s'emparer du pouvoir impérial. Ayant réuni les fidèles partisans qu'il avait plus d'une fois menés à la victoire, il alla attaquer Bakari-Daa à Denga, où il arriva le 18 février 1493. Ce premier contact avec son adversaire ne fut pas heureux : vaincu, il dut se retirer en désordre à *Angoo*, village voisin de Gao. Bakari-Daa l'y poursuivit, mais, la chance ayant tourné, fut battu à son tour le 3 mars après un combat meurtrier et s'enfuit, presque seul, dans le Sud de Goungouia, à Ayorou, où il demeura jusqu'à sa mort. La vieille dynastie lemta des Dia et des Sonni, après une durée de huit siècles mais une courte apogée limitée au seul règne de Ali-Ber, s'éteignit ainsi misérablement moins d'un an après la mort du grand conquérant, pour être remplacée par la dynastie soninké des Askia.

IV. — La dynastie soninké des Askia (1493-1591).

L'hégémonie des princes soninké de Gao ne devait durer qu'un siècle, mais elle devait porter les limites et la puissance de l'empire à un point qui n'avait jamais été atteint encore, même sous le règne de Sonni Ali.

Dès le lendemain de la victoire d'Angoo, en mars 1493, Mohammed Touré se rendit à Gao et s'y fit proclamer empereur. Les filles de Ali-Ber, en apprenant cette nouvelle, s'écrièrent en songaï *a si tyi a* (ou *a si kyi a*), c'est-à-dire « il ne l'est pas » ou « il ne le sera pas ». On rapporta la chose à Mohammed, qui déclara que cette formule serait désormais son nom de guerre et son titre de souveraineté, ainsi que celui de tous ses successeurs ; et c'est ainsi que cette phrase, légèrement déformée en *askia*, devint le nom de la nouvelle dynastie (1).

(1) Les Touareg, assez mal disposés à l'égard du nouvel empereur, prétendirent que *Askia* était un surnom méprisant, signifiant dans leur langue « petit esclave ».

1° *Règne d'Askia Mohammed I* (1493-1528).

L'avènement de Mohammed fut le signal de la réaction musulmane : le nouveau souverain prit exactement le contre-pied de ce qu'avait fait Ali-Ber, fréquenta les lettrés, prit leur avis, les protégea et donna une force réelle aux communautés mahométanes de son empire (1). Il ordonna de faire sortir El-Mokhtar de prison pour le rétablir dans ses fonctions de maire de Tombouctou, mais il apprit que le malheureux était mort durant sa captivité ; alors il fit revenir de Oualata les docteurs qui s'y étaient réfugiés et confia l'administration de Tombouctou à Ammar, qui l'avait exercée déjà avant la prise de la ville par Sonni Ali. Se considérant comme trop ignorant de la loi musulmane pour trancher de façon orthodoxe les multiples questions que soulevait la restauration islamique, surtout en face de ce fait que l'immense majorité de ses sujets appartenait encore au paganisme, il entra en relations avec le réformateur marocain *El-Merhili*, qui venait de se signaler par son fanatisme en persécutant les Juifs du Touat. Un échange de correspondances s'établit entre Askia Mohammed et El-Merhili. Le premier avait posé au second diverses questions touchant la conduite qu'il devait tenir vis-à-vis de ses sujets non encore convertis à l'islamisme et vis-à-vis de ceux qui, autrefois musulmans, étaient retournés au paganisme ; il lui avait demandé aussi ce qu'il convenait de faire des trésors accumulés par Sonni Ali, s'il était permis de laisser les habitants de l'empire conserver leur système de succession qui excluait les fils au profit des frères et des neveux utérins, etc. El-Merhili répondit en indiquant les cas dans lesquels la guerre sainte était permise, en disant que les richesses et les esclaves de Sonni Ali devaient être versés au trésor public de l'empire, qu'il convenait de faire renoncer les indigènes à celles de leurs coutumes qui se trouvaient en contradiction avec la loi coranique, etc. Il vint

(1) Comme preuve de la considération dans laquelle Mohammed tenait les lettrés, on peut citer le trait suivant : en 1509, comme Mahmoud, cadi de Tombouctou, arrivait à Gao en revenant de La Mecque, l'empereur, qui se trouvait alors à Kabara, se rendit par eau jusqu'à Gao pour recevoir Mahmoud.

même plus tard en personne, vers 1502, visiter Askia Mohammed à Gao, ainsi que le rapporte Ibn-Meriem.

Vers la fin de 1495, Mohammed partit pour La Mecque avec plusieurs notabilités musulmanes de l'empire, dont le Soninké Mori-Salihou Diawara qui était originaire de la région de Tendirma ; son fils Moussa et l'un de ses généraux nommé Ali-Folen l'accompagnaient également. Il avait laissé le commandement intérimaire de l'empire à son frère Omar-Komdiago, gouverneur du Gourma. Cinq cent cavaliers et mille fantassins lui servaient d'escorte et il emportait avec lui 300.000 pièces d'or provenant du trésor de Sonni Ali ; sur cette somme, il consacra 100.000 pièces à des aumônes faites aux deux villes saintes et à l'achat à Médine d'un terrain destiné aux pèlerins venant du Soudan ; 100.000 pièces servirent à son entretien et à celui de sa suite et 100.000 furent employées à des achats divers. Il rencontra au Hidjaz le quatorzième khalife abbasside d'Egypte, El-Motaouekkel, qui le désigna solennellement comme son lieutenant au pays songaï, en lui plaçant sur la tête un bonnet et un turban. Il s'entretint aussi des affaires de son Etat avec plusieurs docteurs illustres, entre autres Es-Soyouti. Ayant ainsi donné un nouvel aliment à sa foi et un nouveau lustre à sa gloire naissante, il revint en son pays, nanti du titre d'*Elhadj* mais endetté de 150.000 ducats (1), et rentra à Gao en août 1497.

Il ne s'était pas contenté d'ailleurs de s'occuper de religion. Dès le début de son règne, il avait donné ses soins à l'organisation militaire et politique de son empire. Sous Ali-Ber, toute la population était appelée sous les armes chaque fois que le besoin s'en faisait sentir, c'est-à-dire très fréquemment : c'était le service obligatoire pour tous à peu près permanent, mais il n'y avait pas d'armée régulière et la population, continuellement sous les armes, ne pouvait vaquer aux travaux des champs. Mohammed changea tout cela : il créa une véritable armée de métier, toujours prête à marcher, mais ne comprenant qu'une partie de la population ; le reste des habitants conservait la

(1) D'après Léon l'Africain.

faculté de se livrer en toute sécurité à l'agriculture ou au commerce.

L'empire fut divisé en un certain nombre de gouvernements, à la tête de chacun desquels fut placé un dignitaire de la cour, choisi dans la parenté ou l'entourage de l'empereur. L'armée fut partagée en plusieurs corps, dont l'un servait de garde au souverain et dont les autres étaient répartis entre les divers gouvernements et placés sous l'autorité directe des gouverneurs.

Les principales charges ou dignités instituées par Mohammed I et conservées par ses successeurs étaient les suivantes :

1° celle de *Gourman-fari* ou gouverneur du Gourma, c'est-à-dire de l'Ouest de la Boucle du Niger (rive droite), avec résidence habituelle à Gao d'abord et ensuite à Tendirma ; cette charge fut confiée par Mohammed à l'un de ses frères, Omar-Komdiago, et, à la mort de ce dernier, à son autre frère Yahia ;

2° celle de *Balama* ou *Balamassa*, dont j'ignore la nature exacte, mais qui devait correspondre à la charge de *baloum* ou maître du palais chez les Mossi ;

3° celle de *Dendi-fari* ou gouverneur du Dendi (région située au Sud de Goungia) ;

4° celle de *Bango-fari* ou *Bangou-farima* ou gouverneur « du lac », c'est-à-dire de la région du lac Débo ; cette charge, l'une des plus hautes dignités de l'empire, donnait le droit à celui qui en était titulaire de se faire précéder de tambours lorsqu'il entrait dans la ville de Gao ;

5° celle de *Haribanda-farima* ou gouverneur du Haribanda ou Aribinda, c'est-à-dire de la partie du Gourma située en face de Gao (rive droite du fleuve entre Bourem et Goungia inclus) ;

6° celle de *Hi-koï* ou chef de la flottille, toujours confiée à un Sorko ;

7° celle de *Fari-mondio* ou chef percepteur, comportant la surveillance des collecteurs d'impôt et de la centralisation des recettes ;

8° celle de *Koré-farima* ou chef des génies, sorte de grand prêtre de la religion indigène ;

9° celle de *Adiga-farima*, charge assez peu importante dont j'ignore la nature ;

10° celle de *Sao-farima* ou chef des forêts, dont le titulaire veillait à la coupe des bois de construction et à la perception de la dîme sur les produits de la chasse ;

11° celle de *Ho-koï-koï* ou chef des pêcheurs ;

12° celle de *Hombori-koï* ou chef de Hombori, représentant de l'empereur auprès des Tombo.

Chaque canton ou grande ville avait en outre son chef ou administrateur (*koï*), par exemple le Dirma-koï, le Bara-koï, le Dienné-koï, le Tombouctou-koï, etc., et son collecteur d'impôts (*mondio*).

Une minutieuse hiérarchie assignait à chaque fonctionnaire son rang, déterminé par la place qu'il occupait derrière le souverain lors des cortèges officiels, ainsi que par un uniforme, une coiffure ou des insignes spéciaux, par le nombre des tambours dont il pouvait se faire précéder, etc.

La gloire militaire d'Askia Mohammed égala ses capacités d'administrateur et son zèle religieux. La biographie que Sa'di nous a laissée de lui n'est qu'une longue suite de victoires remportées par lui-même ou ses généraux.

Tombouctou et Dienné avaient reconnu son autorité dès le début de son règne sans aucune difficulté et même avec une allégresse manifeste, en sorte que, dès 1493, le pouvoir de Mohammed s'étendait à toutes les contrées conquises par Ali-Ber ; mais il devait, par la suite, s'étendre bien plus loin : s'il faut en croire le *Tarikh-es-Soudân*, son empire, une fois constitué définitivement, comprenait, outre les pays nigériens, tout l'ancien empire de Ghana jusqu'à l'Atlantique vers l'Ouest et, du Sud au Nord, toutes les contrées s'étendant entre le Bendougou et Teghazza. « C'est par la force, ajoute Sa'di, qu'il s'empara de tous ces pays, où il fit régner la paix et l'abondance. » Il faut faire ici la part de l'exagération, car il semble bien certain que le Tekrour ne fut jamais vassal de Gao et que l'empire de Mali, quoique diminué, était encore une unité importante et nullement négligeable ; mais il n'en est pas moins vrai que l'étendue de la région soumise à Askia Mohammed était considérable.

Dès la seconde année de son règne, en 1494, son frère Omar-Komdiago annexait le Diaga à l'empire. En 1497-98, à son retour de La Mecque, Mohammed fit contre les Mossi une véritable guerre sainte, la seule de son règne qui ait été conduite selon les règles canoniques. Parti de Gao avec son conseiller Salihou Diawara, il envoya ce dernier auprès de Nasséré, empereur du Yatenga, qui résidait alors à Sissamba, à dix kilomètres à l'Ouest de Ouahigouya. Salihou portait une lettre de l'Askia qui sommait Nasséré d'embrasser l'islamisme ; après avoir pris connaissance de cet ultimatum, l'empereur du Yatenga demanda à consulter ses ancêtres défunts avant de répondre et il se rendit à cet effet au temple voisin de sa résidence, accompagné de Salihou. Après que des offrandes eurent été faites aux morts, un vieillard apparut soudain devant lequel tout le monde se prosterna et qui ordonna au prince mossi de lutter jusqu'à la mort du dernier de ses sujets. Salihou retourna alors auprès de Mohammed et lui raconta tout ce dont il avait été témoin, en ajoutant que le vieillard lui avait avoué être Satan lui-même. Mohammed attaqua donc Nasséré, lui tua beaucoup d'hommes, dévasta les champs et les villages du Yatenga et emmena en captivité un grand nombre d'enfants qu'il convertit à l'islamisme et dont il fit plus tard ses meilleurs soldats.

L'année suivante (1498-99), l'Askia se rendit à Tendirma, d'où il dirigea une expédition contre un nommé Ousmana, qui gouvernait alors le Bagana pour le compte de l'empereur de Mali et qui, aidé par les Peuls du Massina, tentait de résister à la main-mise de l'empereur de Gao sur sa province. Mohammed parvint à s'emparer de la personne de Ousmana, tua Demba-Dondi, chef des Peuls alliés du Mali, et annexa le Bagana à ses Etats.

En 1499-1500, tournant ses efforts vers l'Est de son empire, il se rendit à Ayorou ; le fils de Sonni Ali s'était réfugié là et avait fait de cette localité le centre d'une sorte de royaume indépendant qui comprenait à peu près l'ancien domaine des rois de Goungia, c'est-à-dire le Djermaganda, le Zaberma et le Dendi. Mohammed, après une faible résistance rencontrée à

Ayorou et à *Tildia* (peut-être le Tillabéry actuel), annexa toute cette région.

Reprenant ensuite sa lutte contre le Mali, il envoya en 1500-1501 Omar-Komdiago au-delà du Bagana vers l'Ouest, dans une province que Sa'di appelle *Dialana* (ou Zalana) et qui devait correspondre à tout ou partie du royaume de Diara ; un représentant de l'empereur de Mali, nommé Kama Keïta ou Gama-Faté-Koli, gouvernait cette province ; il repoussa l'attaque de Omar, qui dut se replier sur Tinflrina (?), à l'Est du Dialana — probablement dans le Bakounou — et faire appel à l'Askia lui-même. Ce dernier se rendit alors sur les lieux, vainquit Kama-Keïta, dévasta le pays, pilla un palais que l'empereur de Mali possédait dans la contrée et s'empara des femmes qui s'y trouvaient. Il épousa l'une d'elles, nommée Mariama Dabo, qui lui donna son fils Ismaïl. Après être resté quelque temps dans sa nouvelle conquête pour l'organiser (1), il revint à Gao, où il demeura jusqu'en 1504 sans faire d'autres expéditions.

Mais en 1504-05, ayant descendu le Niger jusqu'au delà de Say, il se lança dans le Borgou ou pays des Bariba (2) et y ramassa un grand nombre de captives dont l'une, nommée Zara Gombengui, devint sa femme et lui donna son fils et futur successeur Moussa. Cette expédition au Borgou fut très meurtrière pour l'armée de Gao et beaucoup d'entre les meilleurs soldats de Mohammed y périrent, surtout parmi le contingent fourni par les Songaï de l'Est, que Sa'di appelle les gens du *Zaberbanda* (3). Omar-Komdiago, qui accompagnait son frère, lui dit en voyant tomber tous ces guerriers : « Tu veux donc la fin des Songaï ? — Non, répondit l'Askia, je suis heureux au contraire

---

(1) Sans doute Mohammed conserva plus ou moins l'organisation établie par les princes de Mali dans cette partie de leur empire ; il dut même laisser le commandement des provinces à des Mandingues, puisque nous trouvons dans Sa'di qu'en 1510-11 le gouverneur du Bagana — ou du Bakounou, selon les manuscrits — se nommait Makouta Keïta.

(2) Ne pas confondre avec la province appelée aussi Borgou et située à l'Ouest de Mopti.

(3) Sans doute pour *Issa-ber-banda* « pays au-delà du grand fleuve », expression analogue au terme Haribanda ou Aribinda, mais appliquée à la rive gauche du fleuve, comme Zaberma, au lieu de l'être à sa rive droite.

de voir ces gens disparaître pour le bien du Songaï (1), car ils m'auraient gêné un jour s'ils étaient demeurés auprès de moi ; ne pouvant les mettre moi-même à mort, je les avais amenés dans cette expédition pour qu'ils s'y fissent tuer. » Sans doute Mohammed voulait dire par là que les Songaï du Sud-Est, restés attachés à la dynastie lemta dont les princes avaient pendant longtemps résidé au milieu d'eux, n'avaient pour lui que des sentiments d'une fidélité douteuse.

En 1506-07, l'Askia fit encore colonne dans les territoires du Mali, poussant son expédition jusqu'au Galam, c'est-à-dire jusqu'aux approches du Tekrour. Mais en 1511-12, l'autorité de l'empereur de Gao dans les provinces du Sahel conquises sur le Mali se trouva menacée par un chef peul, le *salligué* ou *ardo* Tindo Galadio, qui résidait dans le Bakounou et qui excitait les populations contre l'Askia en se posant en prophète et en réformateur. Mohammed partit en guerre contre lui et le défit et le tua près de Nioro, à Diara, en 1512. Nous avons vu (2) comment Koli, fils de Tindo, s'étant enfui au Fouta avec les partisans de son père, affranchit ce pays de la suzeraineté des Ouolofs et y fonda une dynastie peule qui garda le pouvoir jusqu'au XVIII° siècle.

Mohammed tourna ensuite son ambition vers les pays situés à l'Est du Niger et notamment vers celui des Haoussa. En 1513, il s'empara de Katséna et acquit l'alliance de *Kanta*, roi du Kebbi, qui résidait alors dans une localité appelée Liki ou Lika et qui disposait d'une réelle puissance (3). Accompagné de Kanta, l'Askia se porta jusque dans l'Aïr, conquit Agadès et

(1) Sa'di emploie couramment le mot Songaï (qu'il écrit *Soghaï* ou *Saghaï*) pour désigner, soit l'ensemble de l'empire de Gao, soit surtout le berceau de cet empire et le territoire propre des Songaï (région allant de Gao au Dendi). Ibn-Khaldoun nous fait connaître que les musulmans de Ghana donnaient souvent le nom de Tekrour au Songaï ; il écrit ce dernier mot *Zaghaï*, ainsi que Makrizi, lequel rapporte qu'Ibn-Saïd donnait ce nom de Zaghaï à l'ensemble des nations comprises entre la Nubie, la Tripolitaine et le Tekrour.

(2) 1ᵉʳ volume, page 229, note 2.

(3) Dans un manuscrit remis à Clapperton en 1824 par le sultan de Sokoto Mohammed-Bello, ce dernier parle du Kebbi, pays situé au Sud du Goulbi-n-Sokoto et à l'Est du Gando, dont les habitants étaient issus d'un

fit son vassal du chef de cette ville qui, bien que toujours nommé par les Touareg, paya désormais un tribut annuel de 1.500 ducats à l'empereur de Gao (1515). Au retour de l'expédition, Kanta fut fort déçu de voir que Mohammed ne lui donnait pas sa part du butin et il s'ouvrit de sa déconvenue au gouverneur du Dendi, qui lui conseilla de se taire et de ne rien réclamer ; mais les guerriers de Kanta ne l'entendirent point ainsi, et devant leur attitude, le roi du Kebbi se révolta ouvertement contre l'Askia et se proclama indépendant. Mohammed envoya contre lui une armée en 1517, mais Kanta remporta une victoire complète sur les troupes de l'Askia et, à partir de cette époque, le Kebbi demeura toujours indépendant de l'empire de Gao.

Pendant ce temps Kama Keïta ou Gama-Faté, ancien lieutenant de l'empereur de Mali au Bagana, prêchait la révolte contre l'Askia ; Omar-Komdiago dut se porter contre lui en 1517 et le vainquit alors définitivement.

Deux ans après (1519), Omar mourut. Mohammed se trouvait alors à *Sankoïra* (village du maître) ou *Saïkoïra* (village du fleuve), localité située, nous dit Sa'di, sur le Niger au delà de Gounguia en allant vers le Dendi et qui peut-être n'était autre que le Say actuel (1). Lorsqu'il eut appris le décès de Omar, il confia les fonctions de gouverneur du Gourma à son autre frère

---

mélange de Songaï et de Haoussa. Il dit que le plus puissant monarque du Kebbi fut Kanta, un ancien esclave de Peuls ; ce souverain avait trois capitales : Goungou, la plus ancienne, puis Sourami et enfin Liki. Ce Kanta, dit Bello, conquit Katséna, Kano, Gober, Zaria et l'Aïr ; mais Ali, alors sultan du Bornou, marcha contre lui en passant au Nord de Katséna et l'attaqua à Sourami ; il assiégea vainement cette ville et se retira, en passant par Gando ; Kanta le poursuivit, l'atteignit à Ongour (?), le vainquit et s'empara sur lui d'un énorme butin. En revenant dans son pays, Kanta fut attaqué par les gens de la province de Katséna, qui s'étaient révoltés contre lui, et fut blessé d'une flèche au cours d'un combat. Il mourut de sa blessure et son corps fut transporté à Sourami, où on l'enterra. Sa dynastie continua à régner au Kebbi pendant un siècle environ, après quoi les rois de Gober, de l'Aïr et du Zanfara s'allièrent contre le dernier de ses successeurs et détruisirent ses trois capitales.

(1) Ou bien se trouvait dans l'île de Tillabéry, où existe un village appelé Saï Koïra.

Yahia ; Bala, fils de ce dernier, qui était jusque là simple *Adiga-farima*, fut élevé à la dignité de *Bango-fari* malgré son jeune âge. Cette désignation inattendue suscita la jalousie des frères et des collègues de Bala ; ils commencèrent à former un parti hostile à l'Askia Mohammed, à son frère Yahia et à son ami Ali-Folen. Moussa, propre fils de l'Askia et chargé alors des fonctions de Fari-Mondio, se mit à la tête des mécontents.

Mohammed était devenu aveugle. Ali-Folen, qui ne le quittait pas et était devenu son conseiller intime, parvint à dissimuler cette infirmité au peuple. Cependant Moussa combattait de tout son pouvoir l'influence que Ali-Folen avait su prendre sur l'empereur et il finit par le forcer à quitter la cour ; en 1527, Ali-Folen, craignant d'être assassiné par les séides de Moussa, s'enfuit de Gao et se réfugia auprès de Yahia qui, en sa qualité de gouverneur du Gourma, avait établi sa résidence habituelle à Tendirma.

Quant à Moussa, il profita du départ de Ali-Folen et de l'absence de Yahia pour se révolter ouvertement contre l'autorité de son père et, en 1528, il se rendit à Gounguia dans le but d'y créer un royaume indépendant dont il serait le chef. Mohammed appela alors Yahia à son aide et lui enjoignit d'aller à Gounguia pour ramener Moussa à l'obéissance, en lui recommandant de ne pas se montrer trop cruel vis-à-vis de ce fils rebelle et de ses partisans. Yahia partit donc pour Gounguia animé d'intentions conciliantes, mais Moussa le reçut les armes à la main ; un combat eut lieu au cours duquel Yahia fut blessé, fait prisonnier, dépouillé de ses vêtements et jeté à terre la face contre le sol ; dans cette position, Yahia chercha encore à ramener à la raison les révoltés, au premier rang desquels, à côté de Moussa, étaient deux autres fils de Mohammed, Daoud et Ismaïl, ainsi qu'un fils de Omar-Komdiago appelé Mohammed-Mar et surnommé Bengan-Koreï (Bengan-le-Blanc). Tous demeurèrent sourds aux supplications de leur oncle Yahia, qui mourut des suites de ses blessures et des mauvais traitements qu'il avait reçus.

Moussa et ses partisans se rendirent ensuite à Gao, où ils entrèrent le 26 août 1528, jour de la fête des sacrifices. Le même jour, le vieil empereur Mohammed I fut contraint, par les menaces de son fils Moussa, d'abdiquer en sa faveur ; il continua à habiter le palais impérial, mais cessa de s'occuper des affaires de l'Etat.

2° *Règne d'Askia Moussa* (1528-1531).

Une fois maître du pouvoir, Moussa, se défiant de ses frères, voulut les faire assassiner. Ils se réfugièrent à Tendirma auprès de leur aîné *Ousmân-Youbâbo*, qui avait remplacé son oncle Yahia comme gouverneur du Gourma. Ousmân-Youbâbo aurait dû avoir le pas sur Moussa, qui était son cadet, mais leur mère commune Kamissa, qui avait une préférence pour son plus jeune fils, réussit à obtenir de l'aîné qu'il reconnût Moussa comme souverain et qu'il se déterminât à venir le saluer à Gao. Ousmân en effet fit équiper des pirogues pour se rendre dans la capitale ; mais au cours du voyage, un griot s'étant mis à chanter, Ousmân entra dans une violente colère et déclara que, n'acceptant qu'à contre-cœur la suzeraineté de son cadet, il n'était pas d'humeur à écouter des chansons ; on tenta de le calmer, mais son irritation ne fit que s'accroître et finalement il décida d'interrompre son voyage et fit accoster et décharger les pirogues, en jurant que jamais il ne couvrirait sa tête de poussière devant personne (1). Informé de cet incident, Moussa quitta Gao à la tête de ses troupes et se porta sur Tendirma. Lorsque l'armée impériale passa à proximité de Tombouctou, Mahmoud, cadi de cette ville, se rendit au devant de l'Askia pour l'inviter à la clémence ; mais Moussa ne se laissa pas fléchir et, montrant des flèches empoisonnées, il dit au cadi : « Voici un soleil par lequel mes frères ont besoin d'être brûlés avant d'aller se mettre à l'ombre de ta personne. » Puis il continua sa route.

Ousmân ne l'attendit pas et marcha à sa rencontre ; Moussa hésita d'abord à accepter le combat, son adversaire ayant avec

(1) Allusion à la façon de saluer le souverain qui était usitée autrefois dans toutes les cours du Soudan et qui a subsisté jusqu'à nos jours en pays mossi ; l'usage voulait que tout sujet qui se présentait devant un prince se prosternât la face et les coudes contre le sol et, prenant de la poussière avec ses deux mains, la projetât sur sa tête.

lui deux lieutenants dont chacun passait pour valoir plus de mille hommes à lui seul ; mais, ces deux lieutenants étant venus faire leur soumission à l'Askia, celui-ci engagea la bataille, qui eut lieu près de Kabara, entre cette localité et Akenken (c'est-à-dire sur la rive gauche du Niger et à l'Est de Tombouctou), l'an 1528-29. Il y eut beaucoup de tués des deux côtés, mais en définitive Moussa demeura vainqueur et les chefs du parti adverse se dispersèrent dans toutes les directions. Ismaïl s'enfuit à Oualata auprès d'un chef touareg, neveu d'Akil, qui était son beau-frère ; Ali-Folen se réfugia à Kano, où il mourut ; Ousmân alla se fixer en un lieu nommé Témen ou Tamana, où il demeura jusqu'à sa mort, laquelle ne survint qu'en 1556-57. Quant à Bala, fils de Yahia, dont l'élévation au poste de « gouverneur du Lac » avait été le prétexte de la révolte première de Moussa contre son père et qui, naturellement, avait pris parti pour Ousmân, il alla se placer sous la protection de Mahmoud, le cadi de Tombouctou.

Moussa ayant fait proclamer que tous ceux qui chercheraient asile auprès du cadi de Tombouctou auraient la vie sauve à l'exception de Bala, ce dernier pensa sauver ses jours en mettant sur sa tête tous les livres de Mahmoud, mais l'Askia n'accepta pas cette sauvegarde. Alors Bala se décida à aller faire sa soumission ; il fut reçu à Tila, à l'Est de Tombouctou, où campait alors l'empereur, par un fils de ce dernier nommé Mohammed, qui intercéda en sa faveur auprès de son père. Mais Bala déclara que jamais il ne donnerait à Moussa le titre d'Askia, que jamais il ne se couvrirait la tête de poussière en sa présence et que jamais il n'accepterait de chevaucher derrière lui. Dès qu'il eut prononcé ces paroles, il fut mis à mort sur l'ordre de Moussa. L'empereur fit ensuite enterrer vivants deux docteurs qui avaient pris parti contre lui et massacrer les chefs des cantons du Dirma et du Bara ; puis il confia les fonctions de gouverneur du Gourma à son cousin Bengan-Koreï et reprit la route de Gao en passant par la province de Dienné.

Comme il traversait Tirafeï, localité voisine de Diondio, un cheikh renommé qui s'appelait Mori-Maghan vint lui rendre visite pour implorer la grâce des chefs du Dirma et du Bara, dont il ignorait encore la triste fin ; ayant appris qu'ils étaient déjà exécutés, il leva ses deux mains sur Moussa pour le maudire. Cette malédiction prononcée par un saint réputé fit un certain effet sur les courtisans de l'Askia. L'un de ses frères, Issihak, qui lui était demeuré fidèle, confia à Bengan-Koreï que, si c'eût été lui que le cheikh eût maudit, il aurait tué ce dernier sur le champ ; lorsqu'on fut arrivé au lieu d'étape, Bengan-Koreï rapporta ce propos à Moussa, qui prétendit n'attacher aucune importance à l'incident : « D'ailleurs, ajouta-t-il, ce n'était pas pour me maudire que le cheikh a levé ses deux bras, mais pour repousser deux lions qui lui sautaient sur les épaules et que j'ai très bien vus. »

Arrivé à Gao, Moussa fit jeter en prison un autre de ses frères nommé Abdoullah et l'y fit égorger, racontant ensuite que le malheureux était mort de peur. Beaucoup de ses frères ou cousins eurent un sort analogue, si bien que les quelques survivants, y compris Issihak, craignant pour leur propre personne, finirent par s'entendre entre eux pour se débarrasser de ce tyran sanguinaire. L'un deux, nommé Alou, le frappa un jour d'un javelot à l'épaule gauche ; Moussa rentra chez lui, retira le fer, pansa sa blessure et passa la nuit à ruminer une vengeance éclatante. Le lendemain pourtant il quittait Gao pour aller se mettre à l'abri dans un village voisin nommé Mansour ou Mansourou (1) ; ses frères l'y rejoignirent le même jour et il fut tué par Alou (12 avril 1531).

3° *Règne d'Askia Bengan-Koreï ou Askia Mohammed II* (1531-1537).

Mohammed-Bengan-Koreï, fils de Omar-Komdiago, fut proclamé empereur à Mansour, aussitôt après la mort de l'Askia Moussa. Alou, ayant tué ce dernier, s'apprêtait à monter sur le trône, ou plutôt à s'asseoir sous une sorte d'estrade de bois qui était réservée à l'empereur, lorsqu'il vit installé là Bengan-Koreï, le gouverneur du Gourma, qui s'était ainsi emparé des

---

(1) Il s'agit d'un petit village très proche de Gao et non pas de la localité de Mansourou sise entre Tillabéry et Say.

Fig. 35. — Un marché à Tombouctou.

Fig. 36. — Marché au bois à Tombouctou.

prérogatives du pouvoir sur les instances de son frère Ousmân-Tinferen. « Je ne suis pas homme, dit alors Alou, à briser un arbre avec ma tête pour qu'un autre en mange les fruits. » Et il intima à Bengan-Koreï l'ordre de sortir de dessous l'estrade. Mais, comme il se préparait à s'y asseoir lui-même, Ousmân-Tinferen lui lança un javelot par derière ; Alou prit la fuite et Bengan-Koreï reçut le serment d'obéissance de tous les officiers. Quant à Alou, qui s'était réfugié auprès des Sorko qui habitaient le port de Gao, il fut tué par le chef de ces bateliers qui porta sa tête à Bengan-Koreï ; celui-ci remercia le chef du port, après quoi il le fit mettre à mort ainsi que beaucoup de ses gens, afin sans doute de leur apprendre à ne pas mettre leur doigt entre l'arbre et l'écorce.

Bengan-Koreï s'installa ensuite dans le palais impérial de Gao, où vivait encore Mohammed Touré, le premier Askia ; il interna ce dernier près et à l'Ouest de Gao, dans une île du Niger. Puis il nomma son frère Ousmân-Tinferen au poste de *Gourman-fari*, fit revenir Ismaïl de Oualata et le maria à sa fille Fati. C'était un prince aimant le faste : il eut beaucoup de courtisans, leur donna des vêtements somptueux, multiplia les orchestres, les griots et griottes. Son règne fut une ère de richesse et de prospérité. Mais en même temps il entreprit tant d'expéditions militaires qu'il lassa la patience de ses sujets et que ceux-ci finirent par le prendre en aversion.

C'est ainsi qu'il partit en guerre contre Kanta, le fameux roi du Kebbi ; un combat eut lieu entre les deux princes à un endroit appelé Ouantarmassa : Bengan-Koreï y fut défait honteusement et s'enfuit avec son armée, mais se trouva acculé à une mare dans laquelle les chevaux n'avaient pas pied ; l'Askia dut son salut au chef de la flottille Bakari-Ali Doundo, qui l'avait accompagné dans son expédition et qui lui fit traverser la mare en le portant sur ses épaules. L'empereur fut moins irrité de sa défaite que des risées qu'elle ne manquerait pas de soulever parmi les lettrés de Tombouctou, ses anciens camarades d'école. Depuis cette époque d'ailleurs, aucun Askia ne tenta plus d'expédition contre le Kebbi.

Bengan-Koreï dirigea ensuite une colonne contre le village

7

païen de Gourmou, situé sur la rive droite du Niger, un peu en aval de Tombouctou. Son lieutenant Dongoligo, chargé de surveiller la route conduisant au village, se mit à jouer au jeu des douze cases (1) et, passionné par le jeu, ne prit pas garde à un message l'avisant de l'approche de l'ennemi, lequel se portait au devant de l'armée impériale. Il s'ensuivit une panique que l'intervention personnelle de l'Askia parvint cependant à faire cesser et, en définitive, les gens de Gourmou furent vaincus.

Peu après, Ismaïl, fils de Mohammed I, se rendit une nuit dans l'île où son père était prisonnier. Celui-ci se plaignit fort de ce que ses fils ne faisaient rien pour le sortir de cette île, où les moustiques le dévoraient et où les grenouilles sautaient jusque sur lui ; il pria Ismaïl d'aller trouver un eunuque qui, abordé d'une certaine manière que le vieil empereur détrôné indiqua à son fils, remettrait à ce dernier un trésor : à l'aide de ce trésor, Ismaïl devait pouvoir acheter la complicité de Souma-Kotobâgui, l'un des amis de Bengan-Koreï, et obtenir ainsi la liberté de Mohammed I. Ismaïl fit ce que lui avait dit son père, mais ne put arriver à aucun résultat, et ce ne fut que lors de l'avènement au trône du même Ismaïl, en 1537, que le malheureux vieillard fut enfin rendu à la liberté.

Déjà l'on commençait à murmurer contre Bengan-Koreï. En 1535-36 sévit une épidémie appelée *kafi* ou *gafé*, distincte de la variole mais aussi meurtrière, qui fut attribuée à la colère du Ciel contre l'Askia régnant. L'un des courtisans de l'empereur lui ayant rapporté les murmures du peuple, les autres dignitaires de la cour forcèrent le souverain à leur livrer le nom du dénonciateur, qui s'appelait Yari-Songo-Dibi ; puis, s'étant emparés de sa personne, ils le teignirent en rouge, en noir et en blanc, et le promenèrent, ainsi arrangé, sur un ânon, par les rues de Gao.

L'année suivante (1537), Bengan-Koreï se trouvait à Mansour, près Gao, lorsqu'il eut l'idée d'envoyer en expédition le gouverneur du Dendi, Mar-Tamza, en le menaçant de la révocation

---

(1) Il s'agit d'un jeu à combinaisons encore fort répandu de nos jours dans toute l'Afrique noire.

s'il ne réussissait pas dans les opérations qui lui étaient confiées et en le faisant surveiller par des espions. Mar-Tamza, s'étant débarrassé de ces derniers, déposa Bengan-Koreï dans ce même village de Mansour où il avait été proclamé six ans auparavant (23 avril 1537).

4° *Règne d'Askia Ismaïl* (1537-1539).

Le jour même de la déposition de Bengan-Koreï, Mar-Tamza fit proclamer empereur Ismaïl, fils de Mohammed I, à un endroit appelé *Tára*, contigu au village de Mansour. Aussitôt Ismaïl envoya un messager à Gao, pour que la garnison empêchât Bengan-Koreï de pénétrer dans la capitale, puis il expédia des agents dans la direction du Haoussa et dans celle du Gourma (1), afin de rattraper dans sa fuite l'Askia déposé. Mais ce dernier réussit à se sauver dans la direction de Tombouctou. Il était en route depuis deux jours sans avoir pu manger de colas, dont il était très friand, lorsqu'il croisa un messager qu'il avait envoyé à Dienné alors qu'il était au pouvoir et qui revenait par le fleuve avec des provisions. Ce messager accosta aussitôt à l'endroit où se trouvait Bengan-Koreï et lui donna des colas ; l'ancien Askia les mangea avec avidité, mais les vomit aussitôt, ce à quoi il était sujet depuis longtemps. Le messager lui offrit ensuite de le prendre dans sa pirogue, mais Bengan-Koreï refusa, gagna Tombouctou et y demander l'hospitalité au cadi Mahmoud ; après s'être reposé quelques jours, il se dirigea vers Tendirma pour y rejoindre son frère Ousmân-Tinferen. Le lendemain de son départ de Tombouctou y arrivèrent des cavaliers envoyés à sa poursuite par Ismaïl ; continuant leur chemin, ils atteignirent le fugitif près du lac de Goro, un peu en aval d'El-Oualedji. Cependant Bengan-Koreï n'était pas seul : des partisans l'avaient accompagné dans sa fuite, parmi lesquels son fils Bakari, et d'autre part Ousmân-Tinferen était venu au devant de lui ; les cavaliers d'Ismaïl, dans ces conditions, n'osèrent pas mettre la main sur lui et retournèrent sur leurs pas. Ousmân-Tinferen proposa alors à son frère de le ramener à Gao et de le replacer sur le trône, mais Bengan-Koreï lui fit observer

(1) Par rapport à Gao, *Haoussa* représente l'Est et *Gourma* l'Ouest.

qu'un tel projet était irréalisable, parce qu'il avait, durant son règne, renforcé tellement le corps d'armée de Gao qu'entreprendre de lutter contre cette troupe aurait été une folie. « D'ailleurs, ajouta-t-il, les gens du Songaï, quand ils en veulent à quelqu'un, ne lui pardonnent jamais. » Cependant Ismaïl envoya de nouveaux cavaliers, sous la conduite de Yari-Songo-Dibi, contre Ousmân-Tinferen et Bengan-Koreï, mais, arrivés en face de Tendirma, sur la rive droite du Niger, ces cavaliers se contentèrent de crier des insultes à travers le fleuve et se retirèrent sans avoir osé engager le combat. Pourtant l'Askia déposé ne se sentait pas en sécurité sur le territoire de l'empire et, accompagné de son fils et de son frère, il se réfugia dans le Sud du Mali, dans la province de Sangara-Soma. Son fils Bakari s'y maria. Mais les Mandingues du Sud abreuvaient les émigrés de telles humiliations que Ousmân alla habiter Oualata, tandis que Bengan-Koreï se fixait à Sama, sur le Niger, près de Sansanding (1).

Le jour de l'avènement d'Ismaïl, lorsque le héraut l'avait proclamé Askia, le nouvel empereur avait eu une violente émotion et avait perdu du sang par l'anus. Effrayé de cet accident, il déclara que cela provenait de ce qu'il avait juré autrefois fidélité à Bengan-Koreï, que c'était un présage indiquant qu'il ne règnerait pas longtemps et qu'au reste, s'il avait accepté le pouvoir, c'était uniquement pour libérer son père et ramener ses frères à la cour. Dès le début de son règne en effet, en 1537, il fit sortir son père de l'île où il était retenu prisonnier et le ramena à Gao : Mohammed Touré y mourut peu après, le 2 mars 1538.

En 1537-38, Ismaïl fit une expédition à Dori. Ensuite il en fit une autre contre un chef païen nommé Bagaboula, qui résidait dans le Gourma, c'est-à-dire sur la rive droite du Niger. Bagaboula s'enfuit avec ses gens devant les troupes de l'Askia ;

(1) Il y avait près de Sansanding deux villages du nom de Sama, l'un en amont sur la rive gauche du Niger, l'autre en aval sur la rive droite, sans compter un troisième Sama situé un peu en amont de Ségou sur la rive gauche. Celui dont il est question ici était très probablement le Sama de la rive droite, en aval de Sansanding.

Hamadou, petit-fils de Mohammed I, qu'Ismaïl avait nommé *Gourman-fari* en remplacement de Ousmân-Tinferen, poursuivit Bagaboula avec des cavaliers, mais le chef païen lui résista et lui tua neuf cents soldats, après quoi il fut tué lui-même. Les troupes de Hamadou, à la suite de leur victoire si chèrement achetée, firent un tel nombre de captifs que le prix des esclaves tomba à Gao à 300 cauries (1).

Ismaïl mourut en novembre 1539 à l'âge de trente ans. L'armée, qui se trouvait alors en expédition, rentra aussitôt à Gao pour choisir un nouvel empereur.

5° *Règne d'Askia Issihak I* (1539-1549).

Issihak, frère d'Ismaïl, fut proclamé Askia le 27 décembre 1539. Ce fut le plus illustre et le plus redouté des empereurs de Gao. Pour s'affranchir de la tutelle de l'armée, qui faisait et défaisait les souverains et les tenait dans sa main, il inaugura son règne en faisant mettre à mort la plupart des généraux. Il fit également assassiner à Oualata Ousmân-Tinferen par un Berbère de la tribu des Zaghrâna auquel il avait promis trente génisses comme prix de son forfait et qu'il fit tuer à son tour lorsque le meurtrier vint toucher sa récompense. Ensuite il fit exécuter Hamadou, le gouverneur du Gourma, ainsi que Souma-Kotobâgui; puis il destitua le chef de la flottille, Bakari-Ali-Doundo, qu'il redoutait, et le remplaça par un nommé Moussa. Sa'di rapporte que l'empereur ayant interpellé le chef de la flottille par son titre (*Hi-koï*), en lui disant en public : « Hi-koï, tu prendras rang désormais après le Hombori-koï ! », Bakari-Ali-Doundo fit semblant de ne pas entendre ; Issihak répéta son injonction, en s'adressant à Bakari par son nom, et ce dernier alors s'écria : « J'obéirai à tes ordres, maintenant que je sais que c'est à Bakari qu'ils s'appliquent; quant au Hi-koï, jamais il ne prendra rang après le Hombori-koï. » Toute l'assistance admira cette riposte, qui équivalait à une démission, mais rappelait l'empereur à l'observation des usages établis.

---

(1) Au cours *actuel* des cauries, cela représenterait un peu moins de cinquante centimes.

C'est à la suite de cette réplique que Bakari-Ali-Doundo fut remplacé par Moussa.

En 1542-43, Issihak I fit une expédition contre Ntoba, à l'Ouest-Sud-Ouest de San, la ville la plus reculée du Bendougou. En revenant, il passa par Dienné, dont il fit nettoyer la mosquée, auprès de laquelle se trouvait un gros tas d'immondices. C'est au cours de ce voyage qu'il remarqua la présence d'esprit et l'ascendant d'un docteur mandingue nommé Mahmoud Barhayorho ; peu après, il le fit nommer cadi de Dienné, à la mort du cadi alors en exercice. En 1544-45, l'empereur conduisit une colonne dans le Dendi contre Kokoro-Kâbi (?)

Il avait nommé Ali Kotia gouverneur du Gourma en remplacement de Hamadou, puis, Ali Kotia étant tombé en disgrâce, il l'avait remplacé par son frère Daoud. En 1545-46, il confia à ce dernier le commandement d'une expédition dirigée contre Mali. Daoud pénétra dans la capitale même de l'empire mandingue, que l'empereur de Mali avait évacuée, et y demeura sept jours durant lesquels il obligea tous ses soldats à faire leurs ordures dans le palais impérial. Après son départ, lorsque les Mandingues revinrent dans la ville et trouvèrent la demeure de leur souverain remplie de matières fécales, ils s'étonnèrent à la fois, rapporte Sa'di, « du grand nombre des soldats du Songaï, de leur abjection et de leur stupidité ».

Vers cette même époque, Issihak I reçut de Moulaï Ahmed-el-Aaredj, sultan du Maroc, une lettre l'invitant à céder à ce dernier les mines de sel de Teghazza. L'empereur de Gao répondit : « L'Ahmed qui m'a fait ces propositions ne saurait être le sultan actuel du Maroc, et quant à l'Issihak qui les écoutera, ce n'est pas moi : cet Issihak-là est encore à naître. » Puis il envoya deux mille méharistes touareg, avec ordre de saccager la partie du Dara voisine de Marrakech, sans d'ailleurs tuer personne. Ces Touareg pillèrent le marché des Beni-Sebeh, sans du reste mettre personne à mort, puis s'en retournèrent.

En 1549 l'Askia Issihak I, s'étant rendu à Gounguia, y contracta la maladie dont il devait mourir (1). Daoud, prévenu, se

(1) Le 19 octobre 1548 était mort le célèbre cadi de Tombouctou,

rendit à Gao pour être prêt à tout événement ; mais auparavant, il avait voulu conjurer la rivalité possible du gouverneur du Haribanda, nommé Bakari, et avait eu recours aux offices d'un magicien réputé : ce dernier, ayant fait approcher un baquet rempli d'eau, prononça quelques formules et appela Bakari ; aussitôt sortit de l'eau un être ressemblant à Bakari, que le magicien enchaîna, perça d'une lance et fit disparaître ; Bakari mourut effectivement le jour même de l'arrivée de Daoud à Gao. Ainsi débarrassé de son rival, Daoud se rendit à Gounguia, où il arriva quelques jours avant la mort d'Issihak I, laquelle eut lieu le 23 mars 1549.

Issihak laissait la réputation d'un prince glorieux mais cupide : Sa'di rapporte qu'il avait extorqué 70.000 pièces d'or aux négociants de Tombouctou par l'intermédiaire d'un griot qui, allant sans cesse de Gao à Tombouctou, se faisait donner de l'argent au nom de l'empereur.

6° *Règne d'Askia Daoud* (1549-1582).

Daoud, frère d'Ismaïl et fils comme lui de Mohammed I, fut proclamé à Gounguia le 24 mars 1549 et fit le 30 mars son entrée solennelle à Gao. Il commença par nommer de nouveaux fonctionnaires : le Zaghrâni Ali Kotia fut replacé dans la charge de *Gourman-fari* ; Mohammed-Bengan, fils du nouvel Askia, devint *Fari-mondio* ; El-hadj, frère de Daoud, fut nommé *Koré-farima* ; Moussa, chef de la flottille, fut mis à mort et remplacé par Ali Dâdo ; seul, le *Dendi-fari*, Mohammed-Bengan-Simbilo, demeura en fonctions, pour être remplacé à sa mort par l'ancien *Hi-koï* Bakari-Ali-Doundo, qu'Issihak I avait destitué.

En octobre-novembre 1549, Daoud fit une expédition contre les Mossi. En 1550 il se porta dans le Bagana et y combattit les Peuls du Massina, commandés par le *fondo-koï* ou *ardo* Diâdié-Toumané, qu'il vainquit près de Nampala, sur la route de Sokolo à Soumpi, dans une localité appelée Toï, Tirmissi ou Kouma (1). Il ramena de cette expédition beaucoup de chan-

Mahmoud, auquel succéda son fils Mohammed, qui mourut lui-même en 1565.

(1) Il ne s'agit vraisemblablement pas ici de la localité mentionnée sous es mêmes noms, page 228 du 1er volume, comme pays d'origine des Peuls

teurs et de chanteuses de la caste des Mabbé, qu'il installa à Gao dans un quartier spécial. Comme il passait à Tendirma en revenant du Massina (1551), une épidémie éclata dans cette dernière ville, au quartier appelé Gordio, et fit de nombreuses victimes.

En 1552, un conflit éclata entre Daoud et Kanta, roi du Kebbi, conflit qui se termina par un traité de paix conclu l'année suivante. Une fois tranquillisé de ce côté, Daoud envoya de Gounguia, en 1554, vingt-quatre cavaliers résolus, placés sous le commandement du *Hi-koï* Ali Dâdo, avec mission d'opérer des razzias du côté de Katséna, chez les Haoussa. Cette petite troupe se heurta près de Karfata à 400 cavaliers de l'armée de Katséna, qui lui tuèrent quinze hommes dont Ali Dâdo et blessèrent et firent prisonniers les neuf autres. Après quoi les cavaliers haoussa renvoyèrent les prisonniers à Daoud, on les comblant d'égards à cause de leur courage.

En 1554-55, l'Askia, se trouvant à Bornou (rive droite du Niger en aval de Gao), remonta le fleuve jusqu'à Ouaratyi-Bakari (?) et expédia de là le *Sao-farima* Mohammed-Konaté, sans doute un Soninké ou un Mandingue, et le nouveau *Hi-koï* Kama-Koli, avec des troupes, dans les montagnes du Tombola. L'année suivante (1555-56), Daoud en personne se porta jusqu'à Boussa, qu'il pilla ; mais beaucoup de ses soldats se noyèrent dans les rapides au cours de cette expédition.

En 1558-59, ce fut contre l'empereur de Mali que l'empereur de Gao fit colonne. S'étant rendu dans le Fara-sora (province nord de cet empire), il rencontra à Dibikarala — sans doute du côté de Sokolo — le lieutenant de l'empereur de Mali qui commandait cette province, et que soutenait le *Ghana-faran* (1). Il les vainquit et fit un grand nombre de captives, parmi les-

du Massina, et qui se trouvait dans le Kaniaga. Sans doute, en arrivant au Massina, les Peuls y avaient fondé un village auquel ils donnèrent le nom de celui qu'ils venaient de quitter.

(1) Ou *Ghana-fama*, titre donné au fonctionnaire mandingue chargé du gouvernement de la province de Ghana, au temps où cette région dépendait de Mali ; depuis le premier Askia, la région était placée sous la suzeraineté de l'empereur de Gao, mais le titre s'était conservé et était donné à l'un des dignitaires de la cour de Mali.

quelles se trouvait une fille de l'empereur de Mali nommée Nâra ; Daoud l'épousa et la fit conduire à Gao couverte de bijoux, accompagnée de nombreux esclaves portant des ustensiles de ménage en or et beaucoup de bagages, ce qui indique que les souverains du Mali étaient encore, à cette époque, très riches et très considérés. Tandis que l'Askia revenait au Songaï mourut à Sama Bengan-Koreï, l'ancien empereur détrôné, qui était devenu aveugle ; Sa'di raconte que Daoud avait établi son campement en face de Sama, sur la rive gauche du Niger, et qu'il envoya ses musiciens donner une aubade à Bengan-Koreï ; le bruit que firent les musiciens occasionna à Bengan-Koreï une rupture d'anévrisme dont il mourut. De Sama, Daoud se rendit à Dienné, où il reprocha fort au chef de la ville, El-Amîn, ancien palefrenier de Mohammed I, d'avoir laissé les *Bambara* (1) venir en grand nombre à Dienné et y prendre une prépondérance menaçante.

En 1561-62 (2), l'Askia opéra une razzia chez les Mossi, dont il avait atteint le pays en partant de Bornou (au sud de Gao).

Quelques années auparavant, en 1556-57, Mohammed Ikoma, qui exerçait à Teghazza les fonctions de percepteur pour le compte de l'empereur de Gao, avait été tué par un homme du Tafilelt nommé Ez-Zobeïri, sur l'ordre du sultan du Maroc Mohammed-El-Kebir. Des Touareg transportant du sel avaient été massacrés en même temps que lui. Ceux qui échappèrent au massacre étaient venus demander à Daoud l'autorisation de délaisser les mines de Teghazza et d'en exploiter d'autres qu'ils connaissaient dans la même région. L'Askia accorda l'autorisation demandée et ce fut ainsi que, vers 1562, on commença à tirer du sel d'un point situé entre Teghazza et Taodéni, point connu sous le nom de *Teghazzat-el-Ghizlân* (Teghazza des Gazelles).

(1) Par ce mot, Sa'di entend les populations païennes, quelles qu'elles soient, plutôt que les Banmana ; ces derniers, vers le milieu du xvie siècle, ne devaient pas être encore bien nombreux ni bien influents dans la région de Dienné.

(2) Le gouverneur du Gourma Ali Kotia mourut en 1562 et fut remplacé par Yakouba, un fils de Mohammed I.

En 1564, Daoud envoya Bakari-Ali-Doundo dans le pays de *Barka* (1) pour y combattre un chef nommé Boni, « sorte de démon rusé, habile et très méfiant ». Bakari partit en mai, moment où la chaleur était extrême, et passa à travers des déserts inhabités, afin de cacher à tout le monde le but de son expédition, dont il n'avait même pas informé ses troupes. Il réussit à tomber sur Boni à l'improviste, en dévalant du haut d'une montagne. Boni n'aurait jamais cru qu'une colonne venant de Gao eût pu arriver en son pays à cette époque de l'année. L'armée de Bakari tua un grand nombre d'ennemis et Boni fut parmi les morts. L'expédition rentra à Gao au mois de juillet de la même année (2).

Sa'di nous rapporte qu'en 1570, Daoud fit colonne « contre Souro Bantamba ou Bantanna (?) dans le Mali » et que ce fut sa dernière expédition dans l'*Atarama*, c'est-à-dire vers l'Occident. Il avait avec lui les chefs de deux tribus berbères, celle des *Maghcharen* (3) et celle des *Indassen*, chacun de ces chefs disposant de douze mille guerriers touareg. « Daoud, dit Sa'di, fit avec eux la guerre contre les Arabes de ces contrées. » J'ignore ce qu'il faut entendre par Souro Bantamba, s'il s'agit d'un homme ou d'un pays, et je n'ai pu identifier le mot « Atarama ». Mais j'imagine que le mot « Mali » est pris ici, ainsi que cela a lieu souvent chez l'auteur du *Tarikh-es-Soudân*, dans une acception purement géographique désignant les pays situés entre le Niger et l'Océan, et que les Arabes dont il est question n'étaient autres que les Beni-Hassân, qui devaient commencer à cette époque la conquête du Hodh sur les Berbères.

Au retour de cette expédition, l'Askia passa par Tombouctou et donna de l'argent pour l'achèvement de la nouvelle grande mosquée ; une fois revenu à Gao, il envoya au cadi El-

(1) Sans doute il s'agit d'une région montagneuse habitée par des Tombo, peut-être la région de Boni, près Hombori.

(2) En 1565 mourut le cadi de Tombouctou Mohammed-ben-Mahmoud, qui fut remplacé par son frère El-Akib. Peu après mourut Bakari-Ali-Doundo.

(3) Peut-être ce mot est-il le même qu'*Imocharhen*, nom donné aux Touareg de souche noble, mais je croirais plutôt qu'il s'agit d'une tribu ou sous-tribu spéciale.

Akib quatre mille poutres d'un bois appelé *gangou* ou *kanko*, pour en terminer la construction. Cette mosquée était destinée à remplacer celle édifiée en 1325 sur l'ordre de l'empereur mandingue Kankan-Moussa et qui était tombée en ruines ; elle fut élevée sur l'emplacement de cette dernière et subsista jusqu'à notre époque : les restes en sont encore visibles de nos jours.

Ensuite Daoud dirigea une colonne contre la ville de *Diobango*, dans le Nord-Ouest de la Boucle, fit razzier *Sini* par Yakouba et pilla lui-même *Daa* (1). Il tenta aussi une expédition au Mossi, mais sans succès, puis en fit une autre sans plus de succès contre *Louldmi* dans le Dendi.

En 1577-78 mourut le sultan du Maroc Abdelmalek, qui eut pour successeur Ahmed, surnommé plus tard Ed-Déhébi. Celui-ci fit demander à Daoud de lui abandonner l'exploitation des mines de Teghazza pendant un an et lui envoya en cadeau dix mille pièces d'or ; les deux souverains devinrent amis et, lorsque Daoud vint à mourir quelques années plus tard, le sultan Ahmed prit le deuil.

En 1578 mourut Yakouba qui fut remplacé, comme gouverneur du Gourma, par Mohammed-Bengan, fils de l'empereur Daoud. Ce Mohammed-Bengan fit en 1579 une expédition contre les habitants des monts Dom — les Dogom —, qui avaient résisté à Sonni Ali et à Mohammed I. Les troupes que lui avait fournies son père étaient commandées par un officier nommé Yassi, auquel Daoud avait formellement recommandé de n'exposer ses hommes à aucun danger inutile ni à aucune surprise. Aussi, quand Mohammed-Bengan ordonna d'escalader la montagne sur laquelle s'était retranché l'ennemi, Yassi s'y refusa. Cependant un montagnard nommé Maa, célèbre pour sa corpulence, guettait l'armée, debout sur un pic ; un cavalier de Mohammed-Bengan parvint à escalader la montagne en se dissimulant derrière les rochers, tomba à l'improviste sur Maa et le tua d'un coup de javelot. Les Dogom en conçurent une grande frayeur de la cavalerie songaï ; néanmoins, mal secondé

---

(1) Sans doute ces trois localités se trouvaient dans la région comprise entre Douentza et Bandiagara.

par Yassi, Mohammed-Bengan se retira sans avoir livré combat.

En 1582, alors qu'une épidémie terrible décimait Tombouctou, des pillards peuls du Massina attaquèrent une embarcation montée par Mohammed-el-Hadj, fils de l'Askia Daoud, qui revenait de Dienné, et ils la pillèrent. C'était la première fois que pareille chose se produisait depuis la fondation de l'empire de Gao. Le roi du Massina était alors Boubou-Mariama. A la suite de cet incident, Mohammed-Bengan marcha sur le Massina, ravagea le pays et fit périr beaucoup de gens, en particulier des lettrés, ce qui conduisit Daoud à désapprouver cette expédition.

L'Askia mourut peu après (juillet-août 1582), dans son village de culture de Tondibi (1), à 50 kilomètres en amont de Gao, où il résidait habituellement depuis plusieurs années. Son corps fut transporté en pirogue à Gao, où on l'enterra.

7° *Règne d'Askia Mohammed III ou Mohammed-el-Hadj II* (1582-1586).

Ce souverain passe pour avoir été le plus grand empereur de Gao après son homonyme Mohammed-el-Hadj I, fondateur de la dynastie des Askia. Lorsqu'il apprit la mort de son père Daoud, il partit à cheval pour Gao, suivi à distance par ses frères, qui n'hésitèrent pas à le proclamer Askia, en raison de l'absence de leur aîné Mohammed-Bengan, alors gouverneur du Gourma. Après les funérailles de Daoud, tout le monde prêta serment d'obéissance à El-Hadj II, à Gao, le 7 août 1582. Le nouvel empereur était atteint d'ulcères aux jambes, aussi ne se mit-il jamais à la tête des troupes et ne fit-il aucune expédition militaire.

Mohammed-Bengan, lorsqu'il avait appris la maladie de Daoud, était parti pour Gao ; mais à Tombouctou, il apprit la mort de son père et l'avènement d'El-Hadj. Il retourna alors chez lui, rassembla des troupes pour marcher sur la capitale et revint à Tombouctou ; là, il changea d'avis et pria le cadi de faire mander à El-Hadj qu'il résignait ses fonctions de gouverneur de Gourma pour se fixer à Tombouctou et s'y livrer à

(1) *Tondibi* signifie en songaï « pierre noire » ou « colline noire ».

l'étude, puis il licencia ses troupes, qui rejoignirent El-Hadj à Gao. L'empereur accepta la démission de Mohammed-Bengan et le remplaça par El-Hâdi, un autre de ses frères. Cependant les chefs de l'armée prièrent l'Askia de ne pas autoriser Mohammed-Bengan à demeurer à Tombouctou, car ils y envoyaient souvent des messagers pour leurs affaires et ils craignaient qu'on ne vînt dire à El-Hadj qu'ils envoyaient ces messagers pour comploter avec le frère aîné de l'empereur. El-Hadj expédia donc à Tombouctou des émissaires qui s'emparèrent de Mohammed-Bengan et l'internèrent à Ganto, sur la rive droite du Niger, à 50 kilomètres en amont de Rhergo, où il demeura jusqu'à l'avènement de Mohammed-Bani.

Bakari, fils de l'ancien Askia détrôné Bengan-Korei, apprenant l'avènement d'El-Hadj, quitta le Karadougou, où il se trouvait depuis la fuite de son père au Mali, et se rendit à Gao, où l'empereur le traita avec beaucoup d'égards et le nomma gouverneur du Bagana. Bakari alla s'établir à Tendirma et fut considéré comme le lieutenant du gouverneur du Gourma.

Cependant Boubou-Mariama, roi du Massina, avait déclaré que jamais il ne ferait sa soumission à El-Hadj. Celui-ci chargea Bakari de l'arrêter par surprise et de le lui amener, ce qui fut fait. Boubou-Mariama, une fois en présence de l'Askia, nia avoir tenu les propos qu'on lui prêtait ; El-Hadj lui offrit alors de lui rendre son royaume, mais Boubou préféra demeurer à Gao à la cour de l'empereur et fut remplacé au Massina par Hamadou-Amina.

En 1584, El-Hâdi, gouverneur du Gourma, quitta Tendirma pour aller à Gao dans le but de détrôner son frère. Avant d'arriver à la capitale, il rencontra des envoyés d'El-Hadj qui l'invitèrent à retourner sur ses pas, mais il refusa d'obéir et entra à Gao revêtu d'une cuirasse et précédé de musiciens. L'empereur était malade et incapable d'agir. Le gouvernement du Dendi se trouvait alors vacant depuis la mort de Bâna, qui avait remplacé Kama Koli. Alors Bakari Siladyi, qui avait succédé comme chef de la flottille à Ali Dâdo, dit à El-Hadj : « Nomme-moi *Denaï-fari* et je t'amènerai El-Hâdi prisonnier. » Bakari Siladyi eut sa nomination, réussit à attirer El-Hâdi dans la maison du prédicateur de la mosquée et le fit arrêter là ; El-Hadj fit périr sous les coups les partisans d'El-Hâdi et fit interner celui-ci à Ganto.

Vers cette époque, Ahmed, sultan du Maroc, envoya une ambassade à Gao avec de superbes cadeaux pour El-Hadj ; le but secret de cette ambassade était de recueillir des informations sur le Soudan et sur les forces militaires de l'empire de Gao. El-Hadj reçut brillamment l'ambassadeur marocain et lui fit présent de nombreux esclaves, de 80 eunuques, etc. Peu après on apprenait que le sultan Ahmed avait envoyé 20.000 hommes sur Ouadân, dans le Nord-Est de la Mauritanie actuelle, avec ordre de pousser au Sud et de s'emparer de tous les pays qu'ils rencontreraient sur les rives du Sénégal et au-delà, et de poursuivre leur route jusqu'à Tombouctou. Cette armée d'ailleurs fut décimée par la faim et la soif et les survivants retournèrent au Maroc sans avoir rien accompli du plan dicté par le sultan.

Plus tard, ce dernier expédia deux cents fusiliers à Teghazza. Les habitants, prévenus à temps, s'enfuirent les uns à El-Hamdiya, les autres au Touat ou ailleurs. Quant aux notables, ils vinrent demander protection à El-Hadj, qui, se sentant trop faible pour reprendre Teghazza aux Marocains, décida qu'on n'extrairait plus de sel de la mine (1585) : Teghazza fut donc abandonnée à cette époque. Les Bérabich et les Messoufa qui exploitaient les carrières de Teghazza et de Teghazzat-el-Ghizlân se répandirent de divers côtés pour chercher d'autres salines ; un certain nombre se portèrent à Taodéni, y pratiquèrent des fouilles et y trouvèrent du sel en abondance, et c'est ainsi que Taodéni remplaça Teghazza, qui d'ailleurs fut réoccupée peu après par les troupes de l'Askia, les Marocains étant repartis ; l'exploitation de Teghazza ne fut abandonnée définitivement qu'en 1596.

Cependant les frères d'El-Hadj se révoltèrent contre lui ; ils allèrent trouver l'un d'eux, Mohammed-Bani, l'amenèrent à Gao et le proclamèrent empereur en remplacement d'El-Hadj le 15 décembre 1586. L'Askia déposé mourut quelques jours après.

8° *Règne d'Askia Mohammed-Bani* (1586-1588).

Dès son avènement, Mohammed-Bani nomma son frère Sâlih gouverneur du Gourma et fit mettre à mort Mohammed-Bengan et El-Hâdi, internés à Ganto, où ils furent enterrés. On n'eut que du mépris pour le nouvel empereur, qui était cruel — bien que surnommé « le Bon » (*Bani*) — et n'avait aucune capacité. Ses frères, qui l'avaient fait proclamer, complotèrent sa déposition et son remplacement par Nouha, frère utérin d'El-Hâdi ; mais le complot fut éventé, les conspirateurs révoqués de leurs fonctions et Nouha interné dans le Dendi.

En 1588, le *Balama* Mohammed-es-Sâdik, dit *Saliki Tounkara*, frère de l'Askia et de Sâlih, tua Alou, chef de Kabara, homme tyrannique et pervers, s'empara de ses richesses, et excita Sâlih à la révolte en lui promettant le trône. Sâlih se rendit à Kabara à l'appel de Sâliki, mais son entourage lui conseilla de se méfier de ce dernier et d'exiger de lui, comme preuve de sa bonne foi, qu'il livrât le trésor d'Alou. Le Balama ayant refusé, Sâlih lui livra bataille, mais fut tué de la main même de Saliki. Celui-ci réunit ses propres troupes et celles de Sâlih et marcha sur Gao. Mohammed-Bani fut averti de la révolte du Balama par Mar-Nafa, petit-fils de Mohammed I, que Saliki avait fait prisonnier mais qui avait pu s'échapper et s'était enfui à Gao, ayant encore au pied l'un des anneaux de ses chaînes.

Dans l'armée du Balama se trouvait Bakari, gouverneur du Bagana, ainsi que les chefs du Hombori, du Bara, du Karadougou, etc. Mohammed-Bani quitta Gao le 9 avril 1588 pour se porter à la rencontre des révoltés mais mourut le même jour, de colère prétendent certains, d'une congestion disent les autres : malgré la chaleur en effet il avait revêtu une cuirasse qui, vu son obésité, le serrait trop étroitement.

9° *Règne d'Askia Issihâk II* (1588-1591).

Le lendemain de la mort de Mohammed-Bani, Issihak, autre fils de Daoud, fut proclamé empereur à Gao. Lorsque la nouvelle parvint au camp du Balama Saliki Tounkara, les troupes qui accompagnaient ce dernier lui prêtèrent serment de fidélité et le proclamèrent Askia de leur côté. Tombouctou reçut le

21 avril un message du Balama et le reconnut à son tour comme Askia, en organisant de grandes fêtes de réjouissance, car, dit Sa'di, « les gens de Tombouctou avaient en réalité une grande affection pour ce prince qui s'illusionna lui-même et illusionna les autres ».

A Gao, on redoutait fort Saliki, et Issihak demeurait inactif. Aboubakari Lambaro, secrétaire d'Issihak, représenta à ce dernier que l'influence du Balama grandissait au dehors et qu'il était nécessaire de le combattre, et il engagea l'empereur à confier la direction de la résistance à Oumar Kato et à Mohammed, fils d'El-Hadj II, ce que fit Issihak. Oumar Kato jura en public d'amener le lendemain le Balama à Gao et de le tuer de sa lance, et il fit faire le même serment par toute l'armée. Saliki campait alors à Goumbou-koïra, village situé en amont et non loin de Gao ; il fut attaqué là par l'armée d'Issihak : le premier assaillant fut Mar-Nafa, qui lança son javelot contre la tente du Balama ; ensuite arriva un corps de Touareg, puis ce fut le tour de la cavalerie d'Issihak d'engager l'attaque. Alors le Balama s'élança dans la direction d'Issihak, mais il se heurta à Oumar Kato, qui lui lança un javelot : Saliki avait un casque et le javelot, ayant frappé le casque, ricocha en l'air. Le Balama lutta toute la journée mais fut enfin vaincu et s'enfuit à Tombouctou, où il arriva le 25 avril, avec le gouverneur du Bagana et les chefs du Hombori et du Bara, tous blessés sauf le premier ; de là, il se rendit à Tendirma, traversa le Niger (1) et se sauva sur la rive droite, du côté des falaises, avec le chef du Hombori et celui de Boni. Les gens d'Issihak parvinrent à rejoindre les fugitifs et mirent la main sur le Balama et le chef de Boni, qui furent conduits à Ganto, puis mis à mort et enterrés dans cette localité, près de l'endroit où avaient été ensevelis Mohammed-Bengan et El-Hâdi. Quant au chef du Hombori, il fut cousu dans une peau de bœuf et jeté tout vivant dans un trou qu'on recouvrit de terre, dans une écurie d'un quartier de Gao appelé Sonnougoro. Ensuite Issihak fit également mettre à

(1) Tous ces événements s'étaient déroulés sur la rive gauche du Niger.

Fig. 37. — Griots et chefs Mossi, à Ouagadougou.

Fig. 38. — Musiciens et danseurs Mossi, à Yâko

mort le chef des Touareg de Tombouctou et le maire de cette ville. Beaucoup d'autres complices du Balama furent tués, d'autres emprisonnés, d'autres fouettés, dont plusieurs jusqu'à ce que mort s'ensuivit. Les cruautés capricieuses d'Issihak II remplissent quatre pages du *Tarikh-es-Soudân*.

Cependant l'Askia vainqueur allait bientôt voir surgir devant lui un ennemi plus sérieux que Saliki Tounkara. Nous avons vu que, depuis le règne d'Issihak I, c'est-à-dire depuis une quarantaine d'années, les sultans du Maroc n'avaient pas cessé de convoiter les mines de sel de Teghazza et qu'ils avaient usé tour à tour de la menace, des cadeaux et de la guerre pour se les approprier, sans succès du reste. Mais, depuis le retour à Marrakech de l'ambassade qu'il avait envoyée à l'Askia El-Hadj II, les convoitises du sultan Ahmed s'étaient étendues plus loin que Teghazza : ce n'était plus seulement le sel du Sahara qui le tentait, c'était surtout l'or du Soudan, cet or dont la conquête devait lui valoir plus tard le surnom d'*Ed-Déhébi* « le Doré ». J'ai relaté plus haut qu'en 1584, un an avant l'affaire de Teghazza, une forte armée marocaine envoyée dans l'Adrar pour se porter de là sur le Sénégal avait échoué piteusement ; mais le sultan Ahmed n'avait pas pour cela renoncé à ses projets sur le Soudan.

Un Berbère nommé Ould-Kirinfel, fonctionnaire d'Issihak II tombé en disgrâce et interné par ordre de l'Askia à Teghazza, parvint en 1589 à s'échapper et se réfugia à Marrakech. A cette époque, le sultan Moulaï Ahmed se trouvait à Fez, où il était allé réprimer une révolte. Ould-Kirinfel lui adressa une lettre dans laquelle il lui dépeignait la mauvaise situation politique de l'empire de Gao et l'engageait à profiter de la faiblesse de l'Askia Issihak II pour s'emparer de ses Etats. Impressionné par cette lettre, Ahmed envoya un message à Issihak, demandant à ce dernier d'abandonner l'exploitation des mines de Teghazza et de Taodéni à celui qui protégeait tout le Maghreb contre les incursions des Chrétiens et qui avait par suite tous les droits à régner en maître au Sahara comme au Maroc. Ce message arriva à Gao vers le 1ᵉʳ janvier 1590. Issihak II y répondit par une lettre de menaces et d'injures, à laquelle il joignit une poignée de javelots et deux entraves de fer, indiquant par là qu'il était déterminé à la guerre et qu'il se faisait fort de faire du sultan son captif.

Moulaï Ahmed attendit que la saison des pluies eût répandu un peu d'eau dans les vallées du désert et, en novembre 1590, il mit en marche une armée de trois mille hommes, fantassins et cavaliers, accompagnée d'un grand nombre de porteurs, d'ouvriers et de médecins, et en confia le commandement à un officier d'origine espagnole nommé *Djouder*, qui avait sous ses ordres dix caïds et deux généraux, dont l'un commandait l'aile droite et l'autre l'aile gauche de l'armée.

Issihak, informé du départ de Djouder, crut que l'armée marocaine allait se porter du côté de Oualata et du Bagana et il se rendit à Kala (Sokolo) pour l'arrêter. Mais il apprit là que Djouder avait pris la direction d'Araouân et de Gao et il rallia en toute hâte sa capitale, où il réunit en conseil tous les dignitaires de l'empire afin de discuter les mesures à prendre. Tous les avis judicieux furent rejetés et rien n'était préparé pour la défense lorsque l'armée marocaine arriva au Niger.

C'est à *Karabara*, à l'Ouest et près de Bamba, sur la rive gauche, que Djouder atteignit le Niger, le 30 mars 1591 ; il fêta par un grand repas l'heureuse arrivée de ses troupes sur les bords du grand fleuve soudanais et, poursuivant sa route vers Gao en suivant la rive gauche, il rencontra l'armée d'Issihak le 12 avril à Tengodibo, près de *Ton-tibi*, c'est-à-dire à une cinquantaine de kilomètres au Nord de Gao.

L'Askia n'avait pas cru que les Marocains pourraient arriver jusqu'aux environs de sa capitale ; pris à l'improviste, il s'était porté rapidement en avant et attendait l'ennemi au bord du fleuve, entouré d'une formidable armée de 30,000 fantassins et 12.500 cavaliers. Les 3.000 hommes de Djouder — ou ce qui en restait, car beaucoup avaient dû périr ou s'égarer en route — dispersèrent en un clin d'œil, grâce à leur discipline relative et surtout aux mousquets dont beaucoup d'entre eux étaient armés, cette multitude sans cohésion qui ne disposait que de flèches, de javelots, de lances et d'épées. C'était la première fois sans doute que les armes à feu faisaient leur apparition dans la vallée du Niger et elles assurèrent aux Marocains une facile victoire contre des gens qui, dans leur ignorance, offraient aux fusiliers de Djouder une cible compacte, mal défendue par de minces boucliers de cuir.

Parmi les fantassins de l'armée de Gao, beaucoup, saisis de panique, jetèrent leurs boucliers à terre et s'accroupirent dessus, se laissant massacrer sans résistance par les Marocains, qui, rapporte Sa'di, ne manquèrent pas de dépouiller leurs victimes de leurs bracelets d'or. Quant à l'Askia, tournant bride avec ses cavaliers dès les premiers coups de feu, il traversa le Niger entre Tondibi et Gao et envoya aux habitants de Gao et de Tombouctou l'ordre de passer comme lui sur la rive droite, pensant que les Marocains, qui n'avaient pas de pirogues à leur disposition, ne pourraient les y poursuivre. Les gens de Gao s'empressèrent d'obéir, mais le passage du fleuve fut difficile, en raison de la bousculade produite par la peur : bien des personnes se noyèrent et beaucoup perdirent tous leurs biens. Quant aux gens de Tombouctou, religieux et commerçants pour la plupart, originaires en grand nombre des pays musulmans du Nord, ils désiraient la conquête marocaine plutôt qu'ils ne la redoutaient, et ils demeurèrent chez eux à l'exception des fonctionnaires impériaux, qui allèrent camper sur la rive droite du fleuve, en un endroit faisant face à l'île de Toya, laquelle se trouve près de Kabara.

Cependant Djouder, étant arrivé à Gao, n'y trouva plus qu'un vieux prédicateur soninké nommé Mahmoud Daramé, des étudiants et des marchands maghrébins ou sahariens. Il témoigna les plus grands égards à Mahmoud Daramé, qui s'était porté au-devant de lui pour le saluer. Il visita le palais des Askia, mais le trouva bien misérable.

Il ne tarda pas à recevoir d'Issihak un message par lequel l'empereur déchu offrait de remettre à Djouder, pour le sultan Ahmed, cent mille pièces d'or et mille esclaves, à condition que l'armée marocaine retournât à Marrakech. Djouder transmit par lettre ces propositions au sultan, en ajoutant que la maison du chef des Aniers de Marrakech valait mieux que le palais de l'empereur de Gao, ce qui nous indique ce qu'il faut penser de la soi-disant brillante civilisation du Soudan à cette époque.

Puis, en attendant la réponse de Moulaï Ahmed, Djouder alla se fixer avec ses troupes à Tombouctou, où il entra sans coup férir le 30 mai 1591. Le cadi, Abou-Hafs Omar, avait envoyé un muezzin saluer Djouder en dehors de la ville, sans pourtant lui offrir l'hospitalité. Une fois à Tombouctou, Djouder y fit immédiatement construire un fort dans le quartier des gens de Ghadamès, qui était le plus riche de la cité.

Le vieil empire de Gao, après avoir mis sept siècles à atteindre son apogée, ne l'avait conservée que durant cent ans et toute sa puissance s'était évaporée en quelques minutes au contact de l'armée marocaine. Cependant, quelque artificiel que parût l'édifice politique échafaudé à coups d'intrigues et de razzias par Sonni Ali, Mohammed Touré et leurs successeurs, il était au fond plus solide que celui qu'essayèrent de leur substituer les Marocains, ainsi que nous le verrons dans un autre chapitre. Et surtout, la prospérité du pays se ressentit cruellement du changement de régime, si nous en croyons Sa'di. Cet écrivain, qu'on pourrait plutôt soupçonner de partialité pour les Marocains, nous a laissé à ce sujet un parallèle qui vaut la peine d'être reproduit.

Au moment de l'arrivée de Djouder, dit cet auteur, le Soudan était riche et fertile. La paix et la sécurité régnaient partout, grâce à la forte organisation donnée à l'empire par Mohammed-ben-Aboubakari (Mohammed I) : les ordres donnés de son palais par l'empereur étaient exécutés ponctuellement depuis le Dendi jusqu'à Teghazza et depuis le Bendougou jusqu'au Touat. Vers la fin de la dynastie des Askia cependant, la foi religieuse était bien tombée et les mœurs avaient dégénéré : on pratiquait la sodomie, l'adultère était devenu courant et les enfants des princes avaient des rapports avec leurs sœurs ; l'arrivée des Marocains fut le châtiment de Dieu.

Car tout changea avec la conquête marocaine : elle fut le signal de l'anarchie, du brigandage, des rapines et de la désorganisation générale. Pour la première fois depuis l'avènement du premier Askia, on vit les « barbares » des confins de l'empire attaquer le territoire des Songaï : Samba Lamdo, chef des

Peuls de Danga (sans doute dans le Massina Occidental), ravagea la région de Ras-el-Ma ; les Berbères Zaghrâna (peut-être les mêmes que les Sakhoura actuels, vassaux des Kounta) pillèrent le Bara et le Dirma ; enfin, tout un ramassis de païens du Sud-Ouest, que Sa'di englobe sous la méprisante épithète collective de *Bambara*, saccagèrent de fond en comble le territoire de Dienné, emmenèrent en captivité des femmes libres, des musulmanes, et en eurent des enfants qui furent élevés dans la religion païenne. Sa'di nous a conservé les noms des chefs qui dirigeaient ces bandes sacrilèges : les uns étaient des Peuls, comme Samba Kissi, *saltigué* ou chef des Ourourbé du Bendougou et du Séladougou, Yoro Bari, chef des Dialloubé de Poromani (entre San et Mopti), Babo, chef de Kobikéré (entre Sansanding et Diafarabé) ; les autres étaient des Malinké ou des Banmana, comme Mansa Sama, chef du Fadougou (ou de Farako), Mansa Maghan-Oulé, chef du Bendougou, Bongona Konndé, etc.

D'autre part il convient d'observer que l'autorité marocaine fut loin de se faire sentir partout où s'étendait l'autorité des Askia. D'une façon générale, l'ancien empire de Gao se scinda en deux parties : la région Nord, avec Gao, Tombouctou et Dienné, constitua le royaume de Tombouctou, avec un Askia sans pouvoir ni prestige, nommé par les pachas marocains, qui étaient les seuls vrais représentants de l'autorité ; la région située au Sud de Gao, ou pays songaï proprement dit, forma un royaume indépendant connu sous le nom de royaume du Dendi, dans lequel continuèrent à régner Issihak II et ses successeurs, luttant sans trêve et quelquefois avec succès contre les pachas de Tombouctou.

Mais nous nous arrêterons ici et reprendrons la destinée de ces pays lorsque nous traiterons de l'histoire de Tombouctou sous la domination marocaine. Cependant, avant de terminer cet aperçu de l'histoire de l'empire de Gao, il me reste à dire ce qu'était sa capitale sous la dynastie des Askia (xvie siècle), d'après Léon l'Africain qui la visita du temps de Mohammed I. C'était une très grande ville sans murailles, aux maisons peu confortables, en dehors de quelques assez beaux édifices qui servaient de logement à l'empereur. Les habitants se divisaient en cultivateurs, en pêcheurs et en marchands ; on apportait à Gao beaucoup d'or, que l'on échangeait contre des articles importés d'Europe et de Berbérie, mais la quantité d'or amenée sur la place dépassait la valeur des marchandises et bien des gens ne trouvaient pas à écouler toute la poudre d'or qu'ils avaient apportée et devaient en remporter une partie. Les vivres étaient abondants, notamment le riz ; on vendait aussi à Gao toutes sortes de calebasses. Un grand marché d'esclaves se tenait dans la ville ; il était si bien approvisionné par les razzias de l'empereur et de ses officiers qu'une jeune fille de quinze ans ne se vendait que six ducats — 75 francs environ —, tandis qu'un cheval coûtait de 40 à 50 ducats, que le plus mauvais drap d'Europe s'achetait quatre ducats l'aune, le drap de qualité moyenne quinze ducats et le drap fin de Venise — rouge, bleu ou violet — trente ducats au moins ; la plus médiocre épée valait de trois à quatre ducats et pourtant le sel, qu'on apportait de Teghazza sous forme de « tables », était encore plus cher que tout le reste.

Le pays environnant la ville était couvert de villages de culture et de campements de bergers. Les habitants de la campagne étaient ignorants, complètement illettrés et vêtus misérablement ; ils se couvraient de peaux de mouton durant l'hiver et allaient tout nus pendant l'été, ou bien cachaient leurs parties sexuelles au moyen d'un petit morceau d'étoffe ; certains portaient des sandales.

L'empereur avait une infinité de femmes, gardées par des eunuques. Des gardes à pied et à cheval se tenaient dans une cour séparant l'entrée de l'habitation impériale des appartements privés du souverain. Ce dernier donnait ses audiences dans l'une des loges qui garnissaient chacun des angles d'une grande place entourée de murailles. Bien qu'il eût auprès de lui des secrétaires, des conseillers, des trésoriers, des capitaines, etc., il expédiait toutes les affaires par lui-même.

Les finances de l'Etat n'étaient pas en général dans une très brillante situation : bien que les sujets de l'Askia fussent écrasés d'impôts, les dépenses excédaient toujours les recettes et, pour

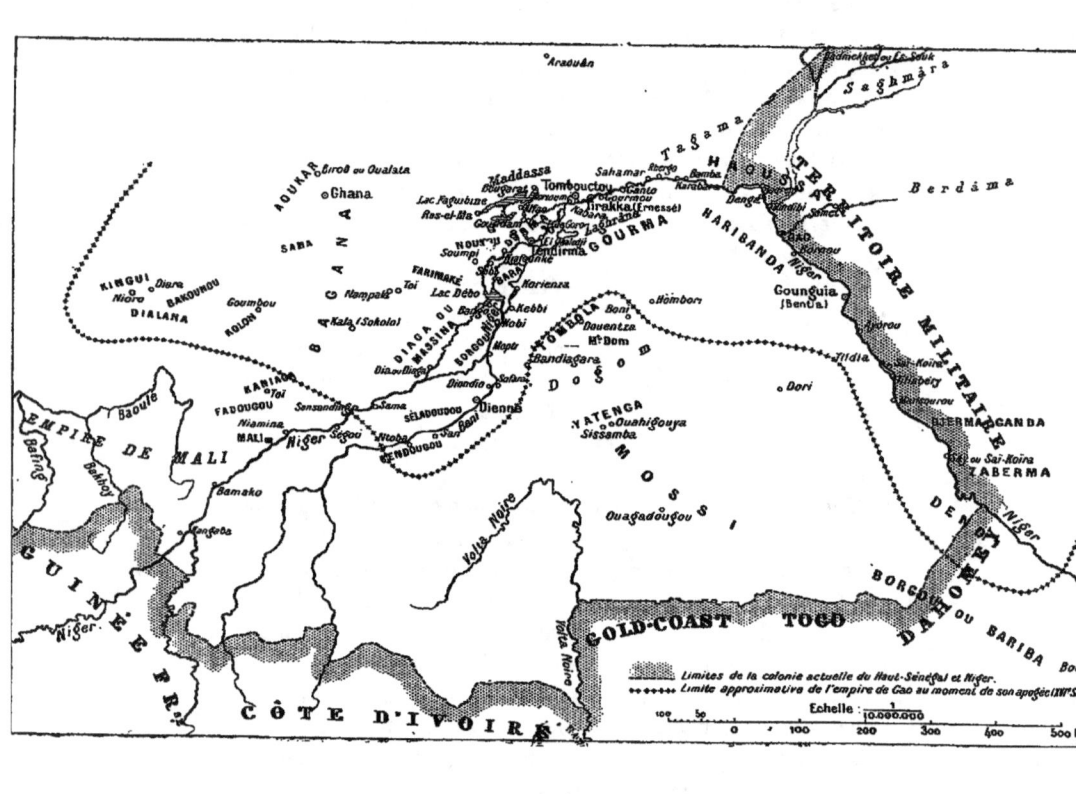

combler le déficit, il fallait organiser continuellement des expéditions militaires et aller, presque chaque année, razzier une province. Et cependant la situation devait être pire encore sous l'administration marocaine (1).

(1) On trouvera une description de Tombouctou et de Dienné vers la même époque au chapitre traitant de la domination marocaine. — A titre documentaire, je reproduis ici, d'après Sa'di, la liste des divers gouverneurs du Gourma qui se succédèrent de 1493 à 1591. Ce furent : Omar-Komdiago, Yahia, Ousmân-Youbabo, Bengan-Koreï, Ousmân-Tinferen, Hamadou-Araya, Ali Kotia, Daoud, Ali Kotia (deuxième fois), Yakouba, Mohammed-Bengan, El-Hâdi, Sâlih, Mahmoud. Les différents *Balama*, pendant la même période, furent : Mohammed-Koreï, Mahmoud-Doundoumi, Hamadou-Araya, Ali Kotia, Khâled, Mohammed-ould-Della, Mohammed-Ouao, Hâmed, Saliki Tounkara, Mohammed-Gao. Ce dernier, frère d'Issihak II, le détrôna après sa défaite et se fit proclamer Askia, pour être lui-même déposé et fait prisonnier, quarante jours après son avènement, par le pacha Mahmoud.

CHAPITRE IV

Les empires mossi et gourmantché
(XIe au XXe siècles).

J'ai dit, en parlant de l'origine et de la formation des peuples du groupe mossi (1), comment et à la suite de quelles circonstances un nommé *Ouidiraogo*, petit-fils d'un roi dagomba, s'était établi à *Tenkodogo* au début du xie siècle et y avait fondé le berceau d'où devaient sortir peu à peu les peuples mossi et gourmantché. Nous avons vu comment Ouidiraogo avait partagé son Etat naissant en trois provinces, commandées par ses trois fils *Zoungourana* (à l'Ouest), *Raoua* (au Nord) et *Diaba* (à l'Est), provinces qui devaient devenir les trois empires de Ouagadougou, du Yatenga et de Fada-n-Gourma.

Lorsque Ouidiraogo mourut, vers le milieu du xie siècle, Zoungourana lui succéda à Tenkodogo et confia le commandement de la province de l'Ouest à son propre fils *Oubri*. C'est à cette époque, c'est-à-dire vers 1050, que l'on peut faire commencer l'histoire proprement dite des trois empires issus de l'invasion dagomba.

Ainsi que nous l'allons voir, ces trois empires, bien que n'ayant pas eu l'éclat ni la renommée des empires de Ghana, de Gao et de Mali, bien aussi que leur territoire n'ait jamais atteint les dimensions presque fantastiques de ces derniers, furent en réalité des Etats plus forts, plus homogènes et plus durables.

(1) 1er volume, pages 305 et suivantes.

Entourés d'empires et de royaumes dont l'éphémère apogée fut toujours suivie à bref délai d'un démembrement progressif ou d'une fin rapide, ils ont, eux, duré neuf siècles sans changement appréciable dans leurs limites ni dans leur organisation intérieure, et même, à la vérité, ils existent encore actuellement, leur indépendance n'ayant pris fin qu'avec l'occupation française et leurs institutions politiques et sociales n'ayant pas varié sensiblement depuis le Moyen Age. Alors que l'histoire des empires soudanais voisins abonde en général en révolutions de palais et en changements de dynastie, les souverains actuels de Ouagadougou, du Yatenga et de Fada-n-Gourma rattachent leur généalogie à Ouidiraogo et fournissent ainsi le rare exemple d'une triple dynastie d'origine commune ayant conservé le pouvoir dans la même famille pendant près de neuf cents ans.

Aucun de ces trois empires ne s'est illustré par de grandes conquêtes extra-territoriales, bien que certains de leurs souverains aient fait au loin des randonnées demeurées célèbres et aient à leur actif des épisodes tels que la prise de Tombouctou en 1333 et le sac de Oualata en 1480. Mais aucun non plus ne fut jamais vassal de l'étranger et, si quelques expéditions dirigées par Sonni Ali et certains Askia réussirent à pénétrer dans les pays mossi ou gourmantché et à y capturer des femmes et des enfants, jamais l'intégrité des trois Etats ne fut sérieusement compromise, jamais ils n'essuyèrent de défaite véritable, tandis qu'ils en infligèrent au contraire de fort retentissantes à des ennemis d'une valeur non négligeable, tels que les empereurs de Mali, de Gao, de Ségou et les pachas marocains de Tombouctou.

Cette fortune très particulière eut des causes diverses. Tout d'abord la den ité de peuplement des empires mossi, en permettant aux souverains comme au peuple lui-même d'opposer toujours aux armées ennemies un nombre de combattants bien supérieur, leur assura de tout temps la priorité au point de vue militaire ; mais il ne faut pas oublier que cette densité de peuplement était due à l'état de sécurité relative du pays, sécurité que les Etats voisins ne furent pas capables d'assurer à leurs sujets. Ensuite il convient d'observer que, bien que renfermant des peuples divers, les Etats mossi et gourmantché formaient chacun un tout beaucoup plus homogène, au point de vue ethnique, que les agglomérations disparates constituant les autres empires soudanais : l'histoire nous apprend que, dans tous les pays du monde, l'extension trop considérable des frontières d'un Etat en dehors de ses limites proprement nationales est presque toujours l'indice d'un démembrement prochain, parce qu'elle est une cause d'affaiblissement du pouvoir souverain ; en localisant leurs efforts à leur propre pays, les princes de Ouagadougou, du Yatenga et de Fada-n-Gourma acquièrent une force pour ainsi dire concentrée que les empereurs de Gao et de Mali, par exemple, cessèrent de posséder à partir du jour où leurs Etats sortirent de leurs limites naturelles.

Enfin il est un autre élément de puissance qui ne fit jamais défaut aux empires dont nous nous occupons en ce moment, et particulièrement à ceux de Ouagadougou et du Yatenga : je veux parler d'une religion vraiment nationale, puissamment organisée, réglant minutieusement tous les actes de la vie privée et publique, basée en grande partie sur le culte des ancêtres et dont l'empereur, comme descendant du grand ancêtre commun, détenait entre ses mains la direction suprême, participant lui-même en quelque sorte à la quasi-divinité attribuée à ses prédécesseurs défunts et dont il devait jouir à son tour après sa mort. Il y a à cet égard une analogie assurément lointaine, mais réelle, entre les institutions de la Chine et celle des pays mossi, et ce qui a fait la force et la durée des premières a puissamment aidé les secondes à se maintenir dans leur intégrité au travers des révolutions des pays voisins (1).

I. — L'empire de Ouagadougou.

1° *Histoire*.

Nous avons laissé (2) *Oubri* s'installant vers 1050 dans la région de Ouagadougou et faisant sa résidence d'un village

(1) Voir à ce sujet *le Pays Mossi* par M. le lieutenant Marc.
(2) 1er volume, page 309.

qui reçut de lui le nom d'*Oubritenga* et qui devint le chef-lieu d'une province vassale de Tenkodogo, où régnait Zoungourana. Oubri ne tarda pas à étendre les limites de son autorité ; il s'empara d'abord de Gangado et de Loumbila, puis de Lâ, et réunit ainsi sous son commandement les régions de Boussouma et de Béloussa, puis la province de Yâko.

A la mort de son père Zoungourana, Oubri lui succéda comme suzerain de tous les pays conquis par les membres de sa famille, c'est-à-dire des quatre royaumes de Tenkodogo, de Fada-n-Gourma, de Zandoma et d'Oubritenga : le premier était commandé par Séré, fils de Zoungourana et frère d'Oubri, le second par Diaba, oncle d'Oubri, le troisième par Raoua, frère de Diaba, et le quatrième par Oubri lui-même, qui y maintint sa résidence. Peu à peu, le royaume de Fada-n-Gourma se rendit indépendant. Celui de Zandoma devait être absorbé, environ 350 ans plus tard, dans un Etat indépendant fondé par Ya-Diga, petit-fils d'Oubri, et former avec ce dernier l'empire du Yatenga.

Les deux royaumes de Tenkodogo et d'Oubritenga, réunis ensemble sous la suzeraineté d'Oubri et de ses successeurs, formèrent l'empire qui devait avoir plus tard *Ouagadougou* comme capitale. Bien qu'Oubri n'ait pas résidé dans cette dernière localité, ce fut lui qui en fit la conquête sur les autochtones Nioniossé et Nounouma : il leur livra une bataille qui dura cinq jours et se termina par leur défaite; les uns firent leur soumission à Oubri et demeurèrent à Ouagadougou ; les autres se réfugièrent au Kipirsi : Oubri les y poursuivit et mourut au cours de cette expédition, à Koudougou, vers 1090.

Il laissait, sous le nom de *Môrho*, un empire dont les habitants furent appelés *Môssé* ou *Mossi* et dont le souverain portait le titre de *Mô-nâba* ou *Môrho-nâba* (chef du Môrho ou pays des Mossi) (1). Cet empire comprenait alors la province d'Oubritenga (région de Ouagadougou), celles de Yâko, de Bous-

(1) Ces appellations n'étaient pas spéciales à l'empire de Ouagadougou : l'empire du Yatenga portait aussi le nom de *Môrho*, son souverain celui de *Mô-nâba* et ses habitants celui de *Môssé* ou *Mossi*.

souma, de Béloussa, plus les royaumes vassaux de Tenkodogo, comprenant une bonne partie du pays boussansé, et de Zandoma, dans l'Est du Yatenga actuel. L'autorité du *Môrho-nâba* s'étendait en plus, dès cet instant, sur une partie au moins du Kipirsi et du Gourounsi actuels (pays Nounouma et Sissala), ainsi que sur les Nankana. L'empire était partagé en royaumes ou gouvernements provinciaux, commandés chacun par un frère ou parent de l'empereur ; ces royaumes ou gouvernements se divisaient à leur tour en cantons, qui se composaient chacun de plusieurs villages. Depuis les chefs de village jusqu'à l'empereur était établie une hiérarchie centralisatrice fort remarquable.

Oubri, nous l'avons vu, résidait à Oubritenga et régna approximativement de 1050 à 1090. Ses quatorze premiers successeurs résidèrent tantôt dans l'une tantôt dans l'autre des diverses régions de l'empire, selon les besoins politiques du moment. Ce furent : *Sorba* ou Narimtoré, fils d'Oubri, qui résida à Lougoussi ; puis *Nassékiemdé*, *Nassébiri* et *Ninguem*, tous les trois frères de Sorba, qui résidèrent à Lâ ; *Koundoumié* ou Koundégné, fils de Ninguem, qui régna vraisemblablement de 1170 à 1210, dirigea une colonne contre Kayao et Tiéou et établit sa résidence dans cette dernière localité ; *Kouda*, fils de Koundoumié, qui résida à Saponé ; *Dawoéma*, fils de Kouda, qui résida à Loumbila et guerroya au Nord de Yâko avec son voisin, l'empereur du Yatenga (régna de 1240 à 1270 environ) ; *Zettembousma*, frère du précédent (résidence inconnue) ; *Niandeffo*, fils de Zettembousma, qui le premier résida à Ouagadougou (régna de 1280 à 1300 environ) ; *Nattia*, fils de Niandeffo, qui résida à Dazouli ; *Namoéro*, fils de Nattia (résidence inconnue) ; *Kida*, fils de Niandeffo, qui résida à Ouagadougou ainsi que son frère et successeur *Kimba*, sous lequel le royaume vassal de Zandoma passa à l'empire du Yatenga ; enfin *Kobra*, fils de Kimba et quinzième Môrho-nâba, qui régna entre 1400 et 1430 et résida à Nougandé.

A partir de *Sana* (1430-1450), frère de Kobra et seizième Môrho-nâba, Ouagadougou devint la résidence permanente des empereurs (1). Après lui régnèrent ses fils *Guiliga* et *Oubra*, puis *Mottoba* et *Ouarga*, tous les deux fils d'Oubra.

C'est sous le règne de Ouarga (1540-1570), le vingtième Môrho-nâba, que se produisit un événement à la suite duquel il fut interdit aux empereurs de sortir de la ville de Ouagadougou sous aucun prétexte. Il existait une coutume en vertu de laquelle, lorsque le Môrho-nâba était absent de sa résidence, les auteurs de crimes ou de délits commis dans cette résidence ne pouvaient être poursuivis. Ouarga ayant eu à se rendre dans la province de Yâko pour protéger les frontières de son empire contre les incursions de pillards du Yatenga, des gens sans aveu profitèrent de son absence et de l'impunité qu'elle leur conférait pour commettre toutes sortes de crimes. Quelque temps après, la femme préférée de Ouarga, à la suite d'une querelle de ménage, s'enfuit du côté de Lâ et l'empereur monta à cheval pour courir lui-même à sa poursuite ; mais, comme il se disposait à quitter Ouagadougou, ses ministres et ses courtisans lui barrèrent le passage, le conjurant de ne pas provoquer, par une nouvelle absence, une seconde période de criminalité et d'anarchie ; Ouarga céda aux instances de ses ministres et rentra dans sa demeure. Peu après du reste, l'épouse fugitive réintégra d'elle-même le domicile conjugal. Depuis cette époque jusqu'à la conquête française, jamais les empereurs de Ouagadougou ne sont sortis de leur capitale ; lorsqu'ils étaient obligés de faire la guerre, ils confiaient le

---

(1) Ouagadougou — ou mieux *Ouaghadogho* — ne doit pas remonter, en tant qu'agglomération importante, au-delà de l'empereur Niandeffo, c'est-à-dire de la fin du xiii° siècle, bien qu'il existât déjà un village sur le même emplacement au temps d'Oubri. M. le lieutenant Marc suppose que cette localité constituait dès le xii° siècle un centre commercial important ; son opinion, que je ne partage pas, est basée sur une phrase du *Tarikh-es-Soudân* (page 46 de la traduction) disant que « les gens de — ou du — *Ouaghdou* » étaient ceux qui se rendaient en plus grand nombre à Tombouctou pour y trafiquer, lors des débuts de la prospérité de cette ville (époque qu'il faudrait d'ailleurs reporter plutôt au xiii° siècle) ; mais il me semble impossible de traduire l'expression du texte autrement que par « les gens du Ouagadou » et d'entendre par *Ouaghdou* autre chose que la province du Sahel où se trouve Goumbou.

commandement de l'armée à un de leurs parents, mais ne dirigeaient pas eux-mêmes les opérations.

Douze empereurs se succédèrent à Ouagadougou entre Ouarga et le Mòrho-nàba actuel ; ce furent : *Zombéré*, fils de Ouarga ; *Kom I*, fils de Zombéré ; *Sagha*, fils de Kom ; *Roulougon*, fils de Sagha ; *Savadoro*, fils de Roulougon ; *Karfo*, fils de Savadoro ; *Baoro*, fils de Roulougon ; *Koutou* (1830-1850), fils de Savadoro, célèbre par une expédition victorieuse dans le Kipirsi ; *Sanom* (1850-1890), fils de Koutou, qui reçut M. Binger à Ouagadougou en 1888 et qui envoya une colonne contre Lallé ; *Bokari-Koutou* (1890-96), frère de Sanom, qui reçut fraîchement en 1890 l'explorateur Crozat et refusa en 1891 l'accès de Ouagadougou au capitaine Monteil, puis expédia une armée contre les Peuls de Djibo ; vaincu et mis en déroute, en août 1896, malgré ses 2 à 3.000 cavaliers, par les cinquante tirailleurs du lieutenant Voulet, il dut abandonner à la fois le pouvoir et sa capitale ; *Mazi* (1896-97), frère et successeur éphémère de Bokari-Koutou ; *Ouobdérho* ou *Kouka* (1897-1906), qui signa avec Voulet un traité plaçant ses États sous la suzeraineté de la France ; enfin *Kom II*, qui règne à Ouagadougou depuis 1906, est le trente-deuxième successeur d'Oubri, fondateur de l'empire.

2° *Organisation intérieure*.

Une fois définitivement constitué, l'empire de Ouagadougou fut divisé en cinq gouvernements provinciaux dépendant directement de l'empereur et en quatre royaumes vassaux, sans compter les provinces tributaires annexées à chacun de ces gouvernements ou royaumes. Les cinq gouvernements provinciaux étaient ceux de *Gounga*, *Ouidi*, *Laralté*, *Baloum* et *Kamsoro* : leur ensemble constituait le domaine propre de la couronne impériale. Les quatre royaumes vassaux étaient ceux de *Tenkodogo*, *Boussouma*, *Béloussa* et *Ydko*. Ainsi que je l'ai dit plus haut, chaque gouvernement ou royaume était divisé en cantons et chaque canton en villages.

L'autorité de l'empereur semble n'avoir jamais été méconnue à l'intérieur des frontières, sauf dans de très rares circonstances. Les rois vassaux, frères, fils ou neveux de l'empereur, lui obéissaient régulièrement. L'empereur du reste ne les gênait nullement dans leur administration et n'exigeait d'eux que le paiement de l'impôt et la levée du contingent nécessaire aux expéditions nationales qu'il était obligé d'organiser éventuellement contre les ennemis du dehors (empereurs de Mali, de Gao ou de Ségou, pachas marocains, etc.). En revanche, l'empereur prêtait son appui à ceux de ses vassaux qui ne parvenaient pas à se faire obéir de leurs sujets ou tributaires ; c'est ainsi que le nâba Dawoéma eut à faire colonne contre les Boussansé de Garango qui voulaient s'affranchir de l'autorité du roi de Tenkodogo.

Parfois cependant, mais surtout à une époque très récente, des désaccords surgirent entre l'empereur et certains des rois vassaux : ainsi le nâba Sanom eut à lutter contre les velléités d'indépendance des rois de Boussouma et de Béloussa.

L'empereur était assisté de seize ministres ou dignitaires qui résidaient en général auprès de lui et dont cinq cumulaient, avec leurs fonctions spéciales, celles de gouverneurs des cinq provinces impériales. Ces ministres ou dignitaires étaient — et sont encore — par ordre de préséance : 1° le gardien des tombeaux des empereurs défunts, qui était de droit gouverneur de la province de *Laralé* ; 2° le maître de la cavalerie, gouverneur de la province de *Ouidi* ; 3° le maître de l'infanterie, gouverneur de la province de *Gounga* ; 4° le chef des eunuques, gouverneur de la province de *Kamsoro* ; 5° l'intendant, chef des pages, gouverneur de la province de *Baloum* ; 6° le chef de l'armée ou *tamsôba* ; 7° le chef des gardes impériaux ou *samandénâba* ; 8° le chef des prêtres ou *pouindâba* ; 9° le maître des sacrifices ou *gandénâba* ; 10° le chef des serviteurs ou *dapouinâba* ; 11° le sous-chef des serviteurs ou *kambonâba* ; 12° le chef des musiciens ou *bindénâba* ; 13° le chef des bouchers ou *mendonâba* ; 14° le chef des palefreniers ou *ouidianga-nâba* ; 15° le maître des marchés, chef des percepteurs des droits de place, ou *daranâba* ; 16° le chef des musulmans ou *yarhnâba*. Ces charges sont héréditaires en ce sens que le titulaire de chacune est toujours choisi par l'empereur dans la proche parenté du titulaire précédent.

L'empereur est entouré d'un grand nombre de pages (*sor-*

honé, pluriel *sorhondamba*), de gardes (*samandé*), de palefreniers (*ouirkima*) et d'eunuques (*dioussaba*). Les pages sont de jeunes garçons qui doivent demeurer vierges tant qu'ils sont en fonctions ; tous les ans, le chef des prêtres leur présente à chacun successivement une calebasse d'eau sacrée dans laquelle ils doivent se mirer le visage : selon la façon dont leur figure se trouve reflétée dans l'eau, le chef des prêtres découvre s'ils ont ou non enfreint la règle de chasteté qui leur est imposée. Avant notre occupation, le *sorhoné* convaincu d'avoir eu commerce avec une femme était mis à mort séance tenante. La raison de cette coutume est que les pages, assistant à toutes les conférences de l'empereur avec ses ministres, sont détenteurs de secrets d'Etat qui risqueraient d'être divulgués si les *sorhondamba* avaient des relations féminines. Lorsque les pages parviennent à l'âge d'homme, l'empereur les renvoie après leur avoir donné une femme ; le premier-né de cette union appartient à l'empereur : si c'est un garçon, il deviendra page à son tour ; si c'est une fille, le Môrho-nâba la marie à un page mis à la retraite ou à l'un de ses protégés.

Chaque matin, vers 7 heures, l'empereur sort de sa maison, monte à cheval et fait le simulacre de se mettre en route ; mais, au bout de quelques pas, il met pied à terre et rentre chez lui. L'origine de ce rite remonte à l'aventure du nâba Ouarga, que j'ai contée plus haut. Aussitôt cette cérémonie terminée, l'empereur s'installe dans une sorte d'alcôve ou de niche disposée dans le mur d'enceinte de son habitation ; les musiciens font résonner leurs instruments et tous les ministres s'approchent et se prosternent devant le souverain, le front posé sur le sol et les avant-bras frappant la terre à coups répétés, puis se jettent de la poussière sur la tête. Après cette salutation, on procède à l'expédition des affaires courantes : les cinq chefs de province se présentent à tour de rôle, par ordre de préséance, chacun rendant compte à l'empereur des événements survenus depuis la veille, prenant ses instructions pour la journée et lui présentant les chefs de village ou de quartier, ainsi d'ailleurs que les particuliers, qui ont quelque réclamation à faire ou quelque demande à adresser. Le Môrho-nâba écoute les requêtes, fait au besoin une rapide enquête auprès de ses ministres ou auprès de témoins convoqués par ceux-ci et rend ses sentences. Pendant l'audience, qui dure environ trois heures, l'empereur et ses ministres absorbent fréquemment de la bière de mil. Vers 11 heures, le souverain se retire dans ses appartements privés. Vers 3 heures, il donne une nouvelle audience dans les mêmes conditions que le matin, mais pour ne s'occuper que de questions d'ordre politique ou d'affaires de justice criminelle (1).

Chaque geste du Môrho-nâba est réglé par un protocole minutieux et est signalé par des airs de flûte ou de tambour, ainsi que par un claquement de doigts exécuté par tous les assistants. S'il sort à cheval pour une courte promenade dans les faubourgs de sa capitale, toute sa cour le suit, qui à pied, qui à cheval ; les griots font retentir l'air de vociférations, avec accompagnement de flûtes et de tambours. Un palefrenier conduit sa monture à la longe, tandis que deux pages soutiennent chacun l'un de ses étriers et qu'un troisième, marchant à côté du cheval, abrite l'empereur sous un vaste parasol. Les autres pages suivent, portant l'un le coussin, un autre l'épée du souverain, le reste des jarres des bière de mil qui permettent au prince de se livrer, au cours de sa promenade, à de copieuses libations.

La nuit, revêtu d'un déguisement et accompagné d'un seul page, l'empereur parcourt incognito les divers quartiers de sa capitale, dans le but de se renseigner sur ce qui se dit et sur ce qui se fait.

A certaines dates, il se rend dans deux endroits situés dans les environs immédiats de la ville, endroits nommés l'un *Saba* et l'autre *Tienvi*, et il y procède à des sacrifices de bœufs, mou-

---

(1) Comparer la grande analogie existant entre les usages encore suivis de nos jours à la cour de l'empereur de Ouagadougou et ceux suivis autrefois aux cours de Ghana, Mali et Gao. Tous les détails donnés ici sur l'organisation intérieure de l'empire de Ouagadougou sont empruntés presque textuellement à la monographie du cercle de Ouagadougou rédigée par M. l'administrateur Carrier d'après ses propres observations et celles de ses prédécesseurs.

tons et poulets, dans le but de s'éviter tout ennui d'ordre physique ou moral.

Il a environ trois cents femmes, comprenant celles qu'il a épousées lui-même et, en plus, les veuves de son prédécesseur, ainsi que les épouses adultères de ses sujets que la coutume affecte au harem impérial. Toutes ces femmes ne résident pas auprès du souverain : beaucoup habitent dans des villages commandés par des eunuques et dont nul n'avait, avant notre occupation, le droit d'approcher, sous peine de mort. Tous les ans, on s'assure de la fidélité des épouses du Môrho-nâba en usant d'un procédé analogue à celui employé pour surveiller la chasteté des pages ; l'épouse reconnue coupable d'adultère est punie de mort, ainsi que son complice. Il semble même que l'adultère commis avec une femme de l'empereur soit considéré comme le crime le moins excusable, car les *nákomsé* ou fils de chefs ne sont passibles de la peine de mort que dans ce seul cas. Jamais les épouses du souverain ne font leurs couches ni n'allaitent leurs enfants dans le palais impérial ; elles se transportent pour cela dans les villages spéciaux confiés à la garde des eunuques. Théoriquement, elles n'occupent pas un rang plus élevé que les femmes des simples particuliers, mais en fait elles jouissent d'une grande considération, comme tout ce qui touche à la personne de l'empereur.

Les fils du Môhro-nâba, une fois sevrés, sont confiés à un gouverneur de province ou à un chef de canton qui est chargé de leur éducation. A l'âge de dix ans, ils reçoivent une femme en mariage et sont installés chacun dans un village spécial, vivant là avec une cour calquée sur celle de l'empereur, mais sans exercer nécessairement un commandement territorial. Les prérogatives attachées au titre de fils de l'empereur sont considérables, tant que vit leur père : elles leur confèrent le droit voler, de piller et même de tuer sans être inquiétés ; les fils du souverain sont de plus exempts de tout impôt ; d'autre part, il leur est interdit de résider dans la capitale du vivant de leur père. A la mort du monarque, ses fils deviennent de simples *nákomsé* (fils de chefs ou nobles), dont la situation est d'ailleurs encore fort privilégiée.

Les filles de l'empereur et celles des rois vassaux peuvent demeurer célibataires ou se marier; mais dans l'un et l'autre cas, elles jouissent du privilège de pouvoir accorder leurs faveurs à qui bon leur semble, sans que leurs maris — si elles en ont — aient le droit de s'y opposer.

L'un des fils — ou, à défaut de fils, l'une des filles — du souverain est l'objet d'avantages spéciaux : à la mort de chaque Môrho-nâba en effet, ses veuves choisissent l'un de ses jeunes enfants qui prend son nom et continue en quelque sorte sa personnalité; il n'exerce aucun commandement, mais est entouré d'une cour semblable à celle de l'empereur, jouit d'une considération presque égale à celle de ce dernier et est comme lui un personnage sacré ou *kourita* : nul n'a le droit de lui résister ni de lui faire du mal.

Lorsque le décès d'un empereur a été constaté, on procède à son inhumation et à ses funérailles dans la même forme que pour un simple particulier, avec cette différence toutefois que les cérémonies ont plus d'éclat et donnent lieu à des sacrifices plus importants; avant notre installation dans le pays, on procédait à cette occasion à des sacrifices humains. Autrefois, à la mort de chaque empereur, on envoyait l'une de ses épouses et l'un de ses chevaux à Gambaga et on les immolait sur la tombe de Yennenga, arrière-grand-mère d'Oubri.

Pendant tout le temps que durait l'interrègne, le pays était plongé dans la plus complète anarchie : chacun avait le droit de tuer, de piller et de voler à sa guise ; les condamnés en cours de peine étaient, de plein droit, graciés et remis en liberté. Une fois les funérailles terminées, un collège électoral s'assemblait mystérieusement, composé de quatre ministres : le *Ouidi-nâba*, président, le *Laralle-nâba*, le *Gounga-nâba* et le *tamsôba*. La réunion se tenait dans un lieu aussi caché que possible ; les partisans des différents compétiteurs au trône, en effet, n'auraient pas manqué de venir troubler les opérations du Conseil, s'ils avaient connu le lieu de la réunion. Une fois les membres du collège électoral d'accord sur le choix du nouvel empereur — lequel ne pouvait être pris que dans la descendance d'Oubri et se trouvait, dans la pratique, être tantôt le frère et tantôt le fils ou le neveu de l'empereur défunt —, ils prévenaient en secret l'élu qui, en se cachant lui-même, venait se joindre à eux. Alors chacun des membres du conseil convoquait ses guerriers. Le lendemain, on prévenait la population, qui accourait aussitôt, et le nouveau souverain était alors proclamé par les soins du *Ouidi-nâba*, non pas sous le nom qu'il avait porté jusque-là, mais sous un surnom qui devenait en quelque sorte son titre impérial et qui seul pouvait être prononcé désormais. Cet usage a subsisté jusqu'à l'époque actuelle (1).

A partir du moment de la proclamation du nouvel empereur, les troubles de l'interrègne prenaient fin. Le Môrho-Nâba, suivi des grands dignitaires et de la foule, se rendait sous un figuier, près de la demeure du *samandé-ndbila* ou sous-chef des gardes impériaux, où il passait la première journée de son règne. Le soir venu, il se rendait chez le chef de village ou maire de Ouagadougou pour y passer la nuit et la journée du lendemain. Le troisième jour, il se transportait dans un quartier de la ville appelé *Paspanga* où il recevait les chefs de canton et les *nâkomsé*, qui venaient lui prêter serment de fidélité. Après cette dernière formalité seulement, il se séparait des membres du collège électoral et se rendait au palais impérial, accompagné du *Baloum-ndba*, du *Kamsoro-ndba* et de l'eunuque en chef du palais, lequel portait le titre de *Zaka-ndba*. Tous ces rites ont été observés encore lors de la proclamation du Môrho-nâba actuel.

Tant que durent les fêtes du couronnement, les compétiteurs malheureux sont l'objet des plus cruelles railleries et des pires brimades. Mais, comme je l'ai dit plus haut, aussitôt le nouvel

(1) Le nom que portait l'empereur avant son couronnement devient un terme proscrit, même dans la langue courante et même appliqué à des objets d'un usage familier. Ainsi le prédécesseur du Môrho-nâba actuel, avant son avènement, portait le nom de *Kouka*, mot qui désigne une espèce de tamarinier et qui est donné souvent comme prénom en pays mossi; lorsque Kouka fut proclamé empereur, il prit le surnom de *Ouoëdérho* (l'éléphant) : à partir de cet instant, tous les habitants de l'empire qui s'appelaient Kouka changèrent leur nom en *Nâbiouré*, ce qui signifie « nom du nâba » et le tamarinier de l'espèce *kouka* fut appelé également *nâbiouré* (Lieutenant Marc, *le Pays mossi*).

empereur proclamé, les désordres de l'interrègne prennent fin. La tradition locale ne mentionne qu'un seul cas où, la décision du collège électoral n'ayant pas été acceptée par le peuple, des troubles graves se produisirent même après la proclamation du souverain : cela se passa lors de l'élection de Sagha, fils de Kom I ; le peuple aurait voulu voir nommer Raoko, fils de l'empereur Zombéré, et, mécontent de ce que l'élu n'était pas le souverain de son choix, il refusa de reconnaître Sagha ; ce dernier ne put prendre possession du pouvoir qu'après avoir livré, à la tête de ses partisans, une sanglante bataille à son rival malheureux.

Les rois vassaux sont de véritables monarques et sont nommés dans les mêmes conditions que l'empereur, par leurs propres ministres, sauf en ce qui concerne le roi de Béloussa, lequel est toujours désigné par le Môrho-nâba lui-même. Ces rois vassaux jouissent de toutes les prérogatives de la souveraineté, nomment eux-mêmes leurs chefs de canton et administrent à leur guise leurs royaumes respectifs.

Quant aux gouverneurs des provinces impériales, ils sont nommés par l'empereur, qui choisit dans la parenté du gouverneur défunt le remplaçant de ce dernier. Ils jouissent du reste de pouvoirs considérables, sont entourés chacun d'une cour nombreuse, mais sont placés sous le contrôle direct de l'empereur. Les chefs de canton des provinces impériales sont nommés par le Môrho-nâba, sur la présentation des gouverneurs de province ; eux aussi sont toujours pris dans la proche parenté du chef qu'ils sont appelés à remplacer. Ils sont sous les ordres directs des gouverneurs, par l'intermédiaire desquels ils doivent passer pour s'adresser à l'empereur. Ce sont eux qui procèdent à la nomination des chefs de village, choisis eux aussi dans la famille du chef à remplacer. Les villages entourant directement la capitale forment avec celle-ci un canton spécial, le *Bagaré*, qui est administré directement par l'empereur.

Les gouverneurs de province, la plupart des chefs de canton et même les chefs des villages importants sont assistés chacun d'un ou plusieurs *baloum* ou *baloum-nâba*, sorte d'intendants ou maîtres du palais, qu'ils choisissent comme il leur plaît.

Ces *baloum* sont parfois d'anciens esclaves ou d'anciens pages, le plus souvent des individus quelconques appartenant au menu peuple, mais jamais ils ne sont pris parmi les *nâkomsé* ; leur charge n'est pas héréditaire ; elle confère le pouvoir de parler et d'agir au nom du chef qu'assiste le *baloum*.

La coutume ne prévoit pas qu'un chef quelconque, de l'empereur aux chefs de village, puisse être, à proprement parler, destitué de ses fonctions. Un chef qui donne des sujets de plainte au souverain est convoqué par celui-ci, sous un prétexte quelconque, et mis à mort sans autre forme de procès : tout au moins est-ce ainsi que les choses se passaient avant l'occupation française. Lorsque, soupçonnant le motif véritable qui le faisait convoquer à la cour de l'empereur, le chef ne s'y rendait pas de bonne volonté, une colonne était envoyée contre lui avec mission de s'emparer de sa personne.

A la fin de l'hivernage, avant notre installation en pays mossi, les chefs de canton devaient venir saluer l'empereur et lui remettre une sorte d'impôt consistant en bœufs, moutons, chevaux, mil, cauries, etc. En outre, chaque fois que le souverain avait besoin de quelque chose, il chargeait les gouverneurs de province de le lui procurer ; ceux-ci alors convoquaient leurs chefs de canton, qui réunissaient à leur tour leurs chefs de village, lesquels se procuraient, par l'intermédiaire des chefs de famille, les animaux, denrées ou objets demandés. Enfin, chaque fois qu'un indigène quelconque se présentait au Môrho-nâba, il devait lui remettre un présent en rapport avec son état de fortune.

Des droits de place étaient perçus sur les marchés au profit de l'empereur, qui avait droit aussi aux défenses des éléphants tués sur son territoire, ainsi qu'à un quartier des buffles et grosses antilopes abattus par les chasseurs. Enfin le droit de confiscation, dont le Môrho-nâba pouvait user sans être limité par aucune règle précise, lui permettait en cas de besoin d'accroître les ressources tirées de ses revenus ordinaires.

De leur côté les gouverneurs de province avaient le droit de se faire remettre par leurs chefs de canton tout ce dont ils pouvaient avoir besoin pour l'entretien de leur famille et de leur suite, et les chefs de canton usaient du même droit vis-à-vis des chefs de village relevant de leur autorité. Les chefs de village à leur tour recevaient un certain nombre de cadeaux de leurs administrés. En sorte que les charges pesant sur les habitants de l'empire étaient en somme assez considérables, et d'autant plus lourdes qu'elles étaient souvent irrégulières et arbitrairement imposées.

Il n'existait pas d'armée permanente. Mais, en cas de guerre, les gouverneurs de province convoquaient les chefs de canton, qui se rendaient à leur appel avec tous les hommes valides dont ils pouvaient disposer. Tous se groupaient autour du *tamsôba*. Les cavaliers étaient armés de la lance et les fantassins de l'arc ; les uns et les autres se servaient également de sabres, de casse-têtes et de haches de guerre.

Quant à la police, elle n'était guère assurée que par les soins des particuliers, qui procédaient eux-mêmes à l'arrestation des délinquants dont ils avaient à se plaindre et prenaient l'initiative de les poursuivre devant la juridiction compétente (tribunaux de famille, de quartier, de village, de canton, de province ou de royaume, et enfin le tribunal de l'empereur).

J'ai parlé à plusieurs reprises des *ndkomsé* : ils comprennent tous les individus qui peuvent se prétendre issus d'Oubri, le premier Môrho-nâba, et constituent la noblesse du pays. C'est exclusivement parmi eux que se peuvent recruter les empereurs, les rois vassaux, les gouverneurs de province et les chefs de canton. Tous ne sont pas pourvus d'un commandement, mais tous jouissent, de par leur naissance, de privilèges spéciaux, dont certains ont dû être abolis du reste par l'autorité française : de ce nombre était le droit de piller les caravanes de passage et de se faire remettre par les indigènes non nobles tout ce qu'il leur plaisait de réclamer. Il fut de tout temps interdit aux *ndkomsé* de tuer des gens sans nécessité, mais les meurtres commis par eux n'entraînaient comme châtiment qu'une simple mise aux fers de peu de durée. De plus, quels que fussent leurs crimes, ils avaient le privilège de ne pouvoir être jugés que par l'empereur. Les femmes issues de la descendance d'Oubri ne jouissent en principe d'aucune prérogative spéciale, mais leur naissance leur permet cependant de vivre d'une façon particulière : elles demeurent dans une indépendance à peu près absolue vis-à-vis de leurs maris, à moins toutefois que ces derniers ne soient eux-mêmes des *nákomsé*.

II. — L'empire du Yatenga.

L'empire mossi du Yatenga, bien que moins étendu que celui de Ouagadougou, eut une histoire extérieure plus brillante : ce furent ses chefs en effet, et non pas ceux de Ouagadougou, qui dirigèrent sur Tombouctou et Oualata ces fameuses expéditions dont Sa'di nous a conservé le souvenir. Nous avons l'habitude de donner le nom de Mossi à la région de Ouagadougou et d'appeler « roi du Mossi » l'empereur de Ouagadougou, mais il ne faut pas oublier que les habitants du Yatenga — au moins ceux qui appartiennent à la fraction dirigeante — sont des Mossi tout aussi bien que ceux de Ouagadougou et que le souverain de Ouahigouya porte le titre de *Môrho-ndba* tout comme son collègue de Ouagadougou. D'ailleurs la vraisemblance, les itinéraires suivis, le nom même du « roi des Mossi » cité par le *Tarikh-es-Soudân* (1), tout démontre clairement que les armées mossi qui ne craignirent pas d'aller empiéter sur les domaines de l'empereur de Mali et de Sonni Ali venaient du Yatenga.

Nous avons vu (2) comment, au début du XIe siècle, *Raoua* (3), fils de Ouidiraogo et petit-fils de la princesse dagomba Yennenga, ayant reçu de son père le gouvernement des pays situés au Nord de Tenkodogo, s'était avancé dans la direction du

---

(1) Ce nom est écrit par Sa'di *Na'sira* ou *Na'séré* : or l'empereur du Yatenga qui vivait à la fin du XVe siècle, c'est-à-dire à l'époque où *Na'sira* pilla Oualata, s'appelait *Nasséré* ou *Nassodoba*, d'après les traditions conservées à Ouahigouya.

(2) 1er volume, pages 308 et 310.

(3) Presque toutes les traditions consignées ici qui se rapportent à l'empire du Yatenga ont été empruntées à la monographie du Cercle de Ouahigouya par M. l'administrateur Vadier.

Nord-Ouest jusqu'au *Zandoma*, y avait établi sa résidence et s'était taillé, aux dépens des Dogom et des Nioniossé, un royaume vassal de celui commandé à Tenkodogo d'abord par son père Ouidiraogo et ensuite par son frère Zoungourana. Les descendants de Raoua lui succédèrent sur le trône de Zandoma, mais, dans la seconde moitié du xi° siècle, ils cessèrent de relever du roi de Tenkodogo, qui était devenu vassal de l'empereur Oubri, pour reconnaître comme suzerain ce dernier lui-même, lequel n'était autre que le neveu de Raoua. Et c'est ainsi que le royaume de Zandoma, à ses débuts, constitua en quelque sorte une province de l'empire naissant de Ouagadougou.

Sous le règne de Nassébiri, fils et troisième successeur d'Oubri, un fils de l'empereur, nommé *Ouamtanango*, dirigea une expédition militaire dans la partie du Yatenga demeurée indépendante, fit alliance avec les Nioniossé, embaucha les forgerons de cette peuplade comme sapeurs et, continuant l'œuvre de Raoua, acheva de chasser dans les montagnes les Dogom autochtones.

Un peu plus tard, sous le règne de Ninguem, frère de Nassébiri, un autre fils de ce dernier nommé *Ya-Diga*, jaloux des lauriers de Ouamtanango, alla également faire une expédition au Yatenga. Pendant qu'il se trouvait dans ce pays, son oncle Ninguem mourut à Lâ, où il avait établi sa résidence, et Koundoumié, fils de Ninguem, profita de l'absence de son cousin Ya-Diga, plus âgé que lui, pour se faire proclamer empereur, vers l'an 1170. Pabré, sœur de Ya-Diga, s'empara alors des amulettes sacrées provenant de Riâlé, l'arrière grand-père d'Oubri (1), amulettes à la possession desquelles était attachée la faculté d'exercer le pouvoir suprême, et elle réussit à les apporter à son frère, qui résidait alors à *Goursi*, dans le Yatenga. Koundoumié se mit à la poursuite de Pabré, mais, arrivé à Yâko, il n'alla pas plus loin, l'anarchie s'étant déclarée derrière lui dans ses Etats, et il revint en arrière pour châtier les rebelles et se fixer à Tiéou. Ya-Diga demeura donc en possession des amulettes sacrées ; il fut rejoint bientôt à Goursi par

(1) Voir 1er volume, pages 307 et suivantes.

un de ses frères nommé Yaouloumfao-Gama, qui amenait avec lui une bande de rebelles décidés à refuser l'obéissance à Koundoumié : se sentant alors de taille à résister à son cousin, Ya-Diga se fit lui aussi proclamer empereur des Mossi (*Mörhondba*) et fonda un second Etat mossi indépendant, avec Goursi comme capitale. Cet Etat fut appelé *Yatenga*, c'est-à-dire « terre de Ya ». Sa fondation définitive remonterait donc à la fin du XII° siècle.

Vers la même époque, un frère ou parent de Ya-Diga, appelé *Kouda* comme le fils et successeur de Koundoumié, fondait un troisième Etat mossi indépendant au *Riziam*.

A la mort de Ya-Diga (vers 1200 environ), le pays appelé aujourd'hui Yatenga comprenait donc trois royaumes mossi, tous fondés et gouvernés par des descendants de Ouidiraogo : celui du *Zandoma*, vassal de l'empereur de Ouagadougou ; celui du *Riziam*, indépendant ; celui de *Goursi* ou du Yatenga propre, également indépendant. Ce dernier devait plus tard absorber les deux autres et devenir l'empire du Yatenga.

A Ya-Diga succéda son frère *Yaouloumfao-Gama*, qui dut régner de 1200 à 1225 environ. A la mort de ce dernier, *Kourita*, deuxième fils de Ya-Diga, s'empara du pouvoir au détriment de son aîné *Guéda* ; mais celui-ci alla chercher des partisans à Lâ, dans l'empire voisin, parvint à s'emparer de Goursi et chassa Kourita dans la brousse, où il mourut (vers 1230). A Guéda succéda un autre de ses frères, nommé *Tounougoum*. Ensuite régnèrent *Possinga* et *Nasségué*, tous les deux fils de Tounougoum.

C'est sous le règne de Nasségué (1320-1340 vraisemblablement) qu'eut lieu la prise de Tombouctou par les Mossi du Yatenga, en 1333. Nous savons par Sa'di que la garnison mandingue laissée à Tombouctou par Kankan-Moussa prit la fuite, que Nasségué pilla la ville et l'incendia, puis se retira avec un immense butin, et qu'après son départ les troupes de l'empereur de Mali Maghan réoccupèrent la place.

A Nasségué succédèrent ses fils *Somna* et *Vanté-Baragouan*. Ce dernier (1350-1380) agrandit le domaine de ses prédécesseurs en ajoutant à la province de Goursi celles de Boussoum et de Somniaga et en s'emparant de Lâ sur l'empereur de Ouagadougou (1).

Bonga ou *Lambouéga*, fils et successeur de Vanté-Baragouan (1380-1410), annexa au Yatenga le royaume de *Zandoma*, jusque là vassal de l'empire de Ouagadougou. Voici, d'après la tradition, dans quelles circonstances s'opéra cette annexion : Bonga fit mettre du poison dans de la viande de bœuf et envoya cette viande, à titre de présent de bonne amitié, aux chefs de Bassi, de Kouba et de Tangaï, vassaux du roi de Zandoma ; ayant mangé de cette viande, ces chefs moururent ; Bonga fit alors déclarer par les augures qu'ils étaient morts pour avoir refusé de reconnaître son autorité ; aussitôt le roi de Zandoma, dernier descendant de Raoua, ainsi que le chef de Bembella et tous ses autres vassaux, par crainte d'un sort semblable, fit sa soumission à Bonga. Ce fut probablement ce dernier — ou l'un de ses successeurs immédiats — qui, vers le début du xve siècle, alla faire une incursion dans le Massina, s'avançant jusque sur les rives du lac Débo.

Après Bonga régnèrent successivement six souverains que la tradition donne comme ses fils ; à mon avis, il conviendrait de traduire ici « fils » par « descendants », sans quoi il serait difficile d'expliquer la période de plus d'un siècle qui, selon toute vraisemblance, s'écoula entre la mort de Bonga et celle du sixième de ses successeurs. Ces six empereurs furent : *Sougounam* (1410-1430) ; *Kissoum* (1430-1435), qui transféra la capitale de Goursi à *Sissamba*, à dix kilomètres à l'Ouest de Ouahigouya ; *Zangayella* (1435-1460), qui annexa le canton de Bougounam, dernière parcelle du royaume de Zandoma demeurée encore indépendante du Yatenga ; *Lanlassé* (1460-1475) ; *Nasséré* ou *Nassodoba* (1475-1500) et *Yumba* (1500-1530).

Ce fut Nasséré, l'avant-dernier de ces six successeurs de Bonga, qui s'illustra par son expédition dans le Bagana en 1477, son entrée à Oualata en 1480 et le sac de cette ville. Nous avons vu que, trois ans après la prise de Oualata, l'armée de

---

(1) Lâ devait faire retour, quelque temps après, à l'empire de Ouagadougou.

Nasséré se rencontra près du lac de Korienza avec celle de Sonni Ali-Ber et, mise en déroute par ce dernier, dut se replier sur le Yatenga. Nous avons vu aussi que le fondateur de la dynastie des Askia à Gao, Mohammed Touré, entreprit en 1497-1498 contre Nasséré une expédition à laquelle il donna toutes les allures d'une guerre sainte et que le Yatenga, sans que son indépendance en ait été ébranlée, eut beaucoup à souffrir de cette attaque. Cependant les randonnées de Nasséré avaient porté la terreur dans les pays de l'Ouest et c'est à elles que le nom des Mossi dut d'être connu en Europe dès la fin du xve siècle : en effet, à la suite des razzias de Nasséré dans le Bagana et du sac de Oualata, l'empereur de Mali qui régnait alors envoya aux comptoirs portugais de la Côte une ambassade dans le but d'implorer l'aide de Jean II, roi de Portugal, contre les attaques dont son territoire était l'objet de la part des Mossi (1).

Après Yamba, successeur de Nasséré, régnèrent six empereurs que les traditions de Ouahigouya donnent comme fils de Kissoum, deuxième successeur de Bonga : je ferai, au sujet de cette prétendue filiation, les mêmes réserves que j'ai faites au sujet des six empereurs soi-disant fils de Bonga. Ce furent :

(1) Peu après, une expédition portugaise amena à Lisbonne des gens du golfe du Bénin qui apprirent à Jean II l'existence d'un puissant monarque appelé *Ogané* qui donnait l'investiture à leur roi. Les Portugais crurent pouvoir identifier ce monarque avec le fameux « Prêtre Jean ». En 1488, un Ouolof amené à Lisbonne parla à Jean II de l'empereur des Mossi, lui disant que les États de ce prince puissant commençaient au-delà de Tombouctou en s'étendant vers l'Orient et ajoutant que ce souverain se conformait, sur beaucoup de points, aux coutumes des peuples chrétiens ; Jean II en conclut que le roi des Mossi pouvait bien être le Prêtre Jean et se confondre avec l'*Ogané* dont on lui avait parlé précédemment, et il confia à un Abyssin une lettre pour le « roi de Moses », lettre qui, naturellement, ne parvint jamais à son adresse. Barth, se fondant sur ces faits rapportés par de Barros, a fait d'*Ogané* le titre royal de l'empereur des Mossi ; ce même mot a été rapproché, un peu à la légère, par le lieutenant Desplagnes, du titre de *hogoun* porté par les chefs des Tombo, mais inconnu des Mossi. A mon avis, l'*Ogané* signalé à Jean II était tout simplement un souverain résidant non loin de la Côte du Bénin : on sait que « chef » se dit *ogan* dans plusieurs dialectes de la Côte des Esclaves. (Voir à ce sujet *le Pays Mossi*, par le lieutenant Marc, pages 4 et suivantes).

Niogo (1530-1560), *Parima* (1560-1590), *Koumpaougoum* (1590-1620); *Nâbasséré* ou Nasséré II (1620-1660), qui tenta en vain de s'emparer du royaume de Yâko, vassal de l'empire de Ouagadougou; *Toussourou* (1660-1690) et *Sini* (1690-1720) (1).

Ensuite régna *Pigo* (1720-1739), qui est donné comme fils de Nâbasséré, et qui transféra la capitale de Sissamba à *Tziga*, à 30 kilomètres au Sud-Sud-Est de Ouahigouya.

Après Pigo, nous commençons à avoir des dates plus certaines. A la mort de ce souverain, le trône devait revenir à son frère Kango. Mais *Ouabégo*, donné comme fils de Parima et alors chef du canton de Pirima, usurpa le pouvoir en 1739. Kango et son neveu Sagha se rendirent à Ségou (2) pour demander à Denkoro Kouloubali, fils et successeur de l'empereur banmana Biton, de les aider à lutter contre Ouabégo; ils avaient amené avec eux une autruche et, comme cet oiseau était alors inconnu des gens de Ségou, ils firent croire aux Banmana que c'était un poulet et que tous les poulets du Yatenga étaient de la même taille. Kango d'ailleurs était un magicien extraordinaire : sur sa demande, un Banmana le tua et enferma son cadavre dans une grande jarre, de laquelle Kango, sept jours après, sortit vivant. Fortement impressionné par l'autruche et par la résurrection de Kango, l'empereur de Ségou (3) donna à ce dernier une armée; avec l'aide de cette armée et des Peuls Dialloubé, Kango vainquit Ouabégo et le tua au village de Ridimba en 1754.

Kango, qui régna de 1754 à 1787 voulut se créer une capitale nouvelle et, dans un endroit inhabité appelé *Gossa*, il fit construire une grande forteresse à étages qu'il appela *Ouahigouya* ou mieux Ouayougouya, c'est-à-dire « venir saluer », parce qu'il obligea tous les chefs de canton à venir

(1) Toutes ces dates sont approximatives.
(2) Kango et Sagha atteignirent le Bani près de Poromani (ou Fouroumané), en aval de San, et remontèrent ce fleuve jusqu'en face de Ségou.
(3) Si Kango est demeuré quelque temps à Ségou, ce qui est probable, l'empereur banmana qui lui confia une armée n'était plus sans doute Denkoro, mort en 1740, mais *Ton-mansa*, dont l'avènement eut lieu la même année.

lui rendre hommage en ce lieu selon la mode usitée à la cour de Ouagadougou. Kango fit la guerre au roi de Yâko et le battit, et il soumit une partie du pays samo. Il fit tous ses efforts pour faire cesser les guerres de village à village. Mais les guerriers banmana qu'il avait amenés de Ségou se livraient au pillage : pour s'en débarrasser, il les emmena dans la direction de Yâko, sous prétexte de colonne ; arrivé près de la rivière de Niességa, il fit camper sa troupe dans les hautes herbes, alors complètement sèches et, à la tombée de la nuit, après avoir eu soin de faire mettre les Mossi à l'écart, il mit le feu aux herbes : beaucoup de Banmana furent rôtis, d'autres furent assommés par les Mossi, ceux qui purent s'échapper retournèrent à Ségou. Cela se passait vers 1760 : Ngolo Diara, alors empereur de Ségou, voulut venger ses compatriotes et partit en guerre contre le Yatenga, mais il fut repoussé par Kango. Plus tard, à la suite d'une sorte de guerre civile qui éclata à Ségou, les commerçants dioula de cette ville s'enfuirent et se réfugièrent au Yatenga ; Ngolo demanda à Kango de les lui renvoyer et, sur son refus, dirigea pour la deuxième fois une colonne contre l'empire de Ouahigouya ; cette colonne n'eut pas plus de succès que la précédente et Ngolo mourut pendant cette expédition, suivi de près dans la tombe par son adversaire (1787) (1).

Kango fut un monarque cruel ; il faisait périr sur des bûchers à Pissi, près de Ouahigouya, les gens qui lui déplaisaient. Des familles ainsi décimées par lui se vengèrent. L'empereur n'avait pas d'enfants et s'en désespérait ; enfin il lui naquit une fille. Un complot, dans lequel entrèrent ses propres femmes, fut ourdi pour tuer la malheureuse enfant : les notables, à l'occasion de la naissance de cette dernière, apportèrent à Kango des étoffes comme cadeaux et, suivant la coutume, l'empereur donna ces étoffes à ses femmes, qui les jetèrent sur le nouveau-né et l'étouffèrent.

(1) Les dates de l'avènement et de la mort de Kango sont exactement celles que la tradition assigne au règne effectif de l'empereur de Ségou Ngolo Diara, qui, monté sur le trône en 1750, ne s'empara définitivement du pouvoir qu'en 1754 et mourut en 1787.

Sagha, neveu de Kango et fils de Pigo, régna de 1787 à 1803 et résida à Tziga. *Kaogo* (1803-1806), autre fils de Pigo, fit une expédition malheureuse contre les Tombo de Bandiagara ; lui aussi résida à Tziga. *Tougouri* (1806-1822), fils de Sagha, résida à Ouahigouya ; il fit la guerre au roi de Yâko, échoua une première fois, puis, sept ans après, parvint à détruire ce village, mais sans parvenir à annexer le royaume de Yâko au Yatenga. *Tanga* ou *Kom* (1822-25), deuxième fils de Sagha, fit colonne contre les Samo de la région de Koury.

Ragongo (1825-31), troisième fils de Sagha, eut à lutter contre son frère Kourgo qui, aidé des Peuls du Massina, brûla Ouahigouya et rasa la forteresse construite par Kango. Ragongo se réfugia à Tziga, mais revint sept jours après, surprit l'armée de Kourgo pendant que les guerriers étaient ivres de *dolo* (bière de mil), la mit en déroute et reconstruisit Ouahigouya. Kourgo, réfugié à Gomboro, y mourut peu après.

Ridimba-nâba (1831), frère de Ragongo et chef de Ridimba (d'où son surnom), s'empara du pouvoir par usurpation sur son frère aîné Diogoré-nâba, auquel il reprochait d'avoir pris parti pour Kourgo. Mais *Diogoré-nâba* (ou Zogo-nâba) le vainquit, le chassa dans le Massina et régna de 1831 à 1834 ; il installa sa capitale à Zougounam. Sous son règne commença une famine terrible qui désola le Yatenga pendant sept ans et au cours de laquelle on tua des vieillards pour les manger.

Totébalobo (1834-1850), fils de Sagha, résida à Tziga. Il devint aveugle vers 1840 et son frère Yemdé essaya alors de le renverser ; n'y pouvant parvenir, Yemdé engagea Totébalobo à faire la guerre au roi mossi indépendant du *Riziam*, qui résidait à cent kilomètres à l'Est de Ouahigouya. Totébalobo partit avec Yemdé et vainquit le roi du Riziam à Riziam même et à Sabassé ; le prince vaincu se réfugia dans la montagne, chez les Tombo. Comme l'empereur retournait à Tziga, Yemdé fit prendre à son frère une mauvaise direction lors de la traversée de l'étang de Bama : le souverain aveugle s'embourba et périt dans la vase.

Yemdé (1850-77), devenu nâba du Yatenga, fit la paix avec le roi du Riziam, qui reconnut sa suzeraineté. C'est donc sous le règne de Yemdé que le Yatenga atteignit la limite extrême de son extension territoriale. Ce souverain fit colonne au Massina, puis à Lâ et dans le Djilgodi. Après lui régnèrent : *Sanoum* (1877-79), fils de Kaogo ; *Noboga* (1879-84), fils de Tougouri ; *Pigo II* (1884-85), fils de Totébalobo, qui mourut au bout de sept mois de règne.

Baogo (1885-95), fils de Yemdé, chassa à Gomboro, chez les Samo, les frères de Noboga, qui rallièrent à leur cause plusieurs villages mossi et firent une guerre longue mais sans succès à Baogo. Mamadou Laki, chef des Peuls Dialloubé du Massina, et l'un des propres ministres de Baogo, firent en 1893 cause commune avec les frères de Noboga, installés alors à Tiou, au Nord-Ouest du Yatenga. Baogo, craignant pour le maintien de son autorité, envoya alors des émissaires à Bandiagara au capitaine Destenave, pour l'inviter à venir à Ouahigouya et à l'aider dans sa lutte contre les révoltés, alors commandés par Bagaré, l'aîné des frères survivants de Noboga. Le capitaine Destenave vint à Ouahigouya en 1894, mais refusa d'aider Baogo dans sa lutte et chercha à le réconcilier avec Bagaré, sans succès d'ailleurs. Après le départ de cet officier, Baogo alla attaquer Tiou, mais il fut battu par Bagaré et les Dialloubé et, blessé d'une flèche, mourut à Sim en 1895.

Bagaré ou *Bouilli* (1895-99), fils de Tougouri, se rendit alors à Ouahigouya et s'empara du pouvoir. Le chef de Roba, fils de l'empereur Tanga, chercha à le détrôner mais fut vaincu à Réko. Le capitaine Destenave, au cours d'un deuxième voyage à Ouahigouya, reçut la soumission de Bagaré, qui se plaça sous le protectorat français ; cet officier, pour asseoir l'autorité du nouvel empereur, dut détruire le village de Sissamba, qui s'était révolté contre Bagaré. Cependant ce dernier avait toujours contre lui ses cousins, les descendants des frères de Tougouri, qui lui reprochaient d'avoir tué son prédécesseur Baogo ; ils voulaient donner le pouvoir au chef d'Ouro, fils de Totébalobo, mais, pour ne pas attirer sur lui le mauvais sort en le proclamant empereur du vivant de Bagaré, ils choisirent comme chef provisoire une fille de Baogo nommée Nâpoko, laquelle confia le commandement de l'armée des révoltés à un guerrier réputé appelé *Sidayété*. Celui-ci, partant de Tziga, vint détruire Ouahigouya et força Bagaré à se réfugier à Bango, à 15 kilomètres au Nord-Ouest de sa capitale. Le lieutenant Voulet se trouvant à passer à Tiou, Bagaré l'y vint saluer et lui demanda sa protection ; Voulet, avec l'armée de Bagaré et des partisans Dialloubé, battit Sidayété à Sim, à Soulou et à Rambi et réinstalla Bagaré à Ouahigouya (1896). Mais, six mois après le départ de Voulet pour Ouagadougou, Sidayété chassa de nouveau Bagaré à Bango ; l'empereur vaincu fit avertir Voulet, alors à Barani (cercle actuel de Koury), qui revint au Yatenga, battit Sidayété à Barga et à Salla et chassa ses bandes du côté de Ouagadougou. Mais, après le départ de Voulet, Sidayété reprit une troisième fois Ouahigouya, où cependant Bagaré était réinstallé peu après (1898) par le commandant Destenave, qui établissait dans la capitale du Yatenga un poste français avec un résident (capitaine Bouticq, puis capitaine Bouvet).

Liguidi (1899-1902), frère de Bagaré, ne pouvant se faire obéir des Samo, implora le secours du capitaine Bouvet, qui, au cours d'une colonne de police, ramena les révoltés à l'obéissance (1900).

Koboga, fils de Noboga et quarantième successeur de Ya-Diga, règne à Ouahigouya depuis 1902.

L'empereur du Yatenga, nous l'avons vu, porte comme celui de Ouagadougou le titre de *Mórho-nába* ; la capitale de l'empire a varié d'emplacement bien des fois : les localités où elle fut installée le plus souvent sont Sissamba, Tziga et Ouahigouya.

L'empereur nomme les *soloum-nába* (chefs de province) et approuve la nomination des *tenga-nába* (chefs de village). Les chefs de province et les rois vassaux, jusqu'à l'occupation française, venaient chaque année saluer le souverain et lui apporter leur tribut. Les principaux dignitaires de la cour étaient et sont encore : le *togou-nába*, chargé de répéter à haute voix dans les audiences les paroles du souverain, d'administrer les villages relevant directement de celui-ci, de transmettre ses ordres aux chefs de province et de donner l'investiture au successeur de l'empereur défunt ; le *ouidi-nába*, chef de la cavalerie et gouverneur des villages commandés par les fils du souverain, ainsi que des Peuls Dialloubé et Fitoubé et d'une partie des Samo ; le *rassoum-nâba*, chef des serviteurs de l'empereur, gouverneur des Nioniossé, d'une partie des Yarhsé ou Dioula musulmans et des Peuls Tôrobé, exécuteur des hautes-œuvres, chef des prisons et gardien du trésor ; le *baloum-nâba*, maître du palais, chef des pages, palefreniers et eunuques, introducteur des visiteurs et plaignants, et gouverneur d'une partie des Samo et des Dioula ; le *sôba-nâba*, introducteur des chefs de province et lieutenant du baloum-nâba ; le *samandé-nâba*, chef des fantassins et remplaçant éventuel du togou-nâba ; le *ouidikim-nâba*, lieutenant du ouidi-nâba ; le *bagaré-nâba*, gardien des troupeaux et chef des esclaves, lieutenant du rassoum-nâba ; le *bougouré-nâba*, chef des soldats recrutés parmi les esclaves ; le *kom-nâba*, remplaçant éventuel du rassoum-nâba et chef d'une partie des fantassins ; le *diaka-nâba*, gardien des amulettes impériales apportées autrefois par la sœur de Ya-Diga ; le *yaogo-nâba*, gardien des sépultures impériales ; le *saba-nâba*, chef des forgerons et lieutenant du kom-nâba ; le *tôm-nâba*, second lieutenant du baloum-nâba, chargé de donner aux chefs venant recevoir l'investiture la poignée de poussière nécessaire pour saluer l'empereur : en échange de cette poignée de poussière, le chef nouvellement investi donnait une femme au tôm-nâba.

L'impôt était payé en mil par les Nioniossé et les Samo, en sel par les Dioula, en bœufs par les Peuls. Les Mossi ne payaient pas d'impôt à proprement parler, mais contribuaient au tribut annuel versé à l'empereur par les chefs de province. Les caravanes étaient astreintes à un droit de circulation payable en nature.

Les chefs de province étaient choisis par l'empereur dans la famille de leur prédécesseur ; parfois cependant le souverain nommait à ces fonctions certains de ses favoris. Ces chefs de province avaient chacun une cour copiée sur celle de l'empereur. Ils nommaient les chefs de village en se basant sur le système appliqué par le souverain à la nomination des chefs de province. Les chefs de village étaient toujours des Mossi, même en pays étranger ; ils versaient un tribut annuel au chef de leur province.

A côté du chef de village mossi (*tenga-nâba*), il existe souvent un *tenga-sôba* ou « maître de la terre » qui est généralement le descendant de l'une des familles autochtones qui occupaient le pays avant les Mossi (familles nioniossé en particulier) ; le *tenga-sôba*, quand il existe, est en même temps grand-prêtre (1). Là où les Mossi n'ont pas trouvé d'occupants du sol lors de leur arrivée au Yatenga, le tenga-nâba et le tenga-sôba se confondent dans la personne d'un fonctionnaire unique. Au point de vue religieux, les tenga-sôba sont sous l'autorité du tenga-sôba de Bougouré, lequel descend des anciens rois des Nioniossé. En cas de différend relatif au régime des terres, c'est le tenga-sobâ et non le tenga-nâba qui est choisi comme juge.

III. — L'empire de Fada-n-Gourma.

La fondation de l'empire de Fada-n-Gourma remonte, nous l'avons vu, au début du xie siècle, comme celle de l'empire de Ouagadougou et des premières colonisations mossi au Yatenga. *Diaba Lompo*, fils de Ouidiraogo, frère de Zoungourana et de Raoua et oncle d'Oubri, établit la domination de la descendance de Riâlé sur le pays des Gourmantché actuels : de lui et de ses successeurs, nous ne savons pas grand-chose, à de rares exceptions près. L'histoire de cet empire nous est beaucoup moins connue que celle des deux empires mossi de même origine et sans doute le rôle qu'il joua dans l'histoire générale du Soudan fut beaucoup plus effacé.

La tradition (2) nous a conservé cependant les noms de

---

(1) A comparer un régime absolument analogue qui existe en pays mandé : le *dougoutigui*, maître du sol et chef de la religion, représente les plus anciens occupants du pays ; le *sotigui*, sorte de maire ou administrateur du village, est un simple fonctionnaire représentant le pouvoir central.

(2) Presque toutes les traditions historiques relatives à cet empire ont été empruntées à la monographie du Cercle de Fada-n-Gourma par M. l'administrateur Maubert.

24 empereurs qui se succédèrent depuis le xi° siècle jusqu'à l'époque actuelle et dont le 24°, qui règne encore aujourd'hui à Youngou, Nioungou, Noungou ou Younga — appellations indigènes de la ville de Fada-n-Gourma —, serait le descendant direct de Diaba Lompo, fondateur de la dynastie. Pour moi, je crois que la liste effective des souverains de Fada-n-Gourma doit être plus longue et que certains noms n'ont pas été retenus par la tradition, sans quoi la durée moyenne de chacun des règnes dépasserait trente-cinq ans, ce qui est beaucoup.

Quoi qu'il en soit, voici la liste des vingt-quatre empereurs dont les noms nous sont parvenus. Après Diaba Lompo auraient régné son fils Tidapo, puis Ountani fils de Tidapo, puis Bayidoba, puis *Labi Diédo* : ce dernier aurait, par ses victoires sur les Dogom et les Bariba, donné à l'empire et au peuple des Gourmantché leurs limites actuelles ; enivré de sa puissance, Labi Diédo, dans un accès d'orgueil, tira une flèche contre le ciel ; comme il levait la tête pour suivre le trajet de la flèche, celle-ci retomba sur l'un de ses yeux et le tua. Après lui régnèrent Tentuoriba, puis *Tokourmou*, réputé pour sa jalousie et sa férocité : frappé de ce que les traits de ses enfants différaient de ses traits propres, il soupçonna ses femmes de l'avoir trompé ; les anciens du pays cherchèrent à lui démontrer la fausseté de son raisonnement en lâchant devant lui des vaches et des veaux préalablement séparés en deux groupes, l'un de vaches et l'autre de veaux, et en lui montrant un veau brun qui, guidé par l'instinct filial, allait retrouver une vache blanche qui était bien sa mère ; mais cette démonstration ne convainquit pas Tokourmou, qui fit construire une maison dans le lit d'une rivière, à l'époque des basses eaux, et y enferma toutes ses femmes, à l'exception de trente qui trouvèrent grâce à ses yeux ; lorsque la crue survint, la maison fut engloutie et toutes les malheureuses périrent.

Après ce monarque cruel vint une série de sept empereurs dont nous ne savons que les noms : Guima, Gori, Bogoré frère du précédent, Kampadi, Kambambi, Tankoïdé et Barissongué. Ensuite régna *Yendablé* (fin du xvi° siècle ou commencement du xvii°), qui dirigea une colonne contre Sansanné-Mango et

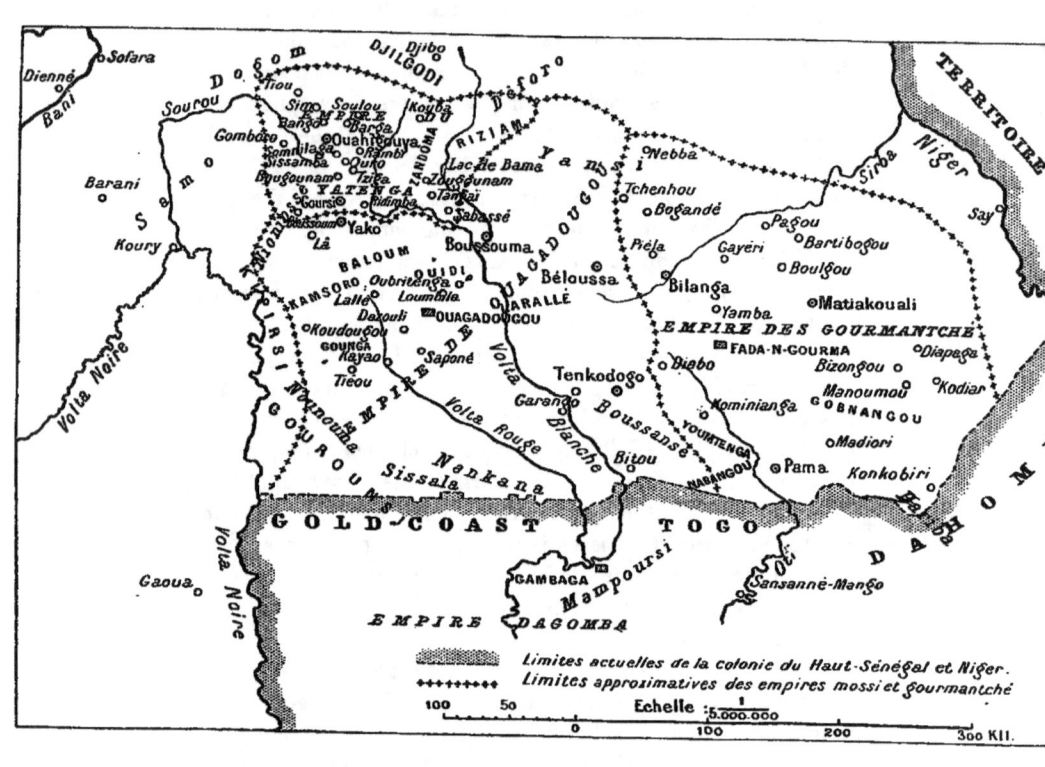

rapporta un butin considérable. Ses successeurs furent : Yembirima, Bangama, Yengama, Yenkirima, Yenkiablé, Yempabou, Yempadougou, Yenkouaré et enfin *Bantchandé*, l'empereur actuel.

Il semble que l'autorité des souverains de l'Etat gourmantché n'était réellement absolue que dans la province de Fada-n-Gourma ; il y avait des luttes fréquentes entre l'empereur et ses vassaux : c'est ainsi qu'en 1895, lors de notre installation dans le pays, Bantchandé était en guerre avec Touri-ntouri-ba, chef de Matiakouali, et avec le chef de Diapaga. En 1897 le lieutenant Baud arriva à Fada-n-Gourma, consolida l'autorité de Bantchandé et amena Touri-ntouri-ba à faire sa soumission. Le chef de Diapaga demeura indépendant jusqu'à ce qu'un poste français eût été créé auprès de sa résidence, en 1907.

Les usages de la cour de Fada-n-Gourma sont très analogues à ceux observés à Ouagadougou et à Ouahigouya, mais l'empereur porte le titre de *mbaro* au lieu de celui de Môrho-nába. Avant l'occupation française, l'empire était divisé en dix-huit provinces, dont l'une relevait directement du monarque, tandis que les dix-sept autres étaient commandées chacune par un chef vassal de l'empereur et nommé par ce dernier, toujours dans une famille déterminée.

La province impériale comprenait, outre Fada-n-Gourma, les villages de Gayéri, Boulgou, Pagou, Bartibogou, Kodiar, Namounou et la partie de Bilanga habitée par des Yansi. Les noms ou chefs-lieux des dix-sept provinces vassales étaient : Diapaga ou Diapangou, Bilanga (partie habitée par des Gourmantché), Piéla, Tchenhou, Bogandé, Nebba, Yamba, Matiakouali, Bizougou, Gobnangou, Konkobiri, Madiori, Pama, Diabo, Kominianga, Youmtenga et Nabangou ; la province de Diabo était surtout peuplée de Mossi et les trois dernières de Yansi.

CHAPITRE V

Le royaume de Diara
(XI° au XVIII° siècles)

I. — **La dynastie des Niakaté** (xi° au xiii° siècles).

Nous avons vu précédemment (1) comment le Kingui et le Diafounou avaient été colonisés, dès la fin du vii° siècle, par des Soninké venus du Diaga, comment un éphémère royaume soninké s'était constitué vers 750 dans le Ouagadou et comment le dernier roi du Ouagadou s'était emparé vers 790 de Ghana sur les Judéo-Syriens, en même temps que certains de ses sujets allaient renforcer les colonies soninké de la région où existait déjà, depuis le vii° siècle, la ville de *Diara*, située à peu de distance au Nord-Est de Nioro.

Ces colonies soninké du Kingui et du Diafounou relevèrent plus ou moins directement de l'empire de Ghana durant toute la période de la puissance des Sissé, c'est-à-dire depuis la fin du viii° siècle jusqu'en 1076, époque de la prise de Ghana par les Almoravides et du premier démembrement de l'empire de Ghana. Parmi les Etats soninké indépendants qui se créèrent à la suite de ce démembrement furent ceux du Kingui, du Kaniaga et du Bakounou, fondés, le premier par la famille des Niakaté, Diakhaté ou Diagaté, le second par celle des Diarisso et le troisième par celle des Doukouré. Le royaume du Bakou-

(1) 1er volume, pages 256 à 263.

nou n'a pas eu d'histoire à proprement parler et nous pouvons nous contenter de ce qui a été dit à son sujet à l'occasion de la formation du peuple soninké (1). Le royaume du Kaniaga, devenu plus tard l'empire de Sosso, fera l'objet du chapitre suivant. Je ne m'occuperai pour l'instant que du royaume du Kingui ou de Diara.

Je n'ai d'ailleurs pas grand chose à ajouter à ce que j'ai rapporté plus haut (2) concernant la fondation à Diara, par les Niakaté, d'un royaume qui semble avoir eu des débuts assez modestes. La dynastie des Niakaté se maintint au pouvoir depuis la fin du xi° siècle ou le commencement du xii° jusque vers 1270 ; son autorité ne devait pas s'étendre bien loin, mais se faisait sentir probablement, en dehors du Kingui, sur le Kéniarémé, le Guidioumé et le Diafounou ; les Niakaté devaient, au moins à partir de la fin du xii° siècle, être plus ou moins vassaux des empereurs de Sosso. Le dernier prince de cette dynastie, et le seul dont les traditions que j'ai eues à ma disposition aient conservé le nom, *Mana-Maghan Niakaté*, parvint à étendre son pouvoir sur une partie du Kaarta, du Diangounté et du Bakounou ; peut-être la défaite de Soumangourou Kannté, empereur de Sosso, par Soundiata, empereur des Mandingues, en 1235, favorisa-t-elle l'extension du domaine de Mana-Maghan. Mais ce dernier ne fut affranchi de la tutelle de Sosso que pour tomber sous celle, plus ou moins directe, de Mali. J'ai raconté (3) la fin tragique de Mana-Maghan et de ses deux fils Bemba et Mana ; je m'étais arrêté à la prise du pouvoir par *Fié-Mamoudou Diawara*, en 1270 environ.

II. — La dynastie des Diawara (1270 à 1754).

Fié-Mamoudou, le premier des rois diawara de Diara, fut un prince habile et puissant. Les Berbères du Tagant, ayant entendu dire que tous les pays se disputaient son alliance, lui envoyèrent une ambassade chargée de lui amener, en guise de

(1) 1er volume, pages 265 et 266.
(2) 1er volume, pages 266 et 267.
(3) 1er volume, page 267 et plus loin pages 273 à 276.

présent, trois cents jeunes captives. L'ambassade arriva à Diara, alors que Mamoudou résidait encore à Toundoungoumé ou Touroungoumbé, village très voisin de Diara, où avait habité et où était mort son père Daman-Guilé. Le personnage le plus influent de la capitale, nommé *Diabigné-Doumbé* et qui passe pour être l'ancêtre de la famille des Kamara chez les Kâgoro, logea chez lui les ambassadeurs, fit asseoir les trois cents captives sur la place publique et chargea son fils *Fato-Makhan*, ami personnel du nouveau roi, d'aller prévenir ce dernier. Fato-Makhan enfourcha son cheval aussitôt, se rendit à Toundoungoumé et informa Mamoudou de l'événement qui défrayait alors toutes les conversations, ajoutant que, parmi les trois cents captives des Berbères, il en était une qui dépassait en beauté toutes les autres. Mamoudou fut enchanté de la nouvelle et il s'apprêtait à réclamer cette jeune fille pour en faire son épouse, lorsque son principal conseiller, nommé Fakaloumpan, lui dit à l'oreille : « N'épouse pas cette fille ; donne-la en mariage à celui qui t'a parlé d'elle et qui évidemment la désire ; tu trouveras facilement une autre femme et tu auras la paix. » Le roi écouta cet avis et dit à Fato-Makhan qu'il lui offrait la belle captive : « Que te donnerai-je en échange ? demanda Fato-Makhan. — Donne-moi Diara », répondit le roi, qui savait que les partisans des Niakaté étaient encore nombreux dans cette ville et que, tant qu'il ne pourrait y entrer en maître, son autorité demeurerait précaire.

« Si je te donne Diara, reprit Fato-Makhan, comment te conduiras-tu vis-à-vis de moi et des miens ? — Ce que faisaient les Niakaté, dit Mamoudou, je le ferai ; comment se conduisaient-ils vis-à-vis de sa famille ? — Selon la coutume établie. — J'accepte de faire de même. — Eh bien, conclut Fato-Makhan, je te remettrai le sabre royal et, si cela te plaît, tu seras notre roi ; si cela ne te plaît pas, tu demeureras un simple particulier et tu épouseras la belle captive. »

Etant ainsi tombé d'accord avec Mamoudou, Fato-Makhan retourna à Diara et raconta tout à son père. Celui-ci trouva de son goût l'arrangement intervenu et le fit accepter par tous les notables de Diara. Puis il alla lui-même chercher Mamoudou qui, alors seulement, fit pour la première fois son entrée solennelle dans la capitale du royaume, escorté de ses guerriers, et reçut le serment d'obéissance de tous les chefs.

L'empereur qui régnait alors sur le Tekrour, et qui appartenait à la dynastie des Sossé, ayant lui aussi entendu parler de la puissance de Mamoudou, expédia à son tour à Diara une ambassade. Ses envoyés furent éblouis de la richesse du roi et de la prospérité du pays et, sur le rapport qu'ils en firent à l'empereur de Tekrour lors de leur retour au Fouta, celui-ci leva une armée pour aller piller Diara. Mamoudou marcha à la rencontre de l'expédition toucouleure, la mit en déroute et la poursuivit jusque sur les rives du Sénégal. Comme il se préparait à regagner son royaume, il fut trahi par un de ses frères, qui renseigna les Toucouleurs sur l'itinéraire qu'il devait suivre ; les ennemis lui tendirent une embuscade et réussirent à le tuer. Avant de rendre le dernier soupir, Mamoudou recommanda à Fato-Makhan, son fidèle lieutenant, de se rendre le plus vite possible à Diara, de prendre dans son magasin le sabre royal et de le suspendre à l'épaule de son fils Silla-Makhan, encore enfant, afin d'empêcher le traître de s'emparer du pouvoir (1).

Fato-Makhan remplit sa mission consciencieusement, et *Silla-Makhan Diawara* succéda à son père sur le trône de Diara. C'est sous son règne — qui se déroula à la fin du xiiie siècle et au début du xive siècle — que, vers l'an 1300, la ville de *Nioro* fut fondée par des Peuls Diawambé que Mana-Maghan Niakaté avait amenés du Kaarta au Kingui vers 1250.

Silla-Makhan régna quarante ans et eut trente-sept enfants, dont quinze garçons. Son fils aîné *Daman* résidait auprès de son père à Diara et lui succéda après sa mort. Les autres s'installèrent dans divers villages du Kingui ou même dans d'autres provinces du royaume, s'emparèrent du commandement de ces villages ou provinces et le transmirent à leurs descendants. C'est ainsi que l'un d'eux, nommé Bandiougou, s'établit

---

(1) Au sujet de l'origine de ce sabre légendaire, voir le 1er volume, pages 272 et 273.

à Yéréré ; un autre, Ouali, se fixa à Toundoungoumé ; Faré s'installa à Bouli, Aïssé à Mérémédi, Samba à Diabigué, Mokoti à Diala (dans le Nord du Kaarta), Dabo au Diangounté, etc. Plusieurs quittèrent le royaume et allèrent fonder des villages diawara au Boundou et au Fouta.

Après Daman, qui mourut sans doute vers 1350, ses descendants continuèrent à occuper le trône de Diara. Le royaume se maintint pendant quatre siècles, mais il ne constitua jamais un véritable empire comparable à ceux de Ghana, de Gao, de Mali, de Tekrour ou même de Sosso. Nous avons vu qu'il s'était trouvé plus ou moins directement englobé dans l'empire mandingue à l'époque de Soundiata (XIII° siècle) ; dès les premières années du XVI° siècle, l'Askia Mohammed I étendit sa suzeraineté jusqu'au Kingui, et le royaume de Diara passa de la tutelle de Mali sous celle de Gao ; redevenu à peu près indépendant à la fin du même siècle, après la victoire du pacha Djouder sur l'Askia Issihak II, il ne devait pas tarder à être annexé à l'empire banmana des Massassi.

Ce furent des querelles de famille et des disputes au sujet de la préséance qui précipitèrent la décadence du royaume et furent l'occasion de sa ruine. Les descendants directs de Daman, qui constituaient la branche aînée des Diawara, avaient reçu le nom de *Sagoné* ; les descendants de Dabo, frère de Daman, établis au Diangounté, formaient la branche des *Dabora* ou *Daboro*. Ces deux fractions ne tardèrent pas à devenir ennemies : les Dabora entraînèrent dans leur parti les descendants de Mokoti, établis à Diala, et voulurent, vers l'an 1450, forcer la main au souverain alors régnant pour qu'il désignât son successeur parmi eux ; ayant échoué dans leur dessein, ils résolurent d'employer la force et déclarèrent la guerre aux Sagoné. Ceux-ci furent vainqueurs et obligèrent les Dabora à demeurer dans leur province. Trois siècles passèrent, sans que les haines des deux familles se fussent apaisées.

Vers 1750, il se trouva que le roi de Diara, chef des Sagoné, et son vassal le chef des Dabora étaient amoureux d'une même femme et se partageaient ses faveurs ; le premier était laid et ne se risquait que de nuit chez sa belle, craignant que celle-ci

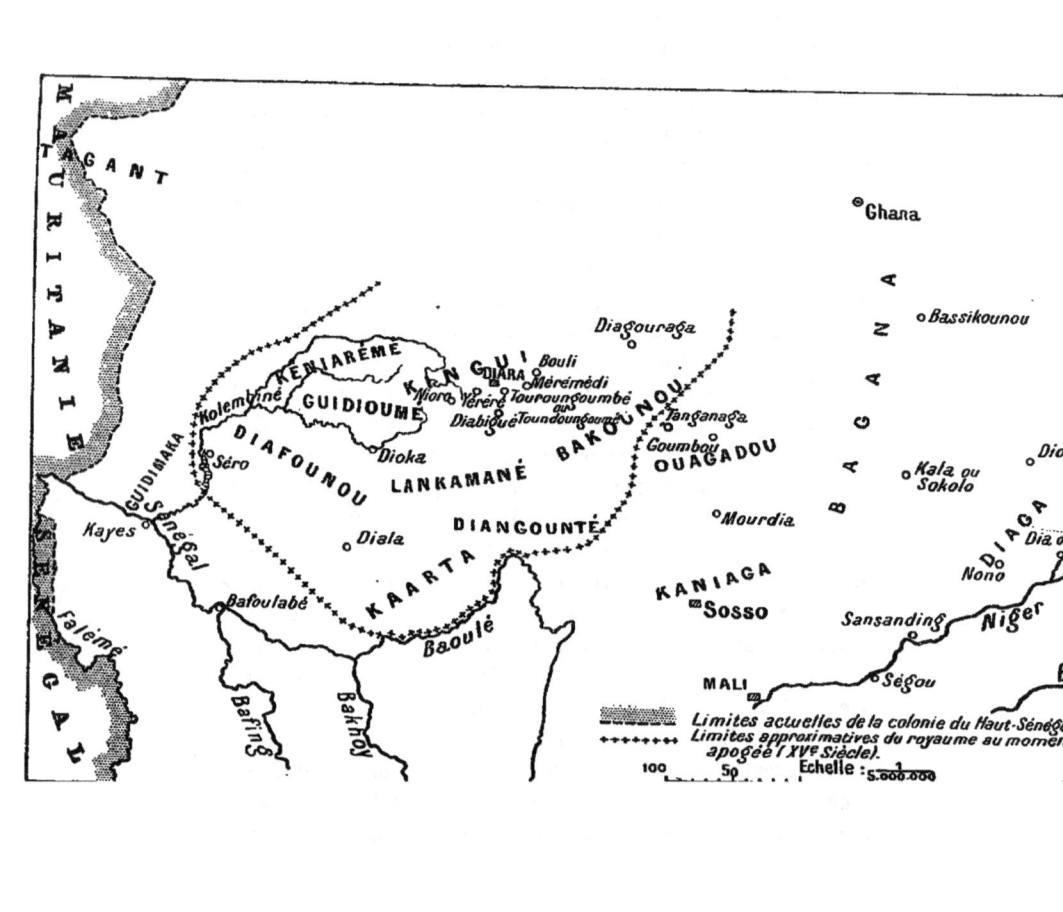

Cliché Froment

Fig. 39. — Cavaliers Touareg
exécutant une charge de parade contre le vapeur *Ibis*, à Bamba.

Cliché Fortier

Fig. 40. — Scène de danse guerrière chez les Malinké.

ne voulût plus de lui si elle venait à apercevoir son visage ; or une nuit, tandis que le roi était chez sa maîtresse, son rival s'introduisit dans la chambre des amants sous prétexte de reprendre une bague qu'il y avait oubliée et il alluma du feu, soi-disant pour y voir clair mais en réalité pour rendre visible aux yeux de la femme la laideur du Sagoné. Celui-ci, d'autant plus furieux que la belle l'accabla de moqueries, jura solennellement que le feu allumé par la main du chef des Dabora ne s'éteindrait pas de sitôt, ce qui équivalait à une déclaration de guerre. Les hostilités en effet s'ouvrirent peu après : les Dabora, soutenus par les Maures Oulad-Mbarek, étaient sensiblement les plus forts, et les Sagoné appelèrent à leur secours l'empereur banmana du Kaarta, Sébé ou Sié Kouloubali, qui n'attendait que cette occasion pour arrondir son domaine. Sébé tomba sur les Dabora, les vainquit, mais annexa le Diangounté au Kaarta au lieu de le restituer au roi de Diara. Puis, sous prétexte de défendre le Kingui contre les Oulad-Mbarek, dont la puissance devenait redoutable, il se porta jusqu'à Nioro, enleva le pouvoir aux Diawara et partagea ce qui restait du royaume de Diara en provinces relevant directement de son autorité (1754).

Comme nous le verrons en parlant de l'histoire des empires banmana, la lutte continua longtemps encore au Kingui entre les Diawara et les Banmana-Massassi, et ce ne fut que sous le règne du dernier empereur du Kaarta, Kandia, un siècle environ après la main-mise de Sébé Kouloubali sur le royaume de Diara, que les Massassi furent définitivement vainqueurs des Diawara et installèrent leur capitale à Nioro (1846), pour en être chassés quelques années après par El-Hadj Omar en 1854.

CHAPITRE VI

L'Empire de Sosso ou du Kaniaga
(XI° au XIII° siècles).

L'Etat soninké dont je vais tenter de retracer ici la brève histoire n'eut ni la durée ni l'éclat de l'empire de Ghana, mais il fut cependant, à un moment donné, maître des destinées du Soudan. Le nom de sa capitale, *Sosso*, ou celui de la fraction dirigeante de sa population, les *Sossé*, transmis à la postérité par Ibn-Khaldoun, a été longtemps confondu avec celui des Soussou, alors que, à mon avis, ces derniers n'ont jamais participé à sa formation ni à sa gloire : c'est tout au moins ce qui résulte d'un examen consciencieux des traditions locales, comme de la lecture attentive des quelques documents écrits que nous possédons sur ce sujet.

J'ai relaté plus haut (1) comment les Soninké s'étaient établis dans le *Kaniaga* et y avaient fondé à diverses reprises des colonies qui, en se soudant entre elles, donnèrent naissance à un véritable Etat. Dès la fin du VII° siècle, nous avons vu la migration de l'ancêtre Digna passer par le Kaniaga en se rendant du Diaga à Dioka. Vers 750, Goumaté-Fadé, père du clan des Diarisso, Diaressi ou Yaressi, recevait du roi du Ouagadou le gouvernement de la partie septentrionale du Bélédougou et Diaméra-Sogona celui de la partie méridionale du Kaniaga ; ce dernier fixait sa résidence à *Guesséné* ou près

(1) Voir 1ᵉʳ volume, pages 256 à 263.

de Guesséné. Quelque quarante ans plus tard, lors du démembrement du Ouagadou, Goumaté-Fadé devenait le chef indépendant d'une petite province habitée par sa propre famille et celle de Diaméra-Sogona. Cette province ne tarda pas à être annexée à l'empire de Ghana et à former une sorte de petit royaume vassal de cet empire.

Lorsque la prise de Ghana en 1076 par les Almoravides provoqua un nouveau mouvement de migration parmi les Soninké, un grand nombre de gens de cette nation s'enfuirent de l'Aoukar et allèrent dans le Kaniaga rejoindre leurs compatriotes. C'est à ce moment, très vraisemblablement, que l'Etat soninké du Kaniaga se constitua définitivement, sous le commandement d'une dynastie issue de Goumaté-Fadé et appartenant au clan des *Diarisso*.

L'empire de Ghana n'avait pas été en réalité détruit par la conquête almoravide, mais celle-ci l'avait fortement ébranlé et, lorsque la domination berbère eut pris fin, vers 1090, avec la mort d'Aboubekr-ben-Omar, le souverain de Ghana n'était plus assez puissant pour rétablir son autorité sur les petits Etats qui s'étaient constitués dans le Sud, à la faveur de la main-mise momentanée des Lemtouna sur la grande métropole soninké. C'est ainsi que le royaume du Kaniaga conserva son indépendance et put, à son tour, devenir un empire.

D'après les traditions indigènes, la dynastie des *Diarisso* compta sept princes, qui se succédèrent de 1076 à 1180 environ. Le premier, *Kambiné Diarisso*, descendait de Goumaté-Fadé ; ce fut lui qui, déjà fort âgé à cette époque, organisa l'Etat après la prise de Ghana par Aboubekr-ben-Omar, installant sa capitale dans une localité voisine de Guesséné qui fut plus tard appelée *Sosso*, ainsi que nous le verrons dans un instant.

Son fils *Souleïmân* lui succéda vers 1090, un peu après la mort d'Aboubekr-ben-Omar, et eut pour successeur son propre fils *Banna-Boubou* (1100-1120). C'est sous le règne de ce dernier que les Peuls, venant de l'Ouest, auraient fait leur première apparition au Kaniaga ; la famille royale des Diarisso les accueillit avec bienveillance : le roi, ses fils et ses principaux officiers prirent femmes dans les familles nobles des nouveaux immigrants, familles qui appartenaient au clan des *Sô* ou *Férôbé* : c'est ce qui fit donner aux descendants de ces unions le nom de *Sossé* (descendance des Sô) ; plus tard, l'emploi de cette appellation s'étant généralisé, elle fut appliquée à tous les habitants du Kaniaga ou tout au moins à tous les membres de la classe dirigeante. C'est également cette circonstance qui fit donner le nom de *Sosso* (village des Sô) à la capitale de l'Etat et à l'Etat lui-même.

Après Banna-Boubou régna son fils *Makhan* (1120-1130), généralement connu sous le nom de Ouagadou-Makhan parce que sa mère était originaire du Ouagadou et l'avait mis au monde dans ce dernier pays, où elle était allée faire ses couches. A Makhan succédèrent *Gané* (1130-1140), *Moussa* (1140-1160) et *Birama* (1160-1180), tous descendants de Kambiné Diarisso.

Birama fut le dernier prince de cette dynastie. Il avait laissé neuf fils, issus de deux mères distinctes ; l'aîné des enfants du premier lit voulut, à la mort de son père, s'emparer du pouvoir, mais la succession lui fut disputée par l'aîné des enfants du second lit. Les autres fils prirent parti chacun pour son frère utérin et une querelle s'ensuivit qui dégénéra en bataille. Les enfants du second lit, se sentant les plus faibles, appelèrent à leur secours un chef renommé nommé *Diara Kannté*, qui avait été le meilleur général de Birama ; c'était un Soninké d'une caste inférieure, que certaines traditions disent originaire de la province de Ouossébougou tandis que d'autres le font venir de Tirakka, escale du Niger autrefois célèbre et voisine de Tombouctou qui la supplanta (1).

Quoi qu'il en soit, l'intervention de Diara Kannté amena la victoire des enfants du deuxième lit, qui étaient cinq frères ; mais, lorsqu'il s'agit de savoir lequel des cinq monterait sur le trône, les disputes recommencèrent et des horions furent de nouveau échangés. Ce que voyant, Diara Kannté s'empara lui-

(1) Tirakka a été mentionnée par Bekri ; voir plus haut, chapitre III, page 70.

même du pouvoir, se fit reconnaître comme empereur par les notables et exila tous les fils de Birama dans le Kaarta.

La dynastie des *Kannté*, qui succéda ainsi à celle des Diarisso vers 1180, ne compta que deux princes : Diara Kannté et *Soumangourou* (ou Soumahoro) Kannté. Celui-ci régna de 1200 environ à 1235 et ce fut sous son commandement que l'empire de Sosso parvint à son apogée, pour disparaître aussitôt après. Très peu de temps après son avènement, en 1203, Soumangourou s'emparait de Ghana sur le dernier des souverains de la dynastie des Sissé, descendants de Kaya-Maghan, et annexait à son propre empire ce qui restait encore de l'empire de Ghana, c'est-à-dire l'Aoukar, tout le Bagana et le Diaga. Le royaume de Diara et celui du Bakounou ou de Goumbou (royaume des Doukouré) devenaient bientôt vassaux de l'empire de Sosso. Ainsi, en outre du Kaniaga et de ses anciennes dépendances immédiates, qui étaient le Nord du Bélédougou, Ségou et Sansanding, le domaine impérial de Soumangourou Kannté s'étendait vers 1230 sur la majeure partie des pays compris entre le Niger à l'Est, le Sénégal au Sud, le Galam et le Tagant à l'Ouest et le Sahara au Nord.

C'est la prise de Ghana par Soumangourou qui amena la fondation de *Oualata* : le conquérant n'était pas demeuré à Ghana et, après avoir sans doute consciencieusement pillé la ville, il était retourné à Sosso (1), laissant seulement une garnison composée de Sossé pour faire respecter son autorité et percevoir les impôts. Les Sossé, semble-t-il, et Soumangourou lui-même étaient païens, tandis que la majorité des Soninké de Ghana avaient été convertis à l'islam par les Almoravides. Soit parce qu'il leur déplaisait de subir le contact et le joug des infidèles, soit en raison des déprédations de la garnison sossé, les principales familles musulmanes de Ghana se portèrent à quelque distance vers le Nord-Ouest et, en 1224, fondèrent Oualata près de puits à côté desquels les nomades avaient cou-

---

(1) Ibn-Khaldoun nous dit en propres termes que le roi de Ghana fut vaincu par « les gens de Sosso » qui, d'ailleurs, ne demeurèrent pas dans le pays et retournèrent chez eux, emmenant en esclavage un grand nombre d'habitants de Ghana.

tume de camper pour abreuver leurs chameaux et qu'on appelait à cause de cela *Birou*, ce qui signifie « les tentes » en langue soninké. C'est ainsi que Oualata remplaça Ghana comme port commercial du désert.

Cependant Soumangourou, parvenu au faîte de sa puissance, allait avoir à se mesurer avec un rude adversaire, l'empereur du Mandé Soundiata Keïta, qui résidait vraisemblablement alors à Kangaba, en amont de Bamako. Depuis longtemps, l'empereur de Sosso avait compris que l'Etat mandingue naissant constituait un danger pour son autorité et il avait essayé de l'empêcher de se constituer. Il eut facilement raison des onze frères de Soundiata, mais il devait échouer vis-à-vis de ce dernier.

La tradition rapporte en effet que Naré-Famagan Keïta, père de Soundiata, laissa en mourant douze fils : à peine l'aîné avait-il succédé à son père que Soumangourou, accouru de Sosso à Kangaba, le tua, puis s'en retourna au Kaniaga. A l'aîné succéda le second, qui eut le même sort, et ainsi de suite jusqu'au onzième inclusivement. C'est alors que le douzième et dernier, Soundiata, monta sur le trône du Mandé, trône fort précaire alors, ainsi qu'on le voit, d'autant plus que le nouveau prince, encore tout jeune, était depuis sept ans paralysé et ne pouvait se tenir debout. Dès que Soumangourou fut informé de l'avènement de Soundiata, il accourut à Kangaba pour le tuer comme il avait fait de ses prédécesseurs, mais, se trouvant en face d'un enfant infirme, il dédaigna de le mettre à mort et se contenta de le menacer pour le cas où il ne reconnaîtrait pas sa suzeraineté, après quoi il retourna à Sosso d'après certaines traditions ou, selon d'autres, demeura à Kangaba jusqu'à la guérison de Soundiata. En tout cas le Mandé était en fait, à ce moment, sous la domination de l'empereur de Sosso.

Cependant le jeune Soundiata bouillait de colère et s'épuisait en efforts stériles pour se lever et courir après cet ennemi dont il ne pouvait digérer le mépris. Il dit aux gens de son entourage : « Donnez-moi une barre de fer pour m'aider à me lever. » On rassembla tous les forgerons et on leur fit fabriquer une énorme barre de fer. Soundiata la saisit et tenta de se soulever en s'appuyant dessus, mais elle se tordit sous son effort et il dut se rasseoir. Les forgerons en firent une autre, plus solide encore, mais qui se tordit comme la première. Une troisième eut le même sort. Alors un nommé Kékotondi, homme sage et avisé, conseilla de donner tout simplement à Soundiata le bâton royal de son père ; on le lui donna : en s'appuyant dessus, Soundiata réussit à se mettre debout et sa paralysie disparut aussitôt. Tout le monde immédiatement acclama le jeune prince en criant : « Qu'il soit roi du Mandé comme l'a été son père et qu'il dépasse ce dernier en puissance ! » C'est à ce moment, d'après les traditions citées plus haut, que Soundiata aurait chassé Soumangourou de Kangaba et l'aurait contraint à retourner à Sosso.

Nous verrons plus loin, en étudiant l'histoire de l'empire mandingue, comment Soundiata parvint à établir sa domination sur le Sangaran, la province de Labé (Fouta-Diallon), le Sud du Bélédougou et la région de Koulikoro, empiétant même sur les domaines de Soumangourou à Kénientou ou Kénienko, sur la rive droite du Niger en aval de Koulikoro.

L'empereur de Sosso, mis au courant de ces faits, revint à Kangaba dans l'intention de mettre ses menaces d'antan à exécution, mais cette fois il eut peur et se hâta de retourner chez lui pour préparer sa propre défense. Sur ces entrefaites, une sœur de Soundiata nommée Diégué-Maniaba Souko se rendit à Sosso ; elle plut à Soumangourou, qui décida de l'épouser. La mère de Soumangourou déconseilla cette union à son fils, lui disant que cette jeune fille ne pouvait être venue à lui que dans le dessein de le trahir ; mais l'empereur n'écouta pas les avis de sa mère et épousa Diégué-Maniaba. Le soir de ses noces, lorsqu'il voulut user de ses droits d'époux, sa jeune femme refusa par trois fois de se donner à lui ; Soumangourou lui ayant demandé la raison de sa conduite, elle lui dit : « Je ne me donnerai à toi que si tu me révèles ce que tu crains et ce que tu ne crains pas. — Je ne crains rien ni personne au monde, répondit l'empereur, si ce n'est un ergot de coq blanc ; c'est là en effet mon *tana* (1)

(1) Objet sacré ou interdit.

et, si quelqu'un jetait seulement sur moi un ergot de coq blanc, je mourrais immédiatement. » Diégué-Maniaba alors s'abandonna et, Soumangourou s'étant ensuite endormi, elle se leva, sortit du palais impérial dont les gardiens — payés par elle cent gros d'or chacun — lui ouvrirent la porte, prit le cheval de Soumangourou, monta dessus et s'enfuit à toute vitesse pour ne s'arrêter qu'une fois arrivée dans le Mandé, à la maison de son frère, auquel elle raconta tout.

Soundiata envoya aussitôt chercher un ergot de coq blanc. On trouva un coq blanc chez Fina-Maghan, dit Silla-Makamba, qui devint peu après gouverneur du pays de Ségou et qui passe pour être l'ancêtre d'une partie du clan des Kamara. Fina-Maghan tua le coq, retira l'un de ses ergots et le fixa en guise de pointe à une flèche, puis il remit la flèche magique au chef des gardes de Soundiata, qui n'était autre que l'oncle de ce dernier, Danguina Konnté, chef du Sangaran.

Cependant un devin avait dit à Soumangourou : « Un sort a été jeté sur toi ; si tu ne tues pas la fille de ta sœur pour le conjurer, Soundiata te tuera. » Soumangourou tua donc la fille de sa sœur. Celle-ci, furieuse, courut révéler à Soundiata que le *tana* de son frère était un ergot de coq blanc ; Soundiata vit bien alors que sa propre sœur Diégué-Maniaba lui avait dit la vérité, et il partit immédiatement à la tête de douze bandes de guerriers, pour combattre Soumangourou.

Ce dernier s'était également préparé à la guerre. Les deux armées se rencontrèrent à *Kirina*, près et au Nord de Koulikoro (1), Soundiata arrivant par le Sud du Bélédougou et Soumangourou ayant passé par Sansanding. Soundiata, apercevant devant lui comme un gros nuage noir, demanda : « Quel est ce nuage sombre qui vient de l'Est ? » On lui répondit : « Ce que tu prends pour un nuage n'est autre chose que l'armée de Soumangourou. » L'empereur de Sosso cependant demandait à ses hommes : « Quelle est cette grande montagne qu'on aper-

(1) On place parfois cette rencontre au Nord de Goumbou, où se trouve en effet une localité du nom de *Kérina*, mais il me paraît invraisemblable que les deux chefs aient pu se rencontrer au Sahel, l'un venant de Sosso et l'autre de Kangaba.

çoit à l'Ouest ? » On lui répondit : « Ce sont les guerriers de Soundiata. » Les deux armées ayant pris contact, un combat furieux s'engagea à la mode homérique : Soundiata se mit à invectiver les soldats de son adversaire qui, terrorisés par la voix du roi mandingue, coururent se cacher derrière leur chef ; Soumangourou aussi invectiva l'armée mandingue : chaque fois qu'il criait, huit têtes se dressaient sur ses épaules, et les soldats de Soundiata, effrayés, se sauvèrent derrière leur chef. Alors Soundiata cria à son oncle Danguina : « Passe-moi la flèche. » Et, saisissant la flèche armée de l'ergot de coq blanc, il la lança lui-même sur Soumangourou.

La flèche atteignit l'empereur de Sosso, qui s'évanouit aussitôt aux yeux de tous, sans que personne ait pu savoir ce qu'il était devenu. Seulement le bracelet d'argent qu'il portait au bras tomba à terre et, depuis, un baobab poussa à l'intérieur du bracelet : on peut voir encore ce baobab à Kirina (1).

La tradition rapporte que, après avoir frappé Soumangourou, la flèche magique rebondit jusqu'à *Soro*, ricocha de là à *Sorokoto*, puis à *Kénientou*, puis à *Morolanga*, et alla enfin tomber à *Ségala*. J'ignore où il faut placer Soro, Sorokoto et Morolanga : sans doute ces points devaient être situés non loin du Niger, entre Koulikoro et Ségou. Kénientou ou Kénienko est un village situé sur la rive droite du fleuve entre Koulikoro et Niamina. Quant au Ségala mentionné par la tradition, ce peut être le village de ce nom placé sur la rive droite du Niger en face de Niamina ou plutôt celui qui se trouve dans le Kaniaga, au Nord-Est de Sosso. Sans doute cette légende signifie que, après avoir défait et tué Soumangourou à Kirina, Soundiata s'empara successivement des divers villages et pays qui dépendaient de Sosso, jusques et y compris le Kaniaga lui-même.

Ce qui est certain en tout cas, c'est que la bataille de Kirina, qui eut lieu probablement en 1235, marqua la fin de l'empire de Sosso : Soundiata annexa à l'empire du Mandé toutes les

---

(1) Comme beaucoup de baobabs, celui de Kirina porte à sa base, près du sol, un étranglement dont la légende attribue l'origine au fait que l'arbre aurait été gêné, dans sa croissance, par le bracelet de Soumangourou.

contrées qui relevaient jusqu'alors de la suzeraineté de Soumangourou et transporta sa résidence non loin de sa victoire, entre Kirina et Niamina, où il bâtit une ville qui fut appelée *Mandé* ou *Mali* en souvenir du pays d'origine de son fondateur et du berceau de son empire.

Quant aux parents et aux familiers de Soumangourou, les *Sossé*, ils se décidèrent à fuir la domination du vainqueur et, se portant vers l'Ouest, ils arrivèrent au Tekrour avec leurs derniers partisans. Quelques années après la chute de l'empire de Sosso, vers 1250, ces Sossé s'emparaient du pouvoir sur les Toucouleurs et fondaient au Fouta une dynastie d'origine soninké qui devait être renversée un siècle plus tard par la conquête ouolove.

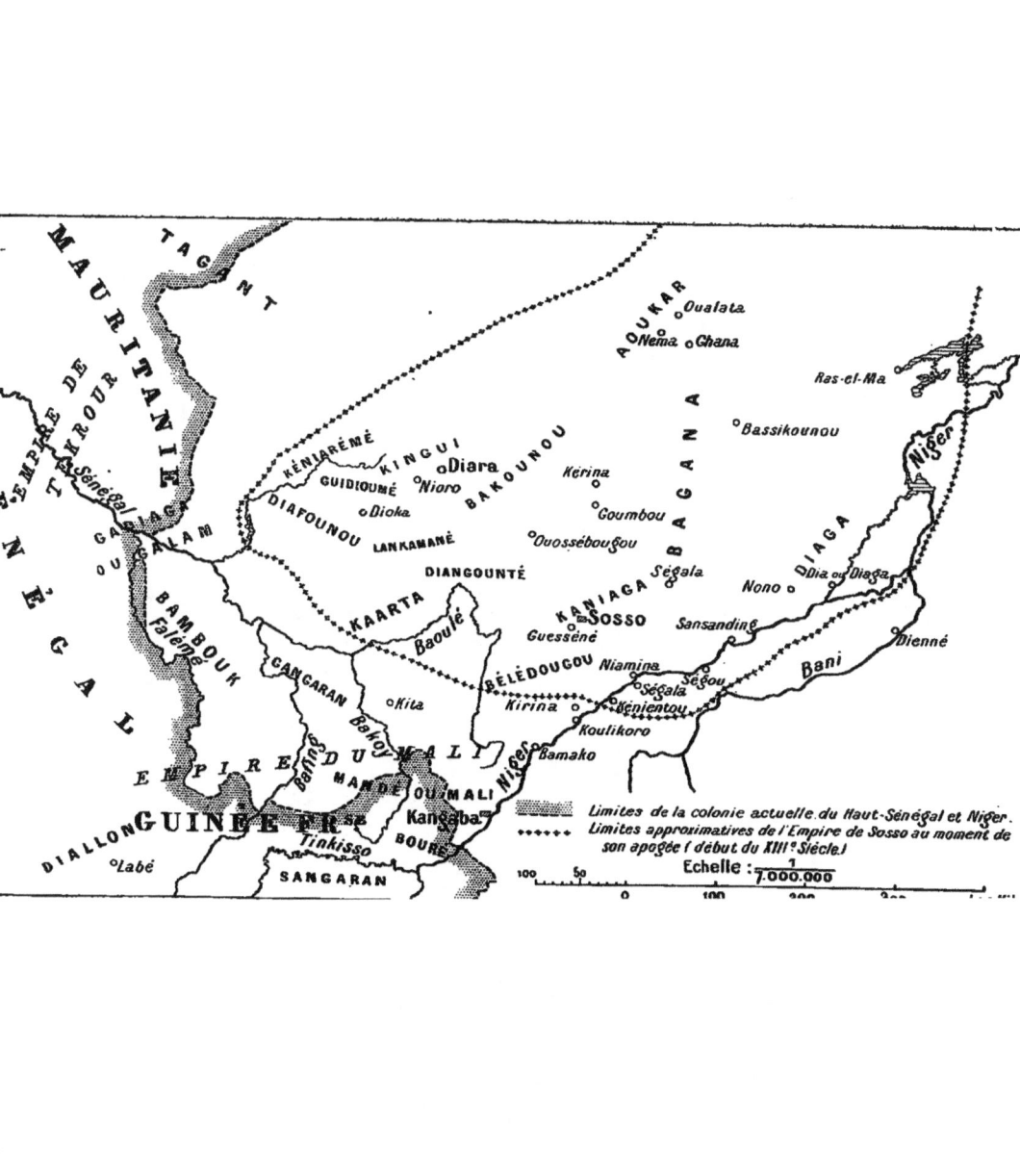

CHAPITRE VII

L'empire de Mali ou empire mandingue
(XI° au XVII° siècles).

De tous les empires indigènes qui se constituèrent dans le Soudan occidental, celui de Mali fut incontestablement le plus puissant et le plus glorieux : si nous sommes moins documentés actuellement sur son histoire que sur celle de la dernière période de l'empire de Gao, c'est simplement parce que nous ne possédons malheureusement pas d'annales écrites par un lettré du pays mandingue alors que nous avons la bonne fortune, pour la région de Tombouctou et de Gao, de posséder le *Tarikh-es-Soudân*, mais on peut espérer que l'on découvrira quelque jour une vieille chronique traitant spécialement de l'histoire du Mali, et l'on comprendra mieux alors la renommée dont a joui cet Etat auprès des Arabes et des Portugais.

1° *Le Mandé ou Mali durant les XI° et XII° siècles.*

On place généralement au début du XIII° siècle, vers l'an 1213, la fondation de l'empire de Mali. Ainsi que j'ai eu déjà l'occasion de le dire, cette date n'est en réalité que celle d'un pèlerinage accompli à La Mecque par l'un des premiers princes mandingues dont la tradition nous a conservé les noms. Il est hors de doute que, bien avant cette date, un royaume assez fortement constitué existait depuis longtemps au *Mandé*, Manding ou Mali, ou pays d'origine des Mandingues ou Malinké, c'est-à-dire dans la région comprise entre le haut Niger à l'Est, le Bélédougou au Nord et le haut Bakhoy à l'Ouest. Depuis longtemps aussi sans doute, la capitale de ce royaume se trouvait à *Kangaba*, sur la rive gauche du Niger en amont de

Bamako. Mais cet Etat n'avait probablement qu'une extension territoriale fort limitée et une influence politique assez restreinte. Ce n'est qu'à partir du XIIIᵉ siècle que commença le développement réel du royaume et que s'accomplit sa transformation en un empire tel qu'on n'en avait jamais vu au Soudan et qu'on ne devait plus jamais en revoir après lui.

D'après Léon l'Africain, le premier souverain musulman du Mandé aurait été converti par l'oncle du sultan almoravide Youssof-ben-Tachfine, fondateur de Marrakech, c'est-à-dire vraisemblablement par le chef Iemtouna Omar, père de Yahia et d'Aboubekr, lesquels nous sont donnés par les historiens arabes comme les cousins de Youssof; Yahia-ben-Omar étant mort en 1056 et Aboubekr en 1087, on pourrait placer la conversion du premier prince mandingue musulman vers 1050, un peu après celle de la famille royale de Tekrour, et la faire correspondre avec le début du mouvement almoravide.

Le nom de ce prince nous a été transmis par Ibn-Khaldoun, qui l'appelle *Baramendana*, selon la prononciation à lui indiquée par le cheikh Ousmân, mufti du pays de Ghana. Peut-être pourrait-on écrire ce mot *Baramandéna* et le traduire par « chef dans le Mandé » ou « chef du Mandé », en rapprochant *bara* du terme *ouara* ou *oudr* employé chez certaines populations du Sénégal comme titre de souveraineté (1).

D'après la tradition, les prédécesseurs de Baramendana étaient des païens fervents, réputés comme d'habiles et dangereux *soubarha* ou « jeteurs de sorts ». D'après Bekri, qui semble avoir été le contemporain de Baramendana et avoir écrit sa description de l'Afrique du temps de l'un de ses premiers successeurs, voici dans quelles circonstances ce prince embrassa l'islamisme. La disette régnait au Mandé ; malgré de nombreux sacrifices de bœufs, si nombreux que la race bovine faillit s'éteindre dans le pays, la sécheresse et la misère ne faisaient que s'accroître. Un pieux musulman qui logeait chez le roi —

(1) A comparer avec Ouâr Diâbi, Ouâr Diâdié ou Ouâr Ndiaye, nom donné à l'islamisateur du Tekrour. A rapprocher aussi de *bara-mousso*, nom donné en mandingue à celle des épouses d'un même mari qui a le pas sur les autres.

le Lemtouna Omar, si nous en croyons Léon l'Africain — persuada à Baramendana que la pluie tomberait s'il embrassait l'islamisme. Une fois le roi sommairement instruit des dogmes de la religion, Omar lui fit prendre un bain et revêtir une blouse de coton bien propre ; puis tous deux se mirent à prier sur une colline, le musulman récitant les formules sacrées et le néophyte répondant *amen* ; ils prièrent ainsi toute la nuit et, lorsque le jour parut, la pluie se mit à tomber abondamment. Baramendana fit alors briser les idoles et expulser de sa résidence les prêtres païens et les sorciers. Puis il entreprit le pèlerinage de La-Mecque (d'après Ibn-Khaldoun).

Le pouvoir se transmit à ses descendants qui, tous, professèrent comme lui l'islamisme ainsi que leur famille et furent appelés à cause de cela *El-Moslemâni* (les islamisés). La masse du peuple d'ailleurs, ajoute Bekri, demeura païenne.

Environ un siècle après la conversion de Baramendana, vers 1150, le trône du Mandé était occupé par un nommé *Hamama*, le plus ancien souverain dont la tradition proprement indigène ait conservé le nom exact. Il mourut vers 1175 et eut pour successeur son fils *Dyigui-Bilali*, auquel succéda vers 1200 son propre fils *Moussa*.

2° *Règne de Moussa Keïta dit Allakoï* (1200-1218).

Moussa est presque toujours cité dans les traditions indigènes sous le surnom d'*Allakoï*. Ce surnom lui aurait été donné parce qu'il avait l'habitude, chaque fois qu'on l'interrogeait sur la cause d'un événement, de répondre *Alla koï* ! c'est-à-dire « Dieu certes ! », voulant indiquer par là que Dieu était la cause première de toutes choses. Certains ajoutent que sa descendance reçut le nom d'*Allakoïta* « ceux d'Allakoï », nom qui aurait été abrégé plus tard en *Koïta* ou *Keïta* : je ne prétends pas infirmer cette étymologie, mais je serais assez porté à croire que la famille royale du Mandé portait ce nom de Keïta bien avant l'époque d'Allakoï. En tout cas, c'est au clan des Keïta qu'appartenaient Allakoï et ses successeurs et qu'appartiennent encore de nos jours les chefs malinké qui se disent de souche royale ; seulement, comme le nom s'est répandu à l'infini et qu'une multitude de branches cadettes sont issues de la branche aînée, les représentants de cette dernière s'attribuent généralement l'épithète de *Mansaré* ou *Massaré* qui signifie, comme Massassi chez les Banmana et Tounkara chez les Soninké, « lignée royale ».

Allakoï passa dans la dévotion la majeure partie de sa vie ; s'il faut en croire la tradition, il aurait fait quatre fois le saint pèlerinage de La Mecque, dont une fois en 1213 (1). Cela lui attira une grande renommée qui, à défaut d'expéditions militaires, servit à consolider son autorité et à propager au loin le nom du Mandé et de ses habitants.

3° *Règne de Naré-Famaghan* (1218-1230).

Nous ne savons rien de ce prince, en dehors de son nom et du fait qu'il était fils d'Allakoï et était né au Mandé. Il est probable que ce fut sous son règne que le royaume de Kangaba commença à prendre de l'extension vers le Sud et le Sud-Est et à étendre son autorité sur la rive droite du haut Niger : les Banmana proprement dits, alors cantonnés dans cette région, s'enfuirent au Toron pour échapper au joug des Mandingues et se soustraire à l'islamisation, tandis que les Somono, qui formaient alors comme de nos jours une caste de pêcheurs, embrassèrent la religion nouvelle et acceptèrent la suzeraineté du roi de Kangaba afin de pouvoir demeurer sur le Niger et continuer à y exercer leur industrie.

4° *Règne de Soundiata* (1230-1255).

J'ai dit dans le chapitre précédent, en parlant des luttes entre l'empire naissant du Mandé et celui de Sosso, dans quelles conditions Soundiata était arrivé au pouvoir. Ce prince était le douzième fils de Naré-Famaghan : ses onze frères étaient nés d'une même épouse de ce dernier, tandis que Soundiata était l'unique enfant d'une autre femme du même roi. La tradition nous a conservé les noms des onze aînés de Soundiata : ils s'appelaient Kononiogo-Simba, Kabali-Simba, Mari-Taniaguélé, Noutiyé-Mari-Yérességué, Sossotoulou-Langadia, Mousso-

---

(1) D'après le témoignage de Makrizi, qui fait d'Allakoï le « premier roi du Tekrour » et l'appelle *Serbendana*, peut-être par suite d'une confusion entre ce prince et Baramendana.

Fig. 41. — Résidence du Fama de Sansanding.

Fig. 42. — MADEMBA, fama de Sansanding, et le général CAUDRELIER.

koro, Moussogandaké, Mantia-Maghamba, Fénadougouko-Maghan, Gaka-Bougari, Kalabamba-Diokountou. Nous avons vu comment ces onze princes montèrent alternativement sur le trône de leur père, pour être tués l'un après l'autre par Soumangourou, empereur de Sosso, au fur et à mesure de leur avènement, en sorte qu'aucun d'eux ne régna à proprement parler.

Moins d'un an après le décès de Naré-Famaghan, le douzième et dernier de ses fils était seul survivant ; d'ailleurs très jeune et perclus des jambes depuis sept ans, il semblait moins encore que ses frères de taille à résister à Soumangourou. Grâce à l'énergie de son caractère et aux ruses de sa sœur Diégué-Maniaba et aussi — s'il faut en croire la légende rapportée plus haut — grâce au miracle opéré sur sa constitution par le bâton royal de son père, il fut au contraire celui qui devait débarrasser le Mandé de son ennemi le plus dangereux.

Ce prince fameux est demeuré légendaire jusqu'à nos jours dans tout le Soudan à l'Ouest du Niger et il est même fort probable qu'on lui attribue beaucoup de faits et d'exploits qu'il serait plus exact de rapporter à ses successeurs. Ce héros de la nation mandingue est universellement désigné dans les traditions indigènes sous le nom de *Soundiata*, qui signifierait « le lion affamé » (1), à moins que la syllabe *soun* ne représente un titre de souveraineté analogue au *sonni* de la deuxième dynastie de Gao, ce qui donnerait à Soun-Diata le sens de « prince Lion ». Cette dernière étymologie concorderait en partie avec celle que propose Ibn-Khaldoun : d'après cet historien, le nom complet du vainqueur de Soumangourou était *Mari-Diata-Téguen* ; il ajoute que, dans la langue du pays, *mari* veut dire « prince descendu d'un roi », *diata* « lion » et *téguen* « petit-fils ». Le renseignement est parfaitement exact en ce qui concerne *diata* ; quant à *mari*, ce mot peut en effet

---

(1) Mot à mot « le lion du jeûne », allusion probable à la faim de vengeance qui animait ce prince vis-à-vis de l'ennemi de sa famille et de son pays. Le nom du lion, prononcé *diara* par les Banmana et les Dioula, est généralement prononcé *diata* par les Malinké. Ce mot n'a qu'une analogie toute fortuite avec le nom du clan des Diara, qui signifie « de Dia, originaire de Dia ou du Diaga ».

signifier à la rigueur « petit maître » ou « descendant de maître », mais il est plus vraisemblable d'en faire un prénom, à moins qu'il faille le prendre comme une transcription approximative de Mali et traduire Mari-Diata par « le Lion du Mandé ». Il est possible d'ailleurs qu'Ibn-Khaldoun n'ait pas reproduit exactement les sons entendus par lui de la bouche du cheikh Ousmân, mufti des gens de Ghana : ce dernier du reste était sans doute un Arabe ou un Berbère, ou encore à la rigueur un Soninké, et pouvait très bien n'avoir qu'une connaissance imparfaite de la langue mandingue. Ainsi, pour ce qui est de *téguen*, on pourrait y reconnaître le mot *denkèni*, qui signifie, non pas « petit-fils », mais « petit garçon », et qui aurait été donné comme surnom à Soundiata, en raison du peu d'années qu'il comptait au moment de son avènement.

Quoi qu'il en soit, Soundiata ou Mari-Diata, une fois guéri de sa maladie et parvenu à l'âge adulte, se révéla très vite un prince énergique et un guerrier redoutable. Les habitants du Mandé le craignaient mais ne l'aimaient pas et ils songèrent même à s'entendre avec Soumangourou pour se débarrasser de lui. Ayant eu vent de cette sorte de complot, Soundiata résolut de se constituer une armée forte et disciplinée. Rassemblant une bande de chasseurs et de gens prêts à tout, il traversa le Bouré, franchit le Tinkisso et tomba à l'improviste sur le Sangaran, dont le chef était un de ses oncles nommé Danguina Konnté ; celui-ci se hâta de reconnaître la suzeraineté de son neveu et se rangea sous sa bannière, à la tête de ses propres guerriers. Ses troupes s'étant ainsi accrues, Soundiata se porta sur Labé, dans le Fouta-Diallon actuel, où régnait alors le chef des Diallonké-Dabo (1), nommé lui-même Tabo, et, usant de la même tactique, il annexa le pays à ses Etats et recruta une deuxième armée. Après avoir agrandi son domaine dans la direction du Sud, il se porta vers l'Est, franchit le Niger à Siguiri, repoussa définitivement les Banmana récalcitrants au-delà du Baoulé, et, aidé d'un Soninké du Ouagadou nommé Diouna qui fut son

(1) Sans doute les mêmes que les Lemlem du royaume de Dao ou du Dao mentionnés par Bekri.

lieutenant durant cette expédition, il établit des colonies mandingues entre le Sankarani et le Baoulé. De retour à Kangaba, il envoyait Diouna s'emparer de la région de Kita et deux de ses propres fils, Makan et Siétigui, prendre le commandement des provinces de Kayaba, de Kouroukoto et de Mourgoula et d'une partie du Fouladougou actuel (1). Lui-même faisait la conquête de Bélédougou méridional, s'emparait de Kirina sur un chef somono appelé Tara-Maghan, ancêtre des Taraoré, traversait le Niger entre Koulikoro et Niamina, entrait en vainqueur à Kénientou ou Kénienko, où régnait alors Soura-Moussa, chef du clan des Sissoko, et revenait dans sa capitale à la tête de deux nouvelles armées recrutées l'une sur la rive gauche et l'autre sur la rive droite du fleuve (1234). Toutes ces conquêtes n'avaient pas demandé quatre ans à l'actif et entreprenant Soundiata et s'étaient effectuées d'ailleurs sans qu'aucune résistance sérieuse lui fût opposée.

Lorsqu'il revint à Kangaba, il tint à y faire une entrée solennelle et imposante, de façon à impressionner fortement ceux de ses compatriotes qui avaient eu un moment l'intention de le faire passer de vie à trépas. Il fit donc ranger en ordre, dans une grande plaine située à quelque distance au Nord de la ville, ses cinq corps d'armée, l'un composé de ses plus anciens partisans, les quatre autres recrutés au Sangaran, au Diallon, au Bélédougou et au Bàko ou région de Ségou (rive droite du Niger à hauteur de Niamina). Puis il fit venir les vieillards les plus respectés de Kangaba et leur demanda de décider à qui revenait le commandement de l'armée entière. Le plus âgé des vieillards fit préparer du plomb fondu par un forgeron et dit : « Celui qui pourra plonger sa main dans ce plomb fondu sera le chef de l'armée et du pays. » Aucun des quatre commandants des corps d'armée étrangers n'osa mettre sa main dans le métal brûlant, mais Soundiata y plongea la sienne sans hésitation et l'en retira intacte. Il fut alors acclamé comme chef unique par tous les guerriers et par les vieillards et il entra à Kangaba à la

---

(1) 1ᵉʳ vol., page 202.

tête de ses troupes ; parti en petit chef méconnu, il revenait en empereur (1).

Cependant Soumangourou avait vu avec colère les empiètements de Soundiata sur la partie méridionale de son empire et il décida d'attaquer son rival avant que celui-ci ne fût devenu trop puissant. Nous avons vu au chapitre précédent les péripéties légendaires de cette lutte demeurée fameuse entre les deux empereurs, lutte qui se termina en 1235 par l'écrasement de Soumangourou à Kirina et l'annexion à l'empire mandingue des provinces dont se composait le domaine propre de l'empire de Sosso, c'est-à-dire le Nord du Bélédougou, la région de Ségou et de Sansanding, le Kaniaga, etc. L'annexion des provinces jusque-là vassales de Sosso — le Diaga, le Bagana, le Ouagadou, le Bakounou, le Kaarta et les pays dépendant du roi do Diara — devait s'accomplir à brève échéance.

En effet, après avoir tué Soumangourou et mis l'armée sossé en déroute, Soundiata continuait vers le Nord sa marche victorieuse, passant à Sansanding, à Dia, à Dioura, à Bassikounou, arrivait dans l'Aoukar, s'emparait de Ghana et y mettait le feu, détruisant la ville de fond en comble (1240) et ensuite, sans pousser jusqu'à Oualata, — peut-être par respect pour les docteurs musulmans qui habitaient cette dernière localité, — il reprenait la route du Sud.

La position de Kangaba lui semblant trop excentrique par rapport à l'extension qu'il venait de donner à son empire, il décida de bâtir une nouvelle capitale et choisit à cet effet un emplacement situé à proximité du lieu où il avait donné la mesure de sa force en écrasant l'empereur de Sosso. La ville construite sur cet emplacement fut appelée *Mali* ou *Mandé*, en souvenir du pays d'origine de Soundiata et du berceau de sa dynastie.

On a beaucoup discuté sur l'emplacement probable de l'ancienne cité de Mali ; on a même été jusqu'à le confondre avec

(1) D'après Ibn-Batouta, Soundiata aurait été instruit dans la religion musulmane par le grand-père d'un jurisconsulte nommé Modrik-ben-Faris, lequel Modrik fut contemporain de Kankan-Moussa, petit-neveu de Soundiata.

celui de Ghana, bien que la lecture des historiens et géographes arabes suffise à empêcher toute confusion à cet égard. A mon avis, la seule solution exacte de la question a été donnée par M. Binger (1). Un voyageur nommé El-hadj Mamadou-Lamine, rencontré par cet explorateur à Ténétou (près Bougouni) en 1887, lui indiqua comme l'emplacement de l'ancienne ville de Mali un endroit situé sur la rive gauche du Niger, au Sud-Ouest de Niamina et au Sud-Sud-Ouest de Moribougou, à hauteur des villages de Konina et Kondou, lesquels se trouvent entre le fleuve et l'emplacement de Mali ; cette dernière ville aurait donc été située légèrement à l'Ouest de la route actuelle de Niamina à Koulikoro. Si l'on se reporte à la relation de voyage d'Ibn-Batouta, qui, en venant de la région de Sansanding, traversa en bac la rivière *Sansara* près de son embouchure dans le Niger et atteignit Mali à dix milles au-delà de cette rivière, et si l'on se rappelle que Barth donne, d'après ses informateurs indigènes, le nom de *Samsarah* à l'affluent du Niger qui se jette dans ce fleuve tout près et légèrement en aval de Niamina, on ne peut qu'accepter la solution indiquée par M. Binger (2).

Le nom de cette capitale a été orthographié tantôt *Mali*, tantôt *Melli* ou *Mellé* (3), tantôt *Mandi* (notamment par les Portugais) ou *Mandé*, toutes formes qui ne sont, ainsi que je l'ai indiqué précédemment, que des variantes dialectales du nom du Mandé ou Manding, pays primitif des Mandenga, Mandingues ou Malinké. Ibn-Khaldoun rapporte d'ailleurs, d'après un ancien cadi de Gao nommé Mohammed-ben-Ouassoul, que Mali était en réalité un nom de pays et que la capitale s'appelait véritablement *beled Beni*, c'est-à-dire « la ville de Beni ou des Beni ». On a supposé généralement que *Beni* — dont l'orthographe

(1) *Du Niger au Golfe de Guinée*, 1er vol.
(2) Dapper donne 30 journées de Mali à Tombouctou, ce qui correspond bien à la distance séparant cette dernière ville de la région de Niamina ; c'est l'évaluation indiquée par Cadamosto.
(3) C'est sous cette orthographe (Mellé) que le nom a été, d'après M. E. D. Morel, mentionné pour la première fois sur une carte : il s'agit d'un portulan espagnol de 1375. La carte de Mecias de Villadestes, qui date de 1413, indique le « pays de Moussa, roi de Melli » sur le haut Sénégal, à l'Est du *Toucouzor* (Tekrour).

ainsi fixée est d'ailleurs fort douteuse — était le mot arabe signifiant « enfants » ou « tribu » et que le nom même de la tribu avait été omis par les copistes. Mais peut-être n'y a-t-il eu aucune omission et *Beni* était-il le nom même de Mali ou de ses habitants ; on pourrait rapprocher de ce mot les *Benays* ou *Benais* que Marmol et Dapper signalent comme habitant les « royaumes de Gualata, Meli et Tombut » (1). Il est à remarquer aussi que l'informateur de M. Binger lui a déclaré que le vrai nom de la ville de Mali était *Nianimadougou* ou simplement *Niani* ou *Nani* : or le *b*, le *y* (ou *ni* dans les langues soudanaises) et l'*n* se confondent aisément dans l'écriture arabe lorsque les points diacritiques sont omis ou mal placés (2), en sorte que le *Beni* d'Ibn-Khaldoun peut parfaitement être une leçon fautive mise pour *Yani* ou *Niani* ou *Nani*.

Il ne semble pas que Soundiata, après la destruction de Ghana et la fondation de Mali, ait dirigé en personne de nouvelles expéditions militaires. Il se reposa sur ses lauriers, pendant que ses lieutenants continuaient de reculer les limites de son empire, et se livra à l'agriculture, mettant ainsi en pratique sans la connaître la célèbre devise *ense et aratro*. La contrée avoisinant Mali était alors à peu près inhabitée et couverte de forêts improductives. Soundiata, qui aimait s'entourer de l'avis des gens âgés, demanda à un vieillard de lui enseigner le moyen de rendre prospère sa nouvelle résidence. Le vieillard emmena l'empereur en dehors de la ville et, lui montrant la forêt prochaine, lui dit simplement : « Fais abattre ces arbres, fais transformer ces forêts en champs, et alors seulement tu seras devenu un vrai roi. » Soundiata ordonna donc à ses gens d'abattre les arbres ; mais ces hommes, qui avaient passé leur vie dans les combats, ne s'entendaient qu'aux choses de la guerre : ils se

---

(1) Dapper dit qu'au Sud des Mandinga ou Manienga de la haute Gambie, « dont le pays renferme beaucoup d'or », habitent les Souso (Soussou), dont la capitale s'appelle *Bena*. Il ne peut y avoir autre chose qu'une ressemblance purement fortuite entre le nom de cette ville soussou et celui donné par le même auteur aux habitants de Oualata.

(2) Et précisément la plupart des manuscrits de l'ouvrage d'Ibn-Khaldoun donnent le mot sans aucun point diacritique.

contentèrent d'abattre les arbres à coups de hache et, lorsque le printemps revint, les souches reverdirent, des rejetons poussèrent et la forêt commença à renaître. Le vieux conseiller de Soundiata riait dans sa barbe et l'empereur se montrait fort vexé. Alors le vieillard enseigna à Soundiata et à ses soldats transformés en agriculteurs l'art de tuer la vie des arbres en incendiant d'abord les herbes et les broussailles et en brûlant ensuite les troncs et les souches, et tout le pays put être ainsi promptement et convenablement défriché. Lorsque ce premier travail fut achevé, le vieillard apporta à l'empereur des graines de mil, de coton, d'arachides et de calebasses, ainsi que des œufs de poules et de pintades, puis il lui apprit à semer les graines et à faire couver les œufs. Et, au bout de quelques années, la province de Mali devint l'une des plus prospères du Soudan.

Pendant ce temps, comme je viens de le dire, les généraux de Soundiata ne demeuraient pas inactifs. L'un d'eux, nommé *Amari-Sonko* (1), avant même la bataille de Kirina, s'était emparé du Gangaran et du Bambouk, englobant dans l'empire mandingue les fameuses mines d'or du Ouangara, dont le nom ne devait pas tarder à devenir synonyme de Mandé et de Mandingue ; après la fondation de Mali, il poussa ses conquêtes dans le Boundou et jusque sur la basse Gambie, faisant sentir l'influence de l'empire et de la nationalité mandingues dans le pays de Tekrour et chez les Ouolofs.

Soundiata fut tué d'une flèche, par maladresse, au cours d'une fête donnée dans sa capitale en 1255. Son meurtrier involontaire était un Peul nommé *Maham Boli*. Ce dernier descendait d'un nommé Nima, ancêtre du clan peul des Boli, qui, au moment de la dispersion des Peuls du Fouta (xie siècle), avait émigré avec les siens vers le Kaniaga. L'un des descendants de Nima, Bida fils de Garan, ne trouvant plus assez de terres disponibles au Kaniaga pour nourrir sa famille, était venu demander à Soundiata de le laisser s'établir auprès de Mali. L'empe-

---

(1) Ce conquérant mandingue est appelé *Abba-Manko* par Golberry, qui le fait vivre vers l'an 1100 et dit qu'il imposa l'islamisme aux habitants du Bambouk.

reur l'ayant fort bien reçu, Bida organisa des réjouissances, accompagnées de simulacres de combat, pour remercier Soundiata de son accueil ; c'est au cours de ces réjouissances que Maham, l'un des fils de Bida, décocha une malencontreuse flèche qui atteignit l'empereur et le blessa mortellement. Bida et sa famille, craignant des représailles, se sauvèrent dans le Sahel auprès de Peuls Yalabé et Oualarbé qui s'y trouvaient déjà et que commandait Ilo-Diadié Galadio (1).

5° *Règne de Mansa-Oulé* (1255-1270).

A Soundiata succéda l'un de ses fils, connu sous le surnom de *Mansa-Oulé*, c'est-à-dire « l'empereur rouge », en raison de son teint relativement clair (2). Ce prince ne fut pas un guerrier comme son père mais plutôt un pieux personnage comme son arrière-grand-père : nous savons qu'il accomplit le pèlerinage de La Mecque du temps du sultan mamlouk Ed-Dâher Bibers, lequel régna de 1260 à 1277.

Cependant le domaine de l'empire mandingue s'accrut encore sous le règne de Mansa-Oulé, surtout du côté de l'Ouest. En effet, l'un des meilleurs généraux de Soundiata, Moussa-Son-Koroma Sissoko, trouvant que Mansa-Oulé ne savait pas utiliser ses services, alla s'établir à Koundian avec son armée et y fonda le royaume du *Bambougou* ou du Bambouk qui fut vassal de l'empire de Mali. D'autre part un parent de Mansa-Oulé, Siriman Keïta, qui avait lui aussi conduit à la victoire les troupes de Soundiata et ne pouvait se résoudre à l'inaction, alla s'emparer du *Konkodougou* sur les Diallonké et y fonda, avec Dékou

(1) Ce fut là l'origine de la tribu peule dite des *Sambourou*. A la mort de Bida et d'Ilo-Diadié, Maham-Boli, prenant le pas sur ses cinq frères (Amadi, Bogoli, Almami, Ousmân et Mangui), réunit sous son autorité les trois clans des Boli (ou Ourourbé), des Yalabé (ou Oualaïbé) et des Oualarbé ; il eut pour successeurs Bounoumbo Boli, Samba Boli, Sambouné Boli, Amadi Galadio, Guidal Galadio et Sambourou Galadio, lequel donna son nom à la tribu.

(2) Ibn-Khaldoun l'appelle Mansa-Ouali et prétend que *Ouali* est, chez les Mandingues, la corruption du nom arabe *Ali* ; cette indication est assument inexacte : Ali ne se transforme pas au Soudan en « Ouali », qui d'ailleurs est donné quelquefois comme nom ou surnom par les musulmans avec son sens arabe de « saint » ; les traditions indigènes au reste mentionnent toujours le successeur de Soundiata sous le nom de Mansa-Oulé.

comme capitale provisoire, un second royaume vassal (1). Enfin Sané-Nianga Taraoré, laissé dans le Gangaran par Amari-Sonko, s'empara du Baniakadougou (cercle actuel de Kita) et des cantons du Kolama, du Bafing et du Soulou, Solou ou Sollou (cercle actuel de Bafoulabé) et fit du tout un troisième royaume vassal de Mali, le royaume du *Gangaran*.

6° *Règnes de Ouati, Kalifa et Aboubakari* (1270-1285).

Nous savons fort peu de choses sur ces trois empereurs, en dehors des maigres renseignements fournis à Ibn-Khaldoun par le cheikh Ousmân (2). Mansa-Oulé eut pour successeur son frère *Ouati*, qui régna probablement de 1270 à 1273 et qui fut remplacé par son frère cadet *Kalifa*. Ce dernier, faible d'esprit, n'avait de passion que pour le tir à l'arc et il lançait des flèches sur les passants pour s'amuser et juger de son adresse. Les officiers de la cour s'emparèrent de lui quelques semaines après son avènement, le mirent à mort et conflèrent le sceptre à un neveu utérin de Soundiata, nommé *Aboubakari*, lequel dut régner de 1275 à 1285 ; Ibn-Khaldoun fait remarquer à ce sujet que la coutume de ces « nations barbares » était de suivre l'ordre de succession en ligne utérine.

7° *Règne de Sakoura* (1285-1300).

A la mort d'Aboubakari, un serf attaché à la famille royale et nommé *Sakoura* ou *Sahakoura*, s'empara du pouvoir. Ce fut l'un des plus puissants parmi les empereurs de Mali ; il fit plusieurs expéditions couronnées de succès, notamment dans l'empire de Gao et dans celui de Tekrour. Le cheikh Ousmân lui attribuait la prise de Gao et prétendait que son autorité s'étendait depuis cette ville jusqu'à l'Atlantique, mais un autre informateur d'Ibn-Khaldoun, El-hadj Younes, interprète de langue « tekrourienne » au Caire, assurait que Gao ne fut annexé au Mali que sous le règne de Kankan-Moussa, ce qui est l'opinion la plus

---

(1) 1ᵉʳ vol., pages 292 et 293.
(2) Ce cheikh fut rencontré par Ibn-Khaldoun en Egypte en 1393-94. Entre autres choses, il dit au célèbre historien arabe que le vrai nom des « Tekrouriens » de Gao était *Zaghaï* (pour Songaï) et celui des gens du Mali *Ankaria* (vraisemblablement pour *Ouangaria*, forme plurielle arabisée du mot « Ouangara »).

généralement admise. En tout cas, il semble certain que le domaine de l'empire de Mali s'accrut notablement sous le règne de Sakoura et que c'est vers la même époque que les marchands du Maghreb et de la Tripolitaine commencèrent à se rendre à Mali et à faire de la jeune capitale soudanaise un centre commercial important.

Sakoura accomplit le pèlerinage de La Mecque au temps du sultan El-Melek En-Nâsser, lequel régna de 1293 à 1341, y compris deux interruptions. C'est en revenant des lieux-saints par le Yémen et l'Erythrée, vers l'an 1300, que Sakoura trouva la mort : il fut dévalisé et assassiné par des Danakil sur la côte de Tadjourah, comme il venait de débarquer sur la terre d'Afrique. Ses compagnons de voyage recueillirent son corps, le firent dessécher et le transportèrent jusqu'à Kouka, où il fut placé sous la sauvegarde de l'empereur du Bornou ; ce dernier expédia des messagers à Mali pour aviser les notables de la mort de leur souverain et les prier d'envoyer chercher ses restes. Une ambassade se rendit de Mali à Kouka à cet effet et ramena le corps de Sakoura, qui fut enterré à côté de ceux de ses prédécesseurs.

8° *Règnes de Gaou, Mamadou et Aboubakari II* (1300-1307).

Gaou, fils de Soundiata, avait commencé à exercer le pouvoir dès le départ de Sakoura pour La Mecque ; il était fort âgé et mourut peu après l'assassinat de celui-ci, sans doute vers 1301. Son fils Mamadou lui succéda et ne régna qu'un an ou deux ; il fut remplacé par Aboubakari II, fils d'une sœur de Soundiata, qui ne régna lui-même que quatre ou cinq ans.

9° *Règne de Kankan-Moussa* (1307-1332).

Kankan-Moussa, appelé par Ibn-Khaldoun Mansa Moussa (c'est-à-dire l' « empereur Moussa »), était fils d'Aboubakari II ; sa mère l'avait mis au monde dans une localité appelée Kankan (1) et c'est ce qui lui valut son surnom : *Kankan-Moussa* doit en effet se traduire par « Moussa de Kankan » (2).

(1) Rien n'indique que cette localité ait été celle du même nom qui est actuellement l'une des villes principales de la Guinée Française, mais la chose n'est pas impossible.

(2) On a écrit parfois *Konkour-Moussa* : cette leçon fautive provient

Il fut, avec Soundiata, le plus illustre des empereurs mandingues. Ibn-Khaldoun nous a donné sur lui des détails assez circonstanciés, qu'il devait à El-Mâmer, descendant de Abd-el-Moumen, fondateur de la dynastie berbère des Almohades, lequel El-Mâmer était un ami personnel du grand historien arabe et avait eu l'occasion de voyager au Soudan en compagnie de Kankan-Moussa lui-même, ainsi que nous l'allons voir dans un instant.

La dix-septième année de son règne, en 1324, Kankan-Moussa se rendit en pèlerinage à La Mecque, emmenant avec lui un personnel nombreux et une quantité considérable de bagages, qui comprenaient entre autres choses 80 paquets de poudre d'or pesant chacun trois *kintar*, c'est-à-dire probablement 120 onces ou 3 kilos 800 environ, soit en tout une valeur de plus de 900.000 francs au taux actuel de l'or. Il était accompagné de 60.000 porteurs et précédé de 500 esclaves tenant chacun à la main une canne d'or du poids de 500 *mitskal*, soit environ trois kilos. Il passa par Oualata, puis par un pays de fortes altitudes (sans doute l'Adrar Ahnet) et par le Touat (1). Il se rendit de là au Caire et reçut l'hospitalité à Birket-el-Habech, aux environs de cette ville, dans la maison de campagne d'un riche marchand d'Alexandrie nommé Siradj-ed-Dine fils d'El-Kouaïk. Sans doute l'énorme quantité d'or apportée du Soudan n'était pas suffisante pour faire face aux dépenses de l'impérial pélerin, car ce dernier et ses courtisans empruntèrent à Siradj-ed-Dine une assez forte somme d'argent (2). Cependant Kankan-

d'une erreur de copiste ou d'une mauvaise lecture des textes arabes, l'*n* final et l'*r* se confondant facilement dans l'écriture arabe.

(1) D'après Sa'di, Kankan-Moussa aurait laissé au Touat beaucoup de ses gens, qui avaient été atteints en route d'une maladie du pied appelée dans leur langue *toudt*, d'où le nom que prit par la suite cette oasis. Cette étymologie ne paraît pas très vraisemblable, le nom du Touat étant probablement d'origine berbère et antérieur à l'époque de Kankan-Moussa. Je dois cependant faire observer qu'il existe dans la langue mandingue (dialecte banmana) un mot *touato* signifiant « boiteux ».

(2) L'histoire de cet emprunt ou plutôt de son remboursement est assez curieuse. Lorsque Kankan-Moussa fut de retour à Mali, Siradj-ed-Dine y envoya un messager dans le but de recouvrer sa créance. Ce messager étant demeuré à Mali, pour des motifs restés inconnus, Siradj-ed-Dine

Moussa ne laissa pas en Orient la réputation d'un prince bien généreux : il ne dépensa en aumônes pieuses dans les deux villes saintes que 20.000 pièces d'or, tandis que l'Askia Mohammed I devait plus tard faire à ces villes un don de 100.000 pièces d'or.

A La Mecque, Kankan-Moussa rencontra un poète arabe né à Grenade, Abou-Ishaq Ibrahim-es-Sahéli, surnommé Et-Toueïdjine, avec lequel il se lia d'amitié. En quittant les lieux saints pour regagner son pays, l'empereur de Mali détermina Es-Sahéli à l'accompagner. Ils passèrent par Ghadamès et y trouvèrent El-Mâmer ; ce dernier résidait habituellement dans le Zab (région de Biskra), où il jouissait d'une grande influence ; ayant appris que Kankan-Moussa devait passer à Ghadamès, il était allé l'y attendre et, dès qu'il le vit, il lui demanda une armée pour s'emparer de Ouargla. L'empereur de Mali n'était pas fâché de s'entourer de personnalités musulmanes de race blanche, ce qui lui donnait un plus grand prestige aux yeux de ses sujets ; aussi laissa-t-il croire à El-Mâmer qu'il lui confierait volontiers l'armée désirée, à condition qu'il vînt lui-même la chercher à Mali. Et c'est ainsi qu'El-Mâmer et Es-Sahéli se trouvèrent faire partie du cortège de Kankan-Moussa durant la traversée du Sahara et l'arrivée au Soudan ; l'empereur du reste les traitait avec les plus grands égards, leur donnait le pas sur ses ministres et ses généraux et leur faisait porter à manger à chaque halte. C'est par El-Mâmer que nous savons que les bagages de l'empereur de Mali étaient portés par des chameaux durant la traversée du désert et, une fois la caravane arrivée au pays des Noirs, par 12.000 jeunes esclaves vêtus de tuniques de soie et de brocart.

C'est pendant le voyage de Kankan-Moussa et peu avant son retour que l'un de ses généraux demeurés au Soudan, *Saga-*

---

partit lui-même, accompagné de son fils, et arriva à Tombouctou, où il logea chez le poète Es-Sahéli. Le malheureux mourut la nuit même de son arrivée. Le bruit courut qu'il avait été empoisonné sur l'ordre de l'empereur, mais son fils protesta contre ces accusations, faisant remarquer qu'il avait mangé des mêmes mets que son père et n'avait pas été indisposé. Le fils de Siradj-ed-Dine atteignit ensuite Mali, reçut de Moussa les sommes prêtées autrefois par son père, et retourna en Égypte.

mandia, s'empara de Gao sur Dia Assibaï et fit de l'empire de Gao un royaume vassal de l'empire de Mali (1325). La nouvelle de cette victoire parvint à Moussa alors qu'il était encore au Sahara et il décida de visiter en passant ses nouveaux domaines. Il se dirigea donc sur Gao, où il fut reçu en grande pompe et avec tous les honneurs souverains ; Dia Assibaï fit acte de soumission entre ses mains et Moussa, pour s'assurer la fidélité de son nouveau vassal, emmena à Mali comme otages les deux fils de l'empereur de Gao, Ali-Kolen et Souleïmân-Nar.

El-Mâmer ayant fait observer à Kankan-Moussa que la mosquée de Gao, qui ne se composait, comme les autres maisons de la ville, que d'une hutte à toit de paille, était bien misérable pour un monument consacré à l'adoration de Dieu, l'empereur mandingue demanda à Es-Sahéli, qui avait un certain talent d'architecte, d'en construire une autre plus belle. Le poète espagnol fit alors bâtir, en dehors de la ville, une maison rectangulaire à terrasse, ornée d'un minaret pyramidal et d'un *mihrab*, le tout en briques d'argile cuites au feu ; cette mosquée existait encore au temps de Sa'di (milieu du XVIIe siècle). Moussa fut très satisfait du résultat et lorsque, poursuivant son voyage, il arriva à Tombouctou et annexa également cette ville à son empire, il confia à Es-Sahéli l'érection d'une mosquée et d'un palais : ce dernier devait servir de salle d'audience aux princes de Mali lorsqu'ils viendraient visiter Tombouctou et on appela pour cette raison *Mâdougou* (terre du maître) l'emplacement que l'empereur fit réserver pour la construction de ce palais. Du temps de Sa'di, cet emplacement était occupé par le marché à la viande. Les habitations de Tombouctou et de Mali, d'après le témoignage d'El-Mâmer, n'étaient alors que des huttes rondes en argile, coiffées de toitures coniques en paille, comme celles de Gao et de toutes les villes du Soudan ; les mosquées et le « palais » de l'empereur à Mali n'étaient pas construits autrement. Es-Sahéli édifia à Tombouctou une mosquée à minaret analogue à celle qu'il avait érigée à Gao, et qui devint la grande mosquée (*djinguer-ber*) dont les ruines existent encore (1) ;

---

(1) En réalité les ruines actuelles sont celles d'un bâtiment construit au XVIe siècle en remplacement de celui qu'avait élevé Es-Sahéli.

quant au palais de Mâdougou dû au même poète, ce fut une salle carrée surmontée d'une terrasse à coupole, le tout enduit de plâtre et orné d'arabesques de couleurs éclatantes : Es-Sahéli déploya tout son génie dans cette construction dont il fit, au dire d'El-Mâmer, « un admirable monument ». Kankan-Moussa, pour récompenser son architecte improvisé, lui donna, d'après Ibn-Khaldoun, 12.000 *mitskal* de poudre d'or, c'est-à-dire environ 50 kilos ou 150.000 francs au taux actuel de l'or. Le cadeau se serait même monté à 40.000 *mitskal* d'après Ibn-Batouta, qui loue fort la générosité de l'empereur Moussa vis-à-vis des « Blancs », ajoutant qu'un jour ce prince donna 3.000 *mitskal* au jurisconsulte Modrik-ben-Faris, dont le grand-père passait pour avoir instruit Soundiata.

Es-Sahéli se fixa à Tombouctou ; il y mourut en 1346, sous le règne de Souleïmân, et y fut enterré. Avant de mourir, il avait eu au Soudan des enfants qui, devenus adultes, s'établirent à Oualata. Cette dernière ville avait été annexée à l'empire de Mali en même temps que Tombouctou.

Kankan-Moussa entretenait des relations amicales avec le sultan de Fez, qui appartenait alors à la dynastie berbère des Mérinides. Peu après l'avènement du sultan Aboul-Hassân (1331-1348), Moussa lui fit parvenir de riches présents, avec une lettre le félicitant spécialement de la victoire qu'il avait remportée sur Tlemcen. Deux notables malinké et un interprète appartenant à la tribu des *Massîn* (1) étaient chargés de remettre cette lettre à Aboul-Hassân. Le sultan marocain ne voulut pas demeurer en reste de générosité vis-à-vis de son collègue soudanais et, après avoir somptueusement traité les envoyés de Moussa, il les renvoya à Mali avec une ambassade marocaine conduite par Ali-ben-Ghânem, chef de la tribu arabe des Makil, et composée d'Abou-Taleb Mohammed-ben-Abi-Medien, secrétaire du Conseil d'Etat, et de l'eunuque Anber ; l'ambassade emportait de nombreux cadeaux destinés à Kankan-Moussa. Ce dernier mourut en 1332, pendant que ses envoyés étaient encore à Fez, et ce ne fut que sous le règne de

(1) C'est-à-dire probablement un métis de Soninké de Tichit (Voir 1ᵉʳ vol., page 220).

Souleïmân que les ambassadeurs d'Aboul-Hassân parvinrent à Mali.

Au moment de la mort de Kankan-Moussa, l'empire de Mali avait atteint des dimensions, une renommée et une puissance considérables. Gao, Tombouctou, Oualata, Araouân, Tichit, Tadmekket, Takedda et Agadès reconnaissaient la suzeraineté de l'empereur mandingue et lui payaient tribut, quoique sans doute assez irrégulièrement en ce qui concernait tout au moins les villes sahariennes. Tous les pays noirs compris entre le Bani à l'Est, l'empire de Tekrour à l'Ouest et les approches de la forêt dense au Sud relevaient plus ou moins directement de ce potentat, à l'exception de Dienné, qui avait conservé toute son indépendance. Les contrées de la Boucle non riveraines du Niger ou du Bani, et en particulier les empires mossi, étaient également en dehors de la zone d'action du souverain mandingue. Mais, même en faisant cette restriction, même en faisant la part de l'exagération des historiens arabes, et même en tenant compte de ce que l'autorité de l'empereur ne pouvait vraisemblablement pas s'exercer sur toute l'étendue de ses domaines d'une manière absolue et avait besoin, pour se faire sentir, de s'appuyer sur de fréquentes expéditions militaires, une pareille zone d'action — qui s'étendait jusqu'aux portes de Ghadamès et de Ouargla — n'en demeure pas moins l'un des phénomènes historiques les plus surprenants qu'il nous soit donné d'enregistrer.

10° *Règne de Maghan* (1332-1336).

Maghan était fils de Kankan-Moussa. C'est au début de son règne, en 1333, que l'empereur mossi du Yatenga, *Nasségué*, pénétra à Tombouctou, mit en fuite la garnison mandingue, pilla la ville et l'incendia. Cette incursion des Mossi dans l'empire de Mali ne paraît pas du reste avoir dépassé les proportions d'une simple razzia : Nasségué, une fois son coup de main accompli, regagna le Yatenga avec son butin ; les Mandingues réoccupèrent Tombouctou et les quartiers dévorés par le feu furent reconstruits.

L'une des conséquences secondaires du sac de Tombouctou par les Mossi fut de retenir longtemps à Oualata l'ambassade d'Aboul-Hassân. Partie du Maroc vers la fin de 1332, elle était arrivée dans l'Aoukar l'année suivante ; elle y apprit d'abord la mort de Kankan-Moussa et ensuite la randonnée de Nasségué et crut devoir demeurer à Oualata jusqu'à ce que la route du Sud fût redevenue sûre et qu'un prince plus actif et plus puissant que Maghan fût monté sur le trône : et c'est ainsi qu'elle n'arriva à Mali qu'en 1336.

Maghan en effet semble n'avoir brillé ni par l'énergie ni par l'habileté. Nous avons vu qu'il ne sut pas garder à sa cour les deux princes de Gao que Kankan-Moussa avait amenés comme otages à Mali et que, après leur avoir laissé toute la liberté et tout le temps nécessaires pour préparer et accomplir leur évasion (1335), il ne fut pas capable de les rattraper et ne put empêcher l'aîné, Ali-Kolen, de se faire proclamer empereur à Gao et de secouer le joug du Mali. C'est ainsi que Maghan laissa s'amoindrir le domaine que lui avait légué son père : lors de sa mort, Tombouctou et Oualata dépendaient toujours de Mali, mais Gao et l'ensemble du pays songaï proprement dit s'étaient affranchis, au moins dans une certaine mesure, de la tutelle mandingue.

11° *Règne de Souleïmân* (1336-1359).

Souleïmân, frère de Kankan-Moussa, ne put rétablir l'autorité du Mali sur Gao, mais il réussit à redonner à l'empire un prestige presque aussi considérable que celui dont il avait joui sous le règne de Moussa. Nous sommes assez abondamment documentés sur ce prince et sur la situation de l'empire mandingue à son époque, non seulement par Ibn-Khaldoun, mais surtout par Ibn-Batouta, qui visita Mali en 1352 et qui nous a laissé de son voyage une relation fort intéressante.

J'ai dit que l'ambassade expédiée de Fez par Aboul-Hassân arriva à Mali en 1336, peu après l'avènement de Souleïmân. Ce prince la reçut avec de grands honneurs et renvoya au Maroc les ambassadeurs maghrébins, en leur adjoignant une députation de notables mandingues commandés par El-hadj Moussa-el-Ouangarati (1) et chargés de remettre au sultan une lettre de remerciements et de nombreux présents.

(1) D'après Ibn-Batouta. L'épithète de *Ouangarati* signifie « natif du Ouangara ».

En 1351, Souleïmân entreprit le pèlerinage de La Mecque. A l'aller comme au retour, il profita de son passage à travers le Sahara pour raffermir son autorité sur les dépendances lointaines de son empire et sans doute il réussit dans cette entreprise, d'après ce que nous raconte Ibn-Khaldoun. Ce dernier, ayant été envoyé en 1353 à Biskra en mission politique, y rencontra un envoyé du chef de Takedda qui lui fournit des renseignements intéressants sur la situation politique et économique de cette ville (1) et des autres dépendances sahariennes du Mali. Takedda, alors la plus grande ville du pays touareg, était le rendez-vous de tous les Soudanais qui allaient à La Mecque ou en revenaient; chaque année, une caravane de 12.000 chameaux chargés, se rendant du Caire à Mali, traversait Takedda et apportait une grande animation dans la cité. Celle-ci était gouvernée par un prince touareg — un « Zenaga voilé », dit Ibn-Kaldoun — qui entretenait des relations amicales avec les chefs de Ouargla et de Biskra, mais qui reconnaissait la suzeraineté de l'empereur de Mali, ainsi d'ailleurs, — ajoute Ibn-Khaldoun, — « que toutes les autres villes du Sahara auxquelles on donne le nom collectif d'*el-mebstin* » (2).

Vers la fin de son règne, Souleïmân, ayant appris l'avènement à Fez d'Abou-Sâlem, fils et troisième successeur d'Aboul-Hassân, lui adressa une lettre de félicitations accompagnée de présents somptueux. L'ambassade chargée de cette lettre et de ces présents venait d'arriver à Oualata lorsqu'elle apprit la mort de Souleïmân (vers la fin de l'année 1359) et les compétitions engagées au sujet de sa succession. Elle interrompit en conséquence son voyage et ne le reprit que quelques mois après, sur l'ordre de Mari-Diata II, ainsi que nous le verrons tout à l'heure.

(1) Takedda était située entre Gao et Agadès, à 70 étapes au Sud-Ouest de Ouargla d'après Ibn-Khaldoun.
(2) *Histoire des Berbères*, trad. de Slane, livre III, p. 288. De Slane propose de lire *Massin* au lieu de *mebstin* et pense qu'il est fait allusion aux villes sahariennes habitées par des Massin. Je croirais plus volontiers que *mebstin* est une forme dérivée du mot persan *boustân* « jardin », passé dans la langue arabe, et qu'il convient de le traduire par « les villes entourées de jardins, les oasis ».

Voici maintenant les renseignements que nous devons à Ibn-Batouta (1) sur l'empire de Mali et sa capitale sous le règne de Souleïman.

Le célèbre voyageur, parti de Fez en 1352, alla d'abord à Sidjilmassa, puis en partit avec une caravane guidée par un Messoufi ; il arriva en vingt-cinq jours à Teghazza, où il visita les mines de sel, alors exploitées par des esclaves des Messoufa. Le sel de Teghazza, rendu à Oualata, se vendait de 8 à 10 *mitskal* (100 fr. environ au taux actuel) la charge de chameau, et de 20 à 30 *mitskal*, parfois 40, à Mali ; ce sel servait de monnaie dans le Soudan, une fois coupé en morceaux.

De Teghazza, Ibn-Batouta se rendit à *Tâsser-hala*, où le chef de la caravane renouvela les provisions d'eau et d'où, comme à l'habitude, il envoya un Messoufi pour annoncer son arrivée à Oualata ; on paya cet envoyé cent *mitskal* d'or. Les voyageurs atteignirent *Oualata* deux mois après leur départ de Sidjilmassa. Le lieutenant ou *farba* de l'empereur de Mali à Oualata se nommait Hossein et le chef de la ville s'appelait *Mansa Dio* (peut-être *Mansa-dion* « serviteur de l'empereur »). Les habitants étaient des Noirs, ainsi que le chef de la ville et, semble-t-il, le lieutenant de l'empereur, puisque Ibn-Batouta fut frappé du peu de considération de ce fonctionnaire pour les hommes blancs ; des notables messoufa résidaient à Oualata et escortaient le *farba*. Ces Messoufa de Oualata, qui formaient la majorité de la population, passaient d'ailleurs pour des Nègres aux yeux d'Ibn-Batouta ; sans doute c'étaient des métis de Soninké et de Berbères. La ville renfermait également quelques Blancs de race pure. On observait le système de succession en ligne utérine, le neveu fils de sœur succédant à son oncle, bien que les gens de la ville fussent des musulmans fervents et instruits ; les femmes allaient le visage décou-

---

(1) Ibn-Batouta, né en 1303, était Berbère d'origine. Il fut chargé en 1352 par Abou-Inân, sultan de Fez, de visiter le pays des Noirs et accomplit sa mission avec d'autant plus de succès qu'il avait voyagé auparavant durant 25 ans en Égypte et dans toute l'Asie jusqu'en Chine. Ses notes de voyage furent revues par Ibn-Djozaï de Grenade et la rédaction en fut achevée vers 1355. Lui-même mourut en 1377-78.

vert et exerçaient une grosse influence ; elles accompagnaient leurs époux lorsqu'ils partaient en voyage et avaient une grande liberté de mœurs.

Il y avait « vingt-quatre jours de marche forcée entre Oualata et Mali », où résidait le « sultan » du pays et où Ibn-Batouta se rendit ensuite. Les routes étaient très sûres à cette époque. Notre voyageur remarqua un grand nombre d'arbres immenses, dépouillés de leurs feuilles à cette saison de l'année (saison sèche) et souvent creux : c'étaient vraisemblablement des baobabs ; dans certains logeaient des abeilles dont on récoltait le miel ; dans les anfractuosités de plusieurs de ces arbres s'installaient des tisserands. Ibn-Batouta signale le « pain de singe », l'arachide et les beignets frits dans l'huile de *gharti*, c'est-à-dire de *kharité* (1) ; il décrit aussi l'emploi de cette huile mélangée à de l'argile pour enduire les terrasses, ainsi que l'usage des calebasses en guise de récipients de cuisine et la coutume qu'avaient les femmes de transporter leurs bagages dans ces mêmes récipients végétaux. Les marchandises d'échange étaient le sel et les perles en verroterie. Aux haltes, dans les villages, on apportait aux voyageurs de l'*anli*, eau mélangée de farine et parfois de miel (2), du lait, des poulets, du riz, de la farine de haricots, de la farine de mil — de l'espèce appelée *fonio* — qui servait à faire du cousscouss et de l'*assîda* (3). Ce qui est remarquable dans ces observations recueillies par Ibn-Batouta, c'est qu'elles pourraient être faites aujourd'hui encore par n'importe quel voyageur traversant la même région.

A dix jours de Oualata, Ibn-Batouta arriva à un grand village (4) du *Diagara* ou *Diagari* (pays de Diaga), habité par des commerçants ouangara, c'est-à-dire soninké ou mandingues, et quelques hommes blancs ou métis, les uns de la secte des Ibâ-

(1) *Kharité* est le nom soninké de l'huile tirée des fruits d'un arbre appelé *khari* par les Soninké, *karéhi* par les Peuls et *sé* ou *syé* par les Mandingues.
(2) « Miel » se dit *li* en mandingue.
(3) Ce qu'Ibn-Batouta appelle *assîda* est le *tô* des Banmana et des Malinké, c'est-à-dire une sorte de pâte de farine cuite et servant d'aliment principal.
(4) Sans doute Dioura.

dites, les autres du rite malékite ; les premiers appartenaient au clan des *Sarhanorho* et les seconds au clan des *Touré*. Du Diagara, Ibn-Batouta se rendit au *Nil* (Niger), qu'il atteignit à *Kara-Sakho*, c'est-à-dire au marché de Kara, près et en face de la localité actuelle de Kongokourou, située sur la rive gauche du Niger à quelque distance au Nord de Kara. « Le fleuve, dit le voyageur, coule de là (de Kara-Sakho) vers *Kabora* (sans doute Diafarabé), puis vers Diaga (ou Dia), puis vers Tombouctou, ensuite vers Gao, puis vers le *Maouli* (sans doute le Maouri de nos cartes) qui est dans le pays des *Limi* (probablement les habitants du Kebbi), ensuite vers le *Noufé* (ou Noupé) » ; Ibn-Batouta, qui prenait le Niger pour la branche supérieure du Nil, ajoute que, du Noupé, le fleuve coulait vers le pays des Nouba (Nubie), passait à Dongola et traversait l'Egypte.

Les chefs de Kabora et de Diaga étaient vassaux de l'empereur de Mali ; les gens de la seconde de ces villes passaient pour des musulmans éclairés. Le Maouri était, en descendant le Niger, la dernière dépendance du Mali, ce qui indique qu'aux yeux d'Ibn-Batouta le royaume ou empire de Gao était encore considéré comme vassal de Mali, au moins nominalement. Quant au Noupé, il formait un royaume indépendant, très puissant, dont le souverain faisait tuer les Blancs (Arabes ou Berbères) qui osaient s'aventurer sur ses domaines.

De Kara-Sakho, Ibn-Batouta se rendit à la rivière *Sansara* (1), laquelle coulait à environ dix milles de Mali. Il fallait une autorisation pour entrer à Mali, mais le voyageur avait prévenu de son arrivée la communauté des Blancs (Berbères et Arabes) de la capitale mandingue et il put traverser sans délai le Sansara, au moyen du bac qui y était installé.

Mali était alors une ville entièrement musulmane, où l'on rencontrait des jurisconsultes égyptiens et marocains ; le cadi était un Nègre nommé Abderrahmân, qui avait le fait pélerinage ; l'interprète de l'empereur se nommait Douga (2). Quant au sou-

(1) Très probablement la rivière qui se jette dans le Niger près et à l'Est de Niamina et à laquelle Barth donne ce même nom.
(2) *Douga* est le nom d'une espèce de vautour et aussi celui d'un génie,

verain, on l'appelait *Mansa Souleïmân*, et Ibn-Batouta fait observer que *mansa* signifie « sultan ». Il se plaint de l'avarice de ce prince qui, comme cadeau de bienvenue — fait à la suite d'une cérémonie pour le repos de l'âme d'Aboul-Hassân, sultan du Maroc décédé — lui envoya trois fromages, un morceau de bœuf frit dans de l'huile de karité et une calebasse de lait caillé ! Aussi le voyageur, après avoir attendu trois mois, présenta des réclamations : l'empereur lui donna alors 33 *mitskal* et un tiers de poudre d'or et, plus tard, au moment de son départ, cent *mitskal*, soit en tout plus de 1.600 francs, ce qu'Ibn-Batouta trouva tout naturel.

L'empereur donnait ses audiences dans une chambre prenant jour sur une cour par trois fenêtres en bois revêtues de lames d'argent et, au-dessous, trois autres garnies de plaques d'or. Ces fenêtres étaient cachées par des rideaux qu'on relevait pour indiquer que l'heure de l'audience était venue. Lorsque l'empereur arrivait, on passait à travers l'une des fenêtres un cordon auquel était attachée une pièce d'étoffe de fabrication égyptienne ; dès qu'on apercevait ce signal, les tambours et les trompes se faisaient entendre et trois cents esclaves sortaient du palais, armés d'arcs ou de javelots et de boucliers ; les porteurs de javelots se plaçaient debout à droite et à gauche des fenêtres du trône et les archers s'asseyaient devant eux. On amenait ensuite deux chevaux sellés et bridés et deux béliers destinés à écarter le mauvais œil. Quand l'empereur s'était assis, trois esclaves sortaient en courant et appelaient son premier ministre, nommé alors Kandia-Moussa ; derrière celui-ci venaient les chefs d'armée, le prédicateur de la mosquée et les jurisconsultes, qui tous s'asseyaient en avant des archers. L'interprète se tenait debout à la porte de la chambre du trône, revêtu de riches habits, coiffé d'un turban à franges, armé d'une épée à fourreau doré et chaussé de bottes, privilège dont il était le seul à jouir aux jours d'audience ; il tenait en main deux javelots, l'un d'or et l'autre d'argent, garnis de pointes de

---

chez les Banmana et les Malinké, et est souvent donné comme prénom à des hommes.

fer. Les soldats qui ne faisaient pas partie de la garde impériale, les fonctionnaires civils, les serviteurs et les Messoufa attachés à la cour demeuraient en dehors de la place des audiences, dans une large rue plantée d'arbres. Chaque chef d'armée avait devant lui ses officiers, armés de lances et d'arcs, et ses musiciens, portant des tambours, des trompes en ivoire et des instruments faits avec des planchettes et des calebasses et sur lesquels on frappait avec des baguettes (1). Les chefs d'armée avaient chacun un carquois pendu à l'épaule et un arc à la main ; ils arrivaient à cheval, précédés de leurs officiers et de leurs soldats. Dans la chambre aux fenêtres, à côté de l'empereur, se tenait un homme faisant fonctions de héraut : quiconque voulait parler au souverain s'adressait à l'interprète, qui transmettait la phrase au héraut, lequel à son tour la communiquait à l'empereur ; les réponses de ce dernier passaient par les mêmes intermédiaires.

A de certains jours, l'empereur sortait de sa demeure et donnait ses audiences sur une sorte d'estrade à trois marches, recouverte d'un vélum de soie et installée sous un arbre, sur la place du palais. Cette estrade était, dit Ibn-Batouta, appelée *bembé* dans la langue du pays (2). Sur cette estrade, on plaçait un coussin où s'asseyait le prince ; au-dessus de sa tête, on tenait ouvert un parasol de soie en forme de dôme, surmonté d'un grand oiseau d'or. L'empereur sortait du palais un carquois au dos et un arc à la main, coiffé d'un turban en étoffe dorée que retenaient des cordons d'or terminés par des pointes semblables à des poignards ; il était vêtu, dans ces circonstances, d'une robe rouge en étoffe de fabrication européenne ; devant lui marchaient des chanteurs qui tenaient en main des clochettes d'or et d'argent ; il s'avançait à pas lents, suivi de plus de trois cents esclaves armés. Une fois qu'il était assis, les musiciens jouaient du tambour et de la trompe et trois esclaves allaient appeler le premier ministre et les chefs d'armée, puis

(1) Il s'agit de l'instrument répandu dans toute l'Afrique Noire, appelé en mandingue *balan* ou *bala* et connu des Européens sous le nom de « balafon ».
(2) *Bembé* est le mot mandingue actuel signifiant « estrade ».

on amenait les deux chevaux et les deux béliers. L'interprète se plaçait à l'entrée de la cour qui servait de place d'audience et le peuple demeurait dans la rue.

D'après Ibn-Batouta, les Noirs du Mali étaient, de tous les peuples, celui qui se montrait le plus soumis à son souverain ; ils juraient par son nom, disant : *Mansa Souleïmân ki*, ce qui veut dire exactement en mandingue : « l'empereur Souleïmân a ordonné, c'est l'ordre du prince ». Si l'empereur, au cours d'une audience, appelait un de ses sujets par son nom, celui-ci enlevait ses vêtements de gala et se couvrait de vieux haillons, remplaçait son turban par un bonnet sale, relevait sa culotte jusqu'à mi-jambes, s'agenouillait, frappait la terre de ses coudes, se redressait sur ses genoux dans une posture humble et écoutait ainsi la parole du souverain. Avant de répondre il découvrait son dos et se jetait de la poussière sur le dos et la tête (1).

Lorsque l'empereur s'adressait à la foule, tout le monde ôtait son turban. Lorsqu'un orateur de l'assemblée en appelait à quelqu'un de la véracité des paroles qu'il venait de prononcer, celui qui voulait confirmer la déclaration de cet orateur tirait la corde de son arc et la lâchait brusquement, produisant ainsi un bruit très perceptible. Quand l'empereur approuvait ou remerciait quelqu'un, celui-ci se couvrait de poussière ; Ibn-Batouta rapporte à ce propos qu'un notable mandingue nommé El-hadj Moussa, envoyé comme ambassadeur au Maroc (2) par Souleïmân, se présenta chez le sultan de Fez avec une corbeille remplie de poussière et qu'il se couvrait le torse de cette poussière chaque fois que le sultan lui adressait une parole agréable.

Ibn-Batouta nous a décrit également la manière dont se célébrait à Mali, au XIVe siècle, la fête de la rupture du jeûne et celle des sacrifices. On faisait la prière sur une place voisine du palais. Les fidèles se vêtaient de blanc. L'empereur arrivait à cheval, coiffé d'un turban dont une extrémité retombait sur l'épaule ; lui seul, concurremment avec le cadi, le prédicateur

(1) Comparez les usages observés encore de nos jours chez les Mossi.
(2) Voir plus haut.

et les jurisconsultes, avait le droit de porter ce jour là un turban disposé de cette façon ; il était précédé d'étendards de soie rouge et se préparait à la cérémonie dans une tente disposée à cet effet, puis il récitait la prière avec les fidèles. Après le sermon et une fois descendu de la chaire, le prédicateur s'asseyait devant l'empereur et lui adressait un discours en arabe, faisant l'éloge du prince et exhortant le peuple là lui obéir ; un homme, tenant une lance à la main, traduisait ce discours au public dans la langue du pays.

Après la prière de l'après-midi, l'empereur prenait place sur le *bembé* et les gardes du corps s'avançaient, superbement équipés, portant des carquois d'or et d'argent, des épées à poignées et fourreaux d'or, des lances d'or et d'argent et des masses d'armes en cristal. Quatre officiers, tenant chacun un éventail d'argent, se plaçaient derrière le prince pour écarter les mouches. L'interprète Douga, suivi de ses quatre femmes et de cent jeunes captives bien habillées et la tête ceinte d'un bandeau d'or et d'argent, s'asseyait sur une sorte de trône et, en s'accompagnant d'une harpe garnie de grelots, chantait les louanges de l'empereur et célébrait ses exploits. Les femmes et les captives de Douga chantaient et dansaient, au son de tambours sur lesquels frappaient trente jeunes gens habillés de rouge et coiffés de turbans blancs. D'autres jeunes gens dansaient et sautaient avec agilité, ou faisaient avec leurs épées des simulacres de combat auxquels Douga prenait part en s'y distinguant. Pour marquer son plaisir, l'empereur remit à son interprète, en présence d'Ibn-Batouta, 200 *mitskal* d'or ; un héraut cria le montant du cadeau et aussitôt les chefs d'armée, en guise d'acclamation, firent résonner les cordes de leurs arcs. Ensuite les griots, (appelés, dit Ibn-Batouta, *dyéli*, pluriel *dyéla*) (1), s'avancèrent, recouverts de plumes, coiffés de masques en bois à bec rouge représentant des têtes d'oiseaux, et dirent au prince des choses telles que : « L'estrade sur laquelle tu es assis portait autrefois tel empereur, dont l'un des plus beaux actes fût

(1) *Dyéla* est le pluriel arabisé de *dyéli*, qui est effectivement l'appellation mandingue des griots mais qui fait en réalité au pluriel *dyéli-lou* ou *dyélou*.

d'avoir fait telle chose. Fais donc, toi aussi, la même chose, pour qu'on cite également ton nom dans l'avenir. » Puis le chef des griots monta sur l'estrade et posa sa tête sur les genoux de Souleïmân, puis sur son épaule droite et enfin sur son épaule gauche, selon un usage fort ancien dans le pays, fait observer Ibn-Batouta (1).

Ce voyageur rapporte un fait qui montre bien jusqu'où s'étendait le pouvoir de l'empereur de Mali et combien son autorité était respectée jusqu'aux confins de son empire. Un vendredi, pendant la prière à la mosquée, un Messoufi interpella à haute voix le souverain pour se faire rendre justice, disant que le chef de Oualata lui avait acheté pour 600 *mitskal* de marchandises et ne lui offrait que 100 *mitskal* en paiement. L'empereur envoya chercher le chef incriminé et fit juger l'affaire par le cadi ; celui-ci ayant donné raison au Messoufi, l'empereur destitua le chef de Oualata.

La principale femme de Souleïmân, nommée *Kâssa* ou « la Reine », et qui était cousine de son époux, partageait avec lui l'autorité suprême, et le prône du vendredi se faisait en leurs deux noms réunis. Pendant le séjour d'Ibn-Batouta à Mali, l'empereur crut avoir à se plaindre de la Kâssa, la fit emprisonner et la remplaça par une autre de ses femmes qui n'était pas de sang royal. Le public blâma cet acte du souverain, mais on apprit par la suite que la Kâssa avait comploté avec un parent de Souleïmân pour détrôner celui-ci et on approuva la colère du prince.

Ibn-Batouta trouva les Noirs du Mali remplis de justice et d'équité ; dans tout leur pays régnait une sécurité parfaite, les vols étaient inconnus ou punis très sévèrement, ainsi que toute injustice. Si des étrangers venaient à mourir, leurs biens étaient conservés jusqu'à ce que les ayants-droit les vinssent réclamer. Le même auteur loue beaucoup aussi la piété et le zèle religieux des Mandingues de son temps ; il constate avec plaisir qu'à Mali

(1) Cet usage s'est conservé jusqu'à nous dans la plupart des pays du Soudan, ainsi d'ailleurs que presque tous ceux observés au xive siècle par Ibn-Batouta.

on contraignait les enfants à prier à force de coups et qu'on les mettait aux fers lorsqu'ils ne montraient pas assez d'ardeur à apprendre le Coran par cœur. D'autre part, il ne leur pardonne pas de laisser aller les jeunes filles et les esclaves des deux sexes sans aucun vêtement ni de permettre aux femmes de se découvrir le visage et de se mettre toutes nues devant l'empereur ; il leur reproche aussi de s'asperger de poussière, de réciter des poésies dans un accoutrement ridicule, de manger du chien, de l'âne et des animaux morts sans avoir été égorgés.

Les chevaux étaient rares à Mali lors du voyage d'Ibn-Batouta et se payaient jusqu'à 100 *mitskal* (environ 1.200 francs). Les chameaux y étaient sans doute plus abondants, puisque notre voyageur dit qu'il quitta Mali monté sur un chameau « parce que les chevaux sont très rares en ce pays ». En partant de la capitale, Ibn-Batouta prit une route se dirigeant approximativement vers le Nord-Est et atteignit le Sansara (1) à un endroit où on le traversait en barque et de nuit seulement, les « moustiques » y étant trop nombreux durant le jour (2). Le voyageur vit seize hippopotames dans ce cours d'eau ; il raconte que les indigènes les capturaient au moyen d'un harpon muni d'une corde, laquelle servait à tirer au rivage l'animal harponné ; c'est exactement le procédé que Bekri avait signalé comme usité par les riverains du Sénégal.

Ibn-Batouta fit halte à un grand village situé près du Sansara, sur la rive gauche de la rivière ; le chef ou *farba* de ce village, appelé Magha ou Maghan, lui parla d'anthropophages originaires d'un pays aurifère situé dans le Sud du Mali (le Bouré probablement), qui étaient venus un jour se présenter à Kankan-Moussa, portant de grands anneaux aux oreilles et vêtus de manteaux de soie ; ils mangèrent une esclave que l'empereur

---

(1) Ibn-Batouta fait de cette rivière « un cours d'eau sortant du Nil ». Cette appréciation est justifiée par le fait que, au moment de la crue du haut Niger, les eaux du fleuve s'engouffrent dans la rivière de Niamina, qui devient ainsi un déversoir du Niger et cesse d'être un affluent.

(2) Ces « moustiques » sont probablement des tsétsé ; on sait que ces mouches se montrent de préférence pendant le jour, tandis que les moustiques au contraire sont surtout à craindre la nuit.

leur avait donnée et vinrent remercier le monarque après s'être enduit la figure et les mains du sang de leur victime (1).

Du Sansara, Ibn-Batouta se rendit à *Korimansa*, village situé, dit-il, à deux jours de Diaga ou du Diagara (sans doute près des villages actuels de Kokry et de Massamana, entre Sansanding et Diafarabé, sur la rive gauche du Niger). Son chameau était mort en route et il envoya en acheter un autre à Diaga ou Dia. De Korimansa il alla à *Mima* ou au Mima, sans doute une ville ou plutôt une province située entre le Débo et le Faguibine, et de là à Tombouctou, où il arriva en 1353.

La plupart des habitants de Tombouctou étaient alors des Messoufa porteurs de voile (Touareg), mais le gouverneur ou *farba*, qui s'appelait alors Moussa, donnait l'investiture aux chefs des Touareg au nom de l'empereur de Mali, après les avoir revêtus d'un boubou, d'une culotte et d'un turban et les avoir fait asseoir sur un bouclier que les nobles de la tribu élevaient sur leurs têtes. Ibn-Batouta visita à Tombouctou le tombeau du poète-architecte Es-Sahéli, ainsi que celui de Siradj-ed-Dine. Il quitta cette ville en pirogue et descendit le Niger, achetant ses vivres à l'aide de sel, d'épices et de verroterie ; on lui fit boire du *dolo* au miel. Il séjourna un mois à Gao, qu'il signale comme l'une des plus belles et des plus grandes villes du Soudan, abondante en vivres ; comme à Mali, on y employait les cauries en guise de monnaie.

A Gao, il quitta le Niger et se rendit par terre à Takedda, où il signale des mines de cuivre ; de là, il gagna l'Aïr, qui dépendait alors du sultan de Kouka, puis l'Ahaggar et le Touat, et revint enfin à Fez par Sidjilmassa.

12° *Règnes de Kamba et de Mari-Diata II* (1359-1374).

Lorsque Souleïmân mourut, son fils *Kamba* (ou Famba ou

(1) Le même chef de village raconta à Ibn-Batouta l'histoire d'un jurisconsulte arabe nommé Aboul-Abbas, qui avait reçu de Kankan-Moussa un cadeau de 4.000 *mitskal* de poudre d'or et qui, ayant mis cette somme en sûreté dans le Mima, avait cherché à faire croire qu'elle lui avait été volée, afin de s'en faire donner une autre par le prince ; celui-ci, ayant découvert la supercherie, exila Aboul-Abbas pendant quatre ans dans le pays des cannibales ; ces derniers ne mangèrent pas le jurisconsulte, n'ayant aucun goût pour la chair des Blancs.

encore Kassa) fut proclamé empereur. Mais un fils de Maghan, surnommé *Mari-Diata* (ou Mali-Diata) comme son aïeul Soundiata, briguait aussi la couronne et n'accepta pas l'autorité de Kamba. Une guerre civile s'ensuivit, au cours de laquelle plusieurs princes de la famille impériale se tuèrent les uns les autres. Enfin, au bout de neuf mois d'un règne plus nominal que réel, Kamba succomba dans une bataille et, le parti adverse ayant triomphé définitivement, *Mari-Diata II* s'empara du pouvoir (1360).

Le premier acte de gouvernement du nouvel empereur fut d'envoyer un exprès à Oualata pour donner à l'ambassade expédiée par Souleïmân l'année précédente l'ordre de continuer sa route. De plus, aux présents remis par Souleïmân, il ajouta une girafe. La caravane arriva à Fez en décembre 1360 ou janvier 1361. Le sultan Abou-Sâlem la reçut avec de grands honneurs et la girafe de Mari-Diata fit sensation auprès des Marocains qui, pour la plupart, ne connaissaient pas cet animal. Le jour de l'entrée à Fez de l'ambassade mandingue, dit Ibn-Khaldoun, « fut une véritable fête : pendant que le sultan allait s'asseoir dans le kiosque d'or d'où il avait l'habitude de passer ses troupes en revue, les crieurs publics invitèrent tout le monde à se rendre dans la plaine, en dehors de la ville. L'on s'y précipita en foule de tous les côtés et, bientôt, ce vaste local fut tellement encombré que plusieurs individus durent monter sur les épaules de leurs voisins. Le désir de voir la girafe et d'en admirer la forme étrange avait attiré toute cette multitude. Les poètes profitèrent d'une si belle occasion pour réciter au sultan des éloges et des compliments dans lesquels ils eurent soin de décrire ce singulier spectacle. Les envoyés nègres se présentèrent devant Abou-Sâlem pour lui exposer l'objet de leur mission et, tout en lui donnant l'assurance la plus formelle de l'amitié que leur souverain lui portait, ils le prièrent d'excuser le retard qu'on avait mis dans l'envoi du présent, retard causé par la guerre civile qui avait désolé l'empire. Ils décrivirent aussi en termes pompeux la grandeur de leur sultan et la haute puissance de leur nation. Pendant que l'interprète expliquait leur discours, ils faisaient résonner les cordes de leurs arcs en signe d'approbation, selon l'usage de leur pays. Pour saluer le sultan, ils se jetèrent de la poussière sur la tête, ainsi que cela se pratique envers les souverains de leur pays barbare » (1). Abou-Sâlem mourut durant le séjour à Fez des envoyés mandingues ; ce fut le régent de l'empire, Ibn-Merzouk, qui leur fit les cadeaux d'usage et les congédia. Lors de leur retour, ils passèrent par Marrakech et par le pays des Beni-Hassân, dont le territoire s'étendait déjà à cette époque depuis le Sous jusqu'à la frontière du pays des Noirs.

Quelques années après ces événements, le sultan mérinide de Fez Abd-el-Halim, détrôné et chassé du Maroc par son frère Abou-Ziyân, s'enfuyait au Sahara, allait à Mali vers 1366 visiter Mari-Diata II et se rendait de là à La Mecque.

Ibn-Khaldoun fut documenté sur le compte de Mari-Diata II par un nommé Mohammed-ben-Ouassoul, natif de Sidjilmassa, qui avait fait fonctions de cadi à Gao et que l'historien des Berbères rencontra en 1374-75 à Honeïn, non loin de la ville actuelle de Nemours dans le département d'Oran. Ce Ben-Ouassoul considérait Mari-Diata II comme un tyran sans respect pour la justice et un grand coureur de femmes ; il l'accusait même d'avoir dilapidé le trésor impérial et d'avoir vendu à vil prix, à des marchands égyptiens, une pépite d'or vierge pesant vingt *kintar* (environ 25 kilos !), pépite qui provenait des mines du Ouangara et que les empereurs de Mali se transmettaient en même temps que le pouvoir (2). Nous savons, de la même source, que Mari-Diata II mourut de la maladie du sommeil, « maladie très commune dans ce pays et *qui attaque surtout les gens haut placés ;* cette indisposition commence par des accès périodiques et réduit enfin le malade à un tel état qu'à peine peut-on le tenir un instant éveillé ; alors elle se déclare d'une manière permanente et fait mourir sa victime.

(1) *Histoire des Berbères*, trad. de Slane, livre IV, p. 343 et 344.
(2) Ben-Ouassoul rapporta à Ibn-Khaldoun que la ville de Mali était très étendue, très populeuse et très commerçante, que de nombreuses sources arrosaient les terres cultivées dont elle était environnée et qu'elle constituait un lieu de halte pour les caravanes provenant du Maghreb, de l'Ifrîkia et de l'Egypte.

Pendant deux années, Diata eut à en subir les attaques, et il y succomba l'an de l'hégire 775 (1373-74) » (1).

13° *Règne de Moussa II (1374-1387).*

Moussa II, fils de Mari-Diata II, succéda à son père, qu'il n'imita pas dans ses errements. Mais il se montra d'autre part faible et indolent et laissa son premier ministre, surnommé *Diata*, s'emparer de la direction des affaires. Ce Diata équipa une forte armée, à la tête de laquelle il s'en fut guerroyer au loin, soumettant des peuples noirs qui habitaient dans l'Est de Gao et s'attaquant même au sultan du Bornou, Omar-ben-Idris. Ce fut sous le règne de Moussa II que la ville de Takedda refusa de payer tribut à l'empereur de Mali et recouvra son indépendance ; Diata se porta sur cette ville et en fit le siège, mais il dut s'en retourner sans avoir réussi à s'en emparer.

14° *Règnes de Maghan II et Santigui (1387-1390).*

Maghan II succéda en 1387 à son frère Moussa II. Il n'était pas encore depuis deux ans sur le trône lorsque, en 1389, l'un de ses ministres l'assassina et s'empara du pouvoir. Ce ministre nous est connu sous le surnom de *Santigui* ou Sandigui, qui était le titre de sa charge ; ce mot signifie, non pas proprement « ministre », comme le dit Ibn-Khaldoun, mais « chef des achats » et il devait s'appliquer à une sorte de trésorier ou d'intendant. Ce Santigui n'appartenait pas à la dynastie impériale des Keïta, mais il lui était en quelque sorte allié, ayant épousé la mère de Moussa II, veuve de Mari-Diata II. Quelques mois après son avènement, en 1389-90, il fut tué par les parents de Maghan II, qui firent appeler, pour lui confier le pouvoir, un descendant de l'empereur Gaou nommé *Mamoudou*. Celui-ci résidait alors chez les infidèles, dont le pays était situé au Sud du Mandé (peut-être chez les Banmana ou bien chez les

(1) *Histoire des Berbères*, trad. de Slane, livre II, p. 115. Ce passage d'Ibn-Khaldoun est intéressant à plus d'un titre : il nous montre d'abord que la maladie du sommeil n'est pas une nouveauté au Soudan et que ses ravages devaient être aussi considérables au xiv° siècle qu'ils le sont de nos jours ; il est en outre de nature à nous rassurer sur les effets de cette maladie, dont la présence dans les pays nigériens depuis au moins cinq à six siècles ne semble pas avoir contribué de façon appréciable à dépeupler ces régions.

Diallonké) ; il s'empressa de se rendre à Mali et y fut proclamé empereur en 1390, sous le nom de *Maghan*.

15° *L'empire de Mali au XV° siècle.*

Les renseignements d'Ibn-Khaldoun sur l'empire de Mali s'arrêtent à l'avènement de ce *Maghan III* (1390) ; l'historien arabe acheva d'écrire son ouvrage vers 1395 et mourut en 1406, en sorte qu'il n'a rien su des successeurs de Maghan III ni de ce prince lui-même, en dehors de la date de sa prise de pouvoir. Alors que nous possédons la liste complète des empereurs de Mali à partir d'Allakoï, avec des renseignements assez circonstanciés sur la plupart d'entre eux, nous ne connaissons au contraire à peu près rien de ce qui s'est passé à partir du xv° siècle, en dehors des quelques indications que l'on peut glaner dans le *Tarikh-es-Soudân* et dans les vieilles relations portugaises. Les traditions indigènes, si documentées en ce qui concerne Soundiata et la période héroïque, sont complètement muettes sur l'époque de l'empire mandingue la moins éloignée de nous.

Nous savons seulement par Sa'di que l'empire de Mali, qui était parvenu à son apogée avec Kankan-Moussa et s'était diminué plutôt qu'accru sous ses successeurs, vit sa décadence se précipiter à partir du xv° siècle, tout en demeurant un Etat puissant. Il comprenait encore en effet, en dehors de la province de Mali et des contrées habitées par les Mandingues, la ville et la région de Tombouctou, l'Aoukar avec Oualata, le Mîma (pays situé entre le Faguibine et le Débo), le Bagana et le Diaga, le royaume de Diara et peut-être une partie du Galam ; Gao et le pays des Songaï étaient encore, au moins nominalement, sous la suzeraineté de l'empereur mandingue, dont l'autorité n'était pas nulle au Tekrour. Ibn-Khaldoun prétend même que de son temps (dernières années du xiv° siècle) les villes de Silla et de Tekrour étaient vassales de Mali (*Prolégomènes*) et que les Zenaga voilés du désert — Goddala, Lemtouna, Messoufa, etc. — payaient tribut à l'empereur mandingue, que cet historien appelle *malik-es-Soudân* « le roi des Nègres », et que ces tribus berbères fournissaient des contingents à l'armée mandingue (*Histoire des Berbères*).

Vers le milieu du xvᵉ siècle, des Ouolofs venus aux comptoirs portugais de la Gambie dirent à Diégo Gomez que tous les pays de l'intérieur appartenaient au *Bour-Mali* (c'est-à-dire à l'empereur de Mali), lequel résidait d'après eux dans une grande ville ceinte d'un mur en briques cuites qu'ils appelaient *Kiokia* ou *Kiokoun* (peut-être par confusion avec Koukia ou Gounguia); son pays, ajoutaient-ils, était riche en or et faisait du commerce avec le Maghreb et l'Egypte ; on s'y rendait des rives de l'Atlantique en se dirigeant vers l'Est et en traversant les contrées habitées par les *Somanda* (?), les *Konnouberta* (?) et les *Sarakolé* ; le *forisangul* (peut-être le « roi du Sénégal » ou plutôt le roi du Songaï) passait à leurs yeux pour être vassal du Mali.

Sa'di nous apprend que l'empire était divisé en deux gouvernements militaires, celui du Sud ou du *Sangara-soma*, comprenant principalement les provinces mandingues qui s'étendaient du haut Niger jusqu'à la Gambie, et celui du Nord ou du *Farana-sora* (ou Faran-sora), comprenant l'ensemble des pays annexés (1) ; le gouverneur du Farana-sora résidait habituellement, semble-t-il, dans le Kaniaga. Chacun de ces deux gouvernements était à son tour divisé en provinces, lesquelles se partageaient en cantons. Chaque chef de province transmettait les ordres de l'empereur aux chefs de canton placés sous son commandement et prenait la parole en leur nom lorsqu'ils étaient convoqués par le souverain.

Sa'di nous cite seulement les noms des trois provinces qui avoisinaient Dienné, celles de *Kala*, du *Bendougou* et du *Sibiridougou*. La première a été identifiée généralement avec une région qui aurait eu pour chef-lieu Sokolo ; cette identification provient de ce que l'ancien nom de Sokolo était en effet *Kala*

(1) Le texte du *Tarikh-es-Soudân* semble faire de ces deux mots les titres des deux gouverneurs et c'est ainsi que M. Houdas l'a interprété dans sa traduction ; cependant je serais plus disposé à croire que ce sont des noms de pays ou de chefs-lieux de province, ainsi qu'il paraît résulter d'un passage (pages 93 du texte et 155 de la traduction) où il est dit : « et ils atteignirent le pays (ou la ville) de Sangara-soma ». Le premier de ces mots peut signifier en mandingue « l'ensemble du pays du Sangaran » ou encore « le lieu des tornades » ; le second peut vouloir dire « le lieu des rochers » ou « la résidence du chef ».

et de ce que les Maures désignent encore ainsi ce village de nos jours. Mais il me paraît plus rationnel d'identifier la « province de Kala » dont parle le *Tarikh-es-Soudân* avec une région comprenant le *Karadougou* ou *Kaladougou* actuel, situé entre le Niger et le Bani ; tous les passages de cet ouvrage où il est question de la province ou de la ville de « Kala » concordent avec cette solution. Le Bendougou n'était autre que le pays actuel du même nom, sur la rive droite du Bani (région de San). Quant au Sibiridougou, que Sa'di place au Sud des deux premières provinces et sur les confins de la province de Mali, il devait s'étendre à l'Est de Niamina dans la direction de Koutiala.

La province de Kala ou du Karadougou, dont le chef, qui appartenait au clan des Taraoré (1), résidait à *Kara* ou Kala (chef-lieu du Karadougou actuel), comprenait douze cantons, dont huit situés dans « l'île de Kara », c'est-à-dire entre le Niger et le Bani, et quatre situés au Nord de cette « île », sur la rive gauche du Niger. Les huit premiers étaient les cantons de *Ouoron* (Orondougou actuel, dans le canton de Saro ou Sarro), de *Ouonzo* ou Ouosso (sur le Bani en face de San (2), de *Kaminia* ou Kamiya (au Sud de Kara), de *Farako* ou du Fadougou (au Sud-Est de Sansanding), de *Kirko* ou Guirgo (?), de *Kao* ou Gao ou Kou (?), de *Farama* (?) et de *Diara* (?). Les quatre cantons de la rive gauche étaient ceux de *Koukiri* (sans doute l'un des deux villages actuels de Kokry ou de Kobikéré, entre Sansanding et Dia ou Diaga), de *Niara* (sans doute le Niéria actuel, au Nord-Est de Sansanding), de *Sana* (très vraisemblablement le canton actuel de Sansanding) et de *Sâma* ou Samba (en amont de Sansanding, rive gauche).

Les cantons du Bendougou cités par Sa'di sont ceux de Koou (peut-être Koro, entre Dienné et San), de Kaana ou Kaghana (le Konignon de nos cartes, au Sud de Dienné), de Soma (à l'Ouest-Sud-Ouest de San), de Tara (près et à l'Ouest de Kaana),

---

(1) *Tarikh-es-Soudân*, p. 34 de la traduction.
(2) D'après M. Ch. Monteil, le Ouonzo de Sa'di correspondrait au Ouandiodougou du canton actuel de Saro ou Sarro.

de Da (au Sud-Sud-Ouest de San), d'Ama ou Oma (?), de Tâba (à l'Ouest de San) ; il s'en trouvait cinq autres, dont l'auteur du *Tarikh* avait oublié les noms, comme il avait oublié ceux des cantons du Sibiridougou.

A partir des premières années du xv⁰ siècle, ainsi que je le disais plus haut d'après Sa'di, la puissance des empereurs de Mali commença à décliner. Leurs exactions et celles des gouverneurs des provinces furent telles, prétend l'auteur du *Tarikh*, qu'un matin Dieu envoya contre eux sa milice angélique sous la forme de jeunes gens qui firent irruption dans la salle d'audience du palais impérial, tuèrent de leurs glaives presque tous les gens qui étaient là, et disparurent. En réalité ces anges exterminateurs s'appelèrent les Mossi, les Touareg et surtout Sonni Ali-Ber et Askia Mohammed Touré, mais l'empire de Mali n'eut pas tant à souffrir d'eux qu'on serait tenté de le croire en lisant la pieuse légende rapportée par Sa'di.

Vers 1400, sans doute sous le règne de Maghan III ou de l'un de ses successeurs immédiats, le souverain mossi du Yatenga, *Bonga*, faisait une incursion dans le Massina oriental et s'avançait jusque sur la rive méridionale du lac Débo. En 1433, Araouân, Tombouctou et Oualata échappent à la domination du Mali pour passer sous celle du chef touareg Akil ; de 1465 à 1473, l'empereur de Gao Sonni Ali-Ber affranchit définitivement le Songaï de la suzeraineté mandingue, conquiert Tombouctou sur les Touareg, annexe à l'empire de Gao la ville et le territoire de Dienné, dont les princes de Mali n'avaient jamais réussi à se rendre maîtres, et s'empare d'une portion de la zone des inondations nigériennes qui, jusqu'à cette époque, avait fait partie intégrante des territoires dépendant de Mali.

Mais, du côté de l'Ouest, l'empire ne s'était pas laissé entamer. Le Vénitien Cadamosto, qui visita en 1455 le Cap Vert et la Gambie et en 1457 les îles Bissagos, nous apprend que, de son temps, les Mandingues de la Gambie étaient encore sujets de l'empereur de Mali (1).

---

(1) Ce voyageur, dans sa relation parue à Vicence en 1507, dit que l'or

Sonni Ali venait à peine de laisser un peu de répit au souverain mandingue que *Nasséré*, empereur mossi du Yatenga, traversait le Niger près de Mopti en 1477, ravageait tout le Massina, s'avançait jusque dans le Nord-Ouest du Bagana pour aller ensuite s'emparer de Oualata qu'il pillait de fond en comble en 1480, traversait en s'en retournant le Farimaké et le Bara et allait enfin se heurter, en 1483, à l'armée de Sonni Ali-Ber près du lac de Korienza.

C'est vers cette époque que se placent les premières relations de l'empire de Mali avec le Portugal. Le roi Jean II était monté sur le trône en 1481 (1), après s'être déjà illustré, durant sa régence, par l'intérêt qu'il portait à la découverte et à la colonisation des côtes occidentales de l'Afrique. L'empereur de Mali qui régnait alors s'appelait *Mamoudou* ; il avait succédé à son père *Mansa-Oulé II*, lequel avait lui-même remplacé sur le trône son propre père *Moussa III*. Nous ignorons les noms des princes qui régnèrent entre Maghan III et Mousa III, mais nous connaissons ceux de ce dernier et de ses deux successeurs immédiats grâce à Joao de Barros. Celui-ci appelle en effet *Mahmud-ben-Manzugul*, « petit-fils de Moussa », l'empereur mandingue qui entretint des relations avec le roi Jean II, et il n'est pas difficile de retrouver « Mansa-Oulé » dans *Manzugul*. D'après le même auteur, ce prince résidait à *Songo*, « l'une des villes les plus populeuses de cette grande contrée que nous appelons ordinairement pays des Mandingues », et cette ville était située sur le méridien du Cap des Palmes et à 140 lieues marines environ (777 kilomètres) de la côte. La position ainsi donnée à Songo par de Barros correspond bien à la situation de Mali, qui devait se trouver à une cinquantaine de kilomètres seulement à l'Est du méridien du Cap des Palmes et à 800 kilomètres environ du point le plus rapproché de la côte. Barth a cru pouvoir identifier Songo avec le Songaï et le lieutenant

du Mali se transportait partie à *Cochia* (Koukia ou Gounguia), sur la route du Caire et de Syrie, et partie à *Tombut* (Tombouctou), d'où il allait soit à Tunis par le Touat soit au Maroc par *Hoden* (le Hodh ou plutôt Ouadân).

(1) Jean II régna de 1481 à 1495. Après lui vinrent Emmanuel (1495-1521) et Jean III (1521-1557).

Marc, interprétant un passage de M. Binger, l'a rapproché de Ngorho, ville sénoufo située dans le Sud du cercle de Bobo-Dioulasso ; mais ni le pays songaï ni Ngorho ne correspondent à la position assignée à Songo par de Barros et Ngorho n'a jamais été le centre d'un Etat musulman et n'a jamais été la résidence d'aucun prince mandingue. Si l'on veut bien se rappeler que de Barros tenait ses informations des rapports du gouverneur portugais d'Elmina (Côte d'Or) et si l'on se reporte au nom donné aux Dioula et aux peuples mandé en général par les Fanti, les Achanti, les Agni et les autres populations de la Côte d'Or et de la Côte d'Ivoire — nom qui est encore aujourd'hui prononcé *Songo* ou *Nzoko* par les Fanti et les Agni, *Sorho* par les Koulango et *Tiorho* par les Sénoufo —, on conviendra qu'il est fort vraisemblable que, dans l'esprit du gouverneur d'Elmina et dans celui de de Barros, *Songo* désignait tout simplement le pays des Mandingues et sa capitale Mali.

Au moment où se produisirent les grandes incursions mossi dans le Bagana (1477-1483), les Portugais possédaient des comptoirs en différents points de la côte, notamment à Arguin, au Rio de Cantor (Gambie) et à Elmina ; il est probable même qu'ils fondèrent vers cette époque un établissement dans l'Adrar. Il est difficile de savoir auquel de ces comptoirs s'adressa l'empereur Mamoudou, qui était surtout connu des Portugais sous le nom de *Mandi-Mansa*, c'est-à-dire « roi du Mandé ou des Mandingues » ; il est probable cependant que ses envoyés se dirigèrent de préférence vers les établissements de la Gambie, qui étaient pour eux d'accès plus facile que ceux de la Mauritanie et d'Elmina : le comptoir d'Elmina d'ailleurs ne fut fondé que vers 1481, et d'autre part les Mandingues étaient établis jusque sur les rives de la basse Gambie et entretenaient des relations commerciales suivies avec les factoreries du « Rio de Cantor », tandis qu'ils ne s'aventuraient guère dans la Mauritanie ni dans la forêt du golfe de Guinée.

Quoi qu'il en soit, Mamoudou, effrayé de la menace que constituaient pour la sécurité de son empire les razzias des Mossi, les conquêtes de Ali-Ber et, d'un autre côté, les incursions des Ouolofs, alors maîtres d'une partie du Tekrour, envoya une ambassade aux Portugais pour réclamer leur aide contre ses ennemis. Le gouverneur du fort portugais qui reçut la visite des ambassadeurs mandingues se hâta d'informer son roi de cet événement. Jean II ne semble pas avoir répondu d'une façon directe à la requête de Mamoudou ; sans doute trouvait-il que c'eût été s'aventurer beaucoup que d'envoyer aussi loin une expédition militaire : mais il voulut profiter de la circonstance pour nouer des relations plus étroites avec l'empereur mandingue, et il expédia deux ambassades à Mali. L'une, partie de la Gambie, se composait de Rodriguez Rabello, Pero Reinal et Joao Collaçao ; nous ignorons à quelle époque elle arriva à Mali et même si elle atteignit cette ville. L'autre, mise en route par le gouverneur d'Elmina, parvint auprès de Mamoudou, qui remit aux envoyés portugais une lettre destinée à leur roi ; dans cette lettre, que Joao de Barros dit avoir eue entre les mains, il se montrait fort surpris de l'étendue du pouvoir du roi de Portugal, ajoutant qu'aucun des *4.404 monarques* qui l'avaient précédé sur le trône de Mali (*sic*) n'avait jamais reçu ni message ni messager d'un roi chrétien et que lui-même, jusqu'alors, ne connaissait que quatre sultans dont la puissance méritât d'être comparée à la sienne, à savoir les sultans d'*Alimaun* (Yémen), de *Baldac* (Baghdad), de *Cairo* (le Caire) et de *Tucurol* (Tekrour).

Cependant l'amitié des Portugais ne devait pas être d'un grand secours à l'empire de Mali, dont le démembrement allait être accéléré, après la mort du roi Jean II, par les conquêtes du premier *askia* de Gao et de ses successeurs, à partir de l'année 1498.

16° *L'empire de Mali au XVI° siècle.*

Léon l'Africain (1) visita Mali au début du xvi° siècle. Il nous dit que cette ville comptait de son temps environ six mille feux (2) et se trouvait à proximité d'un bras du Niger. On y

(1) Hassân-ben-Mohammed el-Ouazzân, plus connu sous le surnom de Léon l'Africain, voyagea au Soudan vers 1507, à l'âge de seize ans environ, et écrivit sa relation aux alentours de l'an 1520.

(2) C'est-à-dire 6.000 familles et non pas 6.000 habitants, comme l'écrit Dapper dans son interprétation du récit de Léon.

rencontrait beaucoup d'artisans et de marchands, lesquels approvisionnaient Dienné et Tombouctou de divers articles et denrées. Les grains, le coton et le bétail s'y trouvaient en abondance. L'islamisme y était florissant, aux mosquées étaient attachées des écoles et les habitants étaient « les plus civils, de meilleur esprit et plus grande reputation de tous les Noirs, pour autant qu'ils furent les premiers à recevoir la loy de Mahommet ». L'empire de Mali, au dire du même voyageur, s'étendait alors au Nord jusqu'au territoire de Dienné, au Sud jusqu'à un désert ou pays inconnu hérissé de hautes montagnes (Fouta Diallon), à l'Ouest jusqu'à des forêts qui bordaient l'Océan et à l'Est jusqu'aux territoires dépendant de Gao.

Nous avons vu, en racontant l'histoire de l'empire de Gao, comment l'askia Mohammed I, en 1498-99, annexa le Bagana à ses Etats, malgré la résistance du gouverneur mandingue Ousmana, qui fut fait prisonnier, et celle de Demba Dondi, chef des Peuls du Massina, qui fut tué. En 1500-1501, c'était le tour des provinces constituant le royaume de Diara d'être dévastées par Omar Komdiago, frère de l'askia, et annexées à l'empire de Gao, malgré la belle défense que fit Kama, le représentant du Mali auprès du roi de Diara. En 1506-07, Mohammed I se portait au Galam et étendait son autorité jusqu'aux confins du Tekrour. L'empire de Mali se trouva ainsi amputé de toutes ses dépendances septentrionales et ramené à peu près aux limites qu'il possédait vers 1234, avant la victoire de Soundiata sur Soumangourou.

Les deux premiers successeurs de Mohammed I à Gao, Moussa et Bengan-Koreï, laissèrent en paix ce qui restait de l'empire mandingue. Mais un autre ennemi avait surgi du côté de l'Ouest : je veux parler du Tekrour. Sous le commandement de Koli Galadio, *alias* Koli Tenguéla, les Peuls et les Toucouleurs du Fouta cherchèrent à s'emparer des mines d'or du Bambouk ; se portant en masses serrées le long de la rive sud du Sénégal entre 1530 et 1535, ils pillèrent d'abord les provinces méridionales du royaume de Galam (Goye et Kaméra) et massacrèrent ensuite un nombre considérable de Mandingues sur les deux rives de la Falémé. L'empereur de Mali implora de nouveau l'aide des

Portugais et, en réponse à ses prières, Joao de Barros, alors gouverneur des établissements portugais de la Guinée, envoya à Mali en 1534, non pas une armée, mais un ambassadeur nommé Péroz Fernandez, accrédité par le roi Jean III, dans le but de proposer au monarque mandingue une intervention amicale auprès de l'empereur de Tekrour et de solutionner différentes questions relatives au commerce de la Gambie. Le souverain qui régnait alors à Mali s'appelait Mamoudou (*Mamoudou II*) et était le petit-fils de cet autre Mamoudou qui avait reçu les envoyés de Jean II. Il accueillit fort bien Péroz Fernandez et lui dit, d'après de Barros lui-même, « qu'il s'estimait très heureux de sa venue, car, du temps de son grand-père qui portait le même nom que lui, un messager était déjà venu de la part d'un autre roi Jean de Portugal ». On ne sait quel fut le résultat de ces négociations au point de vue politique ; il semble pourtant que les Peuls et les Toucouleurs repassèrent la Falémé sans occuper le Bambouk, mais que le roi de ce pays, *Guimé Sissoko*, voyant que l'empereur de Mali était impuissant à le défendre, se rendit à peu près indépendant.

Cependant l'askia Bengan-Koreï, détrôné par Ismaïl en 1537, s'était réfugié dans les environs de Mali et s'était placé sous la sauvegarde de Mamoudou II. La protection de ce dernier n'empêcha pas les Mandingues d'abreuver d'humiliations le fils de leur ancien ennemi (Bengan-koreï était fils de Omar Komdiago) et celui-ci alla se fixer près de Sansanding, dans un petit village de la rive droite du Niger nommé Sama.

En 1542, l'askia Issihak I venait razzier le Bendougou, à peu de distance de Mali. En 1545-46, son frère Daoud s'avançait jusque sous les murs de la capitale mandingue : l'empereur prenait la fuite, l'armée de Gao entrait victorieuse à Mali et y demeurait une semaine, remplissant d'ordures la résidence impériale. Puis, trouvant sans doute qu'il avait humilié suffisamment le rival de son frère, Daoud se retira, et l'empereur de Mali put rentrer dans sa capitale.

Le même Daoud, ayant remplacé plus tard Issihak I sur le trône de Gao, dirigea plusieurs expéditions dans le Massina, le Bagana et la région de Kala (Sokolo). En revenant de cette dernière expédition, en 1559, il passa près de Sansanding.

L'autorité des derniers askia continua à s'affermir sur le Diaga, le Bagana et le royaume de Diara, mais l'empereur de Mali conserva à peu près intacte la partie méridionale de son domaine. Lorsque les Marocains s'installèrent à Tombouctou en 1591 et substituèrent leur pouvoir à celui des princes de Gao sur le moyen Niger, plusieurs des provinces situées au Nord de Mali se constituèrent en petits Etats plus ou moins indépendants, tels que le royaume peul du Massina et le royaume soninké de Goumbou, tandis que le royaume de Diara retrouvait pour un temps sa liberté d'allures. Cependant l'empire de Mali gagna plus qu'il ne perdit au changement de régime. A la fin du XVIᵉ siècle, un effort fut même tenté par l'empereur *Mamoudou III* pour enlever Dienné aux Marocains ; ce prince fut d'ailleurs mal secondé par ses vassaux : les deux gouverneurs militaires du Farana-sora et du Sangara-soma refusèrent de l'accompagner dans son expédition, ce que voyant, Bakari, chef du Karadougou, et son collègue le chef du Bendougou ne répondirent pas non plus à l'appel de l'empereur. Celui-ci ne trouva un concours effectif qu'auprès des chefs des cantons de Farako (dans le Karadougou) et d'Ama ou Oma (dans le Bendougou), ainsi qu'auprès de Hamadou-Amina, chef des Peuls du Massina, qui chercha à profiter de l'occasion pour se rendre complètement indépendant des Marocains. Le caïd de Dienné demanda du secours au pacha Ammar, qui venait de remplacer Djouder à Tombouctou. Ammar envoya des troupes conduites par les caïds Moustafa et Abdelmalek, lesquels arrivèrent à Dienné le 26 avril 1599. Mamoudou III et ses alliés étaient campés sur les collines de Sânouna et leur armée s'étendait jusqu'au bras du Bani qui sert de port à la ville. Les Marocains firent une sortie pour repousser les Mandingues et les Peuls, mais il éprouvèrent une résistance inattendue et ne durent leur salut qu'à leurs armes à feu. Les gens de Dienné cependant arrivèrent à la rescousse et Mamoudou III fut mis en déroute et retourna à Mali, tandis que ses alliés regagnaient également leurs pays.

Hamadou-Amina avait transporté son camp à Soï ou Soé,

entre Dienné et Mopti (1). Les caïds marocains voulurent aller l'y attaquer, mais le gouverneur songaï du Gourma leur fit observer que ce chef, en sa qualité de nomade, était au fond peu redoutable, et qu'il valait mieux marcher contre le chef d'Ama, qui était un sédentaire (2) et qui du reste avait contribué à entraîner l'empereur de Mali dans son expédition contre Dienné. Les Marocains se portèrent donc sur Ama, sous le commandement du caïd Slimân-Chaouch, et pillèrent et détruisirent *Soo* (peut-être San), qui était alors un marché important. Tandis que l'armée marocaine revenait du Bendougou, elle fut attaquée sur les bords du Bani, en face de Tié (village de la rive droite du Bani, près et en aval de Koro), par Hamadou-Amina aidé d'auxiliaires banmana ; le caïd Slimân fut complètement battu et, à la suite de cette défaite, les Marocains firent la paix avec Hamadou et laissèrent en paix l'empereur de Mali et ses alliés.

17° *Dernière période de l'empire de Mali* (1600 à 1670).

Cependant un nouveau peuple allait jouer son rôle dans les destinées du Soudan occidental et porter au vieil empire de Mali des coups plus rudes que ceux que lui avaient donnés les souverains de Gao : je veux parler des *Banmana*. Installés dès 1600 dans la région de Ségou, ceux-ci furent d'abord placés pendant une soixantaine d'années sous la suzeraineté au moins nominale de l'empereur de Mali, bien que ceux d'entre eux qui s'étaient établis à proximité de Dienné dépendissent plutôt soit du caïd marocain qui résidait dans cette dernière ville, soit du roi peul du Massina.

Sa'di, qui fit plusieurs voyages sur la portion du Niger voisine de Mali, notamment en 1644, nous a fourni quelques renseignements sur la géographie de cette région vers le milieu du XVIIe siècle.

(1) Ou à Soua (Pondori).
(2) Peut-être faut-il interpréter ce raisonnement, rapporté par Sa'di, de la façon suivante : la résidence de Hamadou-Amina, simple campement, ne pouvait renfermer grand-chose à piller, tandis que le Bendougou comprenait quelques centres commerciaux où l'on pouvait espérer ramasser un butin appréciable.

Voici l'un de ses itinéraires : venant de Tombouctou par eau, il atteignit en sept jours Soï (près Akka) sur le lac Débo et se rendit de là, en une demi-journée, en longeant le bord septentrional du lac, à Kankoura, près de Gourao ; traversant alors le lac, il arriva en un jour au mont Sorba, sur la rive Sud, et gagna de là, par terre, Kakagnan, sur le marigot de même nom. Reprenant alors la voie fluviale, il atteignit, au bout de douze jours de navigation sur le marigot de Dia et le Niger, le point de Koukiri ou Kokry ; à un jour en amont, il toucha Foulao, puis, trois jours et demi après, termina son voyage à *Komino*, qui était le port de Farako et se trouvait sur la rive droite du fleuve, à quelques heures de ce chef-lieu de canton (1) ; en face de Komino, sur la rive gauche, était *Nakira* (le Nakry de nos cartes), port du Sana ou canton de Sansanding, dont le chef-lieu s'appelait alors *Tiébla* ou Sanamadougou et se trouvait à une faible distance au Nord-Est de Sansanding même. Le canton de Sana ou de Sansanding avait encore un autre port sur la rive gauche du Niger, à *Noursanna*, entre Nakira et Koukiri.

Après être allé à Tiébla visiter le chef du Sana et être demeuré quelque temps auprès de lui, Sa'di traversa le Niger, passa la nuit à Komino, arriva le lendemain à midi à Makira et le soir à *Dioulo* (Yolo de nos cartes) ; le troisième jour, il coucha à *Fala* (sans doute le Dionfalla actuel) et le quatrième à *Foutina* (Faténé), près et au Sud de Kaminia. Le cinquième jour au matin, il arrivait à *Tonko* (peut-être Toumo), dans le Séladougou, et atteignait le soir Farmanata ; le sixième jour, il traversait *Séla* et Tamakoro et arrivait à *Timitama*, chef-lieu du Ouoron ; le septième jour, il atteignait *Bina* (près du Gomitogo actuel), où l'on pouvait s'embarquer à la période des hautes eaux, et se rendait de là en pirogue à Dienné, où il entra le huitième jour.

L'année suivante, Sa'di refit en sens inverse la route de Dienné

(1) Farako était le chef-lieu ; le canton lui-même portait le nom de Fadougou, qui est encore celui d'un village situé à l'Est de Farako. Le Komino de Sa'di devait se trouver très près de l'emplacement du village actuel de Konou.

à Sansanding et nota un itinéraire à peu près analogue au précédent, mais plus détaillé. Sa première étape fut Bîna et la seconde *Konti* ou Kondyi, où résidait alors le *Kala-san*, c'est-à-dire (en songaï) le chef de la province du Karadougou. Le troisième jour, il traversa *Ouanta* (canton du Ouoron), puis Tamtama, village dépendant de Séla et distinct de Timitama chef-lieu du Ouoron, ensuite Komtonna, Nionsorora et Niéna, et alla coucher à Séla. Le quatrième jour, il atteignit Tonko, où se trouvait la limite du Séladougou et du Kaminiadougou. Le cinquième jour, il passa à Tatinna et à Tatirma (le Tacirma de nos cartes), puis à Foutina (Faténé) et à Taouatalla, et coucha dans un village dont il ne donne pas le nom. Le sixième jour, après avoir dépassé Fala, il abandonna la route de Yolo ou route du Nord, alors inondée, et se dirigea sur *Toumé*, où il passa la nuit. Le septième jour, par *Fadougou*, Nounio, Massala et Komma, il arriva à *Farako*, résidence du chef du Fadougou ou canton de Farako. Le huitième jour enfin, il atteignit le Niger à Komino, traversa le fleuve, toucha la rive gauche à Nakira ou Nakry et gagna Tiébla, résidence du chef du Sana. Il profita de son séjour au Sana pour aller visiter la ville même de *Sansanding*, dont il orthographie le nom *Chenchendi*; on mettait trois à quatre heures pour y arriver en partant de Tiébla : de cette dernière localité, on descendait vers le Niger, qu'on atteignait à Madina, en amont de Nakry, et dont on remontait ensuite la rive gauche.

Nous avons vu que, dès les premières années du xvii° siècle, les Banmana s'étaient installés dans la région de Ségou. A partir de 1630, devenus nombreux et puissants, ils s'alliaient tantôt aux Peuls du Massina et tantôt aux Mandingues du Karadougou et du Bendougou — peu à peu absorbés par eux — contre les Marocains de Dienné ou contre l'empereur de Mali, dont l'autorité devenait de plus en plus précaire sur la rive droite du Niger. En 1645 les Banmana, qui avaient conservé la haine farouche des musulmans, faisaient une sorte de guerre sainte contre les représentants de l'empereur mahométan de Mali à Farako et à Tiébla, dévastaient le Fadougou et le Sana et s'établissaient sur les deux rives du Niger depuis Koukiri jusque tout près de Niamina, menaçant l'empereur de Mali jusque dans sa résidence.

Vers 1670, Biton Kouloubali fondait définitivement l'empire banmana de Ségou et y annexait Sansanding, le Massina et le Bagana, ainsi que Dienné et la région de Tombouctou, enlevant toute autorité et tout prestige aux descendants des pachas et caïds marocains. Vers la même époque, Sounsa Kouloubali, chef de la fraction des Massassi, s'établissait près de Mourdia et fondait l'empire banmana dit du Kaarta. Le Bélédougou devenait une sorte de marche frontière entre les deux empires naissants, théâtre et victime des luttes qu'allaient se livrer les princes de Ségou et ceux du Kaarta.

Mama-Maghan, le dernier des empereurs mandingues de la dynastie des Keïta, voulut enrayer le développement de l'empire de Ségou et assiégea durant trois ans (1667-70) la capitale de Biton. Obligé de se retirer sans avoir obtenu aucun résultat et poursuivi par son adversaire jusqu'en face de sa propre capitale, il dut faire la paix pour éviter d'être précipité dans le Niger avec les débris de son armée et renonça à exercer son autorité en aval de Niamina. Ne se sentant plus désormais chez lui à Mali, il abandonna cette ville, qui tomba rapidement en ruines, et se transporta à Kangaba, berceau de sa famille.

Au commencement du XVIII° siècle, aucune trace ne subsistait plus, en dehors de vagues emplacements de cases encore visibles, de cette fameuse cité de Mali qui, pendant quatre siècles, avait été la véritable capitale du Soudan Occidental. Les provinces mandingues qui purent échapper à la conquête banmana se transformèrent en petits royaumes indépendants, et les descendants de Soundiata, réfugiés à Kangaba, ne furent plus que les chefs de la petite province du Mandé proprement dit, comme aux temps fabuleux qui avaient précédé le XIII° siècle (1. L'empire de Mali avait disparu, d'une manière définitive, de la carte de l'Afrique.

(1. Mambi Keïta, le dernier chef du Mandé descendant de l'ancienne famille impériale de Mali, est mort à Kangaba il y a quelques années ; pour des motifs politiques, toute autorité a été enlevée à ses héritiers par l'administration française, et son successeur ne commande même plus le canton de Kangaba.

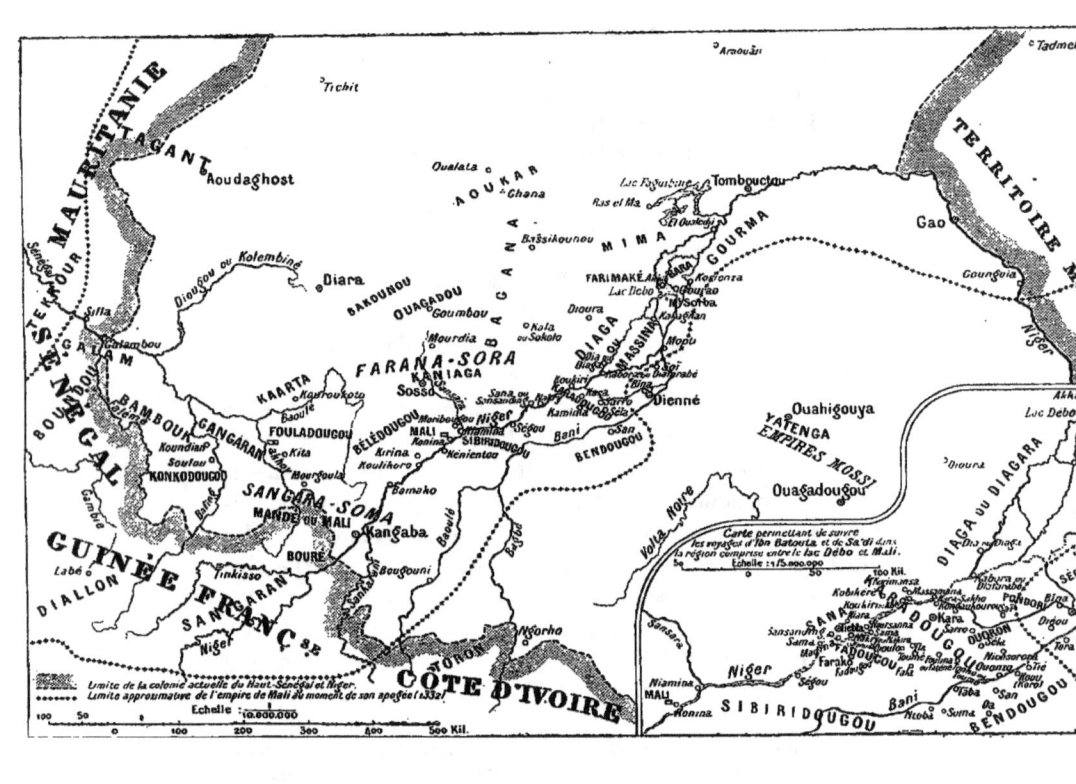

CHAPITRE VIII

Le royaume peul du Massina (1)
(XVᵉ au XIXᵉ siècles)

I. — Dynastie des Diallo (1400-1810).

J'ai relaté ailleurs (2) l'arrivée de *Maga Diallo* vers l'an 1400 dans le Diaga ; j'ai dit comment il avait reçu du gouverneur mandingue du Bagana l'investiture officielle d'*ardo* ou chef des familles peules qui l'avaient suivi dans son exode du Kaniaga au Diaga. Son autorité ne tarda pas à s'étendre sur les Peuls d'autres clans (Bari principalement) qui vinrent peu après s'établir dans la même région et c'est ainsi que se fonda, au début du xvᵉ siècle, le royaume peul du Massina, sous la suzeraineté de l'empereur de Mali.

Ce nom de *Massina* était celui d'une mare voisine de *Kéké* ou Kékey, village situé sur le marigot de Dia, en aval de Dia ou Diaga et un peu au Nord-Est de Ténenkou. C'est auprès de cette mare que Maga Diallo établit sa résidence et c'est en raison de cette circonstance que les Peuls donnèrent le nom de Massina à cette province, jusque-là connue sous celui de Diaga

---

(1) L'histoire du royaume peul du Massina est intimement liée à celle de la domination marocaine à Tombouctou (ch. IX), à celle de l'empire bambara de Ségou (ch. X) et à celle de l'empire toucouleur d'El-hadj-Omar et de ses successeurs (ch. XI). Afin de ne pas me répéter trop souvent, j'ai omis dans le présent chapitre un certain nombre de détails que l'on trouvera dans les trois chapitres suivants.

(2) 1ᵉʳ vol., p. 228 et 229.

ou Diagara. Par la suite, on fit usage des deux noms, en se servant de préférence du mot « Massina » pour désigner l'habitat des Peuls et leur royaume ; plus tard, lorsque ce dernier prit de l'extension et déborda vers l'Est, d'abord entre le marigot de Dia et le Niger, puis sur la rive droite de ce fleuve lui-même, le mot « Massina » prit une extension correspondante, tandis que « Diaga » continua à désigner plus spécialement la région de Dia ou Diaga et la rive gauche du marigot de même nom.

Maga Diallo mourut vers 1404. Le pouvoir se transmit dans sa famille jusqu'au début du xix° siècle ; en réalité, l'autorité de l'*ardo* du Massina ne s'étendait que sur les Peuls et leurs Rimaïbé, tous plus ou moins nomades; tandis que les Noirs sédentaires — Soninké et Bozo — relevaient directement du gouverneur du Bagana ou du chef de Dienné, selon l'endroit qu'ils habitaient. Ce n'est guère qu'au siècle dernier, sous la dynastie des Bari, que le Massina devint un véritable Etat compact, réunissant sous un même sceptre tous les habitants du pays, Peuls et Nègres, nomades et sédentaires.

De 1400 à 1494, le royaume peul du Massina fut vassal de l'empire de Mali. Les princes qui s'y succédèrent durant cette période, après Maga Diallo, furent : son fils aîné *Bouhima* ou Ibrahim (1404-24) ; son second fils *Alioun* (1424-33) ; *Kanta*, fils aîné de Bouhima (1433-66) ; *Alioun II*, second fils de Bouhima (1466-80), et *Nia* ou Aniaya, fils de Kanta (1480-1510).

Le *Tarikh-es-Soudân* nous donne quelques renseignements, surtout généalogiques, sur ces premiers rois du Massina. Outre Bouhima et Alioun, Maga Diallo avait eu de sa première femme, Demmo, fille de Niadel ou Guédal, trois autres fils : Demba, Kouba et Harendi ; d'une seconde femme, il avait eu Nialel, et, d'une troisième nommée Bindo, il avait eu encore deux fils : Hamadi et Samba. Bouhima épousa d'abord Yédenké, dont il eut un fils nommé Makiba ou Nankaba, ensuite Kaffo, dont il eut Kanta et Alioun II, et enfin Tiddo ou Teddi, dont il eut un dernier fils nommé Hamadi. Kanta épousa une femme de la tribu des Sangaré, nommée Safo Daramé, dont il eut six fils : Diadié, Nia ou Aniaya, Demba-Dondi, Yoro, Lambourou et

Cliché Froment

Fig. 43. — Une danse Tombo, à Bandiagara.

Cliché Froment

Fig. 44. — Danseurs Tombo, à Bandiagara.

Kania ; d'une autre femme nommée Bounga, il eut un septième fils, Maka.

Kanta périt dans un combat contre les Zaghrâna (1), qui furent vainqueurs des Peuls. C'est sous le règne de son successeur Alioun II que le Massina fut attaqué par Sonni Ali-Ber, empereur de Gao, qui fut repoussé et défait par les Peuls du Borgou ou Massina central (entre le marigot de Dia et le Niger) ; c'est vers la fin du règne du même *ardo* que le pays fut traversé et ravagé par l'armée mossi de Nasséré dans sa marche sur Oualata : d'après Sa'di, Alioun II aurait infligé une défaite aux Mossi.

Sous le règne de Nia ou Aniaya, le Massina tout entier fut annexé à l'empire de Gao, en 1494, par Omar Komdiago, frère et lieutenant du premier *askia* Mohammed Touré. Les Peuls n'acceptèrent pas cette annexion de gaieté de cœur et demeurèrent, autant qu'ils le purent, fidèles à l'empereur de Mali. C'est ainsi que, comme nous l'avons vu, sous le commandement de *Demba-Dondi*, l'un des frères de Nia ou Aniaya, ils aidèrent Ousmana, gouverneur mandingue du Bagana, à résister à l'askia en 1498-99 ; mais ils furent vaincus comme Ousmana lui-même, Demba fut tué et les rois peuls du Massina furent désormais vassaux de l'empire de Gao. C'est vers l'an 1500, après la défaite de son frère Demba par Mohammed Touré, que le roi Nia quitta Kéké et transporta sa résidence dans le Guimbala, près du lac Débo (2). D'une façon générale, les rois de la dynastie des Diallo habitèrent tantôt sur la rive gauche du marigot de Dia (soit à ou près de Kéké, soit à ou près de Ténenkou), tantôt entre ce marigot et le Niger, ou encore à Soï, entre le Niger et le Bani.

Le successeur de Nia Diallo fut *Soudi* ou Saouadi, petit-fils de

(1) Il est difficile de savoir quelle est exactement la population que Sa'di désigne par le terme de *Zaghrâna* : tantôt il s'agit, semble-t-il, de Berbères (peut-être les Sakhoura actuellement vassaux des Kounta), tantôt le même mot paraît représenter des Soninké (peut-être ce mot devrait-il se lire *Diagharanta*, « gens du Diaghara ou Diaga ») ou des Sorko.

(2) Guimbala (région de la grande eau) est le nom donné en mandingue à la région du Débo ; nos cartes portent ce mot au Nord du lac, mais il désigne aussi bien les rives ouest, sud et est que la rive nord.

Bouhima par Diâdié ; il régna de 1510 à 1539. A sa mort, son fils *Ilo* et *Hamadou-Siré*, fils de Nia, se disputèrent le pouvoir ; le litige fut porté devant l'askia Issihak I, qui décida de s'en remettre à la volonté du peuple ; mais les gens du Massina se divisèrent en deux fractions et en vinrent aux mains : Ilo attaqua son rival et le chassa du pays ; aidé par les Sangaré, Hamadou-Siré rentra au Massina, fut défait de nouveau et alla à Gao implorer l'aide de l'askia. Celui-ci invita Ilo à venir lui parler et le fit tuer sur la route : Ilo avait régné un an (1539-40) (1).

Hamadou-Siré (1540-43) lui succéda et fut déposé, au bout de quatre ans de règne, par Issihak I, qui fit nommer à sa place *Hamadou-Poullo*, frère d'Ilo. Ce dernier s'étant mis à persécuter beaucoup de familles qui appartenaient comme lui au clan des Dialloubé et ayant obligé plusieurs d'entre elles à quitter le Massina, Issihak I lui enleva le pouvoir l'année suivante (1544) et le confia à son neveu *Boubou-Ilo* (Boubou fils d'Ilo), qui régna de 1544 à 1551. C'est sous le règne de Boubou-Ilo, en 1550, que les Peuls de la région de Nampala, sous la conduite de Diâdié Toumané, se révoltèrent contre l'askia Daoud, qui venait de monter sur le trône ; Daoud leur infligea une sanglante défaite et fit sur eux de nombreux prisonniers, dont des griots de la caste des Mabbé ou Maboubé.

Après Boubou-Ilo régnèrent *Ibrahim-Boye* (1551-59) et *Boubou-Mariama* (1559-83), tous les deux fils de Hamadou-Poullo. Ibrahim-Boye mourut à Dienné, au moment où l'askia Daoud y passait en revenant de son expédition au Mali (1558-59). En 1582, vers la fin d'un règne de vingt-quatre ans, Boubou-Mariama (2) voulut se distinguer par un coup d'audace : il attaqua sur le Niger — ou sur l'un de ses bras — et pilla une

(1) M. Ch. Monteil fait régner Ilo en 1520-21 : cette date me semble difficile à admettre puisque le *Tarikh-es-Soudân*, notre seul guide en la matière, fait intervenir dans la mort de ce prince l'askia Issihak I, lequel régna de 1539 à 1549. Pour le reste, j'ai adopté les dates données par M. Ch. Monteil toutes les fois qu'elles s'accordent avec les indications fournies par Sa'di.

(2) Ce nom indique que la mère de Boubou s'appelait Mariama. Les Peuls font suivre leur nom tantôt de celui de leur mère, tantôt de celui de

embarcation qui ramenait de Dienné vers Gao El-hadj Mohammed, fils de l'askia Daoud et son futur successeur ; Mohammed-Bengan, autre fils de Daoud et chargé alors des fonctions de gouverneur du Gourma, marcha aussitôt sur le Massina, ravagea le pays et massacra un grand nombre d'habitants, dont beaucoup de lettrés musulmans. Boubou-Mariama se réfugia à *Fi*, entre Kobikéré et Kokry, puis revint au Massina après le départ de Mohammed-Bengan. Lorsqu'El-hadj Mohammed (Mohammed II) succéda à son père à la fin de la même année (1582), Boubou-Mariama refusa de faire acte de soumission entre ses mains. Nous avons vu comment il fut arrêté en 1583, sur l'ordre de l'askia, et emmené à Gao, et comment, malgré l'offre de Mohammed II de lui rendre son royaume, il préféra demeurer à la cour de son ancien ennemi.

Il fut remplacé au Massina par *Hamadou-Amina*, fils de Boubou-Ilo (1583-1603). Ce prince fut contemporain de l'écrasement de l'askia Issihak II par les Marocains (1591); son prédécesseur Boubou-Mariama, qui vivait encore à ce moment et avait suivi l'armée de l'askia à Tondibi, fut tué dans la mêlée. Les pachas de Tombouctou remplacèrent désormais les empereurs de Gao comme suzerains du Massina, mais leur suzeraineté fut plus nominale et plus précaire que ne l'avait été celle de ces derniers. C'est ainsi qu'en 1598 Hamadou-Amina se révolta ouvertement contre les autorités marocaines ; le caïd Moustafa-et-Tourki, partant de Tendirma, marcha sur le Massina à la tête de 700 soldats marocains et songaï et joignit l'*ardo* près de Diaga en un endroit appelé *Touloufina*. Hamadou avait avec lui un grand nombre d'alliés banmana ; se sentant malgré cela en état d'infériorité, il s'enfuit avec ses Peuls, laissant les Banmana aux prises avec l'armée du caïd. Celle-ci cerna les Banmana, en tua un grand nombre et s'empara de la famille de leur chef, qui fut emmenée captive à Dienné. Après s'être débarrassé des Banmana, Moustafa se mit à la poursuite

---

leur père (par exemple Boubou-Ilo), tantôt d'un surnom (Hamadou-Poullo), indépendamment du nom de clan, qui se place toujours le dernier et qui, pour tous ces princes, est Diallo.

de Hamadou-Amina, qu'il n'abandonna qu'en arrivant dans le Kaniaga ; l'*ardo* s'enfuit jusqu'à Diara (près Nioro), tandis que le caïd revenait vers le Massina en passant par Koukiri ou Kokry, où se trouvait alors le gouverneur de la province du Karadougou. Arrivé en face de *Ténenkou*, sur la rive droite du marigot de Dia, Moustafa héla les habitants de cette ville, leur demandant de lui envoyer des pirogues pour traverser le fleuve ; les gens de Ténenkou obtempérèrent à cet ordre : aussitôt débarqué sur la rive gauche, le caïd attaqua Ténenkou et s'en empara. Le futur pacha Ali-ben-Abdallah, qui se trouvait à côté de Moustafa durant l'assaut, fut blessé d'une flèche empoisonnée par les assiégés, mais il guérit grâce à des vomissements provoqués par la fumée de tabac. Moustafa fit à Ténenkou (1) de nombreux prisonniers qu'il emmena à Tombouctou ; il devait, peu après le retour de son expédition, être assassiné à Kabara sur l'ordre de Djouder (juillet 1598). Avant de quitter le Massina, Moustafa y avait installé comme roi, en remplacement de Hamadou-Amina, un prince de la famille royale nommé *Hamadi-Aïssata*.

Lorsque Hamadou-Amina apprit la mort du caïd Moustafa, il quitta Diara et retourna au Massina, où il fit sa rentrée en 1599, puis il reprit le commandement des mains de Hamadi-Aïssata. La même année, il prêta son concours à Mamoudou III, empereur de Mali, pour attaquer Dienné : j'ai dit comment les Marocains, qui étaient conduits par Moustafa-el-Fil et un Portugais nommé Abdelmalek, eurent le dessus, et comment Hamadou-Amina se replia à Soï (entre Dienné et Mopti), à moins que ce ne fût à Soua, dans le Pondori. Tandis que, quelque temps après, le caïd Slimân-Chaouch revenait d'une expédition au Bendougou, Hamadou-Amina l'attaqua sur les bords du Bani, en face de Tié, et lui infligea une si sévère défaite que les Marocains traitèrent avec lui et lui promirent de respecter désormais le territoire formant son royaume.

(1) Moustafa gardait rancune aux gens de Ténenkou parce qu'ils avaient, quelque temps auparavant, facilité le passage du fleuve à des Banmana qui allaient razzier le pays de Dienné. Le caïd de cette ville avait alors cherché à s'emparer de Ténenkou, mais avait été mis en déroute.

Boubou-Aïssata, dit Niamé, fils de Hamadou-Amina, succéda à son père et régna de 1603 à 1613. Après lui vint *Bourahima-Boye*, son frère (1613-25), qui eut comme successeur *Silamaga-Aïssata*, frère de père et de mère de Boubou-Aïssata ; Silamaga régna seulement deux ans (1625-27) et fut, d'après Sa'di, un prince juste et énergique.

Hamadou-Amina II, fils de Boubou-Aïssata, monta sur le trône en 1627 (1). Lorsque, l'année suivante, le pacha Ali-ben-Abdelkader prit le commandement à Tombouctou, il fit ordonner à Hamadou-Amina II de venir recevoir de ses mains l'investiture officielle. L'*ardo* refusa. Aussi, en 1629, Ali-ben-Abdelkader entreprit une expédition contre le Massina ; mais les Peuls se dérobèrent, n'acceptant pas le combat et fuyant devant les Marocains pour revenir ensuite les attaquer sur leurs derrières. Le pacha se fatigua bientôt de cette campagne inutile et revint à Tombuctou. De là, il envoya un message à Hamadou-Amina II pour l'aviser qu'il le reconnaissait officiellement comme roi du Massina et l'autorisait à percevoir l'impôt ; Sa'di, l'auteur du *Tarikh-es-Soudân*, qui se rendit au Massina cette même année (1629) pour aller visiter un de ses amis, le cadi Samba, eut l'occasion de voir Hamadou-Amina II au moment où il venait de recevoir le message du pacha.

En 1634, Hamadou-Amina se transporta à Dienné sous prétexte d'aller y chercher un captif évadé et, se jouant de deux caïds marocains envoyés pour l'arrêter, il arriva jusqu'à la ville, posa sa main sur les remparts et repartit sans qu'on osât l'inquiéter. Dix ans après, le pacha Mohammed-ben-Mohammed dirigea contre lui une expédition, avec le concours de son vassal l'askia du Nord El-hadj et celui de la garnison de Dienné ; l'armée marocaine essuya d'abord une sanglante défaite, le 20 mai 1644, du côté de Soï, mais, le lendemain, ce fut au tour de Hamadou-Amina d'être mis en déroute. L'*ardo* se replia sur Kéké et les débris de son armée se sauvèrent dans le pays des Banmana, pensant y trouver un refuge ; mais les

---

(1) Sa'di nous dit que ce prince régnait depuis 25 ans au moment où lui-même rédigeait son ouvrage, lequel fut écrit vers 1652 et complété ensuite en 1655.

Banmana, pour se venger des nombreux actes de brigandage auxquels les Peuls se livraient habituellement sur leur territoire, s'emparèrent de tout ce qui tomba entre leurs mains, hommes et biens. Cependant le pacha avait fait demander aux chefs du Sana (Sansanding) et du Fadougou (Farako) d'arrêter Hamadou-Amina : ces deux chefs armèrent treize pirogues, s'embarquèrent à Nakry le 12 juillet 1644, descendirent le Niger, puis le marigot de Diaga, et rencontrèrent l'*ardo* à Kéké. Ce dernier leur ayant demandé ce qu'ils venaient faire au Massina, les deux chefs se troublèrent et, sans oser aucune tentative pour s'emparer de la personne du roi, ils lui dirent qu'ils allaient à Tombouctou saluer le pacha ; Hamadou-Amina les engagea à n'en rien faire, mais, comme ils semblaient persister dans leur projet, il les laissa aller et leur donna même des vaches en cadeau. Continuant leur chemin, ils rencontrèrent à Karan (rive gauche du marigot de Dia, à hauteur de Kakagnan) l'armée du pacha ; celui-ci accueillit les deux chefs avec bienveillance, malgré l'échec de leur mission ; puis il prononça la déchéance de Hamadou-Amina II et nomma à sa place, comme roi du Massina, son cousin *Hamadi-Fatima*, fils de Bourahima-Boye ; ensuite il renvoya les chefs du Sana et du Fadougou, en les chargeant de nouveau de s'emparer de Hamadou-Amina. Mais ce dernier, ayant eu connaissance de leurs desseins, s'était réfugié à Fi (près Kobikéré) et la flottille ennemie ne le trouva plus à Kéké. Après être passés à Diaga, les chefs du Sana et du Fadougou, étant arrivés à hauteur de Fi, envoyèrent un émissaire au chef de ce village pour l'engager à chasser de chez lui Hamadou-Amina et à le capturer si possible. Le chef de Fi déclara donc à l'*ardo* en fuite qu'il ne pouvait pas lui accorder plus longtemps l'hospitalité, mais il ne lui fit aucun mal, et Hamadou-Amina put retourner au Massina, rassembler ses partisans, mettre en déroute ceux de Hamadi-Fatima et reprendre le pouvoir (18 septembre 1644) : il le conserva jusqu'à sa mort, qui eut lieu en 1663, après trente-six ans d'un règne glorieux mais souvent agité.

Nous ne possédons que fort peu de renseignements sur ses successeurs, qui furent : *Alioun III*, frère de Hamadi-Fatima

(1663-73), *Gallo-Haoua* (1673-75), *Gourori*, fils du précédent (1675-96), *Guéladio* (1696-1706), *Guidado*, neveu du précédent (1706-61), *Hamadou-Amina III*, fils de Guidado (1761-80), *Ya-Gallo* (1780-1801) et *Hamadi-Dikko* ou Gourori II, fils de Ya-Gallo (1801-1810). Tous furent plus ou moins vassaux, non plus des pachas de Tombouctou, qui n'existaient plus depuis 1670 environ en tant qu'autorité constituée, mais des empereurs banmana de Ségou (1).

Hamadi-Dikko fut le dernier roi de la dynastie des Diallo, qui avait ainsi exercé la suprématie au Massina durant plus de quatre cents ans. Bien que nous n'ayons pas d'indications précises à cet égard et que quelques-uns des princes de cette dynastie portent des prénoms musulmans, il semble bien qu'aucun d'eux n'ait professé l'islamisme : ce fut, en tout cas, la raison qu'invoqua Sékou-Hamadou, fondateur de la dynastie des Bari, pour s'emparer du pouvoir, ainsi que nous l'allons voir à l'instant.

II. — Dynastie des Bari (1810-1862).

Les Peuls du Massina appartiennent à un certain nombre de familles réparties en plusieurs clans, ainsi que j'ai eu l'occasion de le dire. Au début de leur organisation, le clan *Diallo* ou des Dialloubé avait le pas sur les autres, et c'est ainsi que Maga Diallo put s'emparer du commandement et que ses descendants le conservèrent durant quatre siècles. Le clan le plus puissant après celui des Dialloubé était le clan des *Darbé*, qui est connu également sous les noms de *Bari* et *Sangaré* et qui correspond au clan toucouleur des *Si* et au clan mandé des *Sissé* (2). On a vu qu'à plusieurs reprises les Bari ou Sangaré avaient pris le parti des ennemis du Massina contre les rois dialloubé.

A la fin du xviii⁵ siècle vivait à Yogoumsirou près d'Ouromodi (Massina central) un pieux musulman originaire du Fitouka

(1) Je donne les noms et les dates des rois du Massina, de 1663 à 1810, d'après la *Monographie de Djenné* de M. Ch. Monteil.
(2) De là l'appellation de Sissé donnée couramment à la dynastie des Bari.

(région à l'Est de Niafounké), qui appartenait au clan peul des Bari et était appelé *Hamadou-Lobbo* ou Ahmadou-Lobbo (1), parce qu'il avait pour mère une femme nommée Lobbo, ou encore Hamadou-Boubou, parce que son père s'appelait Boubou. Hamadou-Lobbo avait eu à Malangal ou Maréval (Massina central) un fils auquel il donna le même nom qu'il portait lui-même et qu'on appela pour cette raison *Hamadou-Hamadou-Lobbo*, c'est-à-dire « Hamadou fils de Hamadou fils de Lobbo »; lorsque, plus tard, ce fils reçut le surnom de *Sékou* ou « vénérable » (corruption du mot arabe *cheikh*), on l'appela *Sékou-Hamadou*, c'est-à-dire « Sékou fils de Hamadou » (2).

Sékou-Hamadou, après avoir été instruit par son père à Yogoumsirou, se mit à voyager. Il accompagna en 1800 Ousmân-dan-Fodio dans ses expéditions en pays haoussa et, au retour, vint s'établir dans un hameau peul voisin de Dienné et nommé Nonkama. Les Arma de Dienné l'en ayant expulsé, il alla se fixer à Sono, dans le Sébéra, pays d'origine de sa mère Fatimata, et y fonda une école. Ses *talibé* ou disciples s'étant rendus un jour au marché de Siman, près et au Nord de Dienné, un fils de Hamadi-Dikko, l'*ardo* du Massina, leur chercha dispute et confisqua leurs couvertures; ils vinrent se plaindre à Sékou-Hamadou, qui leur conseilla de tuer le fils de l'*ardo*, ce que firent les *talibé*. Alors, pour fuir la colère de Hamadi-Dikko, Sékou-Hamadou alla s'établir auprès de Soï.

Cependant l'*ardo*, effrayé des agissements et de la renommée grandissante de Sékou-Hamadou, implora contre ce dernier

(1) Les noms Hamadou et Ahmadou, Hamadi et Ahmadi, Amadou et Amadi, sont au fond identiques : ce sont des déformations différentes du prénom arabe Ahmed. Généralement les Peuls transposent l'aspiration avant l'*a* initial (d'où la prononciation Hamadou ou Hamadi), tandis que les Mandé la suppriment (d'où la prononciation Amadou ou Amadi); les lettrés qui se piquent de correction écrivent et prononcent Ahmadou.

(2) Les quatre personnages constituant la dynastie des Bari portant tous le même nom, Hamadou — qui est généralement chez les Peuls le nom donné à tous les fils aînés —, il importe de les distinguer les uns des autres en désignant toujours chacun d'eux par une expression qui ne puisse prêter à ambiguïté; c'est pourquoi j'ai adopté de préférence les appellations Hamadou-Lobbo, Sékou-Hamadou, Hamadou-Sékou et Hamadou-Hamadou, qui ont l'avantage d'être correctes et de ne pas donner lieu à confusion.

l'aide de *Da*, alors empereur de Ségou et suzerain du Massina. Da ordonna à l'un de ses généraux, nommé Fatouma-Séri, d'aller s'emparer de la personne du cheikh ; arrivé à Dotala (près et au Nord-Est de Dienné), Fatouma-Séri comprit que Sékou-Hamadou, dont la réputation de science et de vertu était déjà considérable, constituait un adversaire sérieux ; il fit occuper la rive du Niger par les guerriers de l'*ardo* et celle du Bani par Galadio, chef du Kounari (pays de Kouna, entre Mopti et Sofara). Puis il marcha sur Soï à la tête de l'armée banmana. Sékou-Hamadou proclama alors la guerre sainte, marcha au devant de Fatouma-Séri, battit ses troupes près de Soï et les repoussa jusqu'à Yari, à côté de Dotala, où elles se fortifièrent. On prétend que le cheikh n'avait à sa disposition que quinze cavaliers, mais que, ayant fait rassembler un grand troupeau de bœufs, il fit recouvrir ces animaux de guenilles auxquelles on mit le feu et les lâcha ensuite sur les Banmana, parmi lesquels les bœufs, affolés par la douleur, jetèrent le désarroi et la panique. Fatouma-Séri, en apprenant qu'il s'était ainsi laissé jouer par son adversaire, se tua de honte et de dépit ; quant à ses guerriers, ils se dispersèrent, et c'est à partir de cet événement que l'empire de Ségou perdit la tutelle qu'il avait jusque-là exercée, depuis 1670 environ, sur le Massina.

Sékou-Hamadou avait envoyé deux de ses frères auprès de Ousmân-dan-Fodio, empereur de Sokoto, pour solliciter sa bénédiction et lui demander des drapeaux ; ces drapeaux arrivèrent au moment de la déroute de Fatouma-Séri et ne contribuèrent pas peu à fortifier le prestige dont jouissait déjà le cheikh. Il en profita pour imposer fortement son autorité à tout le Sébéra, où il plaça l'un de ses Rimaïbé, Sanoussi Sissé, comme gouverneur. Les Peuls de la région, heureux en somme de l'occasion qui s'offrait à eux d'échapper au joug des Banmana, firent leur soumission à Sékou-Hamadou et lui livrèrent la personne de Hamadi-Dikko, le dernier *ardo* du Massina (1810). Sékou-Hamadou en effet répudia ce titre d'*ardo* (guide, conducteur, chef de migration ou de tribu nomade), qui lui paraissait trop modeste, et prit celui d'*amirou-l-moumentna* (prince des Croyants). Cependant, il installa son neveu Bokar-

Amina à Ténenkou, avec le titre d'*amirou* tout court (commandant), en lui donnant le gouvernement du Massina occidental et en en faisant en quelque sorte le successeur local de Hamadi-Dikko.

Les habitants de Dienné, fervents musulmans et surtout marchands avisés, toujours du parti du plus fort, firent leur soumission au cheikh, qui envoya des représentants dans la ville pour y exercer l'autorité en son nom. Mais les Arma, descendants des derniers caïds marocains, qui avaient remplacé ces derniers dans le commandement de la ville et de ses environs, ne voulurent pas supporter ces maîtres qu'on leur imposait malgré eux et les massacrèrent. Sékou-Hamadou vint alors mettre le siège devant Dienné, qui se rendit au bout de neuf mois avec d'autant plus de facilité que, à part les Arma, tous ses habitants étaient favorables au cheikh. Une fois maître de Dienné, Sékou-Hamadou traversa le Bani et se rendit dans le Kounari pour y fixer sa résidence; Galadio, mécontent, alla à Tombouctou pour implorer le secours des Bekkaï, lesquels formaient la principale famille des Kounta et détenaient alors la suprématie politique à Tombouctou. Les Bekkaï refusèrent de donner leur appui à Galadio qui, après deux ans de lutte, fut définitivement battu par Sékou-Hamadou et alla, avec ses partisans, se réfugier au Yagha, entre Dori et Say, où son fils Ibrahim jouissait encore d'une réelle autorité vers la fin du xix° siècle.

Sékou-Hamadou fonda alors dans le Kounari, sur la rive droite du Bani et au pied des montagnes du Pignari, entre Kouna et Sofara, un village qu'il appela *Hamdallahi* (glorification de Dieu) et dont il fit sa capitale (1815). C'est là qu'il reçut la visite d'El-hadj-Omar, vers 1838, lorsque ce dernier revenait de La Mecque ; Sékou-Hamadou lui prédit, dit-on, qu'il serait un grand prince mais périrait misérablement.

Une fois solidement installé à Hamdallahi, il organisa ses États (1), les partagea en provinces, mit dans chaque province

---

(1) Presque tous les détails concernant la vie et le règne de Sékou-Hamadou ainsi que l'organisation de son royaume ont été empruntés à la *Monographie de Djenné* de M. Ch. Monteil ; on les retrouvera, bien plus développés, dans ce très remarquable travail (pages 265 à 276). J'ai utilisé

un gouverneur et un cadi, établit des impôts et une sorte de service militaire. Les impôts consistaient principalement en une dîme sur les récoltes : un dixième de la dîme formait la solde du percepteur, un cinquième revenait au roi et le reste servait à payer le chef de province, à entretenir le contingent militaire et à secourir les indigents. On percevait en outre un impôt en nature sur les troupeaux, impôt dont le montant était dépensé par le roi en frais de représentation : le taux était d'un taureau sur trente, une vache sur quarante, un mouton sur quarante et une chèvre sur cent. De plus, Sékou-Hamadou institua une sorte d'impôt somptuaire, qui consistait à prélever le quarantième de la fortune monnayée des gens riches (or et cauries) et le quarantième de leur provision de sel. A la fête de la rupture du jeûne, chaque chef de famille payait un *moudd* (1) de mil par adulte, dont un cinquième revenait au roi, le reste étant affecté au personnel des mosquées et aux indigents. Les serfs devaient aussi une contribution en mil ou en riz pour la nourriture de l'armée. Tous ces impôts étaient annuels.

En dehors des impôts existait la taxe de l'*oussourou* ou du dixième des marchandises importées de l'extérieur et vendues dans le royaume. Quant au butin fait à la guerre, une fois diminué d'un cinquième qui servait à payer le chef de la colonne et à racheter les prisonniers, il était partagé entre les guerriers à raison d'une part par fantassin et de deux parts par cavalier. Pour son alimentation et celle de sa cour et des hôtes de passage, le roi se réservait dans chaque province des terrains qui étaient cultivés par les Rimaïbé attachés à la couronne.

Chaque village devait fournir un contingent militaire divisé en trois fractions qui étaient appelées à tour de rôle ; mais, en cas de nécessité, elles pouvaient être appelées toutes les trois à la fois. On faisait généralement une expédition militaire ou une razzia tous les ans, au moment de la saison sèche ; pendant la durée de l'opération, les guerriers recevaient une indemnité de vivres en grains ou en cauries. Il y avait cinq généraux : le

aussi la monographie du Cercle de Bandiagara de M. J. de Kersaint-Gilly (1909).
(1) Mesure de capacité variant au Soudan entre un et trois litres.

général en chef ou *amirou mawngal* résidait à Dienné et campait durant la saison sèche au Pondori, d'où il surveillait les Banmana ; trois généraux résidaient à Hamdallahi pendant la saison des pluies : le reste du temps, l'un campait à Poromani (ou Foromana), sur la rive droite du Bani et à peu près en face de Dienné, pour surveiller les Minianka, un autre au Kounari pour surveiller les Tombo et les Mossi, et le troisième à Saréniamou, au Nord de Bandiagara, pour surveiller les Touareg et les Peuls de la Boucle ; un cinquième général résidait à Ténenkou et surveillait la frontière de l'Ouest : c'était le remplaçant local des anciens rois de la dynastie des Diallo.

Dans chaque chef-lieu de canton et dans chacun des sept quartiers de Hamdallahi était un cadi jugeant les affaires civiles. Le grand cadi de Hamdallahi, entouré des cadis de quartier, connaissait des crimes et, en appel, de tous les jugements des cadis secondaires. On pouvait en appeler au roi des jugements du grand cadi ; lorsqu'il y avait divergence entre l'avis de ce dernier et celui du roi, on avait recours à l'arbitrage d'un jurisconsulte réputé. L'assemblée des jurisconsultes de la capitale formait auprès du roi une sorte de Conseil d'Etat.

Sékou-Hamadou réussit à convertir à l'islam presque tous les Peuls, dont la plupart étaient encore païens au début du XIXe siècle, et même beaucoup de Banmana ; ces derniers d'ailleurs abandonnèrent presque tous l'islamisme après la chute de l'Etat toucouleur qui remplaça au Massina le royaume des Bari. Du temps de la domination des Diallo, le système de succession en usage dans le pays était le système de succession patriarcale : Sékou-Hamadou l'interdit et imposa à ses sujets la succession en ligne directe.

Sékou-Hamadou régna de 1810 à 1844. Il avait étendu son autorité surtout du côté de l'Est, jusqu'aux premières montagnes des Tombo, et au Sud-Est, jusque vers le confluent de la Volta Noire et du Sourou. Au Nord son pouvoir s'exerçait depuis 1827 jusqu'à Tombouctou, où son influence néanmoins était contrebalancée par celle des Bekkaï et par celle des Touareg. C'est en 1826-1827 que Sékou-Hamadou avait conquis Tombouctou et en avait fait une dépendance du Massina ; lorsqu'il

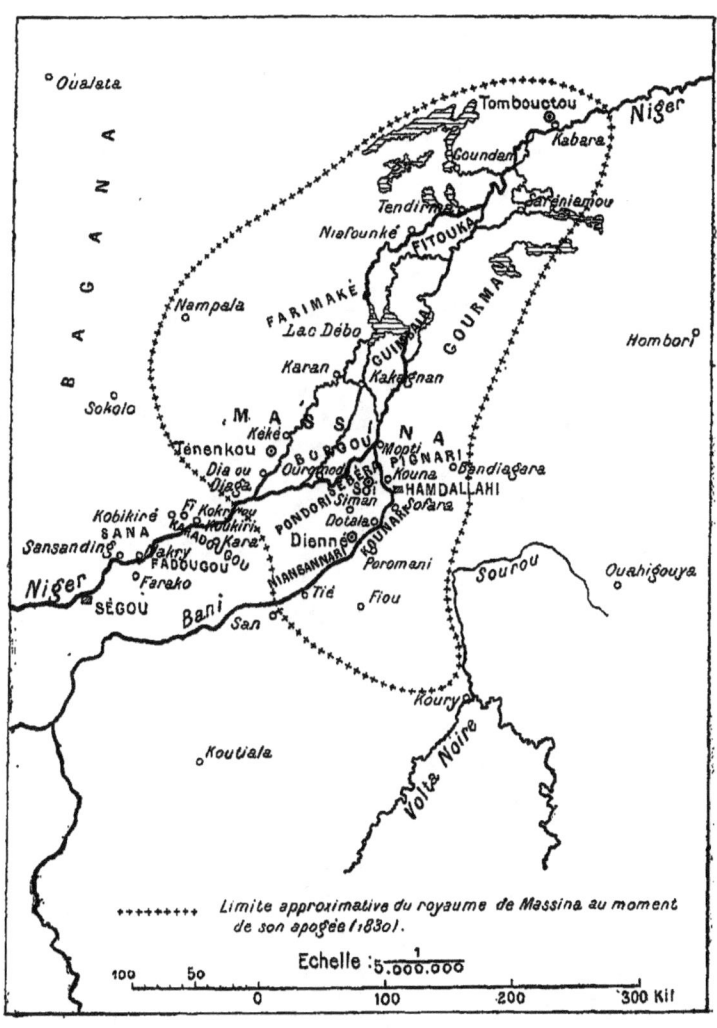

Carte 14. — Le royaume du Massina.

mourut, les habitants de la ville, qui détestaient les Peuls, firent appel à *El-Mokhtar Bekkaï*, qui résidait alors à Mabrouk : celui-ci intervint auprès des Touareg de la région et, grâce à leur concours et à celui de ses Kounta, il parvint à affranchir Tombouctou du joug du Massina et à en chasser la garnison peule (1844).

Hamadou-Sékou, fils de Sékou-Hamadou, succéda à son père ; deux ans après son avènement, il faisait de nouveau accepter la suzeraineté du Massina par Tombouctou (1846), sans cependant réoccuper la ville ; grâce à une convention passée avec *El-Bekkaï*, frère d'El-Mokhtar, les susceptibilités des habitants purent recevoir satisfaction : il fut décidé que tous les fonctionnaires seraient des Songaï, à l'exception d'un percepteur peul qui assisterait le percepteur songaï dans le recouvrement de l'impôt à verser au roi du Massina.

Hamadou-Sékou abdiqua en 1852 en faveur de son fils *Hamadou-Hamadou*, au détriment de ses frères Ba-Lobbo et Abdessâlem. Hamadou-Hamadou régna de 1852 à 1862 ; sa lutte avec El-hadj-Omar et sa défaite seront contées dans l'histoire de l'empire toucouleur. Qu'il me suffise de dire ici qu'El-hadj, après s'être emparé de Sansanding en 1860, puis de Ségou en 1861, marcha contre Hamadou-Hamadou et prit Hamdallahi en 1862, après quoi il fit arrêter Hamadou-Hamadou près de Tombouctou et le fit mettre à mort. *Ba-Lobbo* cependant continua la lutte contre les Toucouleurs et arriva même à se tailler dans la Boucle du Niger une sorte de royaume assez étendu, mais en réalité le royaume peul du Massina et la dynastie des Bari avaient pris fin avec l'entrée d'El-hadj-Omar à Hamdallahi. Le récit des difficultés que rencontrèrent dans le Massina El-hadj et ses successeurs, tant de la part des Bari et des Peuls en général que de celle des Bekkaï de Tombouctou, appartient à l'histoire de l'empire toucouleur plutôt qu'à celle du royaume peul.

CHAPITRE IX

La domination marocaine à Tombouctou
(XVIe au XVIIIe siècles)

I. — Les pachas nommés par le sultan (1591-1612).

1° *Gouvernement du pacha Djouder* (1591). — Nous avons laissé (1) le pacha Djouder au moment de son entrée à Tombouctou, le 30 mai 1591 ; le dernier empereur de Gao, Issihak II, en complète déroute, s'était réfugié dans l'intérieur de la Boucle, d'où il avait fait proposer à Djouder de lui remettre, pour le sultan Moulaï Ahmed, cent mille pièces d'or et mille esclaves, en échange du rappel de l'armée marocaine à Marrakech. Lorsque le sultan reçut la lettre du pacha lui transmettant ces propositions, il entra dans une violente colère, prononça séance tenante la révocation de Djouder et envoya pour le remplacer, avec une escorte de 80 soldats, le pacha *Mahmoud-ben-Zergoun*; ce dernier avait ordre de chasser Issihak du pays des Nègres.

2° *Gouvernement du pacha Mahmoud* (1591-95). — Mahmoud arriva à Tombouctou le 17 août 1591, prit le commandement et fit tout d'abord construire des pirogues : Djouder lui avait dit en effet que c'était le manque d'embarcations qui l'avait empêché de poursuivre Issihak, le chef du port les ayant toutes emmenées lorsque l'*askia* avait envoyé aux gens de Tombouctou l'ordre de passer sur la rive droite (2). On fit deux grandes

(1) Voir plus haut, page 116.
(2) Voir plus haut, page 115.

Fig. 45. — Kabara; vue prise à bord d'un vapeur.

Fig. 46. — La pointe de Kabara.

barques avec les arbres qui se trouvaient dans la ville et les portes des maisons ; ces barques furent mises à l'eau le 23 août et le 6 septembre 1591, et sans doute elles accompagnèrent l'armée de Mahmoud et servirent à transborder les troupes d'une rive à l'autre le cas échéant, bien que Sa'di ne précise pas ce point ; il est probable en tout cas que le gros de l'expédition prit la route de terre, car deux barques, même de grandes dimensions, n'auraient pu suffire à transporter l'armée.

Mahmoud, avec Djouder et toutes les troupes, quitta Tombouctou le 9 septembre, campa hors des murs à l'Est de la ville, puis se mit définitivement en route le 21 septembre, fit halte à Moussa-bango, puis à Sihinga ; Issihak, venant de Bornou, s'était porté au devant des Marocains et Mahmoud le rencontra à Bamba, le 14 octobre 1591 : la bataille s'engagea près de Bamba, au pied de la colline de Diandian ou Zenzen ; Issihak fut vaincu, s'enfuit en pleine déroute vers le Dendi en longeant la rive droite du fleuve et alla se réfugier dans la région de Say. Mahmoud poursuivit les débris de l'armée songaï, qu'Issihak avait chargés de protéger sa fuite et avait laissés en partie du côté d'Ansongo, et il arriva à Gounguia ou Koukia, où il établit son camp. Il avait là avec lui environ quatre mille fusiliers, répartis en 174 tentes de 20 fusiliers chacune.

Issihak envoya contre le pacha ses 1200 meilleurs cavaliers, commandés par le chef de la flottille, un Sorko nommé Laha, avec ordre d'attaquer Mahmoud par surprise. Mais Laha fut rejoint en route par le *balama* (maître du palais) *Mohammed-Gao*, frère d'Issihak, avec cent cavaliers, et, une dispute étant née entre les deux dignitaires au sujet de la prééminence, l'expédition n'eut pas lieu. Le chef de la flottille retourna auprès de son maître et les cavaliers de Mohammed-Gao proclamèrent ce dernier *askia* en remplacement d'Issihak II, qu'ils déposèrent purement et simplement : c'est ainsi que se constitua le royaume songaï du *Dendi* qui, comme nous le verrons, demeura indépendant des Marocains.

Issihak accepta avec philosophie, mais non sans tristesse, sa déposition et se prépara à partir pour le Kebbi (1), renonçant

(1) Rive gauche du Niger, à l'Est du Dallol Maouri.

à la fois à la couronne et à la lutte contre les Marocains : ses officiers mirent la main sur tous les emblèmes du pouvoir pour les remettre à Mohammed-Gao, et ils se séparèrent d'Issihak à Tara (1), en pleurant ainsi que lui. Abandonnant alors son projet de gagner le Kebbi, l'ancien empereur, accompagné de quelques rares fidèles, demeura sur la rive droite du Niger et se retira à *Tonfina*, chez les Gourmantché ; mais ceux-ci le mirent à mort ainsi que ses derniers partisans en mars-avril 1592.

L'armée songaï se rangea tout entière sous les ordres de Mohammed-Gao, qui fut de nouveau et solennellement proclamé *askia* et envoya libérer ses deux frères Moustafa et Nouha, qui avaient été internés au Dendi en 1586 par l'*askia* Mohammed-Bani. Mais ses autres frères ou parents passèrent aux Marocains. Se voyant ainsi abandonné d'une partie de ses proches, Mohammed-Gao dépêcha son secrétaire Bakari Lambaro au pacha Mahmoud, offrant de prêter serment d'obéissance au sultan du Maroc. L'armée de Mahmoud souffrait de la disette ; aussi le pacha accueillit favorablement les ouvertures de l'*askia* et lui demanda des vivres. Mohammed-Gao fit moissonner tout le mil blanc qui se trouvait sur la rive gauche du Niger et le fit envoyer aux Marocains, puis il se prépara à partir pour Gounguia en vue d'aller faire sa soumission à Mahmoud. Ses ministres — et notamment le *hi-koï* (chef de la flottille) Laha — voulurent le détourner de son dessein, par défiance des Marocains, mais Bakari Lambaro fut d'un avis contraire et ce fut lui qui, finalement, fut écouté. Lorsque l'*askia* fut arrivé en vue du camp marocain, qui était établi à *Tintyi*, près de Gounguia, Mahmoud envoya au devant de lui quarante des principaux chefs de son armée, sans armes. Le *hi-koï* voulait qu'on les mît à mort, afin de jeter la désorganisation dans les troupes du pacha, mais le secrétaire Bakari s'y opposa, en jurant à Mohammed-Gao qu'il trouverait auprès de Mahmoud une sécurité absolue. L'*askia* continua donc son chemin, précédé des chefs marocains. Le pacha avait fait préparer un repas dans

(1) Près et en amont du confluent du Niger et du Dallol Maouri.

sa tente et il y invita Mohammed-Gao et sa suite ; dès que le festin fut commencé, les gens de Mahmoud se précipitèrent sur l'*askia* et ses lieutenants et les dépouillèrent de leurs armes. Les simples soldats de l'armée songaï, demeurés en dehors de la tente, prirent aussitôt la fuite ; les uns furent tués par les Marocains à coups de sabres ou de mousquets, les autres réussirent à s'échapper, notamment *Oumar Kato*, ancien lieutenant d'Issihak II, qui se sauva sur le cheval de Mohammed-Gao. Celui-ci fut mis aux fers, ainsi que le *hi-koï*, le *Gourman-fari* et seize autres fonctionnaires, et tous furent expédiés à Gao, où le caïd Hammou-Barka, sur l'ordre de Mahmoud, les enferma dans une chambre de l'ancien palais impérial, dont il fit renverser les murs sur eux. Tous périrent ainsi, à l'exception du *hi-koï*, qui fut crucifié. On mit aussi à mort deux fils de l'*askia* Daoud qui, pourtant, s'étaient présentés librement pour faire leur soumission (1). Cependant la vie de *Slimán*, autre fils de l'*askia* Daoud, fut épargnée, et Mahmoud le nomma « *askia* du Nord » (2). D'autre part le secrétaire Bakari Lambaro ne fut pas inquiété par le pacha, ce qui, rapproché de la conduite qu'il avait tenue, le fit soupçonner d'avoir trahi son souverain.

Moustafa et Nouha, à peine libérés, avaient appris l'arrestation et la mort de Mohammed-Gao et étaient retournés au Dendi. Les débris de l'armée songaï offrirent à Moustafa, qui était l'aîné, le titre d'*askia* du Dendi, mais il les pria de choisir de préférence *Nouha*, comme étant le plus digne. Nouha groupa autour de lui tous les fragments épars des anciennes troupes impériales et fut rejoint par plusieurs notables qui, faits prison-

(1) Les personnes arrêtées à Tintyi avec Mohammed-Gao étaient au nombre de 83 ; on raconte que le premier *askia*, Mohammed Touré, après avoir vaincu Sonni Ali, avait arrêté le même nombre de personnes dans la même localité, après leur avoir accordé l'*amán* sous la foi du serment, et que l'acte de Mahmoud fut une punition céleste de l'acte commis cent ans auparavant par Mohammed Touré.

(2) Il y eut, à partir de cette époque, deux *askia* : l'un, nommé par les Marocains, n'était qu'un instrument entre les mains de ces derniers pour leurs relations avec les indigènes du Nord de la Boucle et de la région de Tombouctou ; l'autre, successeur de Mohammed-Gao au Dendi, exerçait un pouvoir réel sur les Songaï du Sud.

niers par Mahmoud, avaient réussi à s'échapper. Le pacha marcha alors contre Nouha et le joignit à la frontière du Dendi, du côté de Say, sur la rive droite du fleuve ; les gens du Gando (c'est-à-dire de la rive gauche) entendirent le bruit de la fusillade pendant une journée entière. Nouha vaincu alla s'installer plus au Sud, à Gourao ou Garou, à côté de Mella, en face de l'endroit où le Maouri touche au Gando (1). Mahmoud le poursuivit encore et établit une garnison de 200 fusils à *Goulané* (sans doute l'un des trois villages appelés Kolo, Kouléré et Goularé sur nos cartes, près et au Nord de Say). La guerre continua pendant deux ans dans cette région entre Mahmoud et Nouha, qui, malgré le petit nombre de ses soldats et l'infériorité de son armement, réussit à fatiguer son adversaire et à lui tuer beaucoup d'hommes, grâce à la nature du pays, couvert en partie de forêts touffues et de marécages. Au combat de *Bournei* (?) entre autres, Mahmoud perdit 80 de ses meilleurs fantassins. Les Marocains manquaient de vivres et souffraient du climat et de la mauvaise qualité de l'eau, qui leur donnait la dysenterie ; beaucoup périrent de maladie ; tous les chevaux avaient succombé, et Mahmoud fut contraint de mander à Moulaï Ahmed sa situation désespérée. Le sultan lui envoya six colonnes de renfort, qui vinrent successivement faire leur jonction avec l'armée du pacha. Malgré cela, Mahmoud ne put vaincre Nouha et dut retourner à Tombouctou sans avoir remporté aucun succès, vers la fin de 1593.

Pendant que le pacha guerroyait ainsi vainement contre le roi du Dendi, de graves événements s'étaient passés à Tombouctou et à Dienné. Yahia, chef des Touareg de Tombouctou, qui s'était enfui de la ville à la nouvelle de la bataille de Tondibi (2), y était revenu le 10 octobre 1591, avec des partisans nombreux, dont des Zaghrâna (3) de la famille des Ahl-Nioroua, et il avait attaqué la forteresse élevée par Djouder et commandée alors par le caïd Moustafa-et-Tourki. Il fut blessé

(1) A moins qu'il ne s'agisse d'un autre Garou, situé à côté de Malo, au Sud et près de Tillabéry, c'est-à-dire bien plus en amont.
(2) Victoire remportée le 12 avril 1591 par Djouder sur Issikak II.
(3) Voir la note 1, page 225.

mortellement d'une balle dès le premier assaut et sa tête fut coupée et promenée par la ville, tandis que les soldats marocains frappaient à coups de sabre tous les gens qu'ils rencontraient, sans distinction de parti ni de nationalité. Les habitants de Tombouctou, fort excités par ces procédés, demandèrent conseil à leur cadi, Abou-Hafs Omar. Ce dernier ordonna à son huissier Amar de leur recommander de rester tranquilles et de se contenter de bien veiller sur leurs personnes et leurs biens ; mais Amar, au lieu de transmettre cet avis, fit proclamer que le cadi conseillait de se soulever contre les Marocains. Aussitôt la population prit les armes (fin octobre 1591). Beaucoup de gens furent tués de part et d'autre, dont Ould-Kirinfel, cet ancien fonctionnaire d'Issihak II qui avait provoqué l'envoi de l'armée de Djouder au Soudan, et qui était venu avec elle à Tombouctou et y était resté. Les Touareg, sous prétexte de porter secours aux Marocains, vinrent mettre le feu à la ville, tandis que le caïd Moustafa était toujours assiégé dans sa casbah.

Informé de ces événements, Mahmoud expédia à Tombouctou 324 fusiliers sous les ordres du caïd *Mâmi-ben-Barroun*, qui entra dans la ville le 27 décembre 1591, mit fin à l'émeute et réconcilia les gens de Tombouctou avec Moustafa-et-Tourki. Les habitants qui s'étaient enfuis lors de la défaite d'Issihak II par Djouder rentrèrent alors dans la cité et le chef du port ramena les pirogues. La population prêta serment de fidélité à Moulaï Ahmed, les routes se rouvrirent — en particulier celle de Dienné — et les affaires reprirent leur cours interrompu. Le caïd Mâmi marcha contre les Ahl-Nioroua, leur tua beaucoup d'hommes et emmena en captivité leurs femmes et leurs enfants, qui furent vendus à Tombouctou de 200 à 400 cauries chacun.

Peu après, Dienné prêta à son tour serment de fidélité à Mâmi, comme représentant du pacha. Mâmi y installa une garnison et ses soldats s'emparèrent d'un chef de brigands nommé Bongona Konndé, lequel ne cessait d'inquiéter les alentours de la ville, et le mirent à mort. Le caïd révoqua et emprisonna le cadi indigène de Dienné, Mohammed-Bamba Konaté, et le remplaça par un Marocain, Ahmed-el-Filâli. Puis il leva dans la ville un impôt de 60.000 pièces d'or.

Après que Mâmi eut quitté Dienné pour retourner à Tombouctou, le gouverneur du Bagana, nommé Bakari, arriva de Kara (1), obtint l'entrée de la ville en jurant sur le Coran et sur le *sahih* de Bokhari qu'il ne venait que pour prêter serment de fidélité à Moulaï Ahmed, mais, une fois dans les murs, entraîna les fortes têtes de Dienné, pilla les biens des fonctionnaires nommés par le caïd Mâmi et ceux des négociants marocains, mit aux fers le cadi El-Filâli et l'expédia au Karadougou, délivra Mohammed-Bamba Konaté et le réinstalla dans les fonctions de cadi. Mâmi, avisé de ces événements, arriva de Tombouctou avec 300 soldats, et Bakari s'enfuit avec ses partisans à Tira ou Kéra, sur le Bani, à hauteur de Dienné. Il y fut rejoint par Mâmi, qu'accompagnaient des chefs peuls du Massina ; la pirogue du caïd, fendue par un javelot qu'avait lancé Bakari lui-même, faillit chavirer, mais Mâmi put échapper à ce danger et dispersa les rebelles ; le gouverneur du Bagana se sauva dans la direction du Bendougou, mais fut arrêté dans sa fuite et mis à mort par le chef de Tarendi (?) ; sa tête et celles de ses compagnons furent envoyées à Tombouctou.

Vers la même époque, des Touareg commandés par Aboubekr-ould-el-Ghandâs s'emparèrent de la casbah marocaine de Ras-el-Ma, massacrèrent la garnison et marchèrent sur Tombouctou. Le caïd Moustafa-et-Tourki, chargé du commandement et de la défense de cette ville, n'avait plus qu'un seul cheval ; il apprit que l'une des colonnes expédiées du Maroc à la requête de Mahmoud était arrivée à Bir-Takhnât, à une journée de Tombouctou : cette colonne comprenait 1.500 fantassins, 500 cavaliers et 500 chevaux hauts-le-pied et était commandée par le caïd Ali-er-Rachedi. Ayant fait hâter l'arrivée de ce renfort, Moustafa se porta avec lui à la rencontre des Touareg. qu'il joignit à Bir-Ez-Zobeïr ; les Touareg, qu'accompagnaient des « Zenaga aux cheveux tressés » (sans doute des Bella) et des Zaghrâna, furent mis en déroute après une vive résistance.

Revenons maintenant au pacha Mahmoud. Il avait fait toute son expédition du Dendi en compagnie de son prédécesseur

(1) Ou de Kala (Sokolo).

Djouder ; lorsqu'il reprit la route de Tombouctou, il laissa Djouder comme gouverneur à Gao, puis il fit construire un fort à Bamba. Il arriva à Tombouctou très irrité contre la population de cette ville, à cause de la révolte dont j'ai parlé plus haut ; mais son irritation provenait surtout de ce qu'il avait échoué dans sa lutte contre l'*askia* Nouha. Déjà, il avait, du Dendi, envoyé l'ordre de mettre à mort deux chérifs auxquels on coupa en public les pieds et les mains, ce qui provoqua de la part du cadi Abou-Hafs Omar l'envoi au Maroc d'un message se plaignant de la cruauté du pacha. Aussi Mahmoud voulait-il faire arrêter le cadi, mais on l'en dissuada. Il tourna alors sa colère contre les Touareg, dont il fit un terrible carnage du côté de Ras-el-Ma. Ensuite le pacha fit proclamer qu'il ferait une perquisition dans toutes les maisons de Tombouctou pour voir s'il ne s'y trouvait pas des armes, mais que les maisons où habitaient les descendants de feu le cadi Mahmoud ne seraient pas visitées, par respect pour la mémoire de ce saint personnage : tous les habitants se hâtèrent alors de transporter leurs richesses dans ces maisons que l'on ne devait pas fouiller ; les jours suivants, Mahmoud fit prêter à tous les gens de la ville serment de fidélité au sultan, dans la mosquée de Sankoré, en consacrant un jour à chaque quartier, famille ou corporation. Lorsque le tour des lettrés, fils et disciples du cadi Mahmoud, fut arrivé, le pacha les fit tous arrêter dans la mosquée (20 octobre 1593) ; un grand nombre d'entre eux furent massacrés, d'ailleurs contre la volonté du pacha, à ce qu'il semble ; on emprisonna les autres à la casbah, et parmi eux se trouvait le cadi Abou-Hafs Omar. Ensuite Mahmoud pilla les maisons des prisonniers, où il trouva entassés les biens de toute la population. Il dissipa ces richesses en prodigalités, sauf 100.000 pièces d'or qu'il expédia au sultan. Ses soldats dérobèrent tout ce qu'ils purent et abusèrent des femmes.

Vers cette époque, le fort marocain de Goulané (près Say) fut assiégé par Nouha ; Mahmoud envoya le caïd Mâmi avec des pirogues pour recueillir les assiégés et les ramener à Tombouctou. Le caïd ne put d'ailleurs approcher la casbah que par le fleuve, tant le blocus était étroit : on démolit le mur qui regardait le Niger et c'est par cette brèche qu'on put faire embarquer la garnison.

Cependant, au reçu du message du cadi Abou-Hafs Omar, le sultan dépêcha à Tombouctou 1200 hommes commandés par le caïd Bou-Ikhtiyâr, « fils renégat d'un prince chrétien », avec l'ordre officiel de faire grâce au cadi et de ne plus molester les lettrés, mais aussi avec l'ordre confidentiel et seul exécutable de les lui envoyer tous enchaînés ; conformément à cet ordre secret, le pacha mit donc en route pour le Maroc cette colonne de captifs, le 18 mars 1594. On rapporte que, en arrivant à Marrakech, le cadi Omar maudit cette ville et qu'en effet, à dater de ce jour, commença pour elle une ère de calamités. C'est le 1er juin 1594, d'après Ahmed Bâba qui en faisait partie, que la caravane des prisonniers arriva à Marrakech ; Omar fut emprisonné par le sultan et rendu à la liberté seulement le 19 mai 1596.

D'autre part, Moulaï Ahmed était furieux des cruautés inutiles de Mahmoud et surtout ne pardonnait pas à ce dernier de ne lui avoir envoyé que 100.000 pièces d'or sur tout ce qu'il avait pillé à Tombouctou. Profitant de ce que le pacha étai parti dans le *Hadjar* (la région pierreuse des falaises des Tombo) pour y relancer le roi Nouha, qui venait de quitter le Dendi et de se fixer du côté de Hombori (1), le sultan envoya au Soudan le caïd *Mansour*, avec l'ordre de mettre à mort Mahmoud. Celui-ci, prévenu par un fils de Moulaï Ahmed, Abou-Fârès, qui lui avait dépêché un messager rapide, partit avec quelques soldats marocains et tenta d'escalader durant la nuit la falaise de *Ouallam* (près et au Sud-Ouest de Hombori), que défendaient les autochtones : c'était courir volontairement à la mort, d'autant que le pacha avait été averti par Slimân, l'*askia* du Nord, de la folie d'une pareille entreprise ; Mahmoud en effet trouva là le trépas qu'il cherchait : il fut tué d'une flèche et sa tête fut envoyée à Nouha, qui l'expédia à son tour au roi du Kebbi, lequel la fit planter sur une perche sur le marché de Liki (1595).

(1) Sa'di prétend que Mahmoud, au cours de cette expédition, s'empara de Hombori et de *Daanka* (peut être Diankabo ?).

3° *Interrègne* (1595-97). — Après la mort de Mahmoud, l'armée marocaine, que le pacha avait laissée au pied de la falaise de Ouallam sans la prévenir de son coup de tête, fut ramenée par l'*askia* Slimân au lac Débo, puis elle alla rejoindre Djouder dans l'île de Zenta ou Dienta, près Tombouctou, où elle attendit l'arrivée du caïd *Mansour*. Ce dernier entra dans Tombouctou le 12 mars 1595.

En juin de la même année, Mansour marcha sur le Hadjar pour venger la mort de Mahmoud, avec 3.000 hommes, cavaliers et fantassins. Il mit en déroute le roi Nouha, dont tous les gens, hommes et femmes, furent emmenés en captivité à Tombouctou et confiés à l'*askia* Slimân, comme faisant partie de la population de ses Etats.

Mansour résida à Tombouctou, où il se montra bon administrateur. Mais il était en rivalité avec Djouder : personne en effet n'avait été investi du titre de pacha depuis la mort de Mahmoud ; le sultan, avisé de cette situation, confia à Djouder l'administration du pays et à Mansour le commandement des troupes.

Mansour, parti pour le Dendi, tomba malade à Karabara, revint à Tombouctou et y mourut le 9 novembre 1596. On prétendit que Djouder l'avait fait empoisonner.

4° *Gouvernement du pacha Mohammed-Tâba* (1597-98). — Le sultan envoya alors à Tombouctou comme pacha Mohammed-Tâba, qui arriva seulement le 28 décembre 1597. Parti en colonne dans le Hadjar, il mourut à Nganda (?) le 11 mai 1598, empoisonné aussi, dit-on, par Djouder.

5° *Interrègne* (1598-99). — Le caïd Moustafa-et-Tourki voulut prendre le commandement des troupes, mais celles-ci choisirent Djouder comme chef. Ce dernier fit assassiner Moustafa à Kabara en juillet 1898. Moulaï-Ahmed, informé de ces intrigues, manda à Djouder de retourner au Maroc, mais celui-ci pria le sultan d'envoyer d'abord quelqu'un pour le remplacer. Moulaï Ahmed expédia alors les deux caïds Moustafa-el-Fîl et Abdelmalek le Portugais. Djouder écrivit de nouveau à Marrakech, disant que le pays était menacé par l'empereur de Mali et le roi du Massina et qu'il fallait pour le défendre, non des caïds, mais un pacha. Le sultan envoya donc au Soudan le pacha

Ammar, mais sans le faire accompagner de troupes (1). Moustafa et Abdelmalek arrivèrent à Tombouctou en décembre 1598, mais Ammar n'y parvint qu'en février 1599. Quant à Djouder, il se résigna à quitter le Soudan le 25 mars 1599.

6° *Gouvernements des pachas Ammar* (1599-1600) *et Slimân* (1600-04). — Ammar était très faible et se laissait mener par le caïd Moustafa-el-Fîl. Le sultan le révoqua et le remplaça par *Slimân*, lequel arriva à Tombouctou le 19 mai 1600 avec 500 fusils et, conformément à l'ordre de Moulaï Ahmed, fit arrêter Ammar et Moustafa et les expédia à Marrakech. Slimân était intelligent et énergique et veillait particulièrement au maintien de la discipline dans l'armée et à la répression des vols. Ayant découvert que l'*amîn* ou trésorier El-Hassân était un concussionnaire, il lui enleva la garde du trésor.

7° *Gouvernement du pacha Mahmoud-Lonko* (1604-12). — Moulaï Ahmed-ed-Déhébi mourut de la peste — ou empoisonné par sa femme Aïcha — le 21 août 1603 et fut remplacé à Marrakech par son fils Moulaï Abou-Fârès, tandis que son autre fils Zidân était proclamé à Fez. Abou-Fârès envoya Mahmoud-Lonko comme pacha à Tombouctou et rappela Slimân au Maroc. Mahmoud-Lonko arriva à Tombouctou en juillet 1604 avec 300 soldats, au moment où l'*ashia* Slimân venait de mourir ; il rétablit dans ses fonctions l'*amîn* El-Hassân et le laissa même diriger et l'administration civile et l'armée (2).

Au Maroc cependant, Moulaï Abdallah succédait en 1605 à Abou-Fârès et, en 1607, après quarante jours durant lesquels régna Abou-Hassoun, Moulaï Zidân monta sur le trône de Marrakech (3).

(1) Précédemment, Ammar avait conduit au Soudan mille hommes de renfort, dont 500 renégats chrétiens et 500 Maures Andalous, chaque groupe suivant un chemin spécial, en raison du manque d'eau, dans la traversée de l'Azaouad ; les Andalous s'égarèrent et périrent tous et, seuls, les renégats chrétiens arrivèrent à destination. Ceci donne un exemple du déchet que devraient subir les troupes marocaines envoyées sur le Niger.

(2) El-Hassân mourut en 1607 et fut remplacé comme *amîn* par son fils Amer.

(3) A l'occasion de son avènement, Moulaï Zidân rendit la liberté à l'écrivain Ahmed Bâba, de Tombouctou, qui avait été emmené en captivité

Mahmoud-Lonko, après la mort d'El-Hassân (1607), avait cédé à peu près tous ses pouvoirs au caïd *Ali-ben-Abdallah Et-Telemsâni*, qu'il avait fait venir de Tendirma à Tombouctou et qui, au bout de quatre ans et demi, déposa le pacha et prit sa place (1612). Mahmoud-Lonko mourut peu après : il avait été le dernier pacha envoyé de Marrakech au Soudan.

Au Dendi, Nouha avait eu comme successeur *Moustafa* et, après celui-ci, *Hâroun-Dangataï*, fils de l'*askia* Daoud. En 1608, Hâroun envoya son *hi-koï* attaquer les populations riveraines du Niger soumises aux Marocains; Ali-et-Telemsâni marcha contre lui avec l'*askia* du Nord, qui s'appelait aussi *Hâroun* et était fils d'El-Hadj II. Ali, se rendant dans le Sud par la voie de terre, atteignit la montagne de Doué (Douentza), d'où il se dirigea vers l'armée du *hi-koï*, à travers le territoire d'une tribu de Peuls Bari (ou Sangaré) ; Boubou-Ouolo-Keïna, *fondoko* ou *ardo* des Bari de la Boucle, prit peur et se réfugia auprès du roi du Massina Boubou-Aïssata dit Niamé, alors en hostilité avec les Marocains. Ali poursuivit Boubou-Ouolo jusqu'à Diankabé (près et au Nord du Débo), et, de là, manda à Boubou-Aïssata de lui amener le fugitif ; le roi du Massina refusa, mais proposa à Ali de rétablir Boubou-Ouolo dans le commandement de sa tribu moyennant 2.000 vaches, ce qui fut accepté : Boubou-Ouolo reçut de Ali la chéchia d'investiture et remit pour cela 2.000 autres vaches, plus 2.000 encore en guise de cadeau ; ces 6.000 vaches purent être rassemblées très rapidement, fait observer Sa'di, ce qui montre quelle devait être à cette époque la richesse en bétail des Peuls de la région.

En 1609, le roi du Dendi envoya une armée sur le territoire de Dienné, après s'être entendu secrètement avec Mohammed Bamba, chef de cette ville, et avec le gouverneur du Karadougou. L'armée songaï traversa le Bani et vint camper à *Tarfeï*, sans doute près de Mopti. Mais, un désaccord étant survenu entre le roi du Dendi et le chef de Dienné, et la fidélité des habitants de cette ville n'étant pas certaine, l'armée songaï repassa le

---

au Maroc en même temps que le cadi Abou-Hafs Omar ; Ahmed Bâba revint à Tombouctou et y mourut par la suite. Sa'di avait onze ans au moment du retour d'Ahmed Bâba à Tombouctou (8 avril 1607).

fleuve et descendit le long de la rive droite du Niger, pour aller attaquer Gobi, près et au Nord-Ouest de Korienza, où le caïd marocain de Dienné avait établi un poste et où il se trouvait à ce moment ; ce caïd se réfugia dans sa casbah, laissant sa tente et son bagage aux mains de Bari, chef de l'armée songaï, qui assiégea la forteresse marocaine. Cependant le caïd Ali-et-Telemsâni, averti de ces événements par un message du chef de Gourao, quitta Tombouctou, se rendit à Diankabé et de là se porta au secours de Gobi ; Bari décampa et s'enfuit au Sud du mont Sorba, où Ali le poursuivit : près de la montagne s'engagea un violent combat, qui semble avoir été meurtrier surtout pour les Marocains (juin 1609). L'armée du caïd fut mise en déroute et acculée au lac Débo, dans lequel elle commençait à être précipitée lorsqu'elle put être ralliée par Ali ; Bari, craignant un retour offensif de l'ennemi, rassembla ses troupes et reprit le chemin du Dendi.

Néanmoins les Marocains n'avaient pas eu le dessus, et cette défaite du gros de leur armée fut le signal de nombreuses révoltes et défections dans le territoire de Dienné, dont beaucoup d'habitants se transportèrent au Hadjar. Les pirogues marocaines se rendant de Tombouctou à Dienné étaient souvent attaquées et pillées au passage ; la casbah de Kouna (entre Sofara et Mopti) fut attaquée ; Ali, en allant par eau du Débo à Dienné avec ses troupes, fut assailli à Kambao ou Gambao (?), le 14 juin 1609, par les Peuls du chef Soria-Moussa, aidés des sédentaires du Bara : la bataille fut violente et, commencée sur le débarcadère, ne se termina que dans les rues ; les Marocains, en définitive, furent vainqueurs, tuèrent le chef du Bara et s'emparèrent de Soria-Moussa, qui était aveugle ; toute la ville de Kambao fut pillée, sauf le quartier des Bobo. Ali se rendit ensuite à Dienné, où Soria-Moussa fut supplicié, puis il reprit la direction de Tombouctou. On pensait qu'il mettrait à mort le chef de Dienné, mais, redoutant des complications, — car Mohammed Bamba était très aimé des indigènes, — le caïd le laissa en paix, se contentant de lui faire payer une forte amende. Quant au gouverneur du Karadougou, nommé Mohammed, il fut mis à mort sur l'ordre du pacha Mahmoud-Lonko, qui avait été excité contre lui par l'*askia* du Nord Bakari, successeur de Slimân. Après le départ de Ali, les gens des bords du fleuve qui avaient émigré revinrent peu à peu dans leur pays.

En 1612, Ali était à Issafeï (El-Oualedji), lorsqu'il apprit qu'*El-Amîn*, qui avait succédé à Haroûn comme roi du Dendi, envoyait contre lui une expédition. Le caïd marocain marcha à la rencontre de l'armée songaï et la joignit à *Tyirko-tyirko*, au fin fond du pays de Benga ou Bengo (?), du côté de l'Est (sans doute dans la région située entre Hombori et Dori) ; les deux troupes eurent peur l'une de l'autre et se tournèrent le dos sans combattre. On assure que Ali aurait payé le chef de l'armée du Dendi pour que celui-ci s'en allât sans lui livrer bataille ; en tout cas El-Amîn en fut persuadé et fit empoisonner son général à son retour au Dendi ; de l'or fut trouvé dans ses vêtements, qu'on supposa lui avoir été donné par le caïd. C'est en revenant de cette singulière expédition que Ali déposa Mahmoud-Lonko.

II. — Les pachas nommés sur place (1612-1660).

A partir de 1612, et sauf en ce qui concerne l'envoi du pacha Ammar (1618), les sultans du Maroc (1) n'intervinrent plus dans la désignation des pachas de Tombouctou, qui furent élus et déposés tour à tour par les troupes marocaines du Soudan. Ces pachas furent d'abord des caïds ou des officiers de moindre importance, venus du Maroc avec Djouder et ses premiers successeurs ; puis, lorsque les derniers Marocains eurent disparu, les pachas furent choisis parmi leurs descendants nés au Soudan, c'est-à-dire parmi les *Arma* issus des mariages des Marocains avec des femmes indigènes.

Ali-ben-Abdallah Et-Telemsâni se fit proclamer pacha à Tombouctou le 11 octobre 1612 ; il fut déposé par ses troupes le 13 mars 1617 et remplacé par *Ahmed-ben-Youssof*. Cette année-

(1) Ces sultans furent Moulaï Zidân (1607-27), Abou-Merouân Abdelmalek (1627-31), Abou-Abdallah El-Oualid (1631-36), Mohammed-ech-Cheikh (1636-54) et El-Abbâs (1654-64).

là, la sécheresse fut extrême et la cherté des vives excessive à Tombouctou, où on mangea des cadavres de bêtes de somme et jusqu'à des cadavres humains ; après la famine vint la peste ; puis il y eut une forte inondation en décembre, et un tremblement de terre le 18 février 1618 ; en septembre de cette dernière année, on aperçut une comète.

Le 27 mars 1618 arriva le pacha *Ammar*, envoyé par le sultan ; il prit le pouvoir et fit torturer et mettre à mort Ali-Et-Telemsâni, auquel Moulaï Zidân ne pardonnait pas d'avoir gardé pour lui les impôts énormes et le butin qu'il avait ramassés, ni d'avoir fait prêter le serment d'obéissance au nom de l'agitateur Es-Saouri, quand celui-ci avait cherché à se faire proclamer sultan du Maroc en 1613. Ammar retourna en juin 1618 à Marrakech et les troupes nommèrent pacha *Haddou-ben-Youssof*. Vers le même temps mourut le roi du Dendi El-Amîn, qui fut remplacé par *Daoud*, fils de Mohammed-Bani ; à cette époque, nous apprend Sa'di, le Hombori obéissait au Dendi.

Haddou mourut en janvier 1619 et fut remplacé par *Mohammed-el-Mâssi*, qui révoqua l'*askia* du Nord Bakari-Gombo, lequel régnait depuis 12 ans, et le remplaça par El-hadj III, descendant de Omar Komdiago. Ce Mohammed-el-Mâssi, déposé et assassiné par ses troupes après trois ans de règne, fut remplacé par *Hammou* le 4 novembre 1621.

A partir de cette date, ce ne fut plus qu'une suite de révoltes militaires, d'emprisonnements, d'assassinats des caïds les uns par les autres, de dépositions de pachas éphémères dont l'autorité ne s'exerçait que par la violence et ne dépassait guère la région fluviale comprise entre Tombouctou et Dienné. Plusieurs fois un pacha, prenant possession du pouvoir, révoqua l'*askia* du Nord en exercice et le remplaça par un autre, prenant toujours cependant ce dernier dans la famille royale ; ces *askia* du Nord résidaient à Tombouctou. Les impôts n'allaient plus au Maroc, ou n'y allaient qu'en infime quantité, bien qu'ils fussent écrasants ; les caïds en gardaient une bonne part pour eux, le pacha prenait le reste.

Le *Tarikh-es-Soudân* ne signale pour cette période que des

choses insignifiantes en fait d'affaires indigènes, en dehors des démêlés du roi du Massina Hamadou-Amina II avec le pacha *Ali-ben-Abdelkader* en 1629 (1). Le même Ali-ben-Abdelkader, en 1630, se rendit à Gounguia et envoya à Daoud, roi du Dendi, des cadeaux et des propositions de paix, en lui demandant la main de sa fille ; Daoud accepta et donna à Ali, non sa fille, mais la fille d'un de ses proches ; la paix ne cessa de régner entre Tombouctou et le Dendi tant que Ali-ben-Abdelkader demeura au pouvoir. Ce pacha voulut faire le pèlerinage de La Mecque et partit en septembre 1631 par Araouâne ; arrivé au Touat, il y fut attaqué par des pillards du Tafilelt et n'obtint la vie qu'en leur remettant une somme considérable. Puis il revint à Tombouctou et alla combattre la garnison marocaine de Gao, qui lui avait refusé une escorte lors de son départ pour le Touat ; il fut honteusement vaincu et ne dut son salut qu'à l'intervention de l'*askia* du Nord, qui l'avait accompagné : cet *askia* se nommait Mohammed-Bengan et avait succédé à El-hadj III, sous le pacha Hammou. Ali prépara ensuite une nouvelle expédition contre Gao, mais ses troupes se révoltèrent durant le trajet et le pacha fut mis à mort (juillet 1632).

Ali-ben-Mobârek le remplaça durant trois mois, puis fut déposé et remplacé par *So'oud-ben-Ahmed* le 17 octobre 1632. C'est peu après l'avènement de ce dernier que Bakari, chef de Dienné, fut arrêté et mis à mort par les Marocains de la ville, commandés par le caïd Mellouk, qui voulait punir Bakari d'avoir favorisé la révolte sous Ali-et-Telemsâni ; sa tête fut mise au bout d'une perche sur la place du marché. Ce meurtre déchaîna une nouvelle révolte, à laquelle prirent part les pays situés à l'Ouest de Dienné ; les révoltés mirent en déroute une armée marocaine à Bîna, près Gomitogo. So'oud révoqua Mellouk, ce qui apaisa momentanément la population indigène (1633). Un an après (1634), So'oud vint à Dienné et se rendit à Bîna pour châtier Yao-Sori, qui avait dirigé la révolte de 1633 ; Yao-Sori alla se cacher non loin de Bîna. A cette occasion, les chefs du Séla-

---

(1) Voir chap. VIII, p. 229. A Hammou avaient succédé : Youssof (1622-27), Ibrahim (1627-28) et Ali-ben-Abdelkader (1628-32).

dougou et du Ouoron vinrent faire leur soumission au pacha ; les chefs de Da et d'Oma (Bendougou) envoyèrent seulement une députation pour le saluer. So'oud mourut peu après à Tombouctou et fut remplacé par Abderrahmân-ben-Ahmed, qui mourut en 1635 et fut remplacé lui-même par Saïd-ben-Ali.

Sur ces entrefaites, *Ismaïl*, frère du roi du Dendi Daoud, vint à Tombouctou et demanda au pacha, par l'entremise de Mohammed-Bengan, *askia* du Nord, des soldats pour l'aider à détrôner son frère. Le pacha fit donner à Ismaïl des soldats de la garnison de Gao, à l'aide desquels le prétendant put déposer Daoud et prendre sa place ; après quoi il renvoya les Marocains en les insultant grossièrement, ce qui fut cause qu'en 1639 le pacha *Messaoud-ben-Mansour* (qui avait, en 1637, déposé et remplacé Saïd-ben-Ali) fit une expédition au Dendi. Passant par Bamba, Gao et Goungnia, Messaoud arriva par eau à Loulâmi, qui était la résidence habituelle de l'*askia* du Sud (sans doute non loin de Say) ; Ismaïl et son armée furent mis en déroute et le pacha s'établit dans la capitale du Dendi avec Mohammed-Bengan, l'*askia* du Nord. Les Songaï vinrent faire leur soumission à Messaoud, qui leur imposa comme roi Mohammed, fils de Daoud, et repartit pour Tombouctou avec les biens, les femmes et les enfants d'Ismaïl. Aussitôt après son départ, les Songaï déposèrent Mohammed et élurent roi un nommé Daoud, fils de Mohammed-Sorko.

De 1639 à 1642, une famine désola la région de Dienné et de Tombouctou : beaucoup de gens moururent de faim ; une mère mangea son enfant. Cette famine avait pour cause principale les agissements des Marocains, qui pillaient les grains, et aussi l'insécurité du pays, qui ne permettait pas de se livrer à la culture d'une manière permanente.

L'*askia* du Nord Mohammed-Bengan mourut en 1642 ; il avait régné 21 ans et neuf mois, y compris cinq mois pendant lesquels il avait été remplacé par Ali-Samba, en 1635 ; il eut comme successeur son fils El-hadj Mohammed IV, qui régnait encore en 1655, lorsque Sa'dî rédigea son ouvrage. Quant au pacha Messaoud, il fut déposé en 1643 et remplacé par Mohammed-ben-Mohammed, qui fit en 1644 au Massina une expédition que j'ai racontée au chapitre précédent.

Mohammed-ben-Mohammed fut remplacé en 1646 par Ahmed-ben-Ali, lequel fut à son tour remplacé en 1647 par *Hamid-ben-Abderrahmân*. Ce dernier se distingua par une expédition contre les Tombo dont Sa'di, qui accompagnait le pacha, nous a laissé un récit détaillé. Sentant son autorité sur l'armée vacillante, Hamid résolut de se couvrir de gloire et partit de Tombouctou un beau jour (7 juin 1647), en plein orage, avec l'*askia* du Nord El-hadj IV et une petite colonne. Le 9, il traversait le fleuve à Bori ou Bara, à 20 kilomètres à l'Est de Tombouctou, et s'avançait vers le Hadjar (pays des falaises), marchant jour et nuit, avec des porteurs chargés d'eau et de vivres. Au bout de huit jours, sa troupe épuisée atteignit le mont Nadié, d'où elle gagna le mont Sonko (région de Douentza-Hombori), ayant laissé en route beaucoup de chevaux. Arrivé là, Hamid razzia un troupeau de moutons conduit par des Peuls qui lui tuèrent un homme et prirent la fuite, puis il alla camper dans des plantations appartenant à des païens, au pied d'une montagne sur laquelle s'élevait le village de ces derniers ; le lendemain, le pacha transporta son camp près de l'étang de Djibo, en face du mont Lambo ou Boun-Lambo. Là, il reçut la visite du chef de Daanka (peut-être Diankabo ?), qui se prosterna devant lui en se couvrant la tête de poussière, fit sa soumission et annonça celle du chef de Hombori. Puis, revenant sur ses pas, Hamid alla camper dans un village situé en face du mont Maka et au Sud du mont Nadié, où le chef de Hombori vint en effet lui faire sa soumission. A quelques heures de là résidait Hamadi-Bilal, un chef ennemi du pacha ; comme les troupes marocaines arrivaient à son campement (1), Hamadi-Bilal prit la fuite et se réfugia dans une caverne située à une grande hauteur sur le flanc du mont Dâni ; le pacha tenta vainement l'assaut de cette caverne et, abandonnant l'entreprise, revint en trois jours à la montagne de Daanka (sans doute Diankabo), le 27 juin 1647,

(1) Ce Hamadi-Bilal était un chef de Peuls nomades et non pas un Tombo.

le jour où il y eut à Tombouctou une éclipse de soleil. De Diankabo, Hamid envoya des cavaliers enlever quelques bœufs à des pasteurs peuls, puis il retourna en trois jours à la montagne de Hombori, ayant campé le premier jour à Koïra-Tao (1) et le second jour près de la mare de Karama. Le chef de Hombori ayant fui en apprenant le retour du pacha, celui-ci lui imposa une amende en esclaves, en céréales et en pagnes du pays ; le chef de Hombori commença à payer cette amende, puis s'enfuit de nouveau ; Hamid alors prononça sa déchéance et le remplaça par son frère, qui acheva le versement de l'amende. Après avoir razzié quelques groupes de Peuls pasteurs, le pacha regagna en six jours le Niger, qu'il atteignit à Achor ou Atior, et campa en face de Kireï, en un endroit appelé Goungou-Koreï (le ventre blanc) ou Konko-Koïra (pays des roniers) ; le lendemain, il gagna par eau Yaba ou Niaba, y coucha, puis traversa le fleuve pour aller camper sur la rive gauche et, en deux jours, atteignit Korondiofi (Korioumé) et rentra à Tombouctou.

Après coup, le pacha fit dire que l'objet de son expédition avait été de châtier la tribu de *Sonfontir* (tribu de Peuls Dialloubé commandée par Hamadi-Bilal), qui, après avoir pillé le Kissou, s'était réfugiée sur la rive droite et avait gagné le pays des falaises ; Hamid prétendit que son intention avait été de ramasser beaucoup de butin pour parer à la mauvaise situation du trésor, et il déclara qu'au cours de sa colonne il avait obtenu le concours des chefs de Hombori, de Daanka (Diankabo), de Fili (?), de Touré et de Kiro. Puis il fit rédiger par Sa'di une lettre adressée à la garnison de Gao, dans laquelle il disait avoir obtenu la soumission de Hamadi-Bilal et avoir rapporté un énorme butin ; il ajoutait que les Touareg Oulmidden avaient, pendant l'expédition, attaqué les Touareg Kel-Antassar, alliés des Marocains, et autorisait le caïd de Gao à s'entendre avec celui de Bamba pour exterminer les Oulmidden. Cette lettre quelque peu mensongère fut portée à Gao par Sa'di lui-même, qui nous a donné son itinéraire à partir de Tombouctou : du port de Daï à l'île de Zenta ou Dienta, un jour ; de cette île à

(1) Koïra-Tao signifie en songaï « village neuf ».

Bamba, huit jours ; de Bamba, par Kabinga, à Tosaye près du mont Dara, trois jours ; de Tosaye à Bourem, trois jours ; de Bourem à Tondibi, deux jours ; de Tondibi à Gao, deux jours.

Le pacha *Yahia* remplaça Hamid en 1648 ; en 1651, il fit une expédition du côté de Bamba contre les Bérabich et les Touareg, avec le concours de la garnison de Gao, qui vint le rejoindre à Zémané, à l'Est de Bamba : cette expédition n'eut aucun résultat.

En 1652, sous le pacha *Ahmed-ben-Haddou* (1), successeur de Yahia, le chef des Touareg Damossân (région de Dori) se révolta contre le poste marocain de Gao et s'enfuit auprès de Daoud, roi du Dendi, avec tous les pasteurs du pays, Arabes, Touareg et Peuls. Le caïd de Gao, nommé Mansour, le poursuivit jusqu'au Dendi : le roi lui-même avait pris la fuite et le caïd ne put le rattraper, non plus que le chef des Damossân qui, aidé des Songaï, harcela l'armée marocaine dans sa retraite jusqu'à Gounguia, sans toutefois pousser plus loin (2).

Les pachas qui succédèrent à Ahmed-ben-Haddou furent : Mohammed-ben-Moussa (1654-55), Mohammed-ben-Ahmed (1655-57), qui reçut la soumission des Touareg du Hadjar et notamment des Kel-Tadmekket (3), et Mohammed-ech-Chetouki, dit *Bouya* (1657-60). Celui-ci, le vingt-septième pacha de Tombouctou depuis Djouder, cessa vers la fin de son gouvernement de reconnaître la suzeraineté, même nominale, du sultan de Marrakech et, à partir de 1660, on cessa à Tombouctou de dire le prône du vendredi au nom du sultan — alors Moulaï El-Abbâs — pour le prononcer au nom du pacha régnant. A partir de la même époque d'autre part, les pachas furent tous des Arma, c'est-à-dire des mulâtres, de plus en plus noirs à

(1) En 1653, Mohammed, frère de l'auteur du *Tarikh-es-Soudân*, fut opéré heureusement de la cataracte à Tombouctou par le médecin Ibrahim, originaire du Sous ; le prix de l'opération — 33 *mitskal* et un tiers en poudre d'or — fut payé par le pacha Ahmed-ben-Haddou.

(2) Il semble que Gounguia était l'extrême limite de la domination marocaine dans la direction du Sud-Est.

(3) C'est sous le règne de Mohammed-ben-Ahmed que Sa'di termina son ouvrage ; les renseignements postérieurs à 1655 ont été puisés dans le *Tedzkiret-en-Nisiân*, dont l'auteur anonyme, originaire sans doute du Massina, naquit en 1700 et acheva d'écrire en 1751.

mesure que disparaissaient les générations contemporaines de la conquête ; leurs troupes se composaient d'éléments divers dans lesquels le sang nègre domina de plus en plus : en sorte qu'à tous les égards on peut dire que la domination proprement marocaine prit fin vers l'année 1660.

Cependant des pachas et des caïds, descendants plus ou moins directs des Marocains de la conquête, se succédèrent encore à Tombouctou, à Gao, à Bamba, à Dienné, et dans quelques autres villes du moyen Niger, jusque vers la fin du xviiie siècle, ainsi que nous le verrons dans un instant : c'est cette période, allant de 1660 à 1780 environ, que j'appellerai la fin de la domination marocaine.

Voici, à titre documentaire, la liste des rois du Dendi et des *askia* du Nord depuis la ruine de l'empire de Gao (1591) jusqu'à 1660.

Rois du Dendi : 1° Issihak, dernier empereur de Gao ; 2° Nouha, premier *askia* du Dendi à proprement parler ; 3° Moustafa, fils de l'empereur de Gao Daoud ; 4° Mohammed-Sorko, frère de Moustafa ; 5° Haroun-Dengataï, frère des deux précédents ; 6° El-Amin, également fils de l'empereur Daoud, prince sage et aimé de ses sujets : durant une famine, il s'occupa des malheureux, égorgeait huit bœufs par jour et en distribuait la viande, ainsi que le lait de mille vaches et 200.000 cauries ; 7° Daoud I, fils de l'empereur de Gao Mohammed-Bani, fainéant et très cruel ; 8° Ismaïl I, frère du précédent ; 9° Mohammed, fils du roi Daoud I, nommé par le pacha Messaoud mais déposé aussitôt après ; 10° Daoud II, fils du roi Mohammed-Sorko ; 11° Mohammed-Bari, fils du roi Haroun-Dengataï ; 12° Mar-Sindine, arrière-petit-fils de l'empereur Daoud ; 13° Nouha II, fils du roi Moustafa ; 14° Mohammed-Borko, fils du roi Daoud I ; 15° El-hadj, frère du précédent ; 16° Ismaïl II, fils du roi Mohammed-Sorko ; 17° Daoud III, frère du précédent.

Askia du Nord : 1° Sliman, fils de l'empereur Daoud (1591-1604) ; 2° Haroun, fils de l'empereur El-hadj II (1604-08) ; 3° Bakari-Kombo (1608-19) ; 4° El-hadj III (1619-21) ; 5° Mohammed-Bengan II, fils du *balama* Saliki (1621-35) ; 6° Ali-Samba Diolili (1635) ; 7° Mohammed-Bengan II, pour la deuxième fois (1635-42) ; 8° El-hadj Mohammed IV (1642-57) ; 9° Daoud, fils de Haroun (1657-69).

III. — La fin de la domination marocaine (1660-1780).

La domination marocaine au Soudan ne fut, à aucune époque, une source de prospérité pour les pays nigériens : Sa'di l'a confessé dans un éloquent parallèle entre la période des *askia* de Gao et celle des pachas de Tombouctou, parallèle qui n'est pas à l'éloge de ces derniers. A partir du moment où les sultans de Marrakech avaient cessé d'intervenir dans la désignation des pachas, l'anarchie et le pillage étaient devenus la règle commune, mais cette situation ne fit qu'empirer lorsque, les derniers chefs et soldats expédiés du Maghreb étant morts, l'autorité passa entre les mains des Arma et que le nom même du sultan cessa d'être mentionné dans les prières publiques (1). Ce ne fut plus alors que luttes de partis et rivalités de petits caïds à la merci de leurs soldats ; chacun de ces chefs instables autorisait les pires vexations sur la population, afin de ne pas mécontenter les troupes ; les pachas et les caïds, n'étant pas sûrs quand même de la fidélité de leurs hommes, faisaient appel au concours des Touareg, toujours à l'affût du pillage, et peu à peu l'influence des Touareg devint bien plus grande que celle des Arma.

Chaque fois que le bruit courait d'une attaque à repousser ou d'une expédition à faire, le pacha levait une contribution sur les marchands de Tombouctou et s'en servait pour payer l'arriéré dû aux soldats, sans quoi ceux-ci n'auraient pas marché. Souvent d'ailleurs le pacha, une fois la contribution versée par les marchands, en gardait le montant pour lui sans faire l'expédition annoncée.

Les troupes marocaines, du temps des premiers pachas, formaient trois divisions principales, selon leur pays d'origine : l'une comprenait les soldats venus de Marrakech, la seconde

(1) C'est en 1660, la dernière année de son gouvernement, que le pacha Bouya, ancien lieutenant-général, se proclama sultan et fit faire le prône en son nom par les *imâm* de Tombouctou et de Goundam ; à partir du 15 mars 1660, on fit régulièrement le prône au nom du pacha régnant.

ceux venus de Fez et la troisième se composait du contingent fourni par les Cheraga ; chacune de ces divisions était commandée par un lieutenant-général. Lorsque l'armée fut devenue la seule dispensatrice du pouvoir, chaque division voulut que le pacha fût choisi dans son sein, et c'est ainsi que, à partir du milieu du xviie siècle, l'histoire de Tombouctou n'est remplie que d'une succession d'innombrables pachas, déposés aussitôt que proclamés.

Le *Tedzkiret-en-Nisiân* renferme la biographie des 155 pachas marocains ou soi-disant tels qui se succédèrent de 1591 à 1750 ; sur ces 155 pachas, on en compte 27 de 1591 à 1660 et 128 de 1660 à 1750 : 128 pachas pour une période de 90 ans ! Dès le début, la durée de chaque règne ou gouvernement avait été bien minime, puisque le pacha qui demeura le plus longtemps au pouvoir, Mahmoud-Lonko, n'y resta que huit ans (1604-12) ; mais, à partir de 1660, on n'observe plus guère que des règnes de moins d'un an : certains pachas ne demeurèrent que quelques mois en fonctions, d'autres quelques jours seulement, plusieurs ne goûtèrent pas pendant plus de 24 heures les joies du pouvoir suprême ; il y eut même de nombreux interrègnes, dont l'un dura trois ans et demi (1723-26). Par contre, il arriva souvent que le même individu exerça l'autorité à plusieurs reprises et, sur les 155 pachas cités par l'auteur du *Tedzkiret*, on ne trouve que 97 noms différents, ce qui est déjà un assez joli chiffre pour une période de 160 ans !

Je crois inutile, au moins à partir de 1660, de donner la liste de ces tyranneaux éphémères, dont le nom, la plupart du temps, ne mérite guère que l'oubli et dont la personnalité d'ailleurs a peu influé sur l'évolution du pays. Il en est de même des *askia* du Nord, qui continuèrent à être tour à tour nommés et déposés par les pachas (1) et dont l'influence était moins considérable encore que celle de ces derniers. Quant aux *askia* du Dendi, ils conservèrent probablement le commandement des Songaï du Sud comme par le passé ; mais, l'autorité des pachas se

---

(1) Sauf l'*askia* Bakari, qui régna de 1702 à 1705, et qui fut proclamé par les indigènes sans que son choix ait été ratifié par le pacha.

restreignant de plus en plus aux environs directs de Tombouctou, il n'y eut plus guère de contact entre ces derniers et le royaume purement indigène des Songaï indépendants, et, par suite, nous manquons de renseignements sur l'histoire du Dendi pour la période postérieure au temps de Sa'di.

Les quelques événements qui méritent d'être notés durant la fin de la domination marocaine à Tombouctou sont les suivants.

En 1664, la dynastie saadienne, à laquelle avaient appartenu Moulaï Ahmed-ed-Déhébi et ses successeurs jusqu'à et y compris El-Abbâs, fut remplacée au Maroc par la dynastie filalienne ou hassanide dont Moulaï El-Hafid est le représentant actuel. Nous avons vu (1) que les premiers princes de cette nouvelle dynastie avaient tenté quelques essais timides en vue de rasseoir l'autorité du Maroc sur le Soudan. Mais, à partir de 1670, Tombouctou dépendait en réalité de l'empereur banmana de Ségou et les pachas ne conservaient un semblant d'autorité qu'à condition de payer tribut à ce dernier. Vers cette époque, Er-Rachid, le premier sultan hassanide de Fez, étant parti à la poursuite d'un de ses ennemis, Ali-ben-Haïdar, réfugié à Tombouctou, se heurta dans le Nord du Massina occidental à l'armée de Biton Kouloubali, empereur de Ségou, et retourna sur ses pas sans avoir osé livrer bataille aux Banmana. Son successeur Ismaïl aurait, en 1672, envoyé son neveu Ahmed à Tombouctou pour y recruter des troupes noires ; Mohammed-ech-Chergui, alors pacha (2), prêta, ainsi que ses troupes, serment de fidélité au sultan de Fez et, durant les quelques années qu'Ahmed passa à Tombouctou, l'autorité de ce souverain y fut au moins nominalement reconnue. Mais, une fois Ahmed parti, il ne subsista pas d'autre trace de cette éphémère domination qu'une garnison marocaine qu'avait envoyée Ismaïl et qui se fondit peu à peu avec les Arma.

Vers 1680, les Touareg Oulmidden, qui s'étaient toujours montrés rebelles aux Marocains, s'emparèrent de Gao et chassèrent la garnison qui y était installée. Huit ans après cepen-

(1) 1ᵉʳ vol., pages 247 et 248.
(2) Ou Nasser-et-Telemsâni, qui est donné comme ayant régné soit jusqu'en 1669 seulement, soit jusqu'en 1672.

dant, en 1688, le pacha Mansour dit *Seniber* chassa les Touareg de Gao et leur prit beaucoup de captifs et de bœufs, mais il ne semble pas que Gao ait été réoccupé de façon permanente par les Marocains (1). En 1699, durant son deuxième pachalik, Seniber enleva des troupeaux aux Touareg de Tingalhaï (?) et à des Peuls Sidibé.

La grande mosquée de Tombouctou fut réparée en 1709 sous le pacha Mohammed-ben-Hammedi.

Le pacha Mansour dit *Koreï* (2), qui régna en 1712, puis de 1716 à 1719, amassa des richesses considérables en vendant les charges publiques et en prenant pour lui tout ce que ses fonctionnaires percevaient à titre de redevances, sans leur rien laisser en fait de traitement. Il n'y eut sous son règne « ni récoltes plantureuses ni abondance de vivres ; la seule chose qui fut très florissante, ce furent les abus de pouvoir ». Ce pacha, à la requête du caïd du Guimbala ou Harikouna, que gênaient les *Bambara* du Débo (3), prit d'assaut et saccagea plusieurs villages voisins du lac, dont les habitants n'avaient pour se défendre que des flèches empoisonnées. En 1718, il dirigea une expédition contre les Touareg de la région de Gao et attaqua aussi les Kel-Tadmekket, mais sans succès (4). Sous le gouvernement de Koreï, on ne pouvait sortir dans la rue sans être dépouillé par les *legha*, esclaves qui formaient la

---

(1) Tombouctou fut désolé par la peste en cette même année 1688.

(2) C'est-à-dire « le Blanc » : le *Tedzkiret* nous dit qu'il était beau de visage et de teint brun, c'est-à-dire qu'il n'était pas complètement nègre.

(3) Le caïd du Guimbala avait fait dire au pacha que les Bambara du Débo avaient menacé d'attaquer Koreï, alors qu'au contraire ils avaient proposé de se soumettre. Il semble que le *Tarikh-es-Soudân* et le *Tedzkiret* donnent communément le nom de *Ouangara* aux musulmans des pays faisant ou ayant fait partie de l'empire de Mali et celui de *Bambara* aux païens des mêmes contrées, sans distinction de peuple ni de tribu, au moins en ce qui concerne ce dernier terme.

(4) Sous les pachas qui se succédèrent de 1660 à 1750, de nombreuses expéditions furent dirigées contre les Touareg, le plus souvent infructueuses ; les populations sédentaires riveraines du Niger, d'autre part, furent pillées fréquemment par les Oulmidden et les Kel-Tadmekket. Les pachas faisaient aussi couramment des expéditions contre les Peuls de la Boucle, dans le but de se procurer du bétail de boucherie et des vaches laitières.

garde particulière du pacha (1). Ces exactions motivèrent la révolte des Chorfa, qui chassèrent Koreï de Tombouctou, après un violent combat, en 1719.

Depuis une dizaine d'années, la situation était fort mauvaise dans la vallée du Niger moyen et particulièrement à Tombouctou : en 1711, avant la première arrivée au pouvoir de Mansour-Koreï, une famine terrible avait commencé à sévir, qui dura jusqu'en 1716 ; elle n'avait pas encore pris fin que l'état du pays devint plus intolérable encore, sous le troisième pachalik de Abdallah-el-Imrâni, lequel fut sept fois pacha entre 1713 et 1730 : durant cette fâcheuse année 1716, Abdallah-el-Imrâni et Mansour-Koreï se disputaient le pouvoir, le premier ayant fait venir des Banmana pour le soutenir, tandis que le second avait appelé à son aide des Kel-Tadmekket ; c'était entre les deux partis rivaux des batailles journalières, dont souffrait surtout la population paisible des marchands et des lettrés (2). Mansour-Koreï eut enfin le dessus, mais, comme nous venons de le voir, sa victoire fut loin de ramener le calme et la prospérité.

Le pacha *Bâ-Haddou*, qui succéda à Koreï, paya en 1720 trois mille *mitskal* d'or (environ 30 à 35.000 francs) à Ag-Cheikh, *aménokal* ou roi des Oulmidden, pour que ce dernier ne pillât pas la ville de Tombouctou, sous les murs de laquelle il était venu camper avec des forces imposantes. Les Touareg, vers cette époque, étaient devenus les véritables maîtres de la région : aidés souvent des caïds rivaux du pacha régnant, ils coupaient les routes, razziaient les troupeaux des Peuls et détroussaient les voyageurs, que ce fussent des Marocains ou des indigènes. Cependant, l'*aménokal* des Oulmidden venait à Tombouctou se faire donner par le pacha l'investiture de ses fonctions.

C'est vers ce temps que, l'anarchie étant à son comble, il y eut un interrègne de trois ans et demi (1723-26), dont les Touareg profitèrent pour livrer Tombouctou au pillage.

(1) Voir la traduction du *Tedzkiret*, pages 43 à 47.
(2) Voir la traduction du *Tedzkiret*, pages 72 et 73.

En 1737, à la suite de razzias et de meurtres commis par les Kel-Tadmekket sur la route de Kabara à Tombouctou, le pacha Ahmed, fils de Seniber, se porta à *Togaya* (ou Togaï), à quelques heures en amont du port de Daï, à la tête de toutes les troupes marocaines et de partisans arabes (Bérabich et Kounta) et nègres. *Oghmor*, chef des Kel-Tadmekket, se dirigea alors avec ses propres alliés dans la direction de Bamba, traversa le Niger à Boka, puis, remontant la rive gauche du fleuve, passa à l'Est et près de Tombouctou et se porta dans l'Ouest de cette ville avec des chevaux, des hommes, des esclaves, des femmes et des troupeaux en nombre considérable ; il avait voulu épargner Tombouctou, où il ne restait que les lettrés, les marchands, les pauvres et les femmes. Ayant donc contourné la ville, il se dirigea sur Togaya, attaqua les Marocains dans la soirée, puis renouvela l'attaque le lendemain matin et mit l'armée du pacha en complète déroute : Ahmed-ben-Seniber, acculé au fleuve, y périt avec son cheval ; 200 soldats marocains furent tués, 150 périrent noyés (23 mai 1737). A la suite de sa victoire, Oghmor exigea des habitants de Tombouctou une redevance qui lui fut payée aussitôt et il rétablit les communications entre cette ville et Kabara (1). Ceux des soldats du pacha qui avaient échappé au désastre se réfugièrent dans l'île de Hondomi (au Sud et en face de Daï), d'où ils gagnèrent Sibi ou Tiébi, point qui se trouve au Sud de cette île, sur la rive droite du Niger ; ils y restèrent 70 jours et n'en purent sortir que grâce à l'*askia* du Nord, El-hadj V, qui se mit à leur tête et les ramena à Tombouctou.

L'année suivante (1738), pendant laquelle régna le pacha Ahmed-ed-Dar'i, fut marquée par une famine terrible, dont les effets se firent sentir surtout à Araouâne. La mesure de mil atteignit 6.000 cauries et celle de riz décortiqué 3.000 cauries, ce qui était la valeur de la pièce d'or (sans doute la piastre espagnole), laquelle n'avait pas changé de cours. Cette famine ne dura pas longtemps, mais elle fut plus désastreuse que toutes les autres — nombreuses d'ailleurs — qui décimèrent la popu-

(1) De Tombouctou, on avait entendu la fusillade du combat de Togaya ; ce dernier point doit être placé près de Korioumé.

lation durant la domination marocaine. De 1741 à 1744, sous les divers pachaliks de Saïd, fils de Seniber, une nouvelle et longue famine désola encore la région (1). A cette époque, les Peuls du Massina étaient maîtres d'une partie du Gourma (c'est-à-dire de la rive droite du Niger) dans la région avoisinant le Guimbala ou Harikouna (contrée du lac Débo), et les Touareg étaient maîtres de tout le reste du Gourma (c'est-à-dire du Nord et de l'Est de la Boucle du Niger) ; les pachas de Tombouctou payaient à ce moment l'impôt aux Touareg, et les caïds de Dienné le payaient tantôt aux Peuls et tantôt aux Banmana de Ségou. Les gens qui n'avaient que des armes blanches (Arabes, Touareg et Peuls) ou des flèches (Banmana) n'hésitaient pas alors à attaquer les Marocains armés de fusils. Une comète étant apparue vers ce temps-là (aux environs de 1745), les angoisses des musulmans s'accrurent encore, car ils croyaient que chaque comète est un présage de malheur.

Bien que nous n'ayons pas de données précises à cet égard, on peut donner 1780 comme la date à laquelle disparut toute trace de la domination marocaine, ou du moins comme la date à partir de laquelle les restes de cette domination cessèrent de constituer un semblant d'Etat organisé. A cette époque, le titre même de pacha disparut : il ne resta à Tombouctou qu'un caïd choisi parmi les Arma, sorte de maire plutôt que chef militaire, qui recevait l'investiture tantôt des Touareg, tantôt des Kounta, tantôt des Peuls du Massina, selon la tournure que prenaient les événements politiques ; les fonctions de ce caïd se bornaient du reste à l'administration de la ville. Il en était de même à Gao, où les Touareg étaient maîtres absolus depuis 1770. En amont de Tombouctou et en particulier à Dienné, la situation était analogue, avec cette différence que les chefs d'origine arma étaient investis de leurs fonctions tantôt par le roi peul du Massina et tantôt par l'empereur banmana de Ségou.

On me permettra de constater, en terminant cet aperçu de l'histoire du moyen Niger sous la domination marocaine, que les pachas soi-disant « marocains » qui eurent quelque valeur,

(1) Voir la traduction du *Tedzkiret*, pages 116 à 119.

soit militaire soit administrative, ont tous été, non pas des Arabes ni des Berbères, mais bien des renégats d'origine européenne : tels furent, d'après le *Tedzkiret-en-Nisiân*, Djouder, Mahmoud-ben-Zergoun, Mohammed-Tâba, Ammar, Slimân, Mahmoud-Lonko, et, parmi les pachas nommés sur place, Ahmed-ben-Youssof (1617-18) et Hammou-ben-Abdallah (1660-61).

IV. — Histoire des villes de Tombouctou et de Dienné.

Nous avons la bonne fortune de posséder un certain nombre de renseignements sur les villes de Tombouctou et de Dienné depuis les temps anciens. J'ai cru devoir placer ici un résumé de ces renseignements. A vrai dire, l'histoire de ces deux villes — de la première surtout — appartient à l'histoire des empires de Mali et de Gao au moins autant qu'à celle de la domination marocaine, mais c'est l'influence marocaine qui s'est fait sentir le plus fortement sur elles et, aujourd'hui encore, elles sont jusqu'à un certain point, malgré l'origine soudanaise de la majorité de leurs habitants, comme des faubourgs du Maroc égarés au Soudan. Il m'a donc paru naturel de terminer l'histoire de la domination marocaine par ces deux courtes monographies de Tombouctou et de Dienné, que j'arrêterai au moment de l'occupation française (1).

1° *La ville de Tombouctou*. — Le nom de la ville est prononcé par les autochtones *Tombouctou* ou *Tomboutou* ; les Arabes l'écrivent généralement *Tinboktou* et certains Européens ont tiré de là l'orthographe *Timbouctou*. On a voulu voir dans « Tin-Boktou » la forme originale de ce nom, qui serait ainsi un mot berbère signifiant « lieu de Boktou », *Boktou* étant le nom d'un puits ou d'une vieille femme chargée de la garde de ce puits.

Quoi qu'il en soit, il semble certain que l'emplacement où se trouve aujourd'hui Tombouctou était autrefois un lieu de campement utilisé par les Touareg durant la saison sèche. C'est

---

(1) Pour de plus amples détails sur certains points, consulter les monographies du Père Hacquard (Tombouctou) et de M. Ch. Monteil (Dienné).

vers l'an 1100 que, pour la première fois, des habitations furent construites sur cet emplacement et qu'un village de sédentaires commença de s'y former. Mais c'est seulement deux siècles plus tard que, Dienné ayant pris de l'importance et les Diennéens se mettant à descendre le Niger pour se livrer à des opérations commerciales, Tombouctou devint un lieu de transit entre Dienné et Oualata et que sa population s'accrut dans des proportions appréciables. Lorsque Kankan-Moussa l'eut annexée en 1325 à l'empire de Mali et l'eut embellie d'une mosquée et d'une résidence impériale, la ville de Tombouctou devint un centre considérable, les marchands du Maghreb y affluèrent ainsi que les lettrés et, peu à peu, Oualata, qui avait en 1224 remplacé Ghana comme métropole savante et commerciale, fut à son tour supplantée par Tombouctou, laquelle avait déjà supplanté Tirakka (1).

Il est à remarquer que la plupart des savants de Tombouctou dont parle le *Tarikh-es-Soudân* étaient, non pas des Noirs comme ceux de Dienné, mais des Berbères et notamment des Goddala ; c'était le cas des membres de la célèbre famille des *Akit*, à laquelle appartenait Ahmed Bâba, auteur d'un dictionnaire biographique souvent cité par Sa'di. Ces savants et jurisconsultes berbères étaient originaires de l'Adrar et du Tagant ; leurs familles étaient venues s'établir d'abord à Ghana, puis avaient émigré à Oualata et de là à Tombouctou (2). D'autres

(1) Tirakka, qui se trouvait non loin de l'emplacement de Tombouctou, existait bien avant cette dernière ville et était, avant le développement de celle-ci, le centre des opérations commerciales du Niger moyen. Ces opérations se transportèrent à Tombouctou sans doute au XIIIe siècle et s'y maintinrent par la suite. « Les marchands de Barbarie et de l'Egypte, dit Marmol, vont à *Tombut* chercher l'or de *tibar* (c'est-à-dire « la poudre d'or », *tibr* en arabe) qui vient de la province des *Mandinga* ou *Manienga* ; ce commerce était autrefois en la ville de *Geni* ou *Geneoa* (Ghana, plutôt que Dienné) qui est plus proche du couchant ; y venaient les *Garagolles* (Soninké), les *Fulles* (Peuls et Toucouleurs), les *Ialofes* (Ouolofs) et les *Sénègues* (Zenaga) ». D'après Léon l'Africain, c'est sous Sonni Ali-Ber (fin du XVe siècle) que les marchands maghrébins installés à Oualata se transportèrent à Tombouctou et à Gao et que commença le déclin de Oualata. Pour le tableau de la prospérité de Tombouctou, consulter le *Tarikh-es-Soudân*, pages 36 et 37 de la traduction.

(2) Un trisaïeul d'Ahmed Bâba, nommé Abou-Abdallah, fut cadi de

docteurs et lettrés étaient d'origine arabe ; l'élément nègre enfin fut également représenté par quelques Mandingues et surtout par des Soninké.

Dès le xiv⁰ siècle, Tombouctou occupait, comme centre intellectuel, une situation particulièrement brillante. Sa'di rapporte qu'un savant arabe nommé Et-Temimi, rencontré au Hidjaz par Kankan-Moussa et venu avec lui à Tombouctou, s'aperçut que les jurisconsultes de cette ville soudanaise étaient plus versés que lui-même en matière de droit et que, avant de pouvoir soutenir avec eux aucune discussion, il dut aller perfectionner ses lumières à Fez.

Ce fut Kankan-Moussa, empereur de Mali, qui fit bâtir, en 1325, la grande mosquée (*dyinguer-ber*) de Tombouctou, par le poète Es-Sahéli, ainsi que je l'ai dit plus haut. Le cadi El-Akib, de la famille des Akit, qui vécut de 1507 à 1583, fit démolir le bâtiment dû à Es-Sahéli, lequel tombait de vétusté, et fit construire sur le même emplacement une nouvelle mosquée, beaucoup plus grande, dont les restes sont encore visibles aujourd'hui (1). Les *imâm* de la grande mosquée furent d'abord des Nègres, depuis le temps de Kankan-Moussa (1325) jusqu'au règne du roi touareg Akil (1433-68). Le dernier imâm nègre, qui était en même temps cadi, s'appelait Kâteb-Moussa ; après avoir accompli le saint pèlerinage, il mourut, chargé d'années, vers la fin du règne d'Akil. Son successeur, le premier *imâm* blanc, était originaire de Tabalbalet et s'appelait pour cela Abdallah-el-Balbali ; il épousa une femme peule nommée Aïssata ou Aïcha et en eut une fille, Nana-Biro Touré, dont la fille à son tour enfanta le père de Sa'di, auteur du *Tarikh-es-*

Tombouctou sous la domination du roi touareg Akil (1433 à 1468) ; la famille des Akit, en venant de Ghana, s'était fixée d'abord au Massina, mais Mohammed Akit, père de l'arrière-grand-père d'Ahmed Bâba, par haine des Peuls et par crainte que les siens contractassent des alliances avec ces païens, quitta le Massina, alla d'abord à Oualata, puis à Ras-el-Ma, et enfin se fixa à Tombouctou du temps du roi Akil. C'est à la même époque que vint à Tombouctou Sidi-Yahia, l'ancêtre de la famille arabe des Bekkaï.

(1) Quant au « palais » construit par Es-Sahéli, il n'en reste plus aucune trace ; il se trouvait probablement là où se tenait encore, au temps de Barth, le marché à la viande.

Soudân. Le second *imâm* blanc fut un homme du Touat, le troisième était originaire du Fezzân, etc. Jusqu'à l'époque actuelle, les *imâm* de la grande mosquée n'ont pas cessé d'être d'origine arabe ou berbère.

Quant à la mosquée dite de *Sankoré*, elle fut bâtie, à une date inconnue, grâce aux libéralités d'une femme aussi pieuse que riche et généreuse. Les *imâm* de cette mosquée ont toujours été de race blanche : au début, ils appartenaient à la famille des Akit (1), ensuite ils furent choisis parmi des savants ou des pieux personnages originaires du Maghreb ou du Fezzân.

Une troisième mosquée, dite de *Sidi-Yahia* en l'honneur de l'ancêtre des Bekkaï, fut commencée, sous le roi Akil, par Mohammed-Naddi, alors maire de Tombouctou, et terminée au début du xvi° siècle par Omar Komdiago, frère du premier *askia* de Gao.

Parmi les plus illustres personnages nés à Tombouctou, il convient de citer les deux maîtres de la littérature arabe soudanaise, *Ahmed Bâba* et *Sa'di*. Le premier est antérieur au second, puisqu'il se trouvait à Tombouctou lors de l'entrée de Djouder dans cette ville (1591), tandis que Sa'di ne naquit qu'en 1596. Le père d'Ahmed Bâba, nommé lui-même *Ahmed*, avait été un jurisconsulte fort remarquable ; l'un de ses disciples, contemporain d'Ahmed Bâba mais bien plus âgé que lui, fut, au témoignage de ce dernier, le savant de beaucoup le plus instruit et le meilleur professeur de son époque : c'était un Mandingue nommé *Mohammed Barhayorho* ; lorsqu'Ahmed Bâba eut perdu son père, en 1583, il alla se perfectionner dans la science et les lettres en assistant aux leçons de ce Mohammed Barhayorho qui, né en 1524, mourut en 1593 alors qu'Ahmed Bâba était encore jeune. Nous avons vu qu'Ahmed Bâba avait été emmené en captivité au Maroc en 1594, sous le gouvernement du pacha Mahmoud-ben-Zergoun, en même temps que le célèbre cadi *Abou-Hafs Omar* ; emprisonné à Marrakech par Moulaï Ahmed,

---

(1) Cette famille n'étant venue à Tombouctou qu'au xv° siècle, il s'ensuit que la mosquée de Sankoré est postérieure d'un siècle au moins à la grande mosquée.

il fut rendu à la liberté en 1607 par Moulaï Zidân et revint la même année à Tombouctou, où il mourut (1).

J'ai dit que, d'abord englobée dans l'empire de Mali de 1325 à 1433, la ville de Tombouctou avait appartenu aux Touareg de 1433 à 1468, puis avait fait partie de l'empire de Gao de 1468 à 1591.

Léon l'Africain, qui visita Tombouctou vers 1507 sous le règne de l'*askia* Mohammed I, nous a laissé une intéressante description de cette ville, telle qu'elle se présentait au début du XVI° siècle. Tout d'abord il signale qu'elle ne renfermait alors que des huttes en torchis recouvertes de paille, à l'exception des deux édifices en pierres maçonnées — ou plutôt en briques — bâtis par Es-Sahéli, et sans doute aussi des deux mosquées de Sankoré et de Sidi-Yahia, dont la seconde fut achevée vers cette époque. Par contre, on y voyait déjà de nombreuses boutiques de marchands et d'artisans, et les tisserands y pullulaient. Des femmes esclaves étaient chargées de la vente des vivres et se montraient en public le visage découvert, tandis que les dames nobles avaient toujours la figure voilée. On trouvait à acheter des tissus d'Europe, importés par les commerçants de Barbarie, du bétail, du lait et du beurre en abondance, ainsi que des grains ; le sel, qui provenait de Teghazza, était fort cher. On se servait comme monnaie de pièces et de poudre d'or, mais, pour les petits achats, on usait de cauries importés d'Asie et arrivant au Soudan par le Maghreb ; 400 cauries représentaient un « ducat » du pays (2) et 6 ducats et 2/3 faisaient une once romaine.

Léon rapporte encore que l'on dansait souvent dans les rues jusqu'à une heure du matin, que les incendies étaient fréquents en raison du mode de couverture des maisons et qu'on ne buvait que de l'eau de puits. Le « roi » de Tombouctou — c'est-

---

(1) On sait que, sur la foi de renseignements erronés fournis à Barth, on a longtemps attribué en Europe à Ahmed Bâba la paternité du *Tarikh-es-Soudân* ; c'est M. Houdas qui, à la lecture du manuscrit complet de cet ouvrage, a découvert le premier que son auteur était Abderrahmân-es-Sa'dî.

(2) Aujourd'hui 400 cauries représentent généralement cinquante centimes.

à-dire l'administrateur ou maire de la ville — ne se déplaçait qu'à chameau, escorté de cavaliers et paré de bijoux d'or ; les gens qui venaient lui demander une faveur le saluaient en s'agenouillant devant lui et en se répandant de la poussière sur la tête. La ville était interdite aux Juifs, mais par contre on y avait un grand respect pour les docteurs musulmans, les lettres y étaient en grand honneur et on se disputait à prix d'or les manuscrits arabes apportés de l'Afrique du Nord (1).

Chaque fois qu'il s'agissait de percevoir les impôts en dehors de la ville, le chef de Tombouctou organisait une colonne militaire ; il disposait à cet effet de 3.000 cavaliers et d'un grand nombre de fantassins armés d'arcs et de flèches empoisonnées. On usait des chameaux pour les voyages et les transports, mais les chevaux étaient les seules montures employées à la guerre ; ces chevaux étaient, ou bien des animaux nés dans le pays, de petite taille ou de peu de fonds, ou bien des bêtes importées de Barbarie, les seules qui eussent une réelle valeur. Comme les bons chevaux étaient rares, le chef de la ville avait coutume, chaque fois qu'il en arrivait plus de douze à Tombouctou, de prendre pour lui le meilleur animal du lot, qu'il payait du reste à sa valeur.

Kabara, situé, dit Léon, à douze milles de Tombouctou sur un bras du Niger, était le port où s'embarquaient les marchands pour se rendre à Dienné et à Mali. Le chef de Tombouctou y était représenté par un gouverneur qui réglait les litiges entre les gens de diverses nationalités se rencontrant en ce point.

Tombouctou fut, comme nous l'avons vu, la capitale du pachalik marocain de 1591 à 1780, en même temps que la résidence habituelle de l'*askia* du Nord. Mais en réalité la ville devint, dès 1670 environ, une dépendance de l'empire banmana de Ségou, tout en demeurant exposée aux pillages et aux caprices des nomades de la contrée (Bérabich, Kounta, Peuls et surtout

(1) D'après Ahmed Bâba, la majorité des habitants de Tombouctou professait encore le paganisme au xvi⁰ siècle ; les musulmans étaient concentrés dans un quartier entouré de murs où logeaient également les Arabes et les Berbères de passage.

Touareg). Réunie au royaume peul du Massina en 1826 par Sékou-Hamadou, elle devint indépendante, sous la protection suzeraine de la famille kounta des Bekkaï, lors de la prise de Hamdallahi par El-hadj-Omar en 1862. L'influence des Touareg Kel-Antassar supplanta ensuite celle des Kounta et se trouvait prédominante lorsque, en 1893, nous prîmes possession de la ville ; l'autorité des Kel Antassar cependant ne suffisait pas à protéger les environs de Tombouctou contre les pillages des Bérabich, auxquels les gens de la ville payaient tribut pour garantir la sécurité des caravanes.

Tombouctou compte à l'heure actuelle environ 5.800 habitants fixes, tous musulmans, auxquels il convient d'ajouter une population flottante variant de 2 à 4.000 individus selon les époques de l'année. Les habitants fixes sont en grande majorité des Songaï, divisés en nobles ou *Arma* (ceux qui se prétendent d'origine marocaine) et en *Gabibi* (ceux d'origine purement nègre) ; à côté d'eux sont les *Alfa* (1) ou savants, qui appartiennent à toutes les races du Soudan et de l'Afrique du Nord. Parmi la population flottante, on remarque des Arabes du Maghreb et de la Tripolitaine, des Maures Kounta et Bérabich, des Touareg, des Peuls, des Banmana, etc. La langue courante est le songaï, mais l'arabe est parlé dans certains quartiers par un très grand nombre de personnes.

Au moment de notre occupation, la ville était divisée en sept quartiers principaux ou *farandi*, appelés : *Yobou-ber* (le grand marché) ; *Sangoungou* (le ventre du chef), qu'habitaient les gens de Ghadamès et de Tripoli ; *Sankoré* ou mieux *Sankoreï* (le chef blanc, parce que le chef du quartier était toujours autrefois un homme de race blanche), où se trouve la mosquée qui a pris le nom du quartier et où habitaient surtout des Alfa et des Arma ; *Saret-keïna* (le petit cimetière), quartier des Kounta ; *Yobou-keïna* (le petit marché), où Es-Sahéli avait bâti le palais de Mâdougou ; *Badyindé* (fossé de la destruction), quartier qui était autrefois inondé de temps à autre par un reflux des eaux du Niger, ce qui motiva le détournement du chenal

(1) Abréviation probable de l'arabe *al-fakih* « le jurisconsulte ».

venant aboutir en cet endroit ; enfin *Dyinguer-ber* (la grande mosquée).

2° *La ville de Dienné*. — Je ne reviendrai pas ici sur les circonstances qui amenèrent et accompagnèrent la fondation de Dienné : je rappellerai seulement qu'après une ébauche de colonisation remontant à la fin du VII° siècle, le premier établissement des Soninké dans le quartier de Dioboro eut lieu vers l'an 800 sous la direction d'Adyini Kounaté et que la ville fut définitivement fondée vers 1250 par des Soninké-Nono conduits par un chef du clan des Mana (1). Le commandement de Dienné a toujours appartenu depuis à la famille de ce chef.

Komboro Mana, vingt-sixième chef de Dienné depuis Adyini Kounaté, se convertit à l'islamisme vers l'an 1300 et entraîna dans son mouvement de conversion la majorité des Diennéens ; ce serait lui qui aurait fait bâtir la première mosquée de la ville par un Marocain nommé *Maloum-Idris*, contemporain et peut-être ami ou serviteur d'Es-Sahéli, lequel construisit vers la même époque (1325) la première mosquée de Tombouctou (2). La grande mosquée actuelle de Dienné a été élevée sur l'emplacement où, naguère encore, on montrait les ruines d'un édifice ayant remplacé celui dû à Maloum-Idris (3).

Nous avons vu que Dienné réussit à conserver son indépendance jusque vers 1473, époque à laquelle la ville fut incorporée à l'empire de Gao. Avant cette date, elle était le chef-lieu d'une sorte de petit Etat dont le territoire s'étendait du Nord au Sud depuis Kakagnan (près et au Sud du Débo) jusqu'à Diéou (au Sud de Dienné et à proximité du Ouoron, canton nord du

(1) Premier vol., pages 257, 263, 269 et 270.
(2) Une tradition attribue au même Maloum-Idris la construction du palais impérial de Ségou-koro, sous le règne de Biton-Koulouhali, et ajoute que ce dernier, une fois l'édifice achevé, aurait fait assassiner l'architecte pour l'empêcher d'élever ailleurs un palais semblable au sien. Comme l'avènement de Biton eut lieu au plus tôt dans la seconde moitié du XVII° siècle, il est nécessaire d'interpréter cette tradition en faisant de l'architecte du palais de Ségou-koro un simple continuateur de l'art d'Es-Sahéli et de Maloum-Idris, c'est-à-dire sans doute quelque maître-maçon que Biton avait fait venir de Dienné.
(3) Lire d'intéressants détails sur Dienné dans le *Tarikh-es-Soudân*, pages 22 à 25 de la traduction.

Karadougou), et de l'Ouest à l'Est depuis Tini (localité sans doute voisine de Diafarabé) jusqu'aux montagnes du Tombola (falaise de Bandiagara). Le chef de Dienné protégeait son territoire contre les incursions possibles du dehors au moyen de 24 officiers ou chefs de bandes, dont douze étaient installés à l'Ouest de la ville, du côté de Séna (près et au Nord-Est de Séla), sous le commandement du *Séna-faran*, avec mission de surveiller les armées du Mali, tandis que les douze autres étaient postés sur la rive droite du Bani.

Sous Sonni Ali-Ber et sous les *askia*, Dienné fit partie intégrante de l'empire de Gao. Lors de la conquête marocaine, la ville dépendit de Tombouctou et son territoire fut commandé par un caïd. Au moment de la décadence de la domination marocaine, ce caïd, devenu un simple notable arma, se rendit à peu près indépendant du pacha de Tombouctou, mais il lui fallut compter avec les Banmana de Ségou et avec les Peuls du Massina. Enfin Dienné fut prise vers 1815 par Sékou-Hamadou et annexée officiellement au royaume peul du Massina, pour passer en 1861 à l'empire toucouleur d'El-hadj-Omar et être emportée d'assaut en 1893 par le colonel Archinard.

Dienné fut de tout temps fréquentée par de nombreux étrangers qui y venaient de partout, soit pour s'y livrer au commerce soit pour s'y instruire dans les sciences musulmanes. Parmi les savants qui illustrèrent cette ville, Sa'di nous cite : *Mori-Maga* « le Kananké », qui était sans doute un Peul et qui professa au XVᵉ siècle ; *Fodié Mohammed Sânou* « le Ouangari », probablement un Mandingue ou un Dioula (1), qui fut le premier cadi régulier de Dienné (2) et qui vivait au XVIᵉ siècle ; *El-Abbás*

(1) *Sânou* est aujourd'hui un nom de clan porté surtout par les Dioula ; Sa'di nous apprend que Fodié Mohammed était né à *Bitou*, ville ou village qui se trouvait d'après le même auteur dans un pays aurifère : on a voulu identifier ce Bitou avec la ville de Boutoukou, Bondoukou ou Gottogo (Côte d'Ivoire), qui ne remonte d'ailleurs qu'au XVᵉ siècle et a succédé à la ville plus ancienne de Béghó (Côte d'Or actuelle) ; il existe un Bitou au Sud-Est du Mossi, relativement proche des mines d'or du pays achanti ; il est possible aussi qu'il faille placer le Bitou du *Tarikh-es-Soudân* dans le « Ouangara », c'est-à-dire dans les contrées aurifères du Bambouk, du Gangaran ou du Manding.

(2) Avant lui les procès se plaidaient devant l'*imâm* de la grande mos-

Guibi (ou Kibbi), autre cadi de Dienné également « Ouangari », c'est-à-dire Soninké, Dioula ou Mandingue ; *Mahmoud Barhayorho*, qui succéda comme cadi au précédent en 1552 et fut le père des deux célèbres jurisconsultes de Tombouctou, Mohammed et Ahmed Barhayorho, d'origine mandingue comme Mahmoud ; *Modibbo Bakari Taraoré*, d'origine soninké, mandingue ou banmana d'après son nom de clan, qui appartenait à la famille du chef du Karadougou et qui fut également cadi ; *Mohammed Bamba Konaté*, d'origine soninké ou dioula, qui succéda au précédent et fut le dernier cadi de Dienné avant la conquête marocaine. De tous les personnages cités par Sa'di comme ayant illustré Dienné, un seul est mentionné comme étant originaire de cette ville : le cadi Ahmed Torfo.

On a voulu parfois faire dériver du nom de la ville de Dienné — nom qui se prononce également *Guienné* — le mot « Guinée », employé autrefois pour désigner le Soudan Occidental et appliqué depuis plus spécialement à la région côtière. Je croirais plus volontiers que *Guinée* est l'équivalent exact de *Soudan*, le premier de ces mots ayant été emprunté au berbère comme le second l'a été à l'arabe. On sait que le mot « Soudan » vient de l'expression arabe *blad-es-Soudân* « pays des Noirs » et que les Arabes eux-mêmes ont fait de *Soudân* — qui signifie proprement « les Noirs » — un terme géographique (*tarikh-es-Soudân*, histoire du Soudan, c'est-à-dire du pays des Noirs) ; ils en ont même formé l'ethnique *soudâni*, qui veut dire « un homme du pays des Noirs », sans qu'il s'agisse nécessairement d'un Nègre, et le mot *soudânia*, que l'on emploie au Maghreb pour désigner une langue soudanaise quelconque. Or, en berbère et notamment dans le dialecte chleuh usité au Maroc, « noir » se dit *aguinaou*(1), pluriel *iguinaouen*, d'où l'expression *akal-n-igui-*

quée, ainsi que la chose a lieu de nos jours encore dans beaucoup de localités musulmanes du Soudan.

(1) L'une des portes de Marrakech, édifiée en 1194, porte le nom de *Bab-aguinaou*, qui est traduit « porte du Nègre » par les indigènes ; Zohri, géographe arabe du xii⁰ siècle, emploie, pour désigner le « pays des Noirs », un mot qu'il écrit tantôt *Ganoua* et tantôt *Guinaoua* (*Kitabou-Djografia*, manuscr. 2220 de la Bibl. Nat., folio 7 recto ligne 7, folio 19 recto ligne 12, folio 53 verso et folio 54 recto). Ces renseignements m'ont

naouen « pays des Noirs », traduction exacte de *blad-es-Soudân*, qu'emploient les Berbères pour désigner le Soudan. Ce mot est même passé dans l'arabe vulgaire du Maghreb sous les formes *guennaoui*, servant à désigner un « Nègre », et *guennaouiya*, voulant dire « langue soudanaise ». Il me paraît vraisemblable par suite que le mot « Guinée » nous soit venu des Berbères marocains par l'intermédiaire des premiers navigateurs portugais qui relâchèrent sur la côte atlantique du Maroc : ces navigateurs, ayant demandé aux indigènes riverains le nom des pays du Sud, s'entendirent répondre *akal-n-iguinaouen*, qu'ils traduisirent par « pays de Guinée », en orthographiant ce dernier mot *Ginoa* ou *Genoa*, forme qui se rapproche très sensiblement, dans la bouche d'un Portugais, de la prononciation berbère et surtout du mot berbère arabisé employé par certains auteurs pour désigner le Soudan (voir la note précédente).

Le terme « Guinée » est d'ailleurs bien antérieur au nom de Dienné : le géographe arabe Zohri divisait l'Afrique intertropicale en trois régions : *Guinaoua* (Guinée), *Koukaoua* (Bornou et Kanem) et *Habech* (Abyssinie) ; pour lui « Guinée » était évidemment synonyme de « Soudan occidental » et n'avait certainement aucun rapport avec le nom de Dienné, si l'on veut bien se rappeler qu'il écrivait vers 1137, c'est-à-dire plus d'un siècle avant la fondation définitive de Dienné et l'imposition de ce nom à la colonie soninké de Dioboro (1).

Ce qui a amené à faire dériver « Guinée » de Dienné est sans doute le fait que Léon l'Africain, parlant d'un « royaume de Ghinée » qu'il situe le long du Niger au Sud de Oualata, au

---

été communiqués par M. le professeur Houdas. — A rapprocher de l'article de Yakout intitulé *Guinaoua* ou *Kinaoua*, et relatif à une tribu berbère habitant au voisinage du pays des Noirs, près du territoire de Ghana.

(1) Si l'on voulait faire dériver « Guinée » du nom d'une ville africaine, il serait plus logique de faire venir ce mot du nom de Ghana, qui est citée par le même Zohri comme la ville principale de la *Guinaoua*. Mais je n'accepterais pas davantage cette étymologie, ne serait-ce qu'à cause de la différence des orthographes adoptées par Zohri, qui écrit *Guinaoua* par un *kef*, un *noun*, un *alif*, un *ouaou* et un *ta-merboutha*, tandis qu'il écrit *Ghana* par un *ghain*, un *alif*, un *noun* et un *ta-merboutha*.

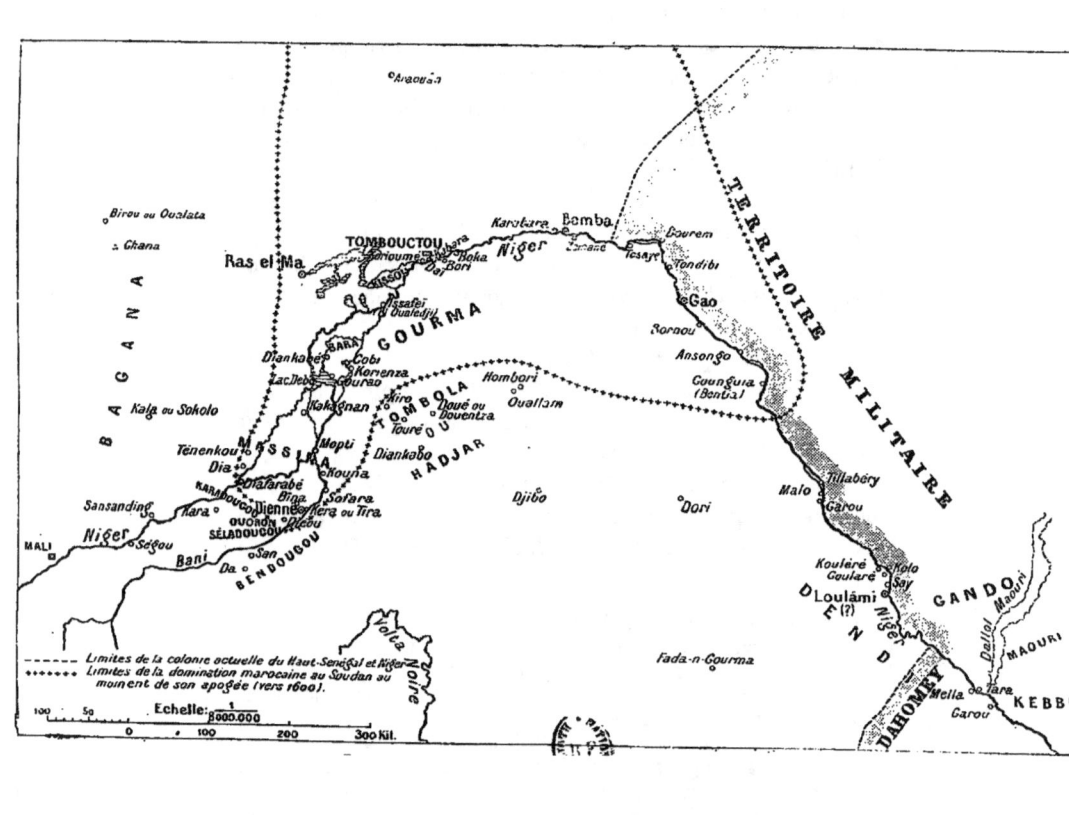

couchant de Tombouctou et au Nord de Mali — c'est-à-dire, d'une façon très approximative du reste, dans la région où se trouve Dienné —, dit : « Ce second royaume est appelé par nos marchans (lisez « par les marchands du Maghreb ») *Gheneoa*, mais ceux de Gennes, Portugal et Europe, qui n'en ont entiere cognoissance, l'appellent *Ghinea* » (1). A mon avis, si Léon plaçait assurément Dienné dans son « royaume de Ghinée » (2), il donnait au terme *Gheneoa* ou *Ghinea* la même signification que Zohri : cela seul peut expliquer le passage où il avance qu'une partie de la « Ghinée » est *sur l'Océan*, à l'endroit « où le Niger (lisez « le Sénégal ») se rend dans iceluy ».

(1) Edition Schefer, 3ᵉ vol., page 288.
(2) C'est bien en effet de Dienné que Léon entend parler lorsqu'il dit : « Il n'y a cité ny chateau, hors mis un grand village auquel le seigneur fait sa résidence, avec les prestres, docteurs, marchans et autres gens d'autorité, qui ont leurs logis bastis en manière d'hameaux et blanchis de craye et couvers de paille... Ce village, par l'espace de troys moys de l'an (qui sont juillet, aoust et septembre) se void en forme d'une ile, pour ce qu'en ce temps là, le Niger se deborde ne plus ne moins que fait le Nil. Et alors les marchans de Tombut conduisent leur marchandise en petites barques fort étroites et faites de la moitié d'un pied d'arbre creusé, etc. » (Edition Schefer, 3ᵉ vol., pages 289-290).

CHAPITRE X

Les empires banmana de Ségou et du Kaarta (XVII° au XIX° siècles).

I. — L'empire de Ségou (1660-1861).

1° *Les origines*. — A partir du xiii° siècle sans doute (1), les Banmana, descendant les vallées du Niger et du Bani, firent leur apparition dans les pays situés à l'Est de Ségou et peu à peu, soit en occupant des contrées jusque là désertes, soit en se mélangeant à des Mandingues, des Sénoufo et des Bobo et en les absorbant progressivement, ils arrivèrent à former la majorité de la population dans ces provinces de l'empire de Mali voisines de Dienné dont Sa'di nous a donné une description sommaire : le Sibiridougou, le Bendougou et le Karadougou. L'un de leurs clans principaux, celui des *Kouloubali*, s'était établi dans la région comprise entre Barouéli et la rive droite du Niger et, vers l'an 1600, le chef de ce clan, nommé *Kaladian*, se fixa à *Markadougouba*, près et en aval du poste actuel de Ségou ; comme les autres villages de la contrée, Markadougouba faisait encore partie, au moins théoriquement, de l'empire de Mali, mais il était alors placé sous la dépendance effective de Dienné, qui venait de se soumettre aux Marocains.

Vers 1620, Kaladian mourut ; l'un de ses fils, *Notémé*, demeura à Markadougouba ; un autre, appelé *Danfassari*, établit sa résidence à *Ségou-koro* et y jeta les bases d'un Etat indé-

(1) Voir 1er volume, pages 283 à 286.

pendant. *Souma*, fils de Danfassari, succéda à son père et réussit à étendre son autorité sur tous les villages peuplés de Banmana qui se trouvaient compris dans le triangle Ségou-Barouéli-Garo ; il régna sans doute de 1645 à 1660 environ, et eut pour successeur son fils Fotigué, dit *Biton*, véritable fondateur de l'empire de Ségou.

2° *Dynastie des Kouloubali* (1660-1740). — *Biton Kouloubali* transforma en un Etat puissant le petit royaume fondé par son grand-père. Son avènement doit se placer entre 1660 et 1670. A cette époque, ainsi que nous l'avons vu au chapitre précédent, l'autorité des pachas de Tombouctou était devenue bien précaire et, comme ils avaient trop à faire en se contentant de lutter pour maintenir leur pouvoir, ils ne pouvaient plus envoyer de troupes pour soutenir leurs caïds ; aussi le caïd de Dienné, comme les autres, n'exerçait plus son commandement que dans les environs immédiats de sa résidence. Comme, d'autre part, l'empire de Mali n'avait pu se relever des coups que lui avaient portés les *askia* de Gao durant le XVI° siècle, les Banmana jouissaient d'une réelle indépendance de fait et il était facile à un chef entreprenant comme Biton de créer à son profit un nouvel empire soudanais. Il le fit avec une célérité et un succès remarquables.

Cependant l'empereur de Mali, Mama-Maghan Keïta (1), effrayé du prestige naissant de Biton, voulut l'anéantir à ses débuts et il passa sur la rive droite du Niger à la tête de tout ce qu'il avait pu recruter en fait de troupes, pour aller attaquer Ségou-koro. Biton fit entourer d'un mur sa capitale, y construisit une sorte de forteresse et attendit l'ennemi de pied ferme. L'empereur de Mali vint mettre le siège devant la ville vers 1667, mais, au bout de trois ans, n'ayant pas réussi à obtenir le moindre avantage et se voyant abandonné du plus grand nombre de ses partisans, il se retira et reprit le chemin de sa résidence. Biton sortit alors de sa forteresse et poursuivit son adver-

(1) D'après une tradition recueillie à Ségou par M. l'administrateur Relhié, il se serait agi, non pas de l'empereur de Mali, mais d'un « roi de Kong » qui se serait appelé Kaladian, comme l'arrière-grand-père de Biton ; cette tradition, ainsi interprétée, me paraît assez invraisemblable.

saire jusqu'en face de Mali à peu près ; Mama-Maghan, acculé au fleuve, n'osa pas accepter le combat et fit la paix avec Biton, jurant de ne plus s'avancer désormais en aval de Mali, tandis que l'empereur de Ségou, de son côté, promit de ne pas aller, du côté d'amont, plus loin que Niamina (1669-1670). Ce serait à la suite de ce piteux échec que le souverain mandingue aurait abandonné sa résidence de Mali pour se reporter plus au Sud, à Kangaba, berceau de sa famille, ramenant ainsi l'empire de Mali aux proportions d'un simple petit royaume isolé.

Délivré ainsi de tout souci du côté du seul rival qu'il pouvait craindre, Biton songea à accroître sa puissance en asseyant son autorité sur les deux rives du Niger. Pour atteindre ce but, il voulut d'abord se constituer une armée solide et toute à sa dévotion, et voici le procédé qu'il employa : lorsqu'un criminel était condamné à une amende, Biton payait cette amende de ses propres deniers et le criminel devenait de droit son esclave ; s'il s'agissait d'un condamné à mort, Biton le graciait, avec un résultat identique ; lorsqu'un de ses sujets ne pouvait arriver à acquitter son impôt, le monarque libérait le contribuable insolvable de sa dette envers l'Etat à condition qu'il se constituât son esclave ou — s'il était trop âgé — qu'il mit un de ses fils à la disposition du souverain. Quel que fût le cas, l'homme ainsi privé de sa liberté individuelle devenait la chose de l'empereur, prenait le nom de *ton-dion*, c'est-à-dire « esclave de la compagnie réglementée » ou « esclave de la loi, captif légal », et était immédiatement enrôlé sous les drapeaux. Les *tondion* formèrent ainsi une sorte de garde impériale dont le souverain était le véritable maître ; peu à peu, leur nombre s'accroissant par des engagements volontaires, ils constituèrent une réelle armée permanente, divisée en plusieurs compagnies dont les chefs furent d'abord les premiers *tondion* et ensuite leurs descendants (1).

(1) Par la suite, les *tondion* acquirent une puissance considérable et, comme nous le verrons, les empereurs de Ségou, forcés de compter avec leurs chefs, ne furent souvent que des instruments entre les mains d'une oligarchie militaire ; le nom même de ces soldats, malgré son étymologie quelque peu méprisante, devint un titre d'honneur parmi eux et une appel-

Après avoir organisé ainsi son armée, Biton voulut aussi se créer une flottille et un corps d'ingénieurs et, pour cela, militarisa les Somono. Ceux-ci n'étaient pas encore très nombreux; l'empereur leur donna une grande quantité d'esclaves, en leur enjoignant d'apprendre à ces derniers l'art de construire les pirogues et de les diriger et celui de capturer le poisson. Ces esclaves furent d'ailleurs traités sur le même pied que les hommes libres, mais, en échange, ils devaient acquitter un impôt en cauries, fournir un contingent à l'armée, construire et entretenir les enceintes des villes fortifiées, faire le service des courriers impériaux et des passages et transports de troupes. D'autre part, les Somono reçurent le monopole de la navigation et de la pêche sur le Niger et Biton leur reconnut le droit de percevoir pour eux-mêmes les taxes de passage et de transport des particuliers.

Cependant ce conquérant doublé d'un organisateur remarquable avait des instincts de despote : il persécuta cruellement ceux de ses compatriotes qui n'appartenaient pas au même clan que lui; beaucoup parmi ces derniers (Taraoré et Diara notamment), comme aussi parmi les Kouloubali de la branche aînée, dits *Massassi* (1), quittèrent la région de Ségou, franchirent le Niger et allèrent s'établir dans des pays que Biton n'avait pas annexés à son empire, en vertu, sans doute, de la convention passée entre lui et l'empereur de Mali (Bélédougou, Kaniaga, Niamala, Kaarta) : ce fut là l'origine du second empire banmana, dit du Kaarta ou des Massassi, dont je retracerai l'histoire un peu plus loin.

Une fois maître d'une armée et d'une flottille sérieuses, Biton assit solidement son autorité sur la rive droite du Niger, vainquit et chassa sur l'autre rive les Kouloubali-Massassi qui ne le voulaient pas reconnaître pour chef, réprima les révoltes des

lation au sens redoutable parmi leurs ennemis ; les Banmana de Ségou furent souvent appelés *Dion-ka* « les gens des esclaves » et, actuellement encore, la région qu'ils habitent dans le cercle de Koutiala est désignée par le nom de *Dionkadougou*.

(1) Biton appartenait en effet à la branche cadette des Kouloubali, comme descendant de Baramangolo ; voir 1er vol., page 286.

Soninké récalcitrants commandés par Mama Fofana et Boulé Kané, étendit son rayon d'action vers l'Est sur les deux rives du Bani et vers le Nord-Est jusqu'aux faubourgs de Dienné, englobant dans son empire les anciennes provinces mandingues du Sibiridougou, du Bendougou et du Séladougou et faisant de San le siège d'un gouvernement provincial qui releva directement de Ségou. Puis, franchissant le Niger, il annexait les pays compris entre ce fleuve et le Kaniaga, battait au Bélédougou les chefs Konionmassa et Sama, et s'emparait de la province de Sana ou Sansanding et de celle du Karadougou, qui se trouvait à cheval sur les deux rives du Niger. Poussant plus loin encore, il attaquait les Massassi à Sountian, près Mourdia, tuait leur chef Foulikoro, et ensuite ne tardait pas à conquérir tout le Bagana et à imposer sa suzeraineté au royaume peul du Massina et jusqu'à Tombouctou. Dès 1670, il faisait la loi depuis cette dernière ville jusqu'à Niamina et nous avons vu qu'en 1671 il fut de taille à effrayer le sultan du Maroc Er-Rachid et à refuser de lui livrer la personne de Ali-ben-Haïdar. Ses Etats ainsi constitués, Biton les partagea en 60 districts, dont il confia le commandement à 60 de ses meilleurs *tondion*.

J'ai dit plus haut (1) que Biton s'était fait construire un palais par un architecte de Dienné : Mage aperçut en 1864 les ruines de ce palais à Ségou-koro. Ce monarque régna de 1660 environ à 1710 ; il mourut du tétanos, après s'être blessé au pied en marchant accidentellement sur une pointe de fer.

Il eut comme successeur son fils aîné Dékoro ou *Denkoro Kouloubali* (1710-40), qui fut proclamé à *Ségou-bougou*, sa résidence habituelle du vivant de son père, et fonda ensuite *Ségou-koura*, près du Ségou actuel où se trouve le poste français (1). Denkoro

(1) Chap. IX, page 275, note 2.
(2) Il existe quatre villages du nom de Ségou qui sont, d'amont en aval : *Ségou-koro* (l'ancien Ségou), résidence de Danfassari, Souma et Biton ; *Ségou-bougou* (village de cultures de Ségou), dépendance du précédent ; *Ségou-koura* (le nouveau Ségou), fondé par Denkoro, et enfin *Ségou-Sikoro* (la cheville de Ségou), autrefois faubourg de Ségou-koura, transformé en résidence royale sous Ngolo Diara et devenu le chef-lieu du cercle actuel de Ségou.

était fort cruel (1) ; les chefs des *tondion*, ayant gagné son esclave de confiance, nommé Bilali, parvinrent à se saisir de la personne de l'empereur pendant qu'il se baignait dans une chambre de son palais et le massacrèrent ainsi que la plupart de ses enfants et que Bilali lui-même. Puis ils élurent pour souverain un autre fils de Biton, nommé *Ali* (2) ; du vivant de son prédécesseur, ce dernier était allé faire un voyage à Tombouctou, s'y était converti à l'islamisme et avait même étudié l'arabe auprès d'un cheikh de la famille des Bekkaï : c'est de là qu'il avait rapporté son prénom musulman. Les Banmana et notamment les *tondion*, une fois dissipé l'enthousiasme qu'avait provoqué le remplacement du cruel Denkoro, virent avec un grand déplaisir à leur tête cet empereur qui appartenait à une religion détestée, semblait vouloir la propager parmi ses sujets et affectait d'interdire l'usage des boissons fermentées et le culte des génies. L'un des chefs militaires, surnommé *Ton-mansa* ou *Ton-massa*, c'est-à-dire « chef de l'armée régulière », disposant à sa guise d'un millier de *tondion*, mit à profit le mécontentement général ; avec un autre chef de *tondion* qui avait le commandement de la cavalerie et s'appelait *Kaniouba-Niouma*, il organisa un complot qui aboutit, quinze jours après l'avènement de Ali, au massacre de ce prince et de tous les membres de la famille impériale, à l'exception de deux filles (1740). Ces dernières furent sauvées par un ancien esclave de Biton nommé Ngolo Diara, originaire de Niola près Bogué (en face de Niamina), qui les fit conduire sur la rive droite du Bani (3).

3° *Les tondion au pouvoir* (1740-1750). — *Ton-mansa*, après l'assassinat de Ali Koulouhali, s'empara du pouvoir et installa sa capitale à *Ngoï*, à quelques kilomètres au Sud de Ségou, disant qu'il ne pourrait résider là où son ancien maître Denkoro avait été tué. Comme on lui fit remarquer que Ngoï manquait d'eau, il y fit creuser des puits et commença un canal qui devait

(1) On prétend qu'il aurait fait pétrir l'argile des murs de sa résidence avec le sang de captifs égorgés exprès.
(2) *Alias* Bakari.
(3) Elles y firent souche de Kouloubali de sang royal qui habitent encore cette région.

amener à Ngoï les poissons du Niger. Les autres chefs des *tondion*, mécontents de ces projets grandioses, le tuèrent après trois ans de règne et élirent à sa place *Kaniouba-Niouma* (Kaniouba-le-Beau ou le-Bon), qui était, dit-on, d'origine peule et appartenait au clan des Bari ; ce Kaniouba régna également trois ans, après avoir chassé dans le Bendougou le fils de Tonmansa et ses partisans, et fut remplacé par un de ses collègues *Kafa-Diougou* (Kafa-le-Laid ou le-Méchant), qui avait dirigé l'assassinat de Denkoro. Après un règne dont la durée est fixée aussi à trois ans par la tradition, Kafa-Diougou fut renversé et tué par Ngolo Diara, cet esclave qui avait sauvé les deux filles de Ali et qui, s'étant emparé du pouvoir, fonda la dynastie des *Diara* (1).

4° *Dynastie des Diara* (1750-1890). — *Ngolo Diara* avait une cinquantaine d'années lorsqu'il monta sur le trône ; il était né en effet du vivant de Biton, sans doute vers la fin du règne de ce prince, aux environs de 1700 ; son père Zan Diara, n'ayant pu acquitter l'impôt en mil dont il était redevable, avait dû, selon la règle, donner un de ses enfants à l'empereur et c'est ainsi que Ngolo, alors âgé de 8 à 10 ans environ, était devenu l'esclave de Biton.

Ngolo ne fut, au début de son règne, qu'un chef de parti : il eut à lutter contre les *tondion*, qu'il voulait écarter du pouvoir, notamment contre l'un de leurs chefs nommé Sandyi, qu'il fit tuer près de Ségou-koro, et aussi contre les Kouloubali, qui le considéraient comme un usurpateur. Ne se sentant pas en sécurité à Ségou-koura, il transporta sa résidence un peu plus en aval, dans un faubourg appelé *Ségou-Sikoro* qu'il fortifia, dont il fit sa capitale et qui fut depuis celle de tous ses successeurs. Enfin, après quatre ans d'efforts et de guerres civiles, il réussit à se faire reconnaître définitivement comme empereur ; c'est pour cette raison qu'on ne place généralement son avènement qu'en 1754, bien qu'il se soit emparé du pouvoir en 1750.

Il rétablit sur des bases solides la puissance de l'empire, un

---

(1) On donne souvent aux princes de cette dynastie le nom de *Ngolossi*, c'est-à-dire « postérité de Ngolo ».

Fig. 47. — Vue prise au marché de Baguindé (Tombouctou).

Fig. 48. — Vue d'ensemble du marché de Baguindé (Tombouctou).

peu amoindrie sous les *tondion*, et réussit à réfréner les ambitions des chefs militaires. C'est de lui qu'entendit parler Jackson à Mogador en 1800 : les informateurs du consul anglais, qui ignoraient sa mort et le croyaient encore sur le trône, l'appelaient *Wooloo* (1), ajoutant qu'il possédait trois palais à Tombouctou et une résidence à Dienné ; à la même époque, et d'après la même source d'informations, les cadis et les fonctionnaires civils de Tombouctou étaient des descendants de Marocains (Arma), mais les fonctionnaires militaires étaient des Banmana.

Ngolo avait réparti la province de Ségou en cinq cantons, à la tête de chacun desquels il avait placé l'un de ses fils : Niénékoro résidait à Ségou-koro, Makoro à Mbébala (en aval des quatre Ségou), Ntyi à Bambabougou ou Bamabougou (au commencement du coude de Sansanding), Diakili à Kéranion ou Kérango (au sommet du même coude) et Mamourou à Ségou-Sikoro, auprès de son père.

Les Peuls répandus entre le Niger et le Bani ayant cherché à secouer l'autorité de l'empereur banmana, ce dernier leur fit la guerre pendant huit ans et contraignit un grand nombre d'entre eux à quitter le pays et à se réfugier dans la partie orientale du Ouassoulou et notamment dans le Ganadougou (cercle actuel de Sikasso), où ils se mêlèrent aux Foulanké. Ntyi, fils de Ngolo, fut tué dans le Karadougou au cours de cette guerre contre les Peuls, qui étaient commandés par un nommé Sidi-Baba.

Ngolo fit deux expéditions contre les Mossi du Yatenga, dont l'empereur Kango avait fait périr cruellement des guerriers banmana mis à sa disposition précédemment par Denkoro ou par Ton-mansa. Repoussé lors de la première expédition (vers 1760), Ngolo retourna plus tard au Yatenga, pour réclamer à Kango des commerçants dioula qui avaient fui de Ségou à la suite d'une sorte de guerre civile et que l'empereur du Yatenga

(1) Le prénom *Ngolo*, très usité chez les Banmana, est prononcé fréquemment *Molo* ou encore *Ouolo*. — En réalité, Ngolo était mort depuis treize ans en 1800, mais, en raison de sa renommée considérable, son nom passait encore au Maroc pour celui de l'empereur régnant.

19

refusait de renvoyer chez eux; il semble que cette seconde expédition ne fut pas plus heureuse que la première (1); en tout cas Ngolo contracta, au cours de cette colonne, une maladie dont il mourut avant d'avoir pu rejoindre sa capitale (1787). Ses restes, cousus dans la peau d'un bœuf, furent ramenés à Ségou par son armée et y furent enterrés en grande pompe. Il avait près de 90 ans lors de son décès et avait régné durant 37 ans, dont 33 ans de règne effectif.

L'aîné de ses fils survivants, *Niénékoro* ou Nianankoro, lui succéda. Mais il était à peine monté sur le trône que son frère *Makoro*, fils d'une captive de Ngolo, voulut s'emparer du pouvoir (1787). Niénékoro s'était installé à Ségou-koura et Makoro à Ségou-Sikoro : ces deux quartiers de Ségou furent transformés durant cinq ans en deux citadelles ennemies. Makoro fut d'abord battu par le Soninké Béma, qui commandait l'armée de Niénékoro et maniait très habilement la lance ; alors, afin d'augmenter le nombre de ses partisans, il fit main basse sur le trésor impérial et le distribua à tous ceux qui vinrent lui offrir leurs services. Ce que voyant, Niénékoro fit appel à Dassé Kouloubali, alors empereur du Kaarta, lequel vint camper à Niamina et exigea, pour prix de son alliance, que Niénékoro lui remît le crâne le son aïeul Foulikoro, qui avait été tué par Biton (2) ; Niénékoro accepta cette condition, mais Béma lui ayant fait observer qu'il ne pouvait livrer ce crâne, attendu que les talismans de son père Ngolo étaient renfermés dedans, Niénékoro prit un crâne quelconque et le fit remettre à Dassé, en disant à ce prince que c'était celui de Foulikoro. Dassé fut dupe ou fit mine de l'être, accepta le crâne, et retourna au Kaarta en promettant à Niénékoro qu'il viendrait à son secours quand il le faudrait. Cependant les gens de Makoro gagnèrent Béma à la cause de leur maître en lui donnant une partie de l'or qu'ils avaient reçu de ce dernier, et il fut décidé entre les chefs des deux armées que, lorsqu'on livrerait bataille, les fusiliers des deux camps tireraient à blanc. Une fois cette chose convenue,

(1) Voir chap. IV, page 144.
(2) Voir plus loin l'histoire de l'empire du Kaarta.

Makoro envoya ses troupes contre Ségou-koura : l'armée de Niénékoro les reçut à coups de fusils non chargés (1), mais elles firent mine de s'enfuir, attirant Niénékoro à *Diofina*, au Sud de Ségou-koro ; une bande de guerriers postés là à l'avance prit Niénékoro par le revers, s'empara de lui et le conduisit à Makoro, qui le fit mettre aux fers et le laissa, dit-on, mourir de faim (1792).

Ensuite Makoro se fit proclamer empereur de Ségou sous le nom de Mosson ou *Monson Diara*, et régna de 1792 à 1808 (2).

Dassé arriva en face de Ségou alors que tout était fini. Il chercha à faire croire à Monson que son retard était voulu et qu'il avait désiré la défaite de Niénékoro, et, pour se payer de son abstention dans la lutte, il ne proposa rien moins à Monson qu'une sorte de suzeraineté du Kaarta sur l'empire de Ségou. Monson rejeta ces propositions avec hauteur et partit en guerre contre Dassé. Son principal objectif fut la conquête du Bélédougou, qu'il réussit, sinon à annexer, au moins à piller de fond en comble ; au cours de cette guerre, il ravagea en particulier Gana, Touba-koro et d'autres villages de la région où se trouve aujourd'hui Banamba, tandis que son frère utérin Nkoro-Ntyi étendait l'autorité de l'empire de Ségou sur la contrée comprise entre Niamina et Bamako. Monson voulut même attaquer le Kaarta et pénétra dans le Fouladougou, mais il fut arrêté à Bangassi (à l'Est-Nord-Est de Kita) par le chef de cette ville, nommé Séri Noumoukiè, qui l'obligea à battre en retraite.

Plus tard, des Maures ayant enlevé des bœufs dans un village banmana dépendant de Ségou et les ayant vendus à un chef du Kaarta qui refusa de les rendre à leurs propriétaires, Monson, prenant prétexte de la circonstance, se transporta en plein Kaarta avec une forte armée et vint attaquer Guémou (au Sud de Nioro sur la route de Badoumbé), qui était alors la capitale de l'empire du Kaarta et la résidence de Dassé. Ce dernier

(1) Ce qui prouve que les Banmana possédaient des fusils à la fin du xviiie siècle.

(2) On place quelquefois l'avènement de Monson en 1787, parce que l'on ne tient pas compte des cinq ans pendant lesquels il eut à lutter contre Niénékoro avant de s'emparer du pouvoir.

prit peur, s'enfuit de Guémou et, passant par Dioka (sur la route de Nioro à Kayes), alla s'enfermer dans *Guidingouma*, chef-lieu du Guidimaka, qu'il fortifia à la hâte. Monson ravagea tout le Kaarta, puis vint mettre le siège devant Guidingouma, résolu à prendre la place par la famine ; n'ayant pu obtenir encore aucun résultat après deux mois de siège et voyant son armée harcelée sans cesse par les sorties des assiégés, l'empereur de Ségou fit demander 200 cavaliers à Ali, chef des Oulad-Mbarek, qui les lui refusa. Monson leva alors le siège de Guidingouma pour se porter contre Ali et prit la direction de Diara ; comme il arrivait dans les environs de Nioro, il apprit que Ali et ses Maures s'étaient enfuis vers le Nord et, n'osant pas les y poursuivre, il reprit le chemin de Ségou (1796).

Mungo-Park fut témoin, lors de son premier voyage, d'une partie de ces luttes entre les empereurs de Ségou et du Kaarta ; l'attaque de Guémou par Monson eut lieu quatre jours après l'arrivée de l'explorateur à Diara, c'est-à-dire le 22 février 1796. Ce voyageur, qui avait été bien accueilli à Guémou par Dassé, se vit ensuite refuser l'accès de Ségou par Monson ; lors de son second voyage, en 1805, ce dernier prince l'autorisa à s'arrêter à Sansanding pour y construire les embarcations avec lesquelles il devait descendre le Niger jusqu'à Boussa.

Monson passe pour avoir fait en 1803 une expédition à Tombouctou et avoir pillé cette ville, pour punir les habitants de lui avoir refusé le tribut qu'ils devaient payer annuellement à l'empereur de Ségou.

Ce prince mourut dans son village de culture de *Sirakoro* (entre Ségou et Ngoï) et fut enterré à Ségou-Sikoro (1808).

Monson eut neuf fils qui régnèrent successivement après lui. *Da*, le premier (1808-27), fut contemporain de Sékou-Hamadou ; lorsque les disciples de ce dernier eurent tué le fils de l'*ardo* Hamadi-Dikko, celui-ci demanda du secours à Da, qui lui envoya une armée : nous avons vu au chapitre VIII quel avait été le sort de cette armée, dont l'envoi n'empêcha pas le triomphe de Sékou-Hamadou ni la fin de la suzeraineté de Ségou sur le Massina. Un an avant sa mort (1826), Da fit la paix avec le Kaarta, qui n'avait pas cessé depuis trente ans d'être avec Ségou sur un pied d'hostilités. C'est sous le règne de Da Diara que Mama Taraoré, gouverneur de San, chercha à s'affranchir de la tutelle de l'empire de Ségou : Da dirigea une expédition contre lui, s'empara de San après une assez vive résistance, mit le feu à la ville et remplaça Mama Taraoré par Mami Santara. Ce même prince fit également une expédition contre le Manding : remontant la rive droite du Niger, il traversa le fleuve en amont de Bamako et vint razzier Samayana. Il en fit une autre dans les dépendances orientales du Kaarta, mais fut repoussé par les Massassi.

Après Da régnèrent d'abord six de ses frères : *Tièfolo* (1827-39) ; *Niénemba* (1839-41) ; *Kérango-Bé* (1841-49), qui fit une expédition au Bélédougou (1) ; *Nialouma-Kouma* (1849-51) ; *Massala-Demba* (1851-54) et *Touroukoro-Mari* (1854-56). Ce dernier, ayant accepté d'entrer en pourparlers avec El-hadj-Omar et de se soumettre à lui, se vit en butte aux haines de sa famille et de ses sujets et fut assassiné par le huitième fils de Monson, Kégué-Mari ou Massala-Mari, qui, cependant, ne prit pas pour lui le pouvoir et le laissa au dernier des neuf frères, *Ali Diara* (1856-62).

Depuis l'avènement de Sékou-Hamadou au Massina (1810), ce dernier pays avait échappé, ainsi que Dienné et Tombouctou, à la tutelle des empereurs de Ségou, sans cependant que les rôles aient été renversés, quoi qu'en ait prétendu Hamadou-Hamadou lors de ses démêlés avec El-hadj-Omar : le Massina ne dépendait plus de Ségou, mais Ségou ne relevait pas davantage du Massina ; en réalité les deux Etats se trouvaient indépendants l'un de l'autre, tantôt sur le pied de guerre, tantôt sur le pied de paix. Sous les règnes de Tièfolo (2) et de ses cinq

(1) Ce prince s'appelait Bé ; il fut surnommé Kérango-Bé parce que, avant son avènement, il résidait à Kéranion ou Kérango.

(2) Tièfolo régnait à Ségou lorsqu'El-hadj-Omar y passa en revenant de La Mecque, vers 1828 : l'empereur banmana le fit mettre aux fers, puis le relâcha sur les instances des musulmans alors établis à Ségou et notamment d'un Toucouleur nommé Tierno-Abdoul ; El-hadj ne devait jamais pardonner à la dynastie des Diara cette humiliation que l'un de ses membres lui avait fait subir.

premiers successeurs, les Peuls firent de fréquentes incursions dans le Sarro ou Saro, le Séladougou et le Bendougou, sans pouvoir arriver à entamer les environs mêmes de Ségou. Mais lorsque, sous le règne de Ali Diara, un ennemi commun se fut dressé contre les Peuls et les Banmana en la personne d'El-hadj-Omar, déjà maître alors du Kaarta, les haines entre Hamdallahi et Ségou s'apaisèrent ; Hamadou-Hamadou et Ali se prêtèrent un mutuel concours pour se défendre contre la conquête toucouleure : peut-être cependant leur alliance manqua-t-elle souvent de toute la bonne foi désirable. En tout cas, ni Ali ni Hamadou ne surent en tirer tout le parti qui aurait pu en résulter et ils ne parvinrent pas à enrayer les conquêtes du chef toucouleur (1).

Vers la fin de 1859, Ali Diara, informé de l'approche d'El-hadj-Omar (2), implora le secours de Hamadou-Hamadou : ce dernier vint camper avec une armée sur la rive gauche du Niger, en face de Ségou, et proposa à l'empereur banmana son alliance complète, à condition que Ali se fît musulman et convertît son peuple à l'islam ; Ali fit alors élever une mosquée à Ségou, mais borna là son zèle de néophyte malgré lui ; satisfait en apparence de cette manifestation, Hamadou-Hamadou retourna au Massina avec son armée en promettant de revenir lorsque le besoin s'en ferait sentir. L'occasion ne tarda pas à naître : en avril 1860, El-hadj, grâce à son artillerie et malgré des pertes très sérieuses, s'emparait de la forteresse banmana d'*Ottala* (sur la rive gauche du Niger, au Nord-Ouest de Ségou), où le gros de l'armée de Ali s'était concentré sous le commandement de Tata, fils de l'empereur. En mai, le conquérant toucouleur entrait à Sansanding, d'où il menaçait Ségou. Hamadou-Hamadou envoya alors par la rive droite une colonne de 14.000 hommes, dont 8.000 cavaliers, 5.000 fantassins armés

(1) Pour les détails de la lutte d'El-hadj-Omar contre Ségou et Hamdallahi, voir le chapitre suivant.

(2) L'empereur de Ségou avait cherché à arrêter les conquêtes d'El-hadj en envoyant des armées au secours des Diawara du Kingui et des Banmana du Bélédougou, mais sans aucun succès. Une autre armée, envoyée de Ségou contre El-hadj sous le commandement de deux chefs nommés Bagui et Bonoto, n'avait pas été plus heureuse.

de lances et de flèches et 1.000 fusiliers, sous le commandement de son oncle Ba-Lobbo, dans le but de reprendre Sansanding et de protéger Ségou. Cette armée vint camper d'abord à *Koni*, à 40 kilomètres en aval de Sansanding ; les guerriers du Massina s'occupèrent surtout de prosélytisme religieux : sur l'ordre de Ba-Lobbo, les Somono des bords du Niger, dont beaucoup étaient encore païens, brûlèrent leurs idoles, se convertirent en masse à l'islam et bâtirent des mosquées ; un grand enthousiasme régnait. Tout cela n'empêcha pas les deux armées réunies de Ali et de Ba-Lobbo d'être battues à *Tio*, en face de Sansanding, en janvier 1861.

Après sa défaite, Ali rentra à Ségou, d'où il s'enfuit du reste dès qu'il apprit l'arrivée d'El-hadj (10 mars 1861), pour aller se réfugier auprès de Hamadou-Hamadou. Celui-ci confia à l'empereur déchu une armée de 30.000 hommes, composée de Pouls et de Banmana et commandée par Ba-Lobbo ; Ali revint dans son pays avec cette troupe et campa à *Kogou*, à 8 kilomètres de Ségou qu'occupait déjà El-hadj ; après quatorze jours d'attente et un jour de combat, la formidable armée fournie par Hamadou fut mise en déroute, et Ali Diara se sauva à *Touna*, sur la rive droite du Bani. El-hadj ayant envoyé une colonne détruire Touna, Ali se réfugia au Massina, où il fut fait prisonnier en 1862 par le conquérant toucouleur ; celui-ci le fit mettre à mort l'année suivante.

Lorsque Ali eut été fait prisonnier, les débris de l'armée banmana se choisirent pour chef *Kégué-Mari*, ce frère de Ali qui s'était démis du pouvoir en faveur de celui-ci. Kégué-Mari, de 1862 à 1870 environ, continua avec ténacité et parfois avec succès la lutte contre les Toucouleurs, rendant souvent difficile à Ahmadou (1), qui remplaçait son père El-hadj à Ségou depuis 1862, l'exercice de son autorité ; il avait installé sa capitale à *Touna*, que les Banmana avaient réoccupé après le départ de la colonne envoyée par El-hadj contre Ali.

A sa mort, qui survint vers 1870, Kégué-Mari fut remplacé

(1) J'écrirai constamment *Ahmadou* le nom du fils d'El-hadj-Omar, ce qui permettra de le distinguer de son ennemi *Hamadou*, fils de Hamadou-Sékou et roi du Massina.

par un de ses neveux, *Niénemba II*, fils de Da, qui s'installa à *Sambala* (près Touna), et fut à son tour remplacé en 1878 par *Mamourou*. Ce dernier ne régna que sept jours et eut pour successeur *Massatoma* (1878-83) ; celui-ci, abandonnant en 1879 la rive droite du Bani, où ses prédécesseurs avaient conservé leur résidence habituelle pendant seize ans, se transporta sur la rive gauche, à *Moribougou* (cercle actuel de Dienné), où il mourut. *Karamoko* lui succéda de 1883 à 1887 et résida en divers endroits, entre Touna et Sama, allant même inquiéter Ahmadou jusque sous les murs de Ségou.

Cependant, malgré leur situation précaire, les derniers descendants de Ngolo Diara trouvaient matière à disputes au sujet de l'exercice du commandement : Karamoko, ne pouvant s'entendre avec ses cousins Togoma et Monson, fils de Tièfolo, les fit empoisonner ; lui-même fut empoisonné peu après à Farako (au Sud-Est de Sansanding) par Ntô, frère de Monson, et remplacé par son propre frère *Mari* (1), en 1887.

Trois ans après, le colonel Archinard mettait en fuite Madani, successeur d'Ahmadou à Ségou depuis 1884, entrait en vainqueur dans l'ancienne capitale banmana le 6 avril 1890 et rétablissait le 11 avril Mari Diara sur le trône de ses pères, avec un officier français (le capitaine Underberg) comme résident en vue d'exercer notre protectorat ; Mari, n'ayant manifesté sa reconnaissance qu'en organisant un complot dans le but de massacrer l'officier français et ses tirailleurs, fut fusillé le 29 mai de la même année sur l'ordre du capitaine Underberg : ainsi périt le dernier empereur de Ségou, mais en réalité l'empire de Ségou avait pris fin en 1861, le jour de l'entrée d'Elhadj-Omar dans la capitale banmana (2).

(1) Il y eut trois princes du nom de Mari dans la dynastie des Diara : Touroukoro-Mari, Kégué-Mari ou Massala-Mari et Mari successeur de Karamoko.

(2) Voir pour plus de détails le chap. XV (occupation française). Après la mort de Mari, un nommé Bodian Koulouballi fut installé par nous comme roi de Ségou, mais l'histoire de cette période ne se rattache plus à celle de l'empire de Ségou et on la trouvera au chapitre XV.

II. — L'empire du Kaarta ou des Massassi (1670-1854).

Nous avons vu que le clan des Kouloubali, dès le début de sa formation entre le Bani et le Niger, s'était divisé en deux fractions : d'une part les descendants de Baramangolo, constituant la branche cadette mais détenant le pouvoir parce que leur ancêtre avait, le premier, posé ses pieds sur la rive gauche du Bani (1), de l'autre les descendants de Niangolo ou *Massassi*, qui représentaient la branche aînée. Ceux-ci avaient d'abord accepté sans trop de difficultés leur situation inférieure, mais lorsque Biton voulut transformer les droits sur le sol de la branche cadette en un joug tyrannique, les Massassi se révoltèrent et, moitié par amour de l'indépendance, moitié par contrainte, ils traversèrent en masse le Niger et, se portant vers le Nord-Ouest, allèrent s'établir en majorité dans la province du *Niamala* ou Diamala, qui était formée de la partie septentrionale du Kaniaga et se trouvait à la limite orientale du Kaarta.

Leur exode commença peu après l'avènement de Biton, c'est-à-dire vraisemblablement entre 1665 et 1670. Les chefs de cet exode étaient deux frères, descendants de Niangolo, appelés *Zié* et *Sarhaba* ou *Sa*, ce dernier plus connu sous le nom de *Sounsa*. Le premier mourut probablement dès le début de la migration. Quant à Sounsa, il fixa sa résidence près de Mourdia et y fonda un village qu'il appela *Sountian* et qui fut la première capitale de l'empire des Kouloubali-Massassi, appelé communément empire du Kaarta (1670). Sounsa en effet, étendant peu à peu son autorité vers l'Ouest, ne tarda pas à soumettre les Mandingues, les Foulanké et les Soninké établis dans le Fouladougou, le Kaarta, le Gangaran et le Bambouk, tous pays qui s'étaient soustraits déjà à l'autorité des derniers empereurs de Mali ou ne relevaient plus d'eux que nominalement. Bientôt il se trouva à la tête d'un Etat considérable et puissant, qui menaçait du côté du Nord-Ouest le royaume diawara de Diara et inquiétait du côté de l'Est l'empire naissant de Ségou.

(1) Voir 1er vol., page 286.

Sounsa passe, dans les traditions indigènes, pour avoir donné à son territoire une forte impulsion agricole. Il laissa, dit-on, 67 garçons et 76 filles.

Il eut comme successeur *Bemfa*, l'aîné de ses fils (1690-1700). A Bemfa succéda son frère *Foulikoro* ou Foulakoro (1700-1709); ce dernier, au cours d'une expédition du côté du Niger, enleva dans un village dépendant de Ségou une fille de l'empereur Biton : furieux, celui-ci fit envoyer à Foulikoro un vêtement ensorcelé qui devait paralyser les moyens d'action de celui qui l'aurait revêtu, puis il alla mettre le siège devant Sountian ; par l'effet du vêtement magique ou autrement, Foulikoro ne fut pas de taille à résister ; Biton s'empara de Sountian, fit prisonnier Foulikoro, l'emmena à Ségou et là le fit décapiter, conservant sa tête pour en faire une sorte de talisman impérial (1709).

Sébé ou *Sié*, dit Sié-Banmana, frère de Foulikoro, avait réussi à s'échapper de Sountian au moment de la prise de cette ville par Biton et s'était réfugié au Fouladougou, du côté de Bangassi, où il fut rejoint par les débris de l'armée des Massassi. Il régna très longtemps, de 1709 environ à 1760. Ayant réussi à rassembler une troupe imposante, il quitta le Fouladougou, s'avança vers le Nord et vint dans le Diangounté, où il obtint du gouverneur diawara l'autorisation de fixer sa résidence. Ayant fondé là un village qui fut appelé *Guémou* (1), il en fit la capitale de l'empire du Kaarta reconstitué.

Sur ces entrefaites, le roi de Diara appela Sébé à son aide pour le soutenir contre les entreprises des Dabora qui, soutenus par les Maures Oulad-Mbarek, devenaient menaçants. Sébé saisit avec empressement cette occasion d'agrandir ses Etats et d'augmenter le nombre de ses femmes et de ses esclaves. Le gouverneur du Diangounté, qui avait accueilli Sébé et lui avait permis de se refaire un royaume, était précisément le chef de la famille des *Dabora*, ennemie et rivale de la famille des *Sagoné* à laquelle appartenait le roi de Diara. Sans égard pour les services que lui avait rendus ce gouverneur, Sébé lui déclara la

---

(1) Il existe un certain nombre de localités appelées Guémou ; celle dont il s'agit ici est située au Sud-Ouest et non loin de Dianghirté.

guerre, annexa le Diangounté au Kaarta, s'empara du chef des Dabora et le mit à mort, et chassa la plupart des membres de cette famille vers le Bakounou, le Guidioumé, le Boundou et le Fouta. Puis, éprouvant le besoin d'améliorer sa cavalerie, il acheta soixante étalons au roi du Fouta, auquel il donna en paiement *Déni Dabora*, le propre fils de l'ancien gouverneur du Diangounté (1750).

Ensuite, sous prétexte de protéger Diara contre les Maures, il se porta vers cette ville avec toute son armée et annexa à son empire ce qui subsistait encore du royaume diawara (1754). Cependant il ne put ou ne voulut fixer sa résidence à Diara et, après un court séjour à Nioro, retourna à Guémou, où il mourut six ans après (1760).

Il eut comme successeur son frère *Déni* (1) ou *Dénimbabo*, qui régna de 1760 à 1780 et ravagea le Bakounou, le Diomboko, le Khasso et une partie du Bambouk. Le roi du Khasso, Demba Séga, avait alors sa capitale à *Koniakari* ; Déni, soutenu par le chef khassonkè de Séro, vint y mettre le siège. Un devin ayant prédit que, tant que Déni vivrait, les Banmana ne prendraient pas Koniakari, l'empereur du Kaarta résolut de sacrifier sa vie au triomphe de son peuple : au cours d'une sortie conduite par les fils de Demba Séga, il se laissa prendre et fut mis à mort. Son sacrifice fut d'ailleurs inutile, car son armée, démoralisée par la perte de son chef, leva le siège (2).

Sirabo (1780-89), successeur de Déni, transféra la capitale de l'empire à quelque distance au Sud-Sud-Ouest de Nioro, à la limite du Kingui et du Lankamané, où il fonda un village auquel il donna le nom de *Guémou*, en souvenir de la résidence de ses deux prédécesseurs. Il enleva Kita aux Mandingues, conquit une

(1) Certaines traditions confondent ce Déni avec Déni Dabora, que Sébé avait donné au roi du Fouta en paiement de ses chevaux ; je crois qu'il s'agit de deux personnages complètement distincts.

(2) D'après les traditions recueillies par Mage, la fin de Déni aurait été beaucoup moins glorieuse : Demba Séga, avec l'aide de renforts toucouleurs envoyés à son secours par le roi du Fouta, aurait mis en déroute l'armée banmana, et Déni se serait réfugié sur la montagne située près de Koniakari, où il aurait été pris et mis à mort par des gens venus là pour couper du bois.

partie du Bélédougou, s'empara du Guidioumé, acheva l'annexion du Bakounou et reprit, au Khasso et au Diomboko, la guerre contre Demba Séga.

Dassé ou *Dessékoro* (1789-1802) succéda à Sirabo et résida comme lui à Guémou du Kingui. Nous avons vu comment il se rendit à Niamina pour parlementer avec Niénékoro, empereur de Ségou, et comment, dans la suite, il fut attaqué par Monson. Les traditions massassi expliquent la brouille entre Dassé et Monson d'une autre façon que les traditions de Ségou, rapportées plus haut. D'après les informations recueillies à Nioro par MM. les administrateurs Adam et Lasselves, Monson aurait envoyé à Dassé un messager porteur d'une houe, d'une entrave et d'un mors, en lui disant de choisir : l'acceptation de la houe eût signifié que Dassé renonçait aux ambitions conquérantes de ses prédécesseurs et voulait se consacrer exclusivement à l'agriculture, auquel cas Monson promettait de ne pas l'inquiéter ; l'acceptation de l'entrave eût été le symbole de la soumission à l'empereur de Ségou, qui aurait comblé de richesses Dassé devenu son vassal ; mais l'empereur du Kaarta choisit le mors, symbole de la guerre à outrance. C'est alors que Monson marcha sur Guémou (1796). Dassé n'attendit pas son adversaire et s'enfuit par Dioka à *Tango*, dans le Guidioumé, où il fut battu par Monson après trois jours de lutte. C'est ensuite que se placent le retranchement de Dassé à *Guidingouma*, dans le Guidimaka, le pillage du Kaarta par Monson, le siège de Guidingouma, la marche de Monson sur Diara et son retour à Ségou (voir plus haut). Une fois Monson rentré à Ségou, Dassé quitta le Guidimaka et vint s'installer près de *Dioka*, où il fonda un nouveau village fortifié (1797). Des marchands, conduisant 2.500 esclaves, étant venus à passer à Dioka, Dassé offrit aux chefs de la caravane d'hospitaliser les captifs dans son château-fort pendant la nuit, pour empêcher leur évasion ; les marchands acceptèrent, mais, le lendemain matin, Dassé les chassa et garda les esclaves, dont il fit 2.500 soldats. Ayant reconstitué son armée par ce procédé d'une probité douteuse, il recommença ses razzias.

Son frère *Moussa-Kourabo* lui succéda (1802-1811) ; avec

l'aide du chef de Séro, il parvint enfin à s'emparer de Koniakari (1810), y installa son lieutenant Fadigui comme gouverneur, poursuivit Demba Séga à travers le Diomboko et le contraignit à passer sur la rive gauche du Sénégal et à se réfugier au Boundou. Attaqué par Da, empereur de Ségou, il repoussa ce dernier.

Téguenkoro ou Tégakoro (1811-15) parvint à réduire à l'obéissance les Kâgoro du Kaarta, qui avaient réussi jusque là à conserver leur indépendance : leur dernier roi, Bandiougou Mangassa, vaincu par Téguenkoro, reconnut la suzeraineté de l'empereur massassi. Peu après, ce dernier ravagea le Bambouk.

Sous le règne de *Sékouba* ou Sakhaba (1815-18), Fadigui, gouverneur des provinces khassonkè de la rive droite du Sénégal, se rendit indépendant du Kaarta et fonda un petit royaume éphémère avec Koniakari comme capitale. Pendant ce temps là, Sékouba dirigeait des razzias dans le Bélédougou, le Birgo et le Manding.

Bodian dit Moriba (1818-35) quitta Dioka et alla s'installer à *Yélimané*. Après avoir défait Fadigui et reconquis Koniakari, il opéra de fructueuses razzias dans le Galam, le Damga, le Saloum, le Boundou et le Bambouk ; au cours de son expédition dans le Boundou, il fit la paix avec Demba Séga, qui revint au Khasso et fonda Médine, où il installa sa résidence.

Sous *Garan*, qui régna de 1835 à 1844 (1), les Diawara de Diara refusèrent le tribut que, depuis 1754, ils payaient à l'empereur du Kaarta. Garan, au cours d'une entrevue qu'il eut avec leurs représentants, les traita avec mépris, disant qu'il n'avait pas l'habitude de discuter avec des Soninké ; les Diawara répliquèrent qu'ils n'étaient pas des Soninké : « Pourquoi alors, leur demanda Garan, parlez-vous le soninké ? si ce n'est pas votre langue maternelle, quelle est-elle donc, votre langue ?

(1) Les dates que je donne ici pour les règnes de Téguenkoro, Sékouba, Bodian et Garan sont celles qui concordent avec les différentes traditions indigènes ; elles diffèrent de celles données par Mage, qui fait régner le premier de ces princes de 1808 à 1811, le second de 1811 à 1815, le troisième de 1815 à 1832 et le quatrième de 1832 à 1843.

— Si tu veux connaître notre langue, répondirent les Diawara, fais-nous la guerre, car nous ne la parlons que dans les combats ! » Malgré ces fières paroles, les Diawara se soumirent dès que Garan eut fait mettre leurs chefs aux fers.

Kandia dit Mamadi (1844-54) fut le dernier empereur de la lignée des Kouloubali-Massassi. D'abord installé à *Kodié*, il fixa sa résidence à *Nioro* en 1846, obligeant les Diawara qui s'y trouvaient à émigrer vers le Nord, où ils fondèrent, aux confins du désert plusieurs villages dont l'un porte encore leur nom (Diawara). Quatre ans après, au cours d'une querelle, les fils de Kandia blessèrent mortellement le fils du chef des Diawara et la guerre éclata entre ces derniers et les Banmana ; au bout de sept ans de luttes, en 1853, les Diawara furent vaincus définitivement.

Mais Kandia ne devait pas jouir longtemps de sa victoire : El-hadj-Omar, alors installé à Farabana, entre le Sénégal et la basse Falémé, avait envoyé un messager au gouverneur de Koniakari pour l'inviter à se faire musulman et ce messager avait été mis à mort par les Banmana ; informé de la chose, El-hadj marcha contre le Diomboko. Kandia expédia à sa rencontre une colonne commandée par Goundo Sarhanorho, ancien serf de Bodian ; nous verrons au chapitre suivant comment le conquérant toucouleur mit l'armée banmana en déroute, pénétra dans Koniakari évacué, livra près de Yélimané deux rudes combats aux Massassi, reçut à Simbi la soumission de Kandia, entra à Nioro dont il fit momentanément sa capitale, confisqua le trésor des empereurs massassi et fit exécuter tous les membres de la famille impériale ; Kandia lui-même, qui avait d'abord trouvé grâce devant El-hadj, fut mis à mort peu de temps après (1854).

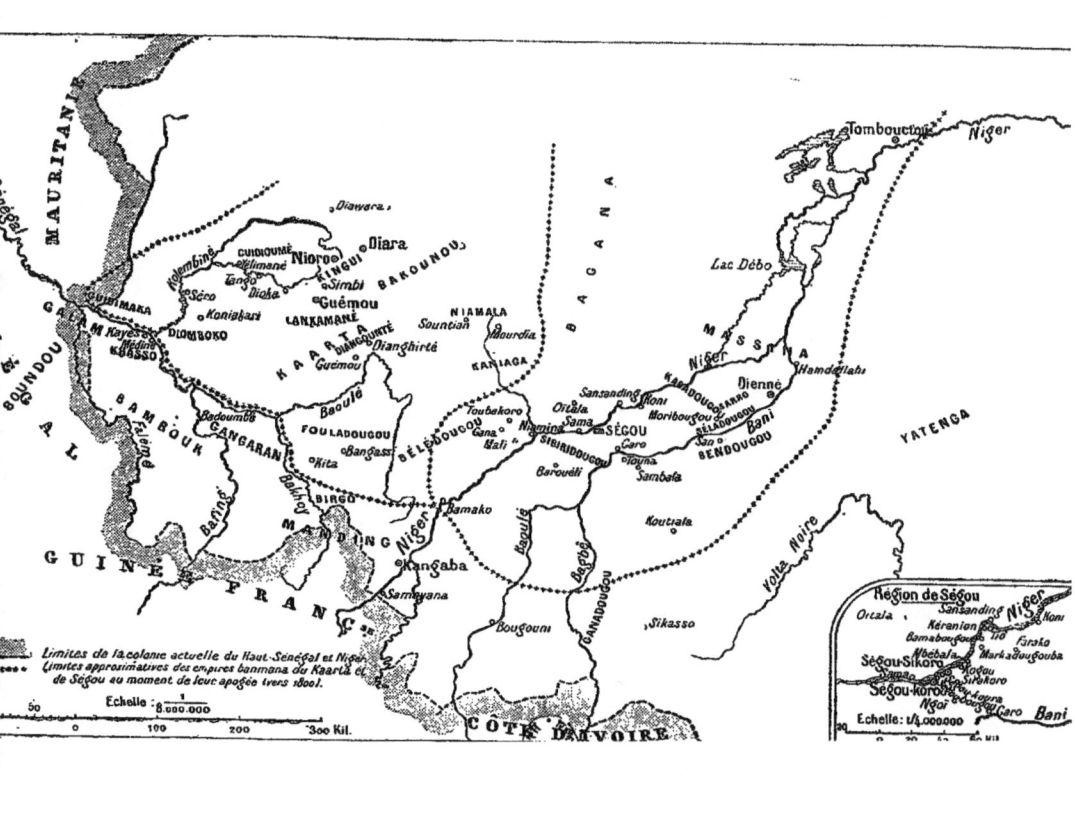

Fig. 49. — Résidence de l'Administrateur, à Ségou.

Fig. 50. — Ségou, la Mosquée.

CHAPITRE XI

L'empire toucouleur d'El-hadj-Omar (XIXe siècle).

I. — Les débuts d'El-hadj-Omar (1797-1848).

Omar-Saïdou Tal, dit *El-hadj-Omar*, naquit à Aloar (Fouta) vers 1797 ; c'était un Toucouleur appartenant à la famille Tal et au clan des Tôrobé. Son père, Saïdou Tal (1), était un musulman instruit et fervent ; ennuyé de la tiédeur religieuse de ses compatriotes, il avait construit dans sa propre maison une *mosalla* (lieu de prière), afin de ne pas être obligé de coudoyer dans la mosquée du village des gens qu'il méprisait. Les marabouts d'Aloar s'en montrèrent offensés, rasèrent le petit mur qui entourait la *mosalla* de Saïdou et traduisirent ce dernier devant un imâm du pays réputé pour sa piété et sa justice, nommé Youssouf ; ce dernier parvint à ramener l'harmonie entre Saïdou et ses compatriotes. Au cours des pourparlers qui eurent lieu à cette occasion, Youssouf distingua Omar, encore enfant, et lui prédit qu'un jour il serait le chef des gens du Fouta.

Parvenu à l'âge adulte, vers 1820, Omar entreprit le pèlerinage de La Mecque. Son voyage dura près de vingt ans, puis-

---

(1) Saïdou Tal eut cinq fils : Almami-Guédo, Alfa-Ahmadou, Tierno-Boubakar et El-hadj-Omar, nés de sa première femme, et Alioun, né d'une seconde épouse.

qu'il ne revint au Soudan occidental qu'en 1838 ; il séjourna en effet longtemps au Caire, à Djedda et à La Mecque, où il fut initié au *dzikr* (formule d'oraison) des Tidjania par le *ouakil* ou fondé de pouvoir du cheikh de Temassine : ce cheikh était alors Sidi El-hadj-Ali et son *ouakil* à La Mecque s'appelait Mohammed-ben-Khalifa ; ce dernier investit El-hadj-Omar du titre de *khalifa* (vicaire) de la confrérie pour les pays du Soudan. C'est surtout en revenant des lieux saints que Omar voyagea lentement, s'arrêtant auprès des princes musulmans et des cheikhs renommés qu'il rencontra sur son passage ; il demeura ainsi un certain temps au Bornou, auprès du sultan El-Kanémi, qui lui donna une femme, et à Sokoto, auprès du sultan Mohammed-Bello, qui lui donna pour sa part deux épouses, dont une de ses propres parentes : c'est de cette dernière que Omar eut son fils *Habibou*, qui devait plus tard régner à Dinguiray ; de l'autre femme que lui donna Mohammed-Bello, il eut *Ahmadou*, qui naquit à Sokoto en 1833 et qui devait plus tard régner à Ségou, à Nioro et à Bandiagara. Durant son séjour au Haoussa, Omar s'enrichit en vendant des talismans, des recettes magiques et des objets rapportés de La Mecque. El-Kanémi et Mohammed-Bello lui avaient donné un grand nombre de jeunes esclaves ; El-hadj les instruisit dans la religion musulmane et en fit ses premiers disciples ou *talibé* : ils furent, jusqu'à la fin de sa vie, ses plus fidèles partisans et ses hommes de confiance et c'est à eux qu'il confia par la suite les commandements militaires les plus importants ; Moustafa, qui reçut plus tard le gouvernement de Nioro, était l'un de ces esclaves originaires du Soudan Central.

Cependant la famille d'El-hadj-Omar trouvait que son absence se prolongeait outre mesure et son frère Alfa-Ahmadou fut envoyé par elle au Haoussa pour l'inviter à revenir dans son pays. Omar quitta alors Sokoto et passa par le Massina, où il fut à Hamdallahi l'hôte de Sékou-Hamadou, puis par Ségou, où l'empereur banmana Tiéfolo le traita durement et le mit aux fers pour le relâcher ensuite (1838). De Ségou, n'osant pas traverser les pays banmana, il remonta le Niger jusque près de Siguiri et se dirigea ensuite vers le Fouta-Diallon, passant par

Dinguiray, Kankan, Saréya, Bagaréya, Mamounian et Sarékoura. L'*almami* (ou imâm, chef à la fois religieux et politique) du Fouta-Diallon l'accueillit avec de grands égards et l'installa d'abord à Fodéagui, puis à Diégounko, où il lui donna de vastes terrains ; Omar fonda à *Diégounko* une *zaouïa* (couvent), où il forma de nombreux disciples, tout en s'approvisionnant de poudre et de fusils aux comptoirs de Sierra-Leone, du Rio-Nunez et du Rio-Pongo, à l'aide de poudre d'or qu'il faisait tirer du Bouré.

Une fois bien pourvu de partisans, d'armes et de munitions, il laissa ses femmes et enfants au Fouta-Diallon à la garde de ses *talibé*, franchit le Rio-Grande et la Gambie, entra dans le Saloum, traversa le Sine, le Baol, le Cayor et le Oualo et arriva à Podor en 1846. Il eut une entrevue à Donaye ou Dounaye (près Podor) avec M. Caille, gouverneur-intérimaire du Sénégal, et lui exposa ses vues : pacifier le Sénégal, rétablir la sécurité et le commerce ; il reçut des cadeaux magnifiques du gouverneur, ainsi que des commerçants européens de Podor. Puis il commença une tournée dans le Fouta, visitant Aloar, son village natal, puis Boumba où il fut l'hôte de l'*almami* Mahmoudou, puis Kobilo. En 1847, il vint à Bakel, où il fut très bien reçu par M. Hecquart, commandant du poste, auquel il promit son appui contre les réfractaires du Galam ; ensuite il visita le Boundou et le Bambouk et retourna au Fouta-Diallon par Labé. Son renom, son influence et ses partisans grandissaient d'année en année. L'*almami* du Fouta-Diallon, effrayé du nombre des guerriers qui accompagnaient Omar, lui interdit l'accès de son territoire ; mais Omar passa outre et gagna Diégounko, où il demeura dix-huit mois, puis il alla s'établir à *Dinguiray*, en raison de l'hostilité croissante de l'*almami* du Fouta-Diallon (1848).

II. — Les premières conquêtes d'El-hadj : de Dinguiray à Nioro (1848-54).

A Dinguiray, El-hadj construisit une forteresse et commença des préparatifs de guerre sainte, enrôlant des quantités de partisans, musulmans et païens, qu'attirait l'espoir d'un riche butin.

Il visa d'abord *Tamba*, où résidait un chef mandingue qui commandait aux Diallonké du Nord-Est et était suzerain du Bouré. Ce chef avait une réputation de cruauté terrible : on l'accusait de donner des captifs en pâture aux vautours sacrés de son village ; Omar profita de cette réputation pour représenter la guerre contre Tamba comme une œuvre pie. Mais le chef de Tamba prit les devant et vint assiéger Dinguiray, sans succès d'ailleurs. Omar prit alors l'offensive, mais, n'osant s'attaquer directement à Tamba, qui avait résisté victorieusement trois fois aux Banmana du Kaarta, il se porta avec 700 fusils sur le petit village de *Labata*, dépendant de Tamba, l'enleva sans résistance, puis, enhardi par ce succès facile, vint assiéger Tamba, réduisit cette ville par la famine et la prit au bout de six mois de siège, infligeant en même temps une défaite à Bandiougou Keïta, chef du *Ménien* (au Nord-Est de Dinguiray) et descendant des empereurs de Mali, qui était venu au secours de Tamba. El-hadj fit tuer le chef de Tamba et tous les adultes de la ville et emmena en captivité les femmes et les enfants. Quelques mois après, il attaquait le Ménien, prenait Goufoudé, capitale de cette province, coupait la tête à Bandiougou et aux notables, grossissait le nombre de ses esclaves et en faisait des distributions généreuses à ses lieutenants, ce qui augmenta considérablement le chiffre de ses partisans. Le *Bouré* fit sa soumission et accepta de payer tribut.

Ensuite, quittant Dinguiray, dont il laissa le commandement à son fils *Habibou* et fit la capitale d'une sorte de royaume, Omar descendit la rive gauche du Bafing, qu'il avait traversé à Tamba, s'empara sans grande résistance de *Solou* (ou Sollou ou encore Soulou) et de *Kakadian*, reçut la soumission de Koundian et de Santankoto et passa dans le *Bambouk*, où il s'établit à *Dialafara*. Son lieutenant Mamadi Dian — mort plus tard durant le siège de Médine en 1857 — razzia le Diébédougou, tandis qu'Alfa-Boubou s'emparait du *Fouladougou* (cercle actuel de Kita). Puis Omar, quittant Dialafara, se dirigea vers le Gadiaga et s'installa à *Farabana*, tandis que ses lieutenants pillaient

Makhana (1), dont le chef Barka avait fait piler un enfant par la propre mère de celui-ci, dans un mortier, pour s'en faire un « grigri ». Les traitants indigènes de Bakel vinrent trouver le conquérant à Farabana pour sonder ses intentions ; Omar les rassura, leur disant qu'il n'en voulait qu'aux « Bambara », c'est-à-dire aux païens.

C'est à cette époque qu'El-hadj envoya un messager à Koniakari pour inviter le gouverneur massassi à se faire musulman ; ce messager ayant été mis à mort, Omar se disposa à marcher contre les Banmana et, quittant Farabana, se dirigea sur *Dramané* (2) et *Bongourou* (près et en aval du Kayes actuel). Kandia, empereur des Massassi, envoya de Nioro contre les Toucouleurs une colonne commandée par Goundo Sarhanorho ; cette colonne vint camper sur la rive droite du Sénégal, à Kolou, en face de Bongourou. El-hadj fit traverser le fleuve à l'une de ses armées un peu en aval de Kolou, tandis qu'une autre, remontant la rive gauche, le traversait à Tamboukané (3) et venait tourner Goundo : pris entre deux feux, celui-ci fut mis en déroute et s'enfuit à Nioro.

Alfa-Oumar-Boïla, petit-fils de l'*almami* Youssouf qui avait prédit la fortune de Omar, avait joint l'armée de ce dernier à Kolou avec des contingents du Fouta ; après la défaite des Banmana, cet Alfa-Oumar pilla toutes les boutiques des traitants échelonnés entre Médine et Bakel. Le gouverneur du Sénégal considéra ce pillage comme effectué sur l'ordre d'El-hadj et le lui reprocha ; en réponse, El-hadj écrivit aux musulmans de Saint-Louis, leur enjoignant de se séparer des Chrétiens, auxquels il allait faire la guerre, disait-il, jusqu'à ce que le gouverneur implorât la paix et payât tribut ; puis il ordonna aux gens du Goye, du Boundou et du Fouta de bloquer Bakel et Podor. Un traitant de Bakel, nommé Ndiaye Sour, étant allé lui demander pourquoi il avait trahi les promesses faites à Farabana à ses collègues, Omar répondit qu'il avait agi ainsi parce

(1) Rive gauche du Sénégal, en amont de l'embouchure de la Falémé.
(2) Près et en amont de Makhana et sur la même rive.
(3) Entre Dramané et Bongourou.

que des commerçants indigènes de Bakel avaient vendu de la poudre aux Banmana, alors que ces mêmes commerçants, sur l'ordre du gouverneur Protet, avaient refusé de lui en vendre à lui.

Une fois que l'armée de Goundo Sarhanorho eut été dispersée, El-hadj passa le Sénégal à *Sontoukoulé* (près et en amont de Kayes), arriva le lendemain à *Koniakari* évacué, se dirigea sur Séro, repoussa victorieusement une attaque des Maures *Askeur* et parvint en quelques jours à *Yélimané*, où il dut livrer aux Banmana deux rudes combats. Traversant le Guidioumé sans rencontrer aucune nouvelle résistance, il arriva à *Tango* où un musulman soninké, Kanko Diêli, intercéda auprès de lui en vue d'obtenir des conditions de paix honorables pour les Massassi. Sans l'écouter, El-hadj poussa jusqu'à Dioka, puis à *Simbi*, où, d'après la tradition, il fit jaillir du sol une source miraculeuse pour abreuver son armée mourant de soif. C'est là que Kandia, empereur du Kaarta, Karounka, chef des Diawara, Nouhou et Sambouné, chefs des Peuls du Kingui et du Bakounou, Maoundé, chef des Kâgoro, vinrent faire leur soumission : Omar l'accepta et se rendit à *Nioro*, où Kandia lui remit les clefs de sa forteresse, se contentant pour lui-même d'une modeste hutte, d'une femme et d'un esclave (1854).

Après avoir confisqué le trésor des Massassi, Omar fit tuer les fils de l'empereur par des esclaves qu'il mit ensuite à mort eux-mêmes, puis il imposa de force la religion musulmane aux habitants de Nioro, obligea les polygames à ne garder que quatre femmes chacun et à répudier les autres et distribua celles-ci à ses *talibé*.

III. — De Nioro à Ségou (1854-1861).

Mais, si les chefs s'étaient soumis, le gros de la population n'accepta pas aussi facilement le joug du conquérant toucouleur. Bientôt les Banmana vinrent investir Nioro ; au bout de quinze jours de siège, les soldats d'El-hadj, soit pour se venger de la honte qui leur était infligée, soit par crainte de voir les Banmana de la ville s'unir aux assiégeants, soit pour supprimer des bouches inutiles, massacrèrent les Banmana enfermés avec eux dans Nioro : quatre cents indigènes furent tués. Kandia se réfugia auprès d'El-hadj, qui lui accorda la vie sauve et qui d'ailleurs prétendit toujours que ce massacre avait été décidé et exécuté à son insu. Les assiégeants, effrayés par le bruit des fusils et croyant à une sortie, s'enfuirent. Omar envoya aussitôt 1.500 hommes après eux.

Pendant que le conquérant était assiégé dans Nioro, le reste de son armée, avec Alfa-Oumar-Boïla, était bloqué dans *Kolomina* par un chef massassi nommé Séguékoro ; Alfa-Oumar parvint à se dégager, mais, en poursuivant ses assaillants, il perdit un millier d'hommes. El-hadj, une fois maître de ses mouvements, partit au secours de son lieutenant ; son armée, poursuivant l'ennemi vers le Lankamané, fut égarée par son guide, le Banmana Daba, et vint tomber sur *Kandiari*, village fortifié, qui lui tua 500 hommes et qu'El-hadj assiégea inutilement ; au moment où des renforts arrivaient aux Toucouleurs, les assiégés profitèrent de la nuit pour fuir et El-hadj rentra à Nioro sans avoir pu faire beaucoup de prisonniers et après avoir perdu beaucoup de monde. De rage, il fit mettre à mort l'ex-empereur Kandia. Il manquait de vivres et les Banmana harcelaient les bandes qu'il envoyait au pillage pour s'en procurer. Alors, il réunit toutes ses troupes, marcha sur le Lankamané, poursuivit l'armée du Kaarta jusqu'à *Karéga*, réussit à massacrer un grand nombre de Banmana et ramassa des quantités de captifs ; les débris de l'armée massassi se dispersèrent : le Kaarta était vaincu.

Omar revint ensuite à Nioro, où il se fit construire une nouvelle forteresse. Alors les Diawara du Kingui se révoltèrent sous la conduite de leur chef Karounka ; El-hadj leur enleva par surprise le village de *Diabigué* et les poursuivit jusque dans le Bakounou ; au cours de cette poursuite cependant, ses troupes essuyèrent un échec à *Bambibéro*, mais il réussit ensuite à infliger aux Diawara une défaite définitive.

A ce moment, il envoya un ambassadeur à Hamadou-Hamadou, roi du Massina, demandant à ce dernier de se joindre à lui pour achever d'écraser les Banmana et lui promettant en échange de lui faire obtenir un royaume qui comprendrait toute la Boucle du Niger (1). Hamadou-Hamadou répondit que le seul royaume auquel il tenait était sa propre tête et il expédia contre El-hadj une armée commandée par Bokar-Ahmat-Sala, dit Abdoulaye : Alfa-Oumar rencontra cette armée à *Kassakéré* et la mit en déroute.

Ensuite, El-hadj prit et détruisit *Diangounté*, où s'étaient réfugiés des Diawara rebelles. De là, il envoya à l'empereur de Ségou, qui était alors Touroukoro-Mari, une députation pour lui dire qu'il n'en voulait qu'aux Diawara et désirait demeurer en bons termes avec les gens de Ségou. Touroukoro-Mari expédia auprès d'El-hadj un marabout toucouleur nommé Tierno-Abdoul, pour lui faire savoir qu'il désirait lui aussi rester son ami ; c'est alors que Kégué-Mari accusa Touroukoro-Mari d'avoir voulu livrer Ségou à El-hadj, lui coupa la tête et le remplaça par son frère Ali (1856).

Après la prise de Diangounté, Omar installa un poste à *Guémou* (2), un autre à *Diala*, et se rendit à *Saboussiré*, sur le Sénégal, pour punir les Khassonkè d'avoir donné asile aux débris de l'armée du Kaarta (1857). Niamodi, chef du Logo, s'était enfui ; Saboussiré fut pris, ainsi que le Natiaga. Mais restait *Médine*, où résidait Kinnti-Sambala, roi du Khasso, et que protégeait le fort français construit en 1855 par Faidherbe.

Les Toucouleurs de l'armée d'El-hadj attaquèrent Médine et furent repoussés. Alors le conquérant vint mettre le siège devant la ville et le fort, le 20 avril 1857, avec quinze à vingt mille hommes. Le fort n'était occupé que par quelques défenseurs, sous le commandement du mulâtre Paul Holle, originaire de

(1) Il semble qu'El-hadj-Omar était assez porté à proposer aux chefs dont il désirait l'alliance de leur donner le commandement de pays qui ne lui appartenaient pas : c'est ainsi qu'il offrit à un marabout des Taleb-Mokhtar nommé Sidi Bouya, ancêtre de Saad Bou, de le nommer « émir du Hodh » ; Sidi Bouya réfléchit longtemps, et enfin refusa ce titre, qui aurait fait de lui le vassal d'El-hadj et l'aurait obligé à guerroyer pour le compte de ce dernier.

(2) Il s'agit ici du Guémou de l'Est, ancienne capitale de Sébé Kouloubali.

St-Louis ; le siège dura trois mois : la garnison n'avait plus ni poudre ni vivres, et Paul Holle songeait à se faire sauter à l'aide des quelques barils de poudre réservés en vue de cette éventualité, lorsque Faidherbe, alors gouverneur du Sénégal, ayant remonté le fleuve jusqu'à Kayes, débloqua Médine et mit en déroute l'armée d'El-hadj, qu'il poursuivit jusqu'aux chûtes du Félou et qui se retrancha à Saboussiré (18 juillet 1857). Les chefs du Logo et du Natiaga purent réoccuper leurs provinces.

La famine décima bientôt l'armée toucouleure, que des désertions nombreuses faisaient diminuer à vue d'œil ; El-hadj craignait que les renforts demandés à St-Louis par Faidherbe n'arrivassent bientôt ; il fit le compte de ses soldats : ils n'étaient plus que 7.000. Alors il leva le camp, passa par Dinguira (dans le Natiaga), traversa le Bambouk, perdit plusieurs centaines d'hommes et de chevaux qui se noyèrent au passage du Galamagui ou Balinko (rivière qui passe près de Koundian) et se réfugia à *Koundian*, où il fit construire par son maçon Samba Ndiaye, une immense forteresse dont l'achèvement demanda cinq mois. Ses lieutenants hésitant à mettre la main à la pâte, El-hadj donna l'exemple en transportant lui-même des pierres sur sa tête. Pendant ce temps, il envoyait razzier le Bambouk, le Gangaran et tous les pays du voisinage, afin de se procurer de l'or et des captifs.

En décembre 1857, il quitta Koundian, dont il laissa le commandement à un de ses esclaves nommé Diango, assisté du Toucouleur Racine Tal comme chef de l'armée du Bambouk. Après avoir envoyé Alfa-Oumar à Nioro, il traversa la Falémé à hauteur de Kakadian, entra dans le Boundou (avril 1858), chercha à exciter les Peüls Bari à la révolte contre Boubakar-Saada, chef du Boundou, et, devant leur refus, les déporta à Nioro, où il fit expédier en même temps deux obusiers abandonnés à Ndioum (Ferlo), au mois de décembre précédent, par le commandant de Bakel, M. Cornu, au cours d'une affaire malheureuse dirigée contre ce village. Du Boundou, El-hadj passa dans le Fouta et vint camper à *Oréfondé* (entre Saldé et Kaédi). En avril 1859, mécontent du mauvais vouloir des Foutanké à son égard, effrayé par la nouvelle des attaques des

Maures contre Nioro, qu'Alfa-Oumar défendait de son mieux, et de la révolte des Banmana du Kaarta, il remonta le Sénégal avec tout son monde, hommes, femmes et enfants, au nombre de 40.000 personnes, attaqua notre poste de *Matam*, fut repoussé par Paul Holle, qui avait alors le commandement de ce poste, passa devant Bakel sans répondre aux obus qui lui furent lancés et se rendit à *Guémou* du Guidimaka, à quatorze kilomètres de Bakel (1), où il fit construire une forteresse.

Pendant ce temps, Siré-Adama, neveu d'El-hadj, qui avait eu une chaude affaire avec les Idao-Aïch sur la rive nord du Sénégal, était passé sur la rive gauche, avait razzié le Kaméra et avait tenté de s'emparer, à Arondou (2), du brick *Pilote* qui, mitraillant à bout portant son armée, lui tua des quantités de guerriers. Ayant rassemblé les débris de sa troupe, Siré-Adama repassa le Sénégal et rejoignit El-hadj à Guémou (Guidimaka). Ce dernier, laissant à son neveu le commandement de la place de Guémou, passa au Nord de Médine, se rendit à Koniakari, entra dans le Diafounou (juillet 1859), puis gagna Nioro, qu'il avait quitté depuis trois ans. Vers le mois d'octobre, laissant comme gouverneur ou vice-roi à Nioro son esclave *Moustafa*, El-hadj marcha contre les Diawara et les Banmana révoltés, passa à Bagoïna, contourna le Diangounté et vint tomber à *Merkoya* sur les Banmana du Bélédougou et du Kaarta réunis ; il utilisa là ses deux obusiers, dont les coups jetèrent la panique parmi ses adversaires, et put s'emparer de Merkoya, où il fit un grand massacre de Banmana : le chef du pays resta parmi les morts. El-hadj y fut rejoint par son lieutenant Alfa-Ousmân, qui venait de détruire *Bangassi*, capitale du Fouladougou.

A la même époque (25 octobre 1859), les troupes françaises de Bakel s'emparaient de Guémou du Guidimaka, après une sanglante bataille livrée aux Toucouleurs par le commandant Faron et le capitaine de frégate Aube, bataille qui nous coûta 39 tués dont un officier et 97 blessés dont six officiers, mais qui coûta à l'armée ennemie la mort de son chef

(1) Ce Guémou se trouvait non loin du village actuel de Sambakagny.
(2) Sur la rive gauche du Sénégal et à 400 mètres en aval de l'embouchure de la Falémé.

Siré-Adama et celle de 250 guerriers, plus 1.500 prisonniers.

Après la prise de Merkoya par El-hadj, Karounka, chef des Diawara du Kingui, obtint une armée de Ali, empereur de Ségou, et vint attaquer le conquérant toucouleur au Nord du Bélédougou, mais il fut repoussé et dut se réfugier à Ségou ; il devait être tué peu après dans une rencontre avec une bande d'espions à la solde d'El-hadj. Les Banmana du Bélédougou et du Fadougou (1), s'étant réunis, vinrent à leur tour attaquer Omar, mais sans plus de succès. Une autre armée, expédiée de Ségou par Ali sous le commandement de Bagui et de Bonoto, ne fut pas plus heureuse.

Cependant les vivres manquaient à Merkoya et El-hadj décida d'attaquer Ségou, sentant que, s'il se retirait à Nioro sans chercher à tirer vengeance de Ali, sa fortune serait perdue. Il ordonna qu'on laisserait les femmes, trop gênantes dans une pareille expédition : une partie de ses guerriers s'y refusèrent et désertèrent l'armée, les autres suivirent le conquérant ; les femmes de ces derniers, demeurées à Merkoya, furent d'ailleurs capturées par les Banmana après le départ d'El-hadj. Celui-ci traversa d'abord le Fadougou, où il reçut, à *Markona*, la soumission de Barada Tounkara, chef des Soninké du pays ; à *Damfa*, il éprouva une vive résistance, mais prit la place grâce à ses obusiers ; continuant sa route, il fut attaqué par une armée venue de Ségou, qu'il mit en déroute, après quoi il parvint à *Niamina*, qu'il trouva abandonné (avril 1860).

Quand les vivres trouvés à Niamina furent épuisés, El-hadj marcha vers le Nord-Est, longeant à peu près la rive gauche du Niger. L'armée de Ségou se rassembla, pour l'arrêter, à *Oïtala*, sur cette même rive et à quelque distance au Nord-Ouest de Ségou, sous le commandement de Tata, fils de Ali. Omar attaqua Oïtala dans la matinée ; au premier choc, il dut reculer, abandonnant 300 morts et les deux obusiers ; Samba Ndiaye, qui était chef de l'artillerie d'El-hadj en même temps

---

(1) Il s'agit, non pas du canton du Fadougou, chef-lieu Farako, situé sur la rive droite du Niger, mais d'une province du même nom qui se trouve sur la rive gauche, au Nord-Est du Bélédougou.

que son architecte, put reprendre les obusiers avec ses trente artilleurs ouolofs, dont sept furent tués et quinze blessés grièvement ; les roues des canons étaient brisées. El-hadj ranima ses troupes en leur disant que, si elles ne remportaient pas la victoire ce jour-là, c'en serait fait d'elles, et il employa cinq jours à faire réparer les affuts de ses obusiers. Le cinquième jour, grâce précisément aux obus, Oïtala fut pris, Tata fut tué, un grand massacre eut lieu et beaucoup de femmes furent capturées.

Koromama, chef de la famille soninké des Koumma ou Koumba, qui détenait autrefois le pouvoir à Sansanding et en avait été dépossédée par celle des Sissé, alliée aux Peuls Bari du Massina, fit prier El-hadj de venir prendre Sansanding, dont les habitants supportaient aussi mal le joug des rois peuls du Massina que celui des empereurs banmana de Ségou. Omar, vingt-six jours après la prise d'Oïtala, marcha donc sur *Sansanding*, qui lui ouvrit ses portes sans résistance ; il y passa cinq mois à lever des impôts, et bientôt sa suzeraineté parut plus dure aux Soninké que celle des empereurs de Ségou ou celle plus récente, et nominale plutôt que réelle, des rois du Massina. Hamadou-Hamadou, informé de cette situation, écrivit alors à El-hadj d'avoir à évacuer Sansanding et toutes les provinces relevant de Ségou, territoires qui, disait-il, lui appartenaient, à lui Hamadou-Hamadou, puisqu'il en avait converti les habitants à l'islamisme (1). El-hadj répondit en proposant à Hamadou-Hamadou de s'unir à lui contre l'empereur de Ségou et de partager les dépouilles ; Hamadou se considéra comme insulté, fit mander à El-hadj d'évacuer immédiatement Sansanding, rassembla 8.000 cavaliers, 5.000 fantassins armés de lances et 1.000 fusiliers et confia cette armée à son oncle Ba-Lobbo, qui vint camper à *Koni*, à quarante kilomètres en aval de Sansanding, sur le Niger. El-hadj menaça d'aller prendre Hamdallahi, mais Ba-Lobbo envoya prévenir Ali, dont l'armée vint se réu-

(1) Nous avons vu plus haut que cette conversion était toute superficielle ; en réalité, le Massina s'était rendu indépendant de Ségou, mais si l'un des deux pays eût pu prétendre à la suzeraineté sur l'autre, c'aurait été, par droit historique, l'empire de Ségou.

nir à celle du Massina à *Tio*, en face de Sansanding. Durant deux mois, les deux armées demeurèrent sans bouger en face l'une de l'autre, se contentant de s'insulter à travers le fleuve. Un jour, les pêcheurs des deux rives ayant échangé des coups de fusil, des soldats d'El-hadj se précipitèrent dans le Niger, guéable en cette saison, portant sur la tête leurs fusils et leurs poires à poudre ; Omar voulut les rappeler, mais ils ne l'écoutèrent pas et tombèrent, au nombre de 500, sur l'armée du Massina, qui les tua tous à coups de lance. Le lendemain, El-hadj fit traverser le fleuve à la moitié de ses troupes, à Sansanding même, sous le commandement d'Alfa-Oumar-Boïla ; l'autre moitié passa le Niger plus en aval avec Alfa-Ousman : les Peuls et les Banmana furent pris entre deux feux et se débandèrent, l'armée du Massina s'enfuit vers Hamdallahi et celle de Ali vers Ségou (janvier 1861).

El-hadj, qui était resté en prières à Sansanding durant l'action, fit camper ses deux colonnes à *Kéranion* ou Kérango (rive droite, près de Tio) et vint se mettre à leur tête, laissant Bakari Tako avec mille hommes à la garde de Sansanding. Une semaine après la bataille de Tio, il se mit en marche vers Ségou et vint camper à *Bamabougou* ou Bambabougou ; l'armée de Ségou commit la faute de sortir à sa rencontre, mais se débanda d'ailleurs à Banankoro avant d'avoir pris le contact et se dispersa de tous côtés. Prévenu par quelques hommes dévoués, Ali eut le temps de monter à cheval et de s'enfuir de sa capitale par la porte de l'Ouest : quelques moments après, El-hadj-Omar entrait sans résistance dans *Ségou-Sikoro* (1) privé de ses défenseurs (10 mars 1861).

(1) La nouvelle de la prise de Ségou par El-Hadj-Omar répandit la consternation dans tous les pays qui se trouvaient en relations avec l'empire banmana. Ahmed-el-Bekkaï, chef des Kounta de Tombouctou, qui avait entendu parler par l'explorateur Barth de la reine Victoria et la considérait comme le plus puissant des souverains de l'Europe, lui expédia des ambassadeurs par la voie du Sahara, afin de solliciter son concours pour l'aider à protéger Tombouctou contre les Toucouleurs. Les envoyés d'El-Bekkaï parvinrent jusqu'à Tripoli, mais là, les fonctionnaires turcs, ayant saisi les lettres dont ils étaient porteurs, crurent servir la cause de l'islam en empêchant ces lettres d'arriver à destination et renvoyèrent les ambassadeurs à Tombouctou après leur avoir fait des cadeaux.

IV. — De Ségou à Hamdallahi (1861-62).

Quelques mois après l'entrée d'El-hadj à Ségou, tous les anciens fonctionnaires, chefs d'armée et chefs de canton de l'empire avaient fait leur soumission ; le conquérant toucouleur leur imposa de se raser la tête, de ne plus boire de liqueurs fermentées, de ne plus manger de chiens ni de chevaux ni d'animaux morts de maladie, enfin de faire les prières musulmanes et de ne conserver chacun que quatre épouses. Il se fit donner en otages des fils et frères de chefs, dont il fit des officiers militaires ; sur ses plans, Samba Ndiaye entoura Ségou-Sikoro de fortifications importantes et construisit un réduit où furent enfermés désormais le butin pris à l'ennemi, l'or, le sel, les cauries, la poudre, etc.

Cependant Ali, qui avait échappé à la poursuite d'Alfa-Oumar, s'était réfugié dans le Massina. Hamadou-Hamadou leva une armée de 30.000 hommes, dont 10.000 cavaliers, qui s'avança jusqu'à *Kogou*, en vue de Ségou, où elle demeura quatorze jours sans attaquer ; le quinzième jour, à la suite d'une escarmouche d'avant-garde, on en vint enfin aux mains et, après des sautes de chance diverses, El-hadj finit par mettre l'armée du Massina en déroute. Ali, qui avait accompagné cette armée, s'échappa encore et put atteindre *Touna*, sur la rive droite du Bani, où il se retrancha. El-hadj envoya contre lui une colonne qui s'empara de Touna et détruisit la résidence de Ali, mais ce dernier ne fut pas pris et rejoignit Hamadou-Hamadou.

Les gens du Massina n'étaient pas d'accord entre eux pour continuer la guerre et Hamadou fit à Omar des propositions de paix ; ce dernier refusa de les accepter, disant qu'il avait offert autrefois à Hamadou de s'associer avec lui contre les Banmana et que le roi du Massina avait refusé ; mais il consentit à soumettre le différend à l'arbitrage de quelque marabout vénéré : Hamadou ne voulut pas entendre parler d'arbitrage et répondit qu'il préférait la guerre. Il y avait alors un an qu'El-hadj était à Ségou. Il donna à son fils *Ahmadou* le commandement de cette ville et des provinces qui en dépendaient, lui fit jurer obéissance par les Banmana et quitta Ségou le 13 avril 1862 pour aller s'établir près de *Dougassou*, sur les bords d'un lac situé non loin de Ségou dans la direction du Bani, afin d'y organiser son armée. Il avait avec lui ses fils Makiou, Hadi, Maï, Mountaga, et ses neveux Tidiani (fils d'Alfa-Ahmadou), Saïdou et Ibrahima (tous deux fils de Tierno-Boubakar), ainsi que ses lieutenants Alfa-Oumar-Boïla, Alfa-Ousman, Mamadi-Sidianké, Mamadi-Yorouba, etc. Il réunit 30.000 hommes, *sofa* et *talibé* (1), puis, quittant Dougassou, il traversa le Bani et arriva à *Konihou*, où Ba-Lobbo avait concentré l'armée du Massina. Ba-Lobbo fut défait et se replia sur Dienné, où se trouvait alors Hamadou-Hamadou. Celui-ci prit la tête de l'armée peule et joignit El-hadj à *Saéwal* (ou Tiaéwal), sur le Bani, entre Sofara et Hamdallahi ; ses lanciers, le chapeau de paille rabattu sur les yeux pour se protéger des balles, chargèrent avec impétuosité, mais le nombre des fusils de l'armée toucouleure rendit ces charges inutiles. Après un jour et une nuit de bataille, la situation demeurait indécise ; Hamadou, qui avait plus de 50.000 hommes, cerna alors l'armée d'El-hadj pour l'affamer : El-hadj avait encore de la poudre, mais les balles lui manquaient, et, si Hamadou avait poursuivi l'attaque, El-Hadj eût été promptement à sa merci. Profitant du répit que lui laissait la tactique de son ennemi, Omar fit fabriquer 10.000 balles par jour durant cinq jours par tous les forgerons de son armée, puis il fit abattre tout son troupeau et, une fois ses hommes bien repus et bien approvisionnés de munitions, s'étant d'autre part fait indiquer par un espion la disposition du camp de Hamadou et l'endroit où se trouvaient ce dernier et ses principaux officiers, au matin du sixième jour, il lança ses différentes compagnies sur des points bien précis, se réservant pour lui-même et ses Foutanké l'attaque du point où se tenait le roi du Massina. Celui-ci, voyant s'avancer El-hadj, fit coucher ses fusiliers et plaça sa cavalerie en arrière. Omar continua à avancer sans tirer, mal-

---

(1) On appelait *sofa* (« palefrenier » en mandingue) des captifs pris jeunes et qui avaient commencé leur apprentissage de soldat en soignant les chevaux ; les *talibé* (de *taleb*, en arabe « étudiant ») étaient les anciens disciples d'El-hadj.

gré la grêle de balles, de flèches et de javelots qui pleuvait sur ses hommes, et, arrivé à cinquante mètres de l'ennemi, il ordonna la charge en criant « *Haïwa ! haïwa !* » L'infanterie du Massina fut culbutée et la cavalerie mise en déroute. Mais Hamadou, blessé à la poitrine, un bras cassé par une balle, n'avait pas bougé ; se dressant sur ses étriers, tenant entre ses dents les lances de ses ancêtres, il se précipita sur les Toucouleurs, plantant successivement, de son bras valide, trois lances dans la poitrine de trois chefs *talibé*, en disant : « Pour mon grand-père, pour mon père et pour moi ! » Telle était l'impétuosité de son élan que, avec une poignée de fidèles auxquels il ouvrait la voie, il put traverser les rangs de l'armée d'El-hadj et s'enfuir sans qu'on songeât sur le moment à le poursuivre. Quand on y pensa, il descendait déjà le Bani en pirogue.

Omar rassembla son monde, enterra ses morts, ramassa ses blessés et arriva le soir devant *Hamdallahi*, qui n'était pas défendue et que ses habitants avaient abandonnée ; il y entra le lendemain matin en bon ordre, ses troupes divisées en trois armées : d'abord celle du Ganar avec pavillon blanc, puis celle des Irlabé avec pavillon noir, ensuite celle du Toro avec pavillon blanc et rouge (1). Lui et sa suite entrèrent en dernier lieu (1862).

Alfa-Oumar, envoyé à la poursuite de Hamadou, le rejoignit sur le Niger, alors qu'il fuyait sur Tombouctou avec quatre pirogues, emmenant sa grand-mère, sa mère, son trésor, ses livres et ses fidèles. Le roi du Massina fut fait prisonnier et emmené sous escorte à Mopti, qu'il avait déjà dépassé. El-hadj, averti, donna l'ordre de lui couper la tête, ce qui fut fait. Ali, fait prisonnier d'un autre côté, fut simplement mis aux fers.

Les chefs du Massina firent alors leur soumission à El-hadj-Omar, qui les laissa presque tous en fonctions, installant seulement des hommes à lui à Dienné (Kango-Moussa) et à Mopti (Modibbo-Daouda) (fin juin 1862). Il envoya ensuite une colonne à Tombouctou pour y chercher les trésors que Hamadou y avait

(1) Le Ganar, le pays des Irlabé et le Toro sont trois provinces du Fouta dont étaient originaires la plupart des soldats composant ces trois armées.

en dépôt. Les oncles de Hamadou, Ba-Lobbo et Abdessâlem, vinrent vivre à la cour d'El-hadj. Ahmadou, fils de ce dernier, vint visiter son père à Hamdallahi, puis retourna à Ségou (fin 1862).

V. — La mort d'El-hadj-Omar (1864).

Vers cette époque, le conquérant toucouleur envoya contre *Tombouctou* une colonne commandée par Alfa-Oumar (1); Ahmed-el-Bekkaï, chef des Kounta, s'était sauvé chez les Touareg Kel-Antassar : ceux-ci accoururent et livrèrent, au Nord de Tombouctou, un violent combat aux troupes d'El-hadj, qui durent évacuer la ville. Mais El-hadj, étant arrivé en personne avec trente mille hommes, mit en fuite les Kounta et les Touareg, et pilla Tombouctou ; pendant qu'il était absorbé par le rassemblement du butin, les Kounta et les Touareg revinrent à l'improviste, et Omar ne dut son salut qu'à des Bozo qui le cachèrent dans une pirogue et le ramenèrent à Hamdallahi (janvier 1863). El-Hadj voulut alors faire la paix avec Ahmed-el-Bekkaï et lui envoya 70 esclaves et une grosse somme en or ; Ahmed répondit à ces avances par une lettre, accompagnée d'un cadeau de sept chevaux, dans laquelle il engageait Omar à remettre le Massina au représentant de la dynastie des Bari, c'est-à-dire à Ba-Lobbo ; El-hadj ne répondit pas à cette lettre (2).

Mais il se décidait à retourner à Ségou et avait fait venir Ahmadou à Hamdallahi pour lui passer le gouvernement du Massina (février 1863), lorsque la révolte éclata dans ce pays.

(1) C'est un détachement de cette armée qui fit prisonnier, du côté de Bassikounou, le lieutenant indigène de spahis Alioune Sal, alors en mission dans la région ; Alioune Sal parvint à s'échapper et regagna le Sénégal.
(2) Une partie de la correspondance échangée de 1860 à 1864, entre El-hadj-Omar d'une part et Hamadou-Hamadou et El-Bekkaï de l'autre, a été retrouvée par le *fama* ou roi actuel de Sansanding, Mademba, qui en a remis tout récemment une copie à M. Terrier, secrétaire général du Comité de l'Afrique Française ; ce dernier a eu l'obligeance de me communiquer ces lettres.

Ba-Lobbo et Abdessâlem avaient fait leur paix avec Omar dans l'espoir qu'il leur laisserait le commandement du pays : lorsqu'ils virent qu'il allait donner ce commandement à son fils Ahmadou, ils complotèrent la révolte de concert avec Ahmed-el-Bekkaï. Ce dernier écrivit à un de ses disciples, Modibbo-Daouda, qui suivait El-hadj depuis l'entrée de ce dernier à Nioro, l'avisant que les chefs du Massina sollicitaient son appui pour se débarrasser d'El-hadj, mais qu'il voulait d'abord connaître les forces et la façon de combattre de celui-ci ; Modibbo-Daouda vint montrer la lettre à El-hadj, qui fit mettre aux fers Ba-Lobbo Abdessâlem et tous leurs parents. Puis ayant renvoyé Ahmadou à Ségou, Omar marcha sur Tombouctou ; battu à *Goundam* (mars 1863), il s'enfuit dans le Hodh pour tâcher de gagner Nioro par le désert, mais, menacé par les Oulad-Mbarek, il fit volte-face, traversa le Bagana et réussit à attendre le Massina (avril 1863).

Cependant, en mai 1863, Ba-Lobbo et Abdessâlem réussirent à s'échapper de prison. Omar furieux fit tuer tous les membres de leur famille qui se trouvaient à Hamdallahi, en même temps que l'ex-empereur Ali. Ce massacre fut le signal d'une révolte générale du Massina.

Un village s'étant fortifié, des chefs peuls, soi-disant dévoués à El-hadj, demandèrent à celui-ci une armée pour châtier ce village ; ils obtinrent 500 *talibé*, qui marchèrent contre la place ennemie, encadrés de partisans fournis par les chefs peuls ; lorsqu'on arriva au village, ces partisans se joignirent aux assiégés et massacrèrent la plupart des *talibé*. Omar envoya alors chercher de la poudre à Ségou pour préparer sa revanche : Ahmadou lui en expédia 150 barils, portés par des Somono qu'escortaient 300 *talibé* ; en arrivant près de Dienné, les porteurs jetèrent leurs charges à terre, sur l'ordre des Peuls postés près de la route ; les *talibé* prirent la fuite, poursuivis par les Peuls, qui en tuèrent un grand nombre à coups de lances (juin 1863). A partir de cet incident, les communications furent coupées entre Hamdallahi et Ségou (1).

(1) C'est pourquoi Mage, qui arriva à Ségou avec Quintin au début de

Peu de temps après, El-hadj expédia à Tombouctou, pour la troisième fois, une armée commandée par Alfa-Oumar : celui-ci trouva la ville abandonnée de ses habitants et la mit au pillage ; mais, en revenant au Massina, il fut attaqué par Ba-Lobbo et un fils d'Ahmed-el-Bekkaï nommé Sidia, à la tête d'une forte armée de Peuls et de Maures Kounta : il fut mis en déroute, dut abandonner son butin et ses canons (1) et fut tué avant d'avoir pu gagner Hamdallahi.

El-hadj fut bientôt bloqué dans cette ville ; la famine étant survenue, beaucoup de *talibé* désertaient et passaient à l'ennemi. Le siège, commencé en septembre 1863, durait depuis huit mois lorsque, par une nuit obscure, El-hadj réussit à faire sortir de la ville assiégée son neveu Tidiani, qu'il envoyait demander des vivres et du secours aux Tombo de la montagne. Mais, ne voyant pas revenir son neveu, qui se trouvait coupé de Hamdallahi par les assiégeants, il mit le feu à sa capitale et, à la faveur de l'incendie, parvint à s'enfuir. Rejoint par l'armée de Ba-Lobbo à *Ngoro*, dans un ravin du Pignari, voyant ses meilleurs partisans tués, abandonné par les autres, il se réfugia dans la grotte de *Dayambéré* (falaise de Bandiagara), où il mourut de faim, se fit sauter à l'aide d'un baril de poudre ou périt enfumé par les Peuls, suivant les différentes versions qui circulent à ce sujet (septembre 1864). Plus tard, ses ossements furent recueillis par Tidiani, qui les fit déposer dans la forteresse qu'il s'était construite à Bandiagara.

VI. — Ségou sous le commandement des Toucouleurs (1861-90).

Nous avons vu qu'*El-hadj-Omar* était entré à Ségou le 10 mars 1861 et que, en le quittant, le 13 avril 1862, pour marcher sur

---

1864 et auquel nous sommes redevables de la plupart des détails qui précèdent concernant El-hadj-Omar, ne reçut pas de nouvelles des faits et gestes de ce dernier postérieurs à juin 1863 et ne connut les événements qui vont suivre que de façon imparfaite.

(1) D'après une autre version, ces canons auraient été pris par Ahmed-el-Bekkaï à la bataille de Goundam ; c'étaient les deux obusiers abandonnés dans le Ferlo par le commandant du fort de Bakel en 1857 (voir plus haut). El-Bekkaï les fit transporter à Tombouctou, où se trouvaient déjà

le Massina, il avait laissé dans cette ville son fils *Ahmadou*, en lui confiant le commandement de la place et des provinces dont se composait encore, un an auparavant, l'empire banmana de Ségou.

L'ancienne capitale des empereurs de la dynastie des Diara avait été sérieusement fortifiée par El-hadj-Omar, qui l'avait fait entourer d'un solide mur d'enceinte, percé de sept portes qui étaient barricadées tous les soirs ; de plus, il avait fait construire un réduit (le *dioufoutou*) qui servait de magasin et où les femmes d'El-hadj avaient leur logement. Ahmadou fit élever, pour y résider personnellement, un autre réduit dont les murs avaient six mètres de haut. Toutes ces fortifications furent érigées sous la direction d'un Soninké du Goye, nommé Samba Bakili et surnommé *Samba Ndiaye*, qui avait appris le métier de maçon à Saint-Louis, où il avait résidé longtemps comme otage. Ce Samba Ndiaye avait suivi Omar de Dinguiray à Ségou, lui servant de directeur de l'artillerie pendant les combats et d'ingénieur entre les batailles ; lorsqu'El-hadj quitta Ségou, il l'y laissa à la requête d'Ahmadou.

Comme je l'ai dit plus haut, El-hadj avait appelé Ahmadou à Hamdallahi au début de 1863, pour lui confier le commandement du Massina et retourner lui-même à Ségou ; mais, la révolte ayant éclaté parmi les Peuls et la nouvelle étant parvenue à Hamdallahi que les anciens chefs militaires de Ségou, quoique ayant fait leur soumission au conquérant toucouleur, préparaient en sous-main le retour de Ali sur le trône de ses pères, Omar ordonna à son fils de regagner Ségou (mars 1863).

Ahmadou, lors de son retour, reçut les compliments des chefs militaires banmana, qu'il traita avec beaucoup d'égards et qu'il combla de cadeaux ; il les invita à venir chez lui à l'occasion de la fête de la rupture du jeûne, devant leur lire ce jour-là une lettre importante d'El-hadj. Ce jour (23 mars 1863), ils vinrent en effet. Lorsqu'ils furent dans le réduit d'Ahmadou, les *talibé* les entourèrent et les saisirent ; la plupart avaient des

---

huit canons, dont trois en bronze et cinq en fer, que les Marocains avaient amenés autrefois.

armes sous leurs vêtements ; Ahmadou les fit mettre aux fers et les expédia par le fleuve à son père, sous la conduite de Tierno-Abdoul. Celui-ci, arrivé à hauteur de Hamdallahi, demanda des ordres à El-hadj, qui fit décapiter tous les chefs banmana au bord même du fleuve.

Cependant, Ahmadou percevait les impôts avec difficulté. En août 1863, ses collecteurs revinrent bredouilles du Kaminiadougou, où fermentait la révolte. Vers la fin de la même année, les gens de cette province vinrent enlever Bamabougou (ou Bambabougou), entre Sansanding et Ségou, sur la rive droite du Niger. Trois jours après, Sansanding, qui avait acquitté en rechignant un impôt de 500 pagnes porté ensuite à 1.000, se révolta à son tour contre Ahmadou, à l'instigation des Sissé, qu'El-hadj avait dépossédés au profit des Koumba, lorsque ceux ci lui avaient livré la place. Au moment ou Koromama Koumba envoyait un messager à Ahmadou pour l'avertir du mouvement, *Boubou Sissé* ouvrait les portes de la ville à une armée de Banmana du Kalari (ou Karadougou) et à une autre armée de Banmana venant de Sokolo. Ces deux armées, unies aux gens de Boubou Sissé, massacrèrent la garnison toucouleure. Koromama, qui refusa de s'associer à la révolte, fut livré par deux de ses parents, Abderrahmân Koumba et Baba Koumba, à Boubou Sissé, qui le fit conduire sur la rive droite, en face de Médina, et l'y fit torturer : on lui trancha successivement les mains, les épaules, les pieds, les genoux ; puis on lui arracha le cœur. La tradition dit qu'il ne proféra pas une plainte et se contenta de répéter la formule de la foi musulmane tant qu'il en eut la force.

Le Saro (ou Sarro) se révolta également : alors Ahmadou envoya des colonnes contre les révoltés de la rive droite ; Dougaba, chef des Banmana de Sokolo venus à Sansanding, qui pillait la rive gauche, fut défait et tué à Sama par Siré-Moktar, neveu d'El-Hadj et cousin de feu Siré-Adama (novembre 1863).

Moustafa, que Omar avait laissé comme gouverneur à Nioro, envoya à Ahmadou 2.000 hommes de renfort, avec lesquels *Tierno-Alassane*, lieutenant d'Ahmadou, alla attaquer Sansanding. L'armée toucouleure pénétra dans le faubourg de l'Ouest, sans grande résistance, et se rua aussitôt au pillage des maisons ; les Banmana, sortis par l'Est, firent le tour des murailles et vinrent attaquer les Toucouleurs par derrière ; ceux-ci prirent la fuite et l'armée rentra à Ségou dans le plus grand désordre, abandonnant son butin, ses captifs et une partie de ses fusils (décembre 1863).

Un grand mécontentement se développait dans les troupes d'Ahmadou ; il y avait rivalité entre les Irlabé et les gens du Toro, entre ceux-ci et ceux du Damga ; les vivres étaient rares et chers. Par contre, Sansanding se fortifiait et Boubou-Sissé accroissait son armée et la payait bien. En février 1864, après beaucoup de tergiversations, Ahmadou envoya *Abdoul-Belnadio* attaquer Sansanding ; les choses se passèrent comme l'année précédente : les Banmana laissèrent les Toucouleurs entrer dans la ville, puis les tournèrent, les mirent en déroute et en tuèrent un grand nombre, dont Abdoul-Belnadio lui-même (1).

Vers avril 1864, *Kégué-Mari*, frère et successeur de Ali, commença à se mettre à la tête du mouvement de révolte contre Ahmadou. Ce dernier envoyait faire des razzias dans les environs de Ségou, mais son autorité ne s'étendait qu'à une région très restreinte, et il était sans communications avec son père, bloqué dans le Massina. Très avare, il entretenait mal son armée, qui se détachait de lui, et il en était réduit à mettre en circulation des nouvelles imaginaires (victoire de l'armée de Nioro, approche d'El-hadj, etc.) pour maintenir le moral de ses troupes.

En septembre 1864, Kégué-Mari pilla plusieurs villages soumis à Ahmadou, à quelques kilomètres de Ségou, sans que celui-ci pût réussir à rassembler son armée assez vite pour l'en empêcher.

Ahmadou, pour tâcher de reconquérir son prestige, s'efforçait d'acquérir la réputation d'un prince juste : un de ses cousins, Mamadou-Abi, ayant pris des captifs à un Somono et les ayant vendus, Ahmadou le força à les restituer ; des *talibé*,

(1) C'est après cette défaite des Toucouleurs que Mage arriva à Ségou avec le docteur Quintin. Pour ce qui concerne le voyage de ces explorateurs, ainsi que la mission du capitaine Gallieni, voir les chapitres XIV et XV.

ayant pris à des Banmana, au marché de Bamabougou, des marchandises sans les payer, Ahmadou leur fit donner cent coups de corde à chacun. D'autre part, il continuait à mécontenter les Toucouleurs par son avarice et les Banmana par des interdictions ridicules, telles que celle de tatouer les enfants ou la défense faite aux femmes de tresser leur chevelure en cimier.

Cependant, en janvier 1865, Kégué-Mari s'avança avec une armée jusqu'à *Togo*, à quelques heures au Sud de Sansanding et à moins d'un jour de Ségou. Ahmadou envoya tous ses soldats disponibles, sous le commandement de Tierno-Alassane ; au premier choc, les Somono de Ségou, qui portaient 120 barils de poudre, jetèrent leurs charges et prirent la fuite ; les Banmana s'emparèrent de la poudre et du *tabala* (tambour de guerre) de Tierno-Alassane et se retirèrent dans Togo (24 janvier). Le 28 janvier, Ahmadou, ayant reçu des renforts de Niamina et de Kénienko (ou Kénientou), partit lui-même de Ségou, accompagné de Mage et de Quintin, emportant 140 barils de poudre fabriquée dans le pays (4.000 kilos environ), 33 sacs de poudre d'Europe (850 kilos environ), 108 fusils de rechange et 150.000 balles de fer, en plus des armes et des munitions que chaque soldat portait sur lui. A la nuit, il rejoignit, en suivant le Niger, l'armée de Tierno-Alassane à Markadougouba, à quelques kilomètres au Nord-Ouest de Togo, où Kégué-Mari était toujours campé avec ses troupes. Le 29 janvier, Ahmadou demeura à Markadougouba, se contentant de faire reconnaître la position du chef banmana par des patrouilles. Il distribua 80 barils de poudre à ses troupes, en recommandant de ne pas la gaspiller et en défendant de tirer un seul coup par amusement sous peine de coups de corde.

Le 30 janvier, Ahmadou exhorta ses soldats, reprocha aux *talibé* leur manque de courage, fit désigner des hommes d'élite pour marcher en avant, puis, disant qu'il fallait être pur au moment d'affronter la mort, exigea la restitution des objets ou captifs pris à la guerre et soustraits au partage légal. Après bien des atermoiements, les soldats se décidèrent à restituer quelques objets pillés ou à désigner tel de leurs captifs qui, si eux-mêmes venaient à mourir, représenterait la valeur de ce qu'ils avaient soustrait. Ensuite Ahmadou procéda au dénombrement de son armée, en faisant aligner les fusils par terre, et désigna son campement à chaque compagnie. Puis il recommanda aux *sofa* de s'avancer sans tirer jusqu'à dix pas de l'ennemi, de ne jamais reculer, de mettre beaucoup de poudre et dix balles dans leurs fusils. Il y eut, entre *talibé* et *sofa*, une scène de défis et de disputes qu'Ahmadou eut grand peine à faire cesser. Après avoir calmé et exhorté les *talibé* et les *sofa*, il fit de même auprès des *Toubourou* (1), puis des Peuls, puis des Diawara.

Le départ eu lieu le 31 janvier à 4 heures du matin. A 7 heures, on arriva à un village en ruines où les troupes se rangèrent en ordre de bataille : les *talibé* en quatre colonnes au centre, les *sofa* et les Diawara à gauche, les Peuls (2) en avant et à droite pour fermer la route de l'Est ; en tout 4.000 cavaliers et 6.000 fantassins, dont Ahmadou passa la revue. A 9 heures, on fit halte en vue de Togo, à 500 mètres de l'armée ennemie qui, Kégué-Mari à sa tête, était rangée en avant des murailles du village. Mari avait peut-être 3.000 fantassins et 400 cavaliers, sans compter les soldats postés sur le mur d'enceinte et les terrasses de Togo. Ahmadou ayant ordonné l'attaque, cinq colonnes composées de fantassins et de cavaliers qui avaient mis pied à terre s'avancèrent au pas en psalmodiant *la ilah ill' Allah, Mohammed rassoul Allah* : à droite les Irlabé, pavillon noir, commandant Tierno-Abdoul, et des *sofa*, pavillon rouge, commandants Fali et Diougou Koullé ; au centre, les gens du Toro, pavillon rouge et blanc, commandant Tierno-Alassane ; à gauche, les Toubourou, sans pavillon, et enfin les *talibé* du Ganar, que commandait un autre Tierno-Abdoul. Les Banmana de Kégué-Mari attendaient l'attaque, immobiles, accroupis par terre. Arrivées à cent pas de l'ennemi, les colonnes

(1) Les Toubourou, chez les Toucouleurs, correspondent aux Rimaïbé chez les Peuls.
(2) Un certain nombre de Peuls, appartenant surtout au clan des Dialloubé, auquel la dynastie des Bari avait ravi le pouvoir au Massina, avaient pris du service dans l'armée d'Ahmadou.

d'Ahmadou s'élancèrent au pas de charge et le feu commença à un signal donné. Les Banmana se levèrent en désordre et cherchèrent à rentrer dans le village, mais ils s'entassèrent aux portes et furent tués à bout portant, beaucoup à coups d'épée. Kégué-Mari avait fui sur une colline en arrière de Togo avec sa cavalerie. Les *talibé* et les *sofa* entrèrent dans le village, où commença la guerre des rues ; tout cela n'avait duré que quelques minutes, mais ensuite la bataille devint plus pénible. Les Diawara et les Toubourou furent un moment repoussés ; des Banmana purent s'enfuir, beaucoup furent faits prisonniers et massacrés. A 4 heures, Togo ne renfermait plus que de rares défenseurs.

Le lendemain, la plupart des fuyards furent rattrapés dans la brousse et mis à mort ; une centaine, qui se rendirent, furent néanmoins décapités sur l'ordre d'Ahmadou. Beaucoup de fugitifs aussi avaient été tués à coups de lance par les Peuls. Mage estime à 2.500 au minimum le nombre des Banmana qui périrent dans cette bataille, tandis qu'Ahmadou n'eut pas cent morts de son côté. Bien que Kégué-Mari eût réussi à prendre la fuite, c'était une éclatante victoire, mais Ahmadou ne sut pas en profiter.

Au lieu de marcher sur Sansanding, il céda aux sollicitations des *talibé*, pressés de voir partager le butin, et rentra à Ségou, avec 3.500 femmes et enfants capturés dans Togo. D'ailleurs, il n'osait pas se mesurer avec Boubou-Sissé et préférait aller ramasser du butin et des esclaves en attaquant les Banmana.

Le 25 mars 1865, il partit de Ségou accompagné de Mage et de Quintin, emmenant son armée qu'il organisa à Ségou-Koro jusqu'au 2 avril. Ce jour-là, il se mit en marche vers Fogni, puis vers Kamini (en face de Niamina) et Kénienko (ou Kénientou), pour aller attaquer *Dina*, village de la rive droite du Niger situé un peu en aval de Koulikoro et où s'étaient concentrés les habitants de Koulikoro, de Manambougou et de Bamako, tous insoumis. Ahmadou arriva devant Dina le 7 avril et donna l'assaut à l'endroit le plus facilement défendable, le mur d'enceinte y dessinant un angle rentrant, et sans prendre aucune disposition préalable ; néanmoins, et bien que le mur eût quatre mètres de haut, l'armée toucouleure réussit à l'escalader sous le feu des Banmana qui, une fois l'enceinte extérieure franchie par l'ennemi, se réfugièrent dans un réduit construit au centre du village. A ce moment, une panique se déclara brusquement parmi les troupes d'Ahmadou, qui évacuèrent la place et laissèrent les Banmana réoccuper les terrasses des maisons ; mais, peu après, les Toucouleurs revinrent à la charge et rentrèrent dans le village. Enfin, après des alternatives diverses, les assaillants battirent de nouveau en retraite vers 3 heures et demie de l'après-midi. Lorsque la nuit fut venue, Ahmadou fit cerner le village, mais incomplètement, et les assiégés purent s'échapper presque tous, bien qu'un certain nombre de guerriers banmana furent capturés et massacrés et que beaucoup de femmes furent faites prisonnières. Les troupes d'Ahmadou, pénétrant enfin dans le village et le réduit évacués, se livrèrent au pillage jusqu'au lever du jour.

Après la prise de Dina, le prince toucouleur continua sa route vers le Sud en suivant toujours la rive droite du Niger. Le 10 avril, une partie de son armée passa le fleuve pour aller piller Koulikoro ; les Somono de cette dernière localité vinrent se rendre à Ahmadou, qui les envoya s'installer à Kénienko. Le 11 avril, le village de *Manambougou*, que ses habitants avaient abandonné, fut brûlé ; puis, renonçant à pousser jusqu'à Bamako, Ahmadou, qui, lui, était demeuré sur la rive droite, traversa à son tour le Niger, incendia *Koulikoro* avec plus de trois tonnes de coton qui s'y trouvaient réunies et se rendit à Niamina en longeant la rive gauche et en détruisant tout sur son passage ; il arriva le 14 avril à Niamina, dont les Toucouleurs avaient fait une place forte, et rentra le 18 à Ségou.

Enfin, le 4 juillet 1865, Ahmadou se décida à marcher contre Sansanding. Il passa le Niger près de Markadougouba ; le passage du fleuve dura trois jours : une tornade fit couler plusieurs pirogues. L'armée toucouleure arriva le 9 juillet devant Sansanding, que défendait une armée composée de Peuls, de Maures et de Banmana. Ahmadou ordonna aussitôt l'assaut, mais ses colonnes furent plusieurs fois repoussées avec pertes. Le siège dura 72 jours, avec des alternatives de succès et de revers. Une partie des Soninké et de leurs captifs vint se rendre lorsque la famine commença à se faire sentir ; l'armée d'Ahmadou était d'ailleurs elle-même fort mal approvisionnée en vivres et la saison des pluies l'affaiblissait ; de plus, pendant ce temps, Kégué-Mari attaquait les environs de Ségou. Le 11 septembre, l'armée de ce dernier, venant de l'Est, traversa le Niger et attaqua Ahmadou dans son camp ; elle fut repoussée, mais put se retirer sans être inquiétée. Le 15 septembre, plus de 1.500 hommes de l'armée de Mari parvinrent à entrer dans Sansanding. Dans la nuit du 17 septembre, Ahmadou, pris de panique à la nouvelle que Kégué-Mari en personne menaçait Ségou, leva le siège pour rentrer dans sa capitale, où il arriva le 23 avec son armée en déroute.

Fin 1865, on craignit sérieusement à Ségou d'être attaqué par Kégué-Mari, mais Ahmadou ne put réussir à faire marcher son armée, qui ne voulait plus se battre. Heureusement pour lui, Mari demeura dans l'inaction.

Ahmadou avait caché le plus longtemps possible au public la mort de son père ; lorsqu'elle fut connue de tout le monde, il se proclama le seul héritier de la puissance paternelle et voulut être, non plus seulement le roi de Ségou, mais l'empereur de toute la partie du Soudan occupée par les Toucouleurs. Cependant ses frères *Habibou* et *Moktar*, qui régnaient, le premier à Dinguiray et le deuxième à Koniakari, son cousin *Tidiani*, qui régnait au Massina, et l'ancien esclave de son père, *Moustafa*, qui commandait Nioro, prétendaient demeurer indépendants de son autorité, d'ailleurs assez mal assise à Ségou même. En 1870, Ahmadou quitta momentanément Ségou pour aller surveiller à Nioro les agissements de Moustafa ; n'ayant pu trouver dans la gestion de ce dernier des motifs suffisants pour le faire exécuter, malgré le désir secret qu'il en avait, il se contenta de prendre lui-même la direction des affaires de la province ; puis, en 1872, ayant appris que Habibou, accompagné de son frère Moktar, venait opérer des razzias dans le Diomboko et le Kaarta, il marcha contre lui, s'empara de sa personne et de celle de Moktar et revint à Ségou avec les deux prisonniers, qu'il laissa mourir dans les fers.

En 1884, Ahmadou, ne sentant plus sa vie en sûreté à Ségou, où il s'était fait détester de tout le monde et surtout des Toucouleurs, passa le commandement à son fils *Madani*, alla demeurer quelque temps à Niamina, puis alla s'emparer de Nioro sur son frère Mountaga, qu'il y avait installé en 1873.

Le 6 avril 1890, le lieutenant-colonel Archinard arrivait en face de Ségou et Madani prenait aussitôt la fuite avec les derniers *talibé*, laissant la place libre aux troupes françaises, et se sauvait à Mopti.

VII. — Nioro sous le commandement des Toucouleurs (1854-91).

Comme nous l'avons vu plus haut, *El-hadj-Omar* s'était emparé de Nioro en 1854 ; il n'y fit que des séjours intermittents, laissant en son absence à *Alfa-Oumar* le soin de surveiller ses intérêts. Lorsque, en 1859, il se décida à marcher sur Ségou, il installa à Nioro comme gouverneur l'un de ses esclaves préférés, nommé *Moustafa*, qui fut le véritable roi du Kingui et du Kaarta de 1859 à 1870.

Le pays demeura relativement tranquille sous le gouvernement de Moustafa ; cependant, en décembre 1864, le Bakounou se révolta contre les Toucouleurs : Moustafa, alors démuni de troupes, dut faire appel à *Tierno-Moussa*, qui commandait le fort de Koniakari. Tierno-Moussa se transporta au Bakounou, mais se laissa bloquer à *Bagoïna* ; il envoya demander à Ahmadou un renfort que le roi de Ségou ne put lui fournir ; enfin, il réussit à s'échapper du côté du Kingui, mais ne put entrer à Nioro, les routes étant coupées par les Maures et les Banmana, et s'en retourna à Koniakari.

De son côté, *Ahmadou*, sans cesse harcelé à Ségou par les Banmana et les Peuls, demandait continuellement à Moustafa des renforts que ce dernier était bien incapable de lui expédier. En 1870, persuadé que Moustafa y mettait de la mauvaise volonté, Ahmadou vint à Nioro et, dans le but de perdre le gouverneur, l'accusa de prévarication ; Moustafa prouva qu'il n'avait pas touché au trésor d'El-hadj et avait administré sagement le pays au moyen des seules recettes de l'impôt. Ahmadou ne put le condamner mais, après être allé passer quelques jours à Guémou, il revint à Nioro et y resta deux ans, prenant en mains propres le commandement du pays. C'est à cette époque que ses deux frères Habibou et Moktar vinrent de Dinguiray et de Koniakari dans le but de razzier des provinces dépendant de Nioro ; Ahmadou, nous venons de le voir, marcha contre eux, les fit prisonniers et les emmena à Ségou (1), avec un fort contingent prélevé à Nioro et Moustafa lui-même, ayant laissé comme gouverneur au Kingui un chef de *sofa* surnommé *Almami* (1872).

Au bout d'un an, Ahmadou envoya son frère *Mountaga* pour gouverner Nioro (1873). Mountaga y régna de 1873 à 1884, acquérant la réputation d'un grand général et d'un excellent administrateur, et annexant à son gouvernement le Séfé et le Komintara (cercle actuel de Kita). Ahmadou, jaloux des lauriers de son frère, quitta Ségou en 1884, se rendit à *Bassaka* dans le Bakounou et y convoqua Mountaga ; il accueillit ce dernier amicalement : mais Mountaga défiant profita de la nuit pour retourner à Nioro. Ahmadou envoya à sa poursuite une colonne qui revint en disant qu'elle n'avait pu l'atteindre. Il partit alors en personne, s'arrêta à Touroungoumbé, puis à Yéréré, envoyant de chacun de ces points des messagers à Mountaga pour l'engager à venir faire sa soumission. Après quatre mois d'inutiles pourparlers, il mit le siège devant Nioro. Mountaga réussit à fomenter un complot contre son frère, dans l'entourage même de ce dernier, mais Ahmadou le découvrit et fit exécuter le marabout Mahmadou-Kaya, âme du complot. Cependant les Peuls Sambourou se révoltèrent contre Ahmadou : Boubakar-Samba marcha contre eux, tua leur chef Falilou, dont la tête fut envoyée au camp d'Ahmadou, et prit tous les villages des Sambourou. La famine s'étant déclarée dans Nioro, Mountaga invita ses partisans à aller rejoindre Ahmadou et resta seul avec sa famille et le griot Farangalli ; les assiégeants entrè-

(1) Habibou fut remplacé à Dinguiray par son autre frère Aguibou, qui fut plus tard roi du Massina.

rent alors par la porte par laquelle étaient sortis les défenseurs ; Mountaga se retira avec son frère Daï et Farangalli dans sa poudrière et se fit sauter au moment où les *sofa* d'Ahmadou en forçaient la porte (1885).

Ahmadou s'installa donc à Nioro. Quelques années après, apprenant que le Diafounou avait prêté son appui au marabout soninké Mahmadou Lamine, qui se préparait à assiéger Bakel, et redoutant que ce fait ne lui attirât les Français sur le dos, Ahmadou marcha sur *Gouri*, capitale du Diafounou ; après quatre mois de séjour à Kérané et de temporisations, il mit le siège devant Gouri ; au bout de trois mois, les Soninké évacuèrent la place pendant la nuit (1887). Après cette victoire d'ailleurs peu glorieuse, Ahmadou retourna à Nioro.

En 1890, il envoya une armée attaquer *Koniakari* que venait d'occuper le lieutenant Valentin. Après une série d'opérations dont on trouvera le récit au chapitre XV, il fut contraint d'évacuer Nioro devant le colonel Archinard, qui occupa cette ville le 1er janvier 1891 et mit en fuite les Toucouleurs ; Ahmadou se transporta à Bandiagara, d'où il devait être chassé également par nous en 1893.

Durant l'occupation de Nioro par les Toucouleurs, les recettes de l'Etat étaient fournies par l'impôt du dixième sur les récoltes de mil, le cinquième du butin fait par les Toucouleurs et la moitié de celui fait par les contingents indigènes — le reste étant réparti entre les chefs et les soldats —, les héritages non réclamés, les biens abandonnés, l'*oussourou* ou dîme prélevée sur les troupeaux des nomades et les marchandises des colporteurs, et enfin le produit des amendes. Les recettes servaient à entretenir le gouverneur, ses courtisans et son harem, à faire des cadeaux aux chefs et aux notables, à nourrir les troupes pendant les expéditions, à acheter des armes, des munitions et des chevaux, à faire des libéralités et à rémunérer les percepteurs. En plus de ces impôts d'Etat, il y avait les impôts religieux (*diaka* sur les récoltes et les bestiaux, indemnité à payer pour être dispensé du jeûne, etc.) ; les recettes provenant de ces impôts servaient à l'entretien des mosquées, des imâm et autres membres du clergé.

Des cadis rendaient la justice, assistés de lettrés ou pieux personnages qui n'avaient que voix consultative. On pouvait appeler de leurs décisions au grand cadi de Nioro. Quant aux non musulmans, ils continuaient à faire juger leurs différends devant leurs propres tribunaux et selon la coutume locale.

VIII. — Le Massina sous le commandement des Toucouleurs (1862-93).

J'ai dit plus haut comment *El-hadj-Omar* avait conquis le Massina en 1862 et comment, après des luttes perpétuelles pour conserver sa conquête, il avait trouvé la mort en 1864 dans la falaise de Bandiagara. Son neveu *Tidiani* lui succéda au Massina de 1864 à 1887.

Ayant reconstruit Hamdallahi, Tidiani équipa une armée, poursuivit *Ba-Lobbo* dans le Kounari et, pour utiliser la bonne volonté des Tombo, disposés à le soutenir contre les Peuls, transporta sa capitale à *Bandiagara*. Son règne ne fut qu'une lutte continuelle contre les habitants de son prétendu royaume, lequel en réalité ne dépassait guère les environs immédiats de Bandiagara. Il eut cependant des alternatives de succès et de revers. Son plus terrible adversaire fut *El-Bekkaï*, qui avait établi son quartier-général à *Ténenkou*; son meilleur secours lui vint de la rivalité et du défaut d'entente qui divisaient Ba-Lobbo et El-Bekkaï. C'est ainsi qu'il put battre ces deux derniers simultanément, l'un à *Poromani* ou Foromani (entre Sofara et San) et l'autre à *Sénidiadio*. Mais ensuite Ba-Lobbo s'enferma à Dienné, que Tidiani ne parvint à reprendre qu'après un siège pénible; Ba-Lobbo d'ailleurs avait pu s'échapper et s'était réfugié à *Fiou* (circonscription actuelle de San), auprès de Peuls originaires du Massina. Pendant ce temps, El-Bekkaï, avec les gens du Kounari, menaçait Bandiagara, que Tidiani eut grand-peine à préserver; enfin, il put refouler El-Bekkaï sur Ténenkou et s'emparer successivement de Ténenkou, de Kakagnan, de Diafarabé et du Sébéra. C'est à cette époque que mourut Ba-Lobbo, qui ne fut qu'imparfaitement remplacé par Hamadou-Abdoul, lequel résida à Fiou, et Amirou-Ba-Lobbo, lequel s'était établi à Bangadina, au Sud-Est de San, chez les Minianka.

Le décès de Ba-Lobbo entraîna la soumission d'une grande partie des Peuls au prince toucouleur. Peu après, Ahmed-el-Bekkaï, au cours d'un combat contre l'armée de Tidiani, était tué près de *Sarédina* (Sébéra), où son tombeau est devenu un lieu de pèlerinage (1).

Tidiani put enfin se considérer comme roi du Massina, mais le Massina était devenu presque un désert.

En 1887, Tidiani reçut à Bandiagara la visite du lieutenant de vaisseau Caron, qui venait lui demander la route de Tombouctou et l'accès de Dienné ; le roi répondit à l'explorateur : « Je suis un porteur d'outres et mes outres sont Dienné et Tombouctou ; si tu les veux, empare-toi d'abord du porteur ; » Néanmoins Caron put parvenir jusqu'à Kabara et s'en revenir sur ses pas, malgré l'opposition et les menaces de Tidiani, qui mourut la même année.

Tidiani avait fait tous ses efforts pour organiser ses Etats. Il les avait divisés en provinces, à la tête de chacune desquelles était placé un *amirou* ou gouverneur. Les divers *amirou* résidaient d'ordinaire à Bandiagara auprès du roi, mais effectuaient des tournées dans leurs districts respectifs en vue de percevoir l'impôt. L'armée comprenait quatre corps, dont les deux premiers étaient composés de Toucouleurs, le troisième étant formé des esclaves du roi et le quatrième de Banmana enrôlés qu'on appelait *sofa*. Les impôts ordinaires et les impôts religieux furent organisés comme à Nioro ; les Tombo étaient à peu près dispensés de l'impôt, mais ils devaient fournir des porteurs au roi lors de ses déplacements et de ses expéditions militaires.

---

(1) Ce tombeau fut érigé en 1895 par les soins du colonel de Trentinian : cet officier voulut ainsi reconnaître les services rendus à la civilisation par El-Bekkaï, qui avait autrefois protégé Barth à Tombouctou. Cet Ahmed-el-Bekkaï était le petit-fils du fameux Sidi-el-Mokhtar-ben-Ahmed, né en 1729 et mort en 1811, qui enleva la suprématie religieuse aux Kel-Antassar pour la donner aux Kounta et dont le tombeau, situé à Bou-el-Anouar dans l'Azaouad, est aussi un lieu de pèlerinage très fréquenté.

Tapsirou, fils de Tidiani, lui succéda mais ne régna que quelques mois (1887-88).

Mounirou, frère de Tapsirou, remplaça ce dernier (1888-91). Son règne se passa en luttes contre les Kounta, que commandait *Abiddine*, fils et successeur d'Ahmed-el-Bekkaï (1), et contre les Peuls, surtout ceux du Farimaké. Néanmoins, il parvint à conserver son autorité, grâce surtout à l'appui des Tombo de la région de Bandiagara et de leur chef Gogouna.

En 1891, *Ahmadou*, fils d'El-hadj-Omar, fuyant de Nioro devant les troupes françaises, arriva au Massina, où Mounirou lui céda le pouvoir par déférence pour son âge. Mais deux ans plus tard le général Archinard, s'étant emparé de Diennė, arrivait à Mopti ; Madani, fils d'Ahmadou, réfugié dans cette dernière ville depuis la prise de Ségou par les Français, rejoignait son père à Bandiagara, pendant que le général proclamait à Mopti la déchéance d'Ahmadou et nommait roi du Massina *Aguibou*, frère d'Ahmadou et ancien roi de Dinguiray, qui avait embrassé notre cause. Peu après, Ahmadou était battu à *Korikori* par le général Achinard, qui entrait sans coup férir à Bandiagara et y installait Aguibou (29 avril 1893).

Ahmadou, s'étant réfugié à Douentza, tenta en vain un retour offensif, se sauva à Hombori, puis à Dori, puis à Say, où il passa le Niger pour aller s'installer à *Dounga*, entre Say et Niamey ; de là, il gagna bientôt les pays haoussa, où il mourut obscurément en 1898 ; ses derniers *talibé* et parents qui l'avaient accompagné dans sa fuite soutinrent plus tard l'émir de Sokoto lors de sa tentative de résistance contre les Anglais ; après la victoire de ces derniers, qui s'emparèrent de *Bassirou*, fils d'Ahmadou, et occupèrent Sokoto, les anciens partisans d'Ahmadou prirent, en 1906, le chemin du Bornou, du Ouadaï et du Darfour pour aller s'installer en Arabie, dans le Hidjaz, où ils sont encore.

Quant à Aguibou, il conserva de 1893 à 1902, sous notre protection et notre contrôle, le titre et les fonctions de roi du Mas-

---

(1) Abiddine fut tué en 1889 au cours d'une bataille livrée aux troupes de Mounirou.

sina, avec résidence à Bandiagara. Mais, faible et sans valeur, il ne sut pas ramener le calme dans ce pays troublé ni parvenir à y faire aimer le nom des Toucouleurs. A la suite d'incidents divers qui seront relatés au chapitre XV, un arrêté du 26 décembre 1902, rendu sur la proposition de M. le Gouverneur Ponty, plaça le Massina sous le régime de l'administration directe et mit Aguibou à la retraite en lui accordant une pension. Les chefs toucouleurs installés comme chefs de province par Elhadj et ses successeurs furent supprimés par extinction : à la mort de chacun d'eux, les cantons et les villages qu'ils commandaient furent rendus à leurs chefs autochtones. Aguibou lui-même, dernier représentant de la dynastie des Tal, s'éteignit en 1908 (1).

(1) Il avait fait en 1900 un voyage en France et avait visité l'Exposition Universelle.

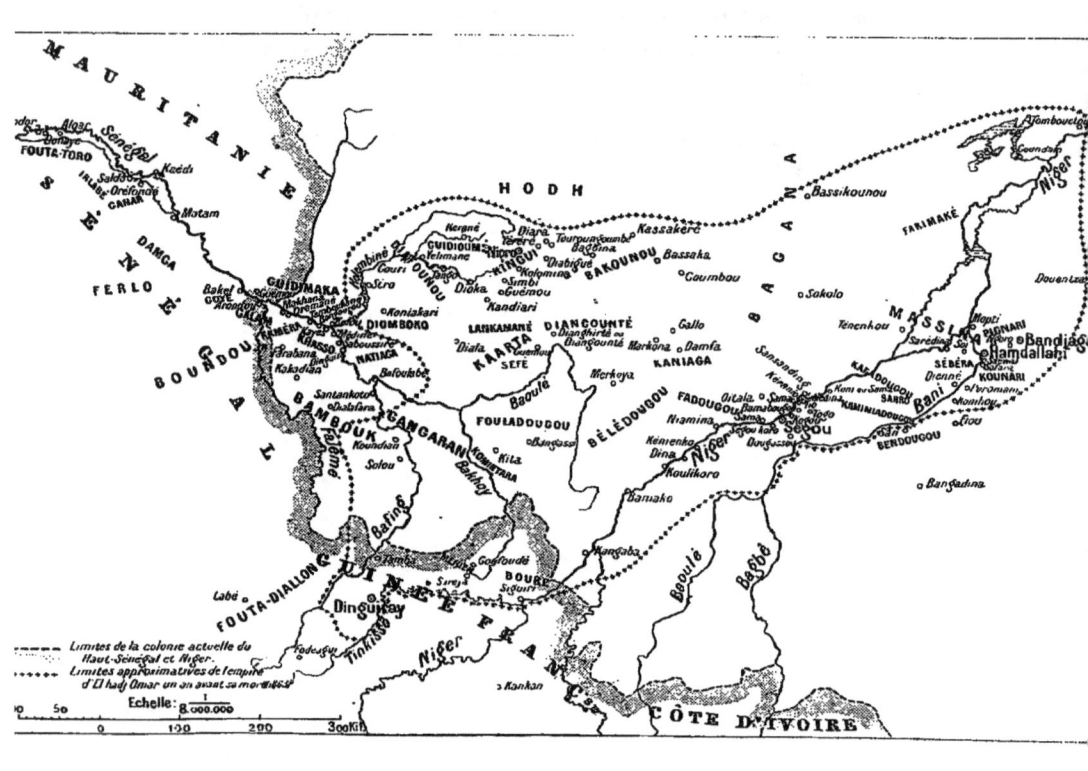

CHAPITRE XII

L'empire mandingue de Samori
(XIXᵉ siècle).

L'empire de Samori n'eut jamais l'extension de celui d'El-hadj-Omar ; il n'en eut pas non plus la durée. Il semble que les qualités de Samori, en tant qu'organisateur, étaient inférieures à celles d'El-hadj-Omar, mais il semble d'autre part que l'habileté guerrière du premier fut plus considérable que celle du second. En tout cas, les conditions dans lesquelles opérèrent ces deux grands conquérants soudanais de l'époque contemporaine étaient fort différentes, et il est essentiel de se les rappeler si l'on veut établir entre eux une comparaison.

El-hadj-Omar était un musulman instruit, qui avait beaucoup voyagé, avait vécu à la cour de souverains puissants, tels que les sultans du Bornou et de Sokoto, avait visité des villes telles que Le Caire et La Mecque, avait vu de près les Français du Sénégal et s'était entouré de gens, tels que Samba Ndiaye, formés à notre école. Samori au contraire était ignorant et illettré (1) ; il ne fut jamais en relations directes avec d'autres pays que les contrées du Soudan où se déroula sa fortune et, s'il reçut quelquefois la visite d'Européens, il n'avait jamais visité leurs établissements et n'avait jamais vu la mer avant sa capture et son exil.

---

(1) Il ne sut jamais lire couramment l'arabe et toutes les lettres que l'on a de lui ont été rédigées par des secrétaires.

D'autre part, El-hadj-Omar, sauf sur les rives du Sénégal, ne fut aucunement gêné, dans la constitution de son empire, par l'action européenne et n'eut affaire qu'à des peuplades indigènes dont la plupart n'étaient aucunement organisées ou à des États également indigènes qui étaient arrivés à l'époque de la décadence et du démembrement, tandis que Samori, dès le début, vit ses ambitions contrecarrées constamment par les Français et dut passer sa vie à refaire ailleurs des conquêtes que notre armée lui enlevait au fur et à mesure : aurait-il eu la volonté et le pouvoir d'organiser solidement son empire que nous ne lui aurions pas laissé le temps de le faire. Si l'on veut bien observer qu'il trouva le moyen de résister pendant seize ans à nos colonnes et que, durant cette période de perpétuel qui-vive, il réussit à imposer son autorité sur un territoire qui n'eut jamais moins de 500 kilomètres de long sur 200 de large, la promenant des sources du Niger à la basse Volta Noire, et si l'on se souvient d'autre part qu'il suffit de trois années au général Archinard pour effacer de la carte d'Afrique toute trace de l'empire, déjà vieux de trente ans, fondé par El-hadj-Omar, on conviendra que la comparaison n'est pas entièrement défavorable à Samori.

D'un autre côté, il faut remarquer que ce dernier, au moins pendant la première moitié de son règne, opérait parmi ses compatriotes et incarnait en quelque sorte la résistance nationale opposée à l'occupation française, tandis qu'El-hadj et ses successeurs s'étaient taillé des royaumes en pays étranger et n'avaient jamais su se concilier l'amour ni la fidélité de leurs sujets. L'armée d'El-hadj, en dehors d'un noyau d'esclaves et de disciples dévoués corps et âmes à leur maître, était un ramassis de gens de toutes nationalités, sur lesquels El-hadj avait su prendre un ascendant personnel indéniable, mais qui ne servirent souvent qu'en rechignant ses fils et ses lieutenants. L'armée de Samori comptait bien aussi une quantité considérable de gens venus de partout, enrôlés volontaires qu'attirait l'espoir du butin ou captifs faits à la guerre et entraînés au métier militaire par leurs maîtres, mais elle comporta toujours un fort contingent de Mandingues et de Foulanké du Ouassoulou, compatriotes de Samori lui-même, parlant la même langue, ayant les mêmes mœurs et les mêmes traditions que le chef qui les menait au combat.

L'histoire de Samori intéresse moins exclusivement la colonie du Haut-Sénégal-Niger que celle d'El-hadj-Omar ; elle intéresse même plus la Guinée et la Côte d'Ivoire — dans leurs limites actuelles — que la colonie qui fait l'objet du présent ouvrage. D'un autre côté, l'histoire du conquérant mandingue est beaucoup plus intimement liée à celle de l'occupation française que l'histoire du conquérant toucouleur. Aussi n'en donnerai-je ici qu'un assez court résumé, en insistant seulement sur les faits qui concernent plus spécialement le Haut-Sénégal-Niger et en renvoyant, pour les détails, au volume que M. André Mévil a consacré au célèbre héros soudanais (1), volume que j'ai d'ailleurs fortement mis à contribution, ainsi qu'au chapitre XV de ce volume.

Samori Touré (2) naquit vers 1835, de parents obscurs, à Sanankoro près Bissandougou, dans la partie du Ouassoulou avoisinant le Milo (Guinée Française). Vers 1870, il s'imposa comme chef à Bissandougou, prit *Sanankoro* et s'y installa. De 1874 à 1877, il s'empara du Sangaran et de quelques cantons voisins à cheval sur le haut Niger, entre le Tinkisso et le Milo. En 1880, il s'intitula *amir-el-moumenin* (3) et prêcha la guerre contre les infidèles. Bientôt il franchit le Niger en aval de Siguiri et établit son autorité sur *Kangaba* et l'Est du Manding, ainsi que sur les cantons banmana de la rive droite (Safé, Guitoumou — ou Djitoumou — et Méguétana), où il fit de nombreux captifs. Puis il menaça Niagassola, à 120 kilomètres de notre fort de Kita qui venait d'être fondé. Le colonel Borgnis-Des-

(1) A. Mévil, *Samory*.
(2) Son père s'appelait Lafia Touré et sa mère Massorona Kamara ; tous deux étaient des Mandingues, originaires l'un du Ouassoulou et l'autre du Konian (région de Beyla).
(3) Samori n'aimait pas être appelé par son prénom tout court, ce qui constitue chez les Mandingues une formule d'appellation peu respectueuse ; on le désignait généralement par le titre d'*almami*, qui signifie l' « imâm » (le grand-prêtre), et n'est aucunement, quoi qu'on en ait dit, l'abréviation d'*amir-el-moumenin* « prince des croyants ».

bordes, ayant inutilement cherché à entrer en pourparlers avec lui par l'intermédiaire du lieutenant indigène Alakamessa, engagea les hostilités au début de 1882, en allant au secours de *Kéniéra*, sur la rive droite du Niger (à l'Est-Sud-Est de Siguiri), que Samori assiégeait ; ce dernier prit la fuite, mais son frère *Fabou* attaqua le colonel comme il repassait le Niger et le harcela presque jusqu'à Kita.

Le 1er février 1883, Borgnis-Desbordes fondait le poste de Bamako, après avoir été attaqué à Daba par les Banmana, sur la route de Kita à Bamako. Peu après, Fabou s'avançait vers le Nord jusqu'à *Sibi* et coupait la ligne de ravitaillement de Kita à Bamako, tandis que d'autres bandes de Samori détruisaient la ligne télégraphique et arrivaient le 1er avril à 4 kilomètres au Sud de *Bamako*, au confluent de l'Oyako et du Niger. Le colonel Borgnis-Desbordes engagea l'attaque en cet endroit le 5 avril, avec 400 hommes contre 3.000 ; nos troupes, après avoir franchi l'Oyako, durent reculer, repasser le ruisseau et s'appuyer aux collines rocheuses qui viennent aboutir à sa rive gauche. Après plus de huit heures d'un combat meurtrier, nos troupes, diminuées du dixième, durent rentrer à Bamako, où le capitaine Pietri amena un renfort de Kita. Le 12 avril, Borgnis-Desbordes réunit les hommes valides des deux effectifs, y ajouta 200 auxiliaires, retourna à l'Oyako, y retrouva Fabou et ses bandes et les mit en déroute ; le capitaine Pietri accentua cette déroute à l'aide d'une colonne volante.

Les instructions supérieures étant de ne pas s'engager trop avant, le colonel Boylève, en 1883-84, se contenta de surveiller la ligne des postes, au Sud et à proximité de laquelle se tenaient les avant-gardes de Samori.

En 1884-85, le commandant Combes repoussa les bandes avoisinant Bamako sur la rive droite du Niger, qu'il franchit à Kangaba, puis installa un poste provisoire à Niagassola. Samori envoya attaquer ce poste, que commandait le capitaine Louvel ; ce dernier se porta au devant de l'ennemi, qu'il rencontra au Sud de Niagassola, sur la route de Siguiri, près de *Nafadié*, au passage difficile de la rivière Komodo. *Malinké-Mori*, frère de Samori, attaqua vigoureusement le détachement

Louvel, au moment où celui-ci s'engageait dans un ravin boisé; mais fut mis en déroute ; Louvel revint sur Nafadié, où il fut attaqué le lendemain par 3.000 *sofa* qui, ne pouvant prendre d'assaut le fortin provisoire construit à la hâte, en firent le blocus. Le commandant Combes, averti, vint de Koundian par Niagassola et arriva, le 10 juin 1885, à Nafadié, qu'il dégagea. Combes et Louvel se replièrent sur Niagassola, harcelés par les *sofa* de Malinké-Mori et passant au travers des bandes de Fabou qui cherchaient à les couper de ce dernier point. Les soldats de Samori considérèrent cette marche de nos troupes comme une fuite et, voulant dire que nous avions peur et refusions le combat, ils crièrent aux tirailleurs : *Al tarha bóké Niagassola!* « Allez vous soulager à Niagassola ! » (injure demeurée longtemps fameuse parmi nos troupes indigènes).

Fin 1885, le lieutenant-colonel Frey avait à repousser 10.000 *sofa* établis sur la rive gauche du Bakhoy, sous le commandement de Malinké-Mori qui s'était avancé jusqu'à 30 kilomètres de Bafoulabé, tandis que Fabou tentait de pénétrer dans le Birgo pour prendre Kita entre deux feux et que le lieutenant Péroz était assiégé dans Niagassola. Le lieutenant-colonel Frey, ayant quitté Toukoto le 28 décembre 1885, arriva le 16 janvier 1886 à *Galé*, que Malinké-Mori venait d'abandonner en l'incendiant ; il le poursuivit au delà de Nafadié (1), à l'Ouest de Niagassola, l'atteignit par surprise, dans la nuit du 17 au 18, près de la rivière Farako ou Fatako, et le mit en déroute.

Samori fit alors demander la paix : Frey répondit qu'il exigeait, pour l'accorder, que tous les *sofa* se retirassent sur la rive droite du Niger ; *Oumar-Diéli*, l'envoyé de Samori, donna aussitôt des ordres pour que les chefs de bandes opérant dans le Bouré et le Manding évacuassent la rive gauche. A la demande de Samori, Frey envoya auprès de ce dernier une mission composée du capitaine Tournier, du capitaine indigène Mahmadou Racine, du lieutenant Péroz et de l'interprète Alassane, et chargée de proposer un traité reconnaissant à la France tous les

---

(1) Ce village est différent du Nafadié près duquel eut lieu le combat du Komodo.

pays de la rive gauche du Niger à partir du confluent du Tinkisso jusqu'à Niamina ; Samori signa le traité qu'on lui proposait et, comme preuve de sa bonne foi, confia à la mission son fils *Kièoulé-Karamoko*, qui fut emmené en France et rejoignit ensuite son père (1).

Le traité de 1886 ne fut pas ratifié à Paris et, en 1887, le capitaine Péroz fut envoyé à Bissandougou pour proposer à Samori un autre traité, étendant les droits de la France sur la rive gauche du Niger jusqu'aux sources du Tinkisso et établissant le protectorat français sur les Etats de Samori : ce dernier signa ce traité le 25 mars 1887. L'empire de Samori ainsi délimité se composait à peu près du Ouassoulou et était borné à l'Est par le royaume de Sikasso, au Nord par le royaume de Ségou et nos possessions, à l'Ouest par le Fouta-Diallon.

La même année, Samori entrait en guerre avec *Tièba* (2), roi de *Sikasso*, et mettait le siège devant cette ville. Il avait demandé au commandant supérieur du Soudan un canon et des renforts et crut que le lieutenant Binger, qui commençait à cette époque son célèbre voyage, était chargé de les lui amener. Détrompé par cet officier lui-même, il ne l'en reçut pas moins bien ; le lieutenant Binger demeura longtemps dans le camp de l'*almami*, devant Sikasso, mais ne put déterminer Samori à abandonner une lutte sans issue. Celui-ci y aurait peut-être renoncé, mais il avait juré, en quittant Bissandougou, de rapporter la tête de Tièba, et il n'osait pas manquer à son serment. Le siège de Sikasso dura 16 mois (mai 1887 à août 1888) et coûta à Samori nombre d'hommes, mais finalement l'*almami* dut lever son camp et s'en retourner bredouille.

En mai 1889, des *sofa* de Samori firent des incursions sur la rive gauche du Niger, en violation du traité de 1887, que l'*almami* d'ailleurs nous renvoya, furieux que nous ne l'ayons pas aidé dans sa lutte impuissante contre Tièba et que nous soyons

(1) Plus tard, à la suite d'une dispute, Samori fit mettre à mort ce Karamoko, qui d'ailleurs, prétend-on, était un esclave et non un fils de l'*almami*.

(2) Tièba mourut le 28 janvier 1893 et fut remplacé par Babemba, son frère ou son neveu.

entrés en pourparlers avec ce dernier pour le gagner à notre cause. Samori prétendait, avec quelque apparence de raison, qu'aux termes mêmes du traité de 1887 Sikasso et ses dépendances, étant sur la rive droite, faisaient partie de ses propres Etats.

Au début de 1891, le colonel Archinard passait le Niger au Sud de Siguiri et entamait les opérations du côté de Kankan et de Bissandougou, qu'il occupait. Au commencement de l'année suivante, le lieutenant-colonel Humbert continua à opérer dans les mêmes régions et occupa Kérouané et Sanankoro, sans arriver pourtant à pouvoir ruiner la puissance de Samori. Le colonel Archinard, revenu au Soudan comme gouverneur en fin 1892, confia au lieutenant-colonel Combes le soin de poursuivre la lutte ; Combes réussit à déloger les troupes de Samori du Kouranko et de la vallée du Milo, les chassa vers le Sud-Est au delà d'Odienné et fonda les postes de Farana et de Kissidougou.

En 1893, Samori, secondé par l'armée du chef d'Odienné, vint assiéger *Ténétou* et *Bougouni*, qui se rendirent à lui au moment où le lieutenant-colonel Bonnier arrivait à leur secours (novembre 1893); Bonnier poursuivit l'*almami* au Sud de Bougouni, mais dut abandonner l'opération commencée pour marcher sur Tombouctou.

C'est alors que Samori s'empara de la région comprise entre Kong et Bondoukou (1894-95) et s'y installa. En 1896-97, ses bandes firent une réapparition sur les territoires qui constituent aujourd'hui le Haut-Sénégal-Niger, sous la direction de son fils préféré *Sarankièni-Mori*, qui opéra des razzias — souvent malheureuses du reste — dans les pays birifo et dagari du cercle actuel de Gaoua ; c'est là qu'il rencontra et extermina, près de *Dokita*, le détachement anglais du lieutenant Henderson : cet officier, fait prisonnier par Sarankièni-Mori, fut envoyé par celui-ci à son père à Dabakala (mars 1897); Samori le relâcha et le fit reconduire sur les bords de la Volta, où il fut recueilli par une reconnaissance du capitaine Scal.

Le capitaine Braulot, au retour d'une mission chez Babemba qui commençait à nous donner de sérieuses inquiétudes, fut envoyé par Bobo-Dioulasso et Lorhosso en vue d'occuper *Bouna*, que Samori avait accepté de nous rétrocéder ; cet officier était accompagné du lieutenant Bunas et du sergent Myskiewicz : les trois Européens furent tués près de Bouna, le 20 août 1897, par l'armée de Sarankièni-Mori. Ce massacre décida l'autorité supérieure à en finir avec Samori et des opérations eurent lieu en 1898 dans le Nord de la Côte d'Ivoire actuelle : les commandants Caudrelier et Pineau rabattirent l'*almami* vers le Sud-Ouest sur le haut Cavally ; il fut arrêté dans sa fuite par divers détachements opérant sous le commandement du lieutenant-colonel Bertin, puis du commandant de Lartigue, et fut pris, le 29 septembre 1898, à *Guélémou*, près de la route actuelle de Touba à Danané, par une reconnaissance dirigée par les capitaines Gouraud et Gaden.

Samori fut amené à Saint-Louis par Nafadié, Niagassola, Kita et Kayes ; à Saint-Louis, il tenta de se suicider en se donnant un coup de couteau, mais ne réussit qu'à se blesser légèrement. Puis il fut déporté au Gabon avec son fils Sarankièni-Mori, son conseiller Morifing-Dian et sa femme Sarankièni, et mourut à Njolé, sur l'Ogôoué, en 1900, à l'âge de 65 ans environ.

Samori avait surtout donné ses soins à l'organisation de son armée : celle-ci comprenait d'abord une sorte de garde d'élite à cheval, formée des fils, neveux et petits-fils de l'*almami* et de quelques autres jeunes gens de grandes familles, puis un certain nombre de bataillons d'infanterie dont chacun était commandé par un fils ou un cousin de Samori ou encore par l'un de ses serfs ou esclaves préférés. En outre, de nombreuses bandes d'auxiliaires, à pied ou à cheval, étaient recrutées selon les besoins ou les facilités du moment.

Les soldats étaient pour la plupart enrôlés très jeunes et servaient d'abord comme palefreniers et domestiques sous le nom de *bilakoro* (enfants vêtus d'une simple pièce d'étoffe ou *bila*) ; devenus *koursitigui*, c'est-à-dire en âge de porter la culotte (de 12 à 15 ans), ils recevaient des fusils et accompagnaient au combat les soldats réguliers, non pas tant pour prendre part eux-mêmes à l'action que pour assister les réguliers, porter leurs bagages, les aider à charger leurs fusils et les ramener au

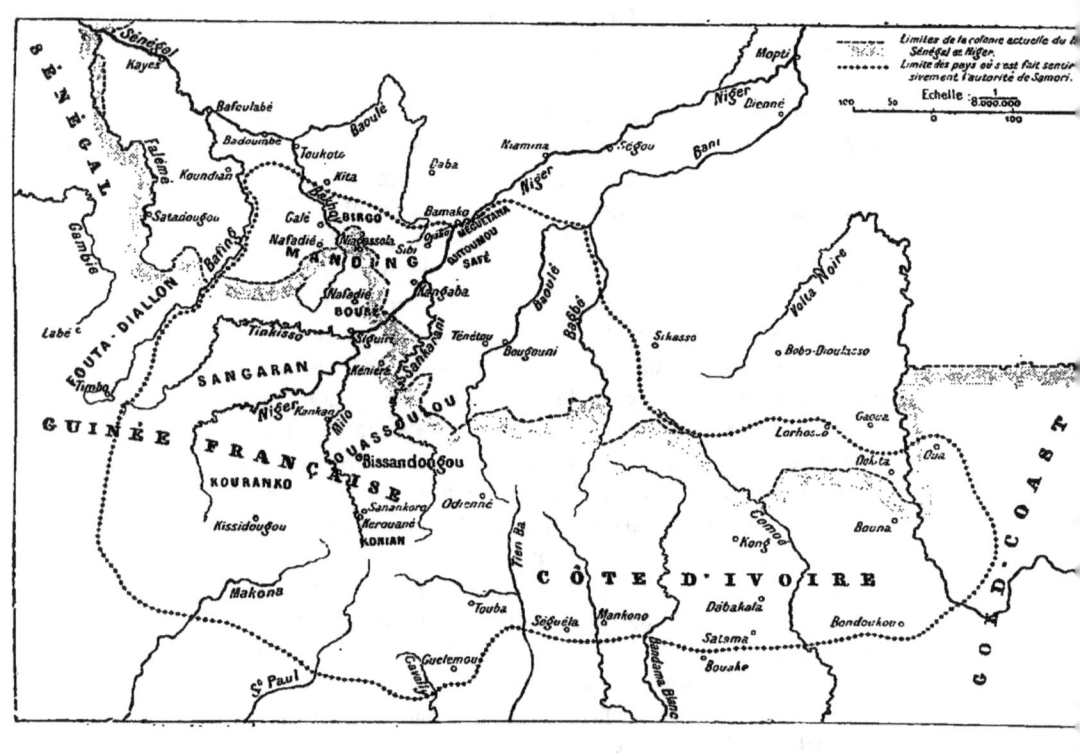

camp lorsqu'ils étaient blessés. Les réguliers, véritables soldats, portaient le nom de *sofa* (littéralement « père du cheval »), non pas qu'ils fussent nécessairement des cavaliers, mais parce qu'ils avaient commencé, comme je viens de le dire, par exercer le métier de palefrenier.

Les *sofa* étaient armés soit de fusils à pierre, soit de fusils à piston, soit d'armes perfectionnées de systèmes divers : ces dernières provenaient, soit d'achats faits aux comptoirs du Sierra-Leone, du Libéria ou du Sénégal, soit de prises opérées sur des détachements européens, soit — pour une assez large part — de fusils transformés ou fabriqués, sur le modèle de nos Gras ou de nos Kropatchek, par les forgerons que Samori traînait partout avec lui.

CHAPITRE XIII

L'empire de Tekrour et les États secondaires.

A maintes reprises, au cours de cet ouvrage, j'ai mentionné le nom de l'empire de Tekrour comme celui de l'un des États indigènes qui ont joué un rôle considérable dans l'histoire du Soudan depuis les premiers siècles de notre ère : cependant, les territoires qui ont constitué cet empire étant situés, d'une manière générale, en dehors des limites de la colonie actuelle du Haut-Sénégal-Niger, je n'ai pas cru devoir consacrer un chapitre spécial à cet État ; néanmoins, il me paraît indispensable, en raison de l'influence qu'il a exercée sur les autres États ou que ceux-ci lui ont fait subir, de donner au moins un résumé de son histoire, telle qu'elle m'apparaît d'après les quelques documents que j'ai eus entre les mains (1).

Dans le Haut-Sénégal-Niger proprement dit, d'autre part, bien des États ont existé dont l'importance, pour avoir été locale, n'en a pas moins été réelle : les uns n'ont été que des royaumes plus ou moins vassaux des grands empires dont nous avons parlé déjà, les autres ont su garder leur indépendance. Chacun de ces petits États mérite également de trouver ici son histoire, si succincte qu'elle soit.

(1) Cette histoire sera complétée — et sans doute rectifiée en plus d'un point —, dans un avenir rapproché, par la publication de la traduction d'une chronique du Fouta en arabe recueillie au Sénégal par M. le commandant Gaden.

Cliché Paulin

Fig. 51. — Tombouctou, vue générale.

Fig. 52. — Les restes de l'ancien fort de Médine, près de Kayes.

I. — L'empire de Tekrour.

J'ai dit précédemment que la ville de *Tekrour*, qui donna son nom à l'empire dont elle fut momentanément la capitale et à la population centrale de cet empire — celle des *Tekarir* ou Toucouleurs —, était vraisemblablement située sur le Sénégal, tout près du village et du poste actuels de Podor (1).

Il est très probable que « Tekrour » n'était pas le nom indigène de cette ville et que ce nom lui a été donné par les Berbères, lesquels nous l'ont transmis par l'intermédiaire des Arabes, de même qu'ils nous ont transmis par l'intermédiaire des Ouolofs celui par lequel nous désignons les « Toucouleurs » (2).

Quoi qu'il en soit, cette ville dut être célèbre dès une époque très ancienne parmi les populations sahariennes et soudanaises vivant à proximité du Sénégal ; ses premiers habitants devaient appartenir à une population de race noire — ainsi que le dit expressément Yakout —, dont les descendants sont encore appelés aujourd'hui « Tekrouriens » (*Tekarir*) par les Maures leurs voisins et « Toucouleurs » par les Français, sous la réserve cependant que les Toucouleurs actuels sont, comme je l'ai dit, un amalgame très composite de peuples divers dans lequel l'ancien peuple autochtone de Tekrour ne forme sans doute qu'un élément restreint.

Elle fut la capitale d'un Etat nègre qui devait chevaucher sur les deux rives du Sénégal, s'étendant même davantage sur la rive nord, à une époque où les Berbères ne s'étaient pas encore avancés vers le Sud plus loin que l'Adrar mauritanien et où les

---

(1) Voir Ire partie, page 235, note 1.

(2) « Tekrour » pourrait signifier en berbère « l'endroit où l'on est volé », de *aker* « voler » mis à la VIIe forme. J'ai lu quelque part que « Tekrour » serait un mot arabe signifiant « les affinés » et appliqué aux Noirs musulmans du Soudan septentrional : cette étymologie me semble inacceptable ; la racine arabe *karr* ne pourrait revêtir ce sens que sous la forme *tekerror*, qui s'écrirait d'une manière très différente de celle employée par tous les Arabes pour transcrire le mot *Tekrour* et ses dérivés. Un manuscrit arabe cité par Cooley (British Museum, MS. n° 7483) dit : « Les Noirs sont maintenant appelés Tekrouri en général, mais anciennement le nom de Tekrouri n'était appelé qu'aux habitants du pays portant ce nom. »

Ouolofs, les Sérères et les Toucouleurs étaient répandus dans le pays habité aujourd'hui par les Maures Trarza et Brakna. Depuis une date qu'il est impossible de fixer jusque vers la fin du viii° siècle de notre ère, le pouvoir était entre les mains d'une famille autochtone appartenant, disent certaines traditions, au clan des *Sal*. L'autorité de l'empereur de Tekrour s'étendait, non seulement sur les Tekrouriens proprement dits, lesquels habitaient le Fouta actuel et la rive nord du Sénégal faisant face au Fouta, mais aussi sur les Sérères et les Ouolofs : c'est l'ensemble de ces trois peuples, semble-t-il, qu'Edrissi désignait sous le nom de *Maghzara*.

Les villes principales de l'empire étaient : *Aoulîl* (sur la côte de l'Atlantique, au Nord du lac de Biakh ou lac de Teniahya) qui fournissait le sel et l'ambre gris ; *Senégana*, chef-lieu de la province du même nom et du pays ouolof, qui devait se trouver d'après Bekri à l'embouchure du Sénégal, à peu près à l'emplacement actuel de St-Louis ; enfin *Tekrour*, capitale de l'empire et résidence habituelle du souverain, dont les habitants, au dire d'Edrissi, se vêtaient — au xii° siècle — de couvertures de laine et se coiffaient de petits turbans de même tissu, les gens riches seuls portant des vêtements de coton et des sortes de burnous. L'empereur ne résidait pas toujours à Tekrour même puisque, lors de l'arrivée des Judéo-Syriens au Fouta, il habitait à *Guédé*, sur le marigot de Doué, un peu au Sud-Est de Podor et par conséquent de Tekrour. Le Guidimaka et le Galam devaient former les provinces extrêmes de l'empire ; nous avons vu que ces pays commencèrent, durant la seconde moitié du viii° siècle, à être colonisés par des Soninké venus du Ouagadou ; lorsque l'empire de Ghana fut, un peu plus tard, commandé par des Soninké, le Guidimaka et le Galam devinrent, au moins en partie, des dépendances de Ghana.

Vers l'an 800, *Ismaïl*, l'un des chefs de l'immigration judéo-syrienne au Fouta, s'empara du pouvoir, qui demeura pendant deux siècles environ entre les mains des Judéo-Syriens, lesquels devinrent les Peuls.

Au début du xi° siècle, Mahmoud, le dernier empereur judéo-yrien, fut tué par un Tekrourien nommé *Oudr Diâdié*, *Oudr*

Diâbi ou *Ouâr Ndiaye*, fils de Râbis (1). Ce personnage fut le premier prince de la deuxième dynastie toucouleure, ou tout au moins autochtone, du Tekrour, laquelle demeura au pouvoir environ trois siècles ; il se convertit à l'islamisme, fit embrasser la religion nouvelle par la majorité des Toucouleurs et par les Soninké de Silla (Galam), et mourut en 1040. Ses successeurs embrassèrent le parti des Almoravides et leur fournirent des contingents, ainsi qu'on l'a vu plus haut.

Les Soninké-Sossé de la famille de Soumangourou Kannté, chassés du Kaniaga par l'empereur mandingue Soundiata en 1235 et émigrés au Tekrour vers 1250, parvinrent à détrôner le dernier représentant de la dynastie issue de Ouâr Diâdié, en s'appuyant sur le clan toucouleur des Déniankés, rival et ennemi de celui des Koliâbé (2). On eut ainsi, de 1250 à 1350 environ, la dynastie des *Sossé*.

Elle fut renversée au bout de cent ans par les *Ouolofs* qui, après avoir secoué le joug du Tekrour sous la conduite d'un nommé Ndiadiane Ndiaye et avoir forcé les Sérères à abandonner les rives du Sénégal pour se concentrer dans le Sine, s'emparèrent de Tekrour vers 1350 et annexèrent le Fouta à l'empire du Diolof. La situation redevint donc ce qu'elle était au début, c'est-à-dire qu'on eut un seul empire allant de l'Atlantique au Galam, avec cette différence que, de vassaux du Tekrour, les Ouolofs en étaient devenus les suzerains (3).

(1) Les variantes des manuscrits arabes permettent de lire le nom de ces trois manières : « Diâdié » est un nom peul ou toucouleur, « Diâbi » est un nom de clan soninké, « Ndiaye » un nom ouolof ; il s'ensuit que le personnage qui enleva le pouvoir à la première dynastie peule pouvait être d'origine soit toucouleure, soit soninké, soit ouolove. Certaines traditions disent qu'il appartenait au clan des Koliâbé, mais, selon d'autres, ce clan serait bien postérieur et aurait été constitué par les serfs de Koli Galadio (voir plus loin).
(2) D'après les traditions qui ne font remonter les Koliâbé qu'à l'époque de Koli Galadio, les Déniankés ne se seraient constitués qu'à la même époque et seraient, non pas des autochtones du Tekrour, mais un mélange de Peuls et de Mandingues.
(3) Des traditions recueillies par M. le commandant Gaden donnent à la première dynastie étrangère — vraisemblablement celle que j'appelle « dynastie judéo-syrienne » — le nom de *Diaogo* et font des gens qui envahi-

Le Fouta ne reconquit son indépendance que vers 1520, pour être gouverné d'ailleurs par une dynastie peule, celle de *Koli Galadio*. Ce personnage, nous l'avons vu, était fils de Tindo ou Tendo Galadio (1), qui résidait au Bakounou et fut vaincu et tué au Kingui en 1512 par le premier *askia* de Gao. La mère de Koli, d'après certaines traditions, était mandingue et aurait été donnée en mariage à Tindo par un prince du clan des Keïta, descendant de Soundiata (2). Koli, fuyant le Kingui, arriva au Toro, s'empara de Guédé, où résidait alors le gouverneur ouolof du Toro — ou le roi du Toro vassal des Ouolofs — et, grâce à l'appui des Déniaké, se fit reconnaître chef du Toro et de tout le Fouta par les Toucouleurs. Ensuite, il alla faire la guerre au Bambouk, mais, battu par Guimé Sissoko, alors roi du Bambouk, il se porta vers l'Ouest, jusque près de l'Océan, souleva les Sérères contre les Ouolofs et, avec l'aide des premiers, infligea une sanglante défaite au souverain du Diolof, qui se jeta dans une pirogue et remonta le cours du Sénégal jusque près de Bakel, se réfugiant à *Gallat*, non loin de Touabo. Koli, traversant le Fouta, atteignit le monarque ouolof à Gallat

rent le Fouta vers la fin du viiie siècle un mélange de Blancs et de Noirs, venus avec beaucoup de bœufs et comprenant un grand nombre de forgerons ; elles donnent le nom de *Manna* à la dynastie qui s'empara du pouvoir sur les Diaogo — sans doute celle issue de Ouâr Diâdié — et celui de *Tondion* ou *Toundiougne* à celle qui succéda aux Manna — sans doute la dynastie sossé. — Après les Tondion, les mêmes traditions font intervenir, non pas des Ouolofs, mais des Peuls blancs mélangés de Mandingues venus de *Termess* — sans doute le « Tirmissi » placé dans le Kaniaga par Sa'dî —, puis des gens d'origine indécise qui établirent au *Toro* le centre de leur domination, et placent ensuite l'arrivée de Koli Galadio.

(1) Tendo Galadio est appelé aussi — sans doute par abréviation — *Ten-Gala* ou *Ten-Guélé* : de là le nom de *Koli-Tenguélé* (Koli fils de Tendo Galadio) donné souvent à Koli Galadio.

(2) Certaines traditions font des Déniaké des métis de Peuls et de Mandingues issus de Tendo Galadio et de cette princesse Keïta ; en réalité, ils doivent être plus anciens et être de souche toucouleure, si nous en croyons cette autre tradition qui fait remonter leur origine au temps de Ouâr Diâdié (voir 1er volume, page 225) ; mais il paraît établi qu'ils prirent parti pour Koli, comme ils avaient pris parti pour les Sossé d'ailleurs, et c'est ainsi sans doute que la famille de Koli fut identifiée avec les Déniaké.

et le tua (1). Le Diolof cessa d'être un vaste empire pour ne plus constituer qu'un royaume modeste et le Toro, où Koli s'établit définitivement, redevint la province centrale du Tekrour reconstitué.

Koli, d'après Sa'di, eut pour successeur son fils *Yoro-Diam*, qui fut remplacé lui-même par son frère *Galadyi-Tabar*, lequel « ne peut être comparé qu'à l'empereur Moussa (Kankan-Moussa) pour sa renommée et ses vertus ». Après Galadyi régna son neveu *Kato* ou Kata, fils de Yoro-Diam, auquel succéda son frère *Samba-Lam* (2) ; celui-ci demeura 37 ans sur le trône et fut remplacé par son fils *Boubakar*, qui régnait encore au temps où fut écrit le *Tarikh-es-Soudân*, c'est-à-dire vers 1650. J'ignore, quant à présent, les noms des successeurs de Boubakar.

André Brue, dans un voyage qu'il fit au Fouta en 1697, s'arrêta à *Guyorel* (Guireye de nos cartes), en amont de Kaédi et sur la rive gauche du Sénégal : cette localité était le port desservant la résidence habituelle du *siratik*, c'est-à-dire du roi du Fouta ou empereur du Tekrour ; Brue ne nous donne pas le nom de cette résidence, qui devait se trouver dans le Bosséa, mais il nous dit que le *siratik* demeurait une partie de l'année à *Goumel*, à deux jours en amont de Guyorel : ce Goumel doit correspondre au Koumdel de nos cartes et se plaçait en tout cas en un point voisin de Matam (3). Brue se rendit lui-même à Goumel et y vit le roi, qui était musulman, avait le teint d'un mulâtre et des traits plus fins que les Nègres, ce qui prouve

(1) D'autres traditions rapportent qu'il le poursuivit de Gallat à Ndar (St-Louis) et le tua sur le bord de la mer.
(2) Jeannequin de Rochefort, dans le voyage qu'il fit en 1638 sur le bas Sénégal, entendit parler de ce Samba-Lam, dans le royaume duquel on allait en chaloupe chercher des cuirs ; il relate que les Etats de « Samba Lame » confinaient à ceux du roi de *Tombuto* (Tombouctou) et que ce prince était suzerain du Damel (roi du Cayor), du Brac (roi du Oualo) et des Maures de Barbarie (Maures Brakna).
(3) Il ne s'agit pas ici du *Goumal* de nos cartes, situé bien plus en amont et à mi-chemin à peu près entre Matam et Bakel, puisque Brue compte deux jours de Guyorel à Goumel et six jours de Guyorel à *Dembacané*, point voisin de Bakel.

qu'il avait conservé des traces visibles de son origine peule ; le fils de ce roi s'appelait alors Boukar-Siré.

Dans le courant du xviii° siècle, vers 1720 selon les uns, en 1776 seulement d'après les autres, un marabout toucouleur appartenant au clan des Tôrobé et nommé *Abdoulkader* prêcha la guerre sainte contre les infidèles, vainquit les Déniankè, renversa la dynastie peule des descendants de Koli et établit au Fouta une sorte de monarchie théocratique qui se maintint jusqu'à la conquête française, le pouvoir appartenant désormais à des religieux du clan des *Tôrobé*.

II. — Le royaume du Galam ou Gadiaga.

Lors de la dispersion des Soninké du Ouagadou, vers la fin du viii° siècle, *Alikassa Sempré* alla fonder *Galambou* ou *Kounguel*, au confluent de la Falémé et du Sénégal, et d'autres chefs de familles soninké fondèrent dans la même région *Yaressi* ou Diaressi (ou encore Diarissona), sur la rive nord du Sénégal, en face d'Ambidédi, et *Silla*, près de Bakel. Ces diverses colonies formèrent le royaume du Galam ou du Gadiaga, avec Galambou comme capitale, royaume qui se composait approximativement des provinces actuelles du Goye et du Kaméra, sur la rive gauche du fleuve, formant le Galam ou Gadiaga proprement dit, et du Guidimaka, sur la rive droite. Le pouvoir se transmit parmi les descendants d'Alikassa, qui échangèrent leur nom de Sempré contre celui de *Bakili* (1). Les autres grandes familles étaient celles des Yaressi ou Diarisso, des Sibi, des Silla et, plus tard, des Diakhaté ou Niakaté et des Diâbi.

Cet Etat eut à diverses reprises des périodes d'indépendance, mais il fut le plus souvent vassal de quelque grand empire, la suzeraineté étant exercée successivement par Tekrour, Ghana, Diara, Mali et même, au moins momentanément, par le roi du Khasso.

Alikassa aurait eu comme successeurs Salounga I, puis Salounga II dit Ndoungoumé, puis Findiougné Diâbi, puis Mari-

(1) Voir 1ᵉʳ volume, page 262.

Kassa. A la mort de ce dernier, le royaume se divisa en quatre parties à peu près autonomes, le Goye, le Kaméra, le Guidimaka et le Diomboko, le pouvoir souverain étant exercé tantôt par le chef de l'une de ces provinces et tantôt par celui d'une autre, selon leur rang d'ancienneté dans la famille. Les quatre fils de Mari-Kassa Bakili se seraient en effet partagé le royaume, Souleïmân-Kassa se fixant au Goye, Alikassa II au Kaméra, Amadou-Bé au Diomboko et un prince dont je ne possède pas le nom au Guidimaka.

Nous n'avons que fort peu de documents concernant l'histoire et les destinées de cet Etat, en dehors des faits que j'ai mentionnés dans les chapitres précédents et de ceux que l'on trouvera dans le récit de l'occupation du Soudan par les Français. Le Galam fut en effet en relations suivies avec nos premiers établissements du Sénégal, pour la même raison qu'il était au Moyen-Age en relations étroites avec Ghana : là en effet se trouvait la porte d'accès aux mines d'or du Bambouk.

III. — Royaumes du Bambouk, du Konkodougou et du Gangaran.

Nous avons vu comment, au début du XIIIe siècle, le Bambouk et le Gangaran avaient été conquis par un général de Soundiata nommé Amari-Sonko et comment, un peu plus tard, vers 1255, les royaumes mandingues du *Bambouk*, du *Konkodougou* et du *Gangaran* avaient été fondés, le premier par *Moussa-Son-Koroma Sissoko* avec *Koundian* comme capitale, le second par *Siriman Keïta* avec *Dékou* comme chef-lieu et le troisième par *Sané-Nianga Taraoré*.

Le Bambouk ou Bambougou s'étendait entre la Falémé et le Bafing, comprenant les montagnes aurifères du Tambaoura ; il n'allait pas au Nord-Ouest jusqu'au Sénégal, dont il était séparé par le Kaméra et le Khasso, mais il débordait sur la rive droite de ce fleuve du côté de Bafoulabé; au Sud, il ne s'avançait que peu au delà du parallèle de Koundian. Le Konkodougou lui faisait suite vers le Sud, correspondant à peu près au cercle actuel de Satadougou. Enfin le Gangaran était compris entre le Sénégal au Nord, le Bafing à l'Ouest, le Bakhoy à l'Est et les montagnes enfermant la vallée du Tinkisso au Sud. Ces trois royaumes, avec le Manding proprement dit ou Mandé et le Bouré, qui leur faisaient suite vers l'Est, composaient le territoire connu des anciens sous le nom de *Ouangara*, *Gbangara* ou *Gangara*.

Les trois royaumes du Bambouk, du Konkodougou et du Gangaran furent vassaux de l'empire de Mali pendant toute la période de puissance de ce dernier Etat ; par la suite, ils se rendirent indépendants, mais eurent à souffrir des incursions des bandes du Tekrour au xvi° siècle, et, plus tard, se trouvèrent plus ou moins englobés dans l'empire banmana du Kaarta, puis dans celui d'El-hadj-Omar, pour servir enfin de théâtre aux premières incursions de Samori.

1° *Le Bambouk*. — Le plus important de ces trois royaumes fut celui du Bambouk qui, au moment de son apogée, comprenait : le Bambougou proprement dit (canton de Koundian), le Barinta, le Bétéya, le Diébédougou, le Diébelli, le Farimboula, le Makadougou, le Niambiya et le Tomora, dans le cercle actuel de Bafoulabé ; le Sintédougou, dans le cercle actuel de Satadougou, et le Bilidougou, le Logo, le Sirimana et le Tambaoura, dans le cercle actuel de Kayes. Vers 1802, au dire de Golberry, le *siratigui* ou roi du Bambouk était même suzerain du Konkodougou et de la ville de Satadougou.

Moussa-Son-Koroma passe pour être mort vers la fin du xiii° siècle, laissant dix-sept fils dont l'aîné, nommé Kamakan-Dyita, lui succéda ; les seize autres prirent chacun le commandement de l'une des seize provinces dont l'ensemble constituait le royaume. Le Bambougou formait deux provinces (Nanifara et Kourouba) et le Diébédougou également (Kassama et Yatéra). Le pouvoir royal se transmit sans interruption dans la famille des *Sissoko*. Les rois dont le souvenir s'est le mieux conservé jusqu'à nous furent *Sanga-Moussa*, ancien chef du Tomora, dont la tombe, située dans cette dernière province, est honorée de nos jours encore par un sacrifice solennel qui a lieu chaque année, et *Guimé*, qui repoussa au xvi° siècle les bandes peules et toucouleures conduites par Koli Galadio.

C'est sous le règne de ce Guimé Sissoko que les Malinké du Bambouk, qui étaient musulmans depuis la conquête du pays par Amari-Sonko, revinrent au culte de leurs lointains ancêtres : les marabouts du pays, ayant cherché à s'emparer des mines d'or, furent tous massacrés et l'islamisme fut abandonné par le roi et par tous ses sujets (1540 environ). Quelques années plus tard, vers 1550, les Portugais s'emparèrent à leur tour des mines d'or, mais ils ne tardèrent pas à disparaître : les uns moururent de maladie, d'autres s'entretuèrent à la suite de rivalités pour la possession des meilleurs placers, les derniers furent massacrés par les indigènes.

2° *Le Konkodougou*. — Tandis que le Bambouk fut toujours peuplé en majorité de Malinké, le Konkodougou renfermait à l'origine uniquement des Diallonké (Dao, Monékata, Kessékho, Dagnokho, Touré, Kontaga, etc.). Des Mandingues des clans Sissoko, Taraoré et Doumbouya, venus du Sangaran et du Bouré, s'y installèrent et y furent rejoints par les Keïta du Manding qui accompagnaient Siriman au moment de sa prise de possession du pays. A partir de cette époque, le pouvoir appartint toujours aux *Keïta* de la famille de Siriman, mais cette famille se divisa en deux fractions rivales, celle des *Kanessi* et celle des *Batassi* : Siriman Keïta, après son installation à Dékou, avait épousé une femme nommée Kané, fille d'un chef diallonké du clan des Dagnokho, qui ne lui donnait pas d'enfants ; un devin, consulté par le roi, déclara que Kané cesserait d'être stérile dès que son époux aurait fécondé une autre femme ; Kané alors autorisa Siriman à faire partager sa couche à une nommée Bata, qui était la propre esclave de Kané ; Bata devint enceinte et Kané le devint elle-même peu de temps après ; la descendance de Bata forma la fraction des Keïta-Batassi, de souche servile, mais ayant le privilège de la primogéniture, tandis que la descendance de Kané forma la fraction des Keïta-Kanessi, de souche noble et ayant par là même le privilège de fournir les rois.

En dehors de *Mali-Siriman*, fondateur du royaume, voici les princes du Konkodougou dont la tradition a conservé les noms : *Mali-Guimé*, qui fit la guerre au Bambouk, défit l'armée des

Sissoko dans le Tambaoura et exigea, pour évacuer ce dernier pays, un tribut en or qui lui fut versé intégralement ; — *Ténemba-Tamba*, qui dirigea une expédition sur la haute Gambie ; — *Ténemba-Siriman*, frère du précédent, qui eut des démêlés avec la famille impériale de Mali (les Keïta-Mansaré) et lui livra, au Nord-Est du Konkodougou, un combat où il remporta la victoire ; mais il dut retourner en hâte dans son pays pour le défendre contre les incursions du chef de Tamba (cercle actuel de Dinguiray, dans la Guinée Française) ; de plus, son règne fut troublé par des tentatives de révolte de la part des Batassi ; — *Diguimadi*, qui parvint à ramener les Batassi à l'obéissance ; — *Dabakoutou*, qui, menacé à son tour par les Batassi, appela à son aide les Khassonkè du Logo et mit le siège devant Dabia, l'une des places fortes des Batassi ; vaincu, il dut s'enfermer dans Tembé, où il avait sa résidence ; ce Dabakoutou régnait aux environs de 1880 : ce fut lui qui signa le traité plaçant le Konkodougou sous le protectorat français ; — son successeur *Diamadi* fut le dernier roi du Konkodougou.

Le royaume n'avait pas de capitale fixe : lorsqu'un roi venait à mourir, son successeur continuait à résider dans le village qu'il occupait avant de monter sur le trône. Le chef-lieu du cercle actuel, Satadougou, ne fut jamais une résidence royale : c'était une colonie fondée d'abord sur la rive gauche de la Falémé par des Soninké et des Malinké venus de Sansanding (1) et par des Toucouleurs venus du Fouta, et transportée ensuite sur la rive droite.

Le roi percevait un tribut sur les villages conquis et sur ceux qui réclamaient sa protection ; de plus, un impôt était prélevé sur les caravanes traversant le pays et un autre sur la vente des colas. Enfin chaque famille devait acquitter une sorte d'impôt national payable en céréales (2).

---

(1) Il s'agit ici du village de Sansanding sur la Falémé et non pas de la ville du même nom sise sur le Niger.
(2) Je ne possède pas de renseignements spéciaux sur l'histoire du Gangaran.

IV. — Le royaume du Khasso.

J'ai relaté ailleurs (1) les origines des Khassonkè, leur établissement dans le Khasso proprement dit (région de Kayes) et le Diomboko (région de Koniakari et de Séro), ainsi que les luttes entre les rois de Séro et de Koniakari, luttes dont le résultat final fut la fondation de *Médine*, dans le Logo, par *Demba Séga*, dernier roi khassonkè de Koniakari, vers 1810 (2).

Kombossi, fils et successeur du roi de Séro vainqueur de Demba Séga, eut à lutter contre les Banmana-Massassi, anciens alliés de son père ; vaincu par eux, il se réfugia au Fouta, abandonnant vers 1825 la province et la ville de Séro aux Banmana, déjà maîtres de Koniakari depuis 1810 (3).

Le domaine des Khassonkè indépendants se trouva ainsi réduit à une bande assez étroite de terrain située sur la rive gauche du Sénégal, entre l'embouchure du Bafing et le Galam, et comprenant le Natiaga (région de Dinguira), le Logo (région de Médine) et le Khasso propre (région de Kayes), avec Médine comme capitale.

Haoua-Demba succéda à Demba Séga de 1825 environ à 1840 ; il eut à lutter contre les Banmana du Kaarta et fut soutenu à cette occasion par un colon français nommé Duranton, qui était installé au Khasso et qui, ayant épousé Sadioba, fille du roi, était devenu le conseiller de ce dernier. Haoua-Demba fut remplacé par *Kinnti-Sambala*, qui fut assiégé avec nous à Médine par El-hadj-Omar en 1857 (4), et plaça le Khasso sous le protectorat français. Ensuite régnèrent *Diouga-Sambala*, puis

---

(1) 1ᵉʳ volume, pages 289 et 290.
(2) C'est ce Demba Séga qui, alors établi à Koniakari, y reçut Mungo-Park en janvier 1796.
(3) Ces deux villes devaient être conquises en 1853 par El-hadj-Omar.
(4) Au moment du siège de Médine, le chef du Natiaga s'appelait Sémounou ; il s'enfuit devant El-hadj, qui lui donna comme successeur Altini-Séga ; après le départ des Toucouleurs, ce dernier se fit reconnaître comme chef du Natiaga par l'autorité française et établit sa résidence à Tinké, dans une gorge d'accès difficile. Vers la même époque, le chef du Logo s'appelait Niamodi et résidait à Saboussiré.

Makhani-Sambala, lequel mourut en 1891. A cette époque, le canton de Koniakari fut de nouveau réuni au Khasso et *Demba-Yamadou*, successeur de Makhani-Sambala, quitta Médine pour transporter sa résidence à Koniakari ; les Toucouleurs demeurés dans cette province furent contraints d'accepter son autorité, tout en conservant un chef de leur nationalité, qui fut Tierno-Diala. Le canton de Séro échappa à la même époque au joug des Toucouleurs mais demeura, comme dans l'ancien temps, indépendant du Khasso et eut comme roi un nommé Niamé-Fali, auquel succéda Tiékouta.

Quant à Demba-Yamadou, il mourut en 1902 et fut remplacé par *Sidi-Guessé*. A la mort de ce dernier (1905), le royaume du Khasso fut divisé en deux provinces : celle de Koniakari avec, comme chef, *Sadio-Sambala*, et celle comprenant le Khasso propre, le Logo et le Natiaga, placée sous le commandement de *Kita-Demba*, frère de Sadio-Sambala.

V. — Le Tombola.

Le Tombola ou pays des Tombo a toujours conservé son indépendance, même lors des guerres que lui firent les *askia* de Gao, puis les pachas de Tombouctou, ainsi qu'à l'époque où il prêta son concours à El-hadj-Omar et à ses sucesseurs contre les Peuls du Massina. Mais il ne forma jamais un Etat à proprement parler et fut sans cesse divisé en une multitude de petits cantons dont les chefs étaient indépendants les uns des autres.

Chacun de ces cantons formait en réalité une sorte de petit royaume assez fortement organisé, avec des traditions et une étiquette assez comparables à celles qui avaient cours dans les empires mossi. Le chef de chaque canton portait — et porte encore — le titre de *hogon* ou *hogoun* ; il cumule les fonctions de chef territorial et de grand-prêtre. Ces fonctions ne sont pas héréditaires : le *hogon* est élu par l'assemblée des patriarches ou chefs de famille, ou plutôt il est proclamé par cette assemblée après consultation des génies ou divinités locales, car c'est toujours le candidat désigné par les génies qui est élu par l'assemblée des anciens. Une fois nommé, le nouveau *hogon* vit pendant trois ans isolé, dans une retraite d'accès difficile, et il est ensuite installé solennellement dans la maison où sont conservés les objets consacrés au culte et les reliques et talismans des chefs défunts.

La personne du *hogon* est sacrée : on ne doit ni le toucher ni lui adresser la parole directement ; sa demeure est un lieu d'asile. Ses insignes sont une mitre rouge et un trident. En cas de rixe dans le village, on porte le trident du *hogon* sur le lieu du combat et ce dernier cesse aussitôt. Beaucoup de prohibitions d'ordre magico-religieux sont attachées aux fonctions de *hogon* : le titulaire de ces fonctions ne peut manger ni viande de chèvre ni l'espèce de mil appelée *fonio* ou *fonion* en langue mandingue ; il ne doit boire que l'eau provenant d'une source spéciale et ne peut boire, lorsqu'un de ses sujets vient à décéder, tant que le défunt n'est pas enterré ; il peut épouser toute femme qui lui plaît, mais à condition que cette femme soit vierge, et ses veuves ne peuvent se remarier. Il lui est interdit de quitter le village où il réside ; s'il tombe malade, on ne peut lui donner aucun médicament et sa santé demeure entièrement entre les mains de la divinité ; lorsqu'il vient à mourir, personne ne peut toucher à son cadavre, en dehors des hommes de la caste des forgerons, qui procèdent à sa toilette funèbre et à son enterrement. Après sa mort, on attend trois ans avant de publier la nouvelle de son décès et d'élire son successeur, et l'intérim du pouvoir est confié durant cette période au fils du *hogon* défunt.

Cette fonction, par ailleurs, est la source de certains avantages matériels. Les sujets du *hogon* doivent en effet cultiver ses champs et lui assurer ainsi la nourriture ; de plus, il est de droit maître des biens des jeteurs de sorts tués pour leurs méfaits, de ceux des meurtriers, des objets perdus non réclamés, des animaux qui ont tué ou blessé grièvement une personne, du premier produit mâle de tout animal domestique, des bêtes ne possédant qu'un testicule (à l'exception toutefois des chevaux et des ânes qui se trouvent dans ce cas), des poules à plumes longues, des chiens d'une certaine espèce et enfin des moutons égarés.

Le *hogon* est entouré de plusieurs ministres ou *kédiou*, dont chacun a sa fonction spéciale et est assisté lui-même d'un lieutenant ou *saga*, qui le remplacera lors de sa mort. L'un de ces ministres, le *laggam*, est chargé de présider aux cérémonies du culte et a seul qualité pour entrer en relations avec les génies ; un autre a pour fonctions de transmettre la parole du *hogon* à ses sujets et de lui traduire les demandes et les réponses de ces derniers.

VI. — Le Liptako (1).

Les premiers chefs du Liptako dont on ait conservé le souvenir appartenaient au peuple des *Déforo* ; leur dynastie demeura au pouvoir durant les cent ans qui précédèrent la domination marocaine à Tombouctou (1491-1591). Après eux, le pays fut occupé par les Kouroumankobé ou *Gourmankobé* — vraisemblablement les Gourmantché —, qui refoulèrent les Déforo vers Aribinda et exercèrent également le pouvoir durant un siècle (1591 à 1690 environ), et fournirent huit rois dont voici les noms : Belba-Galfermi, Dièr-Galfermi, Koro-Belbéga, Alfâkir (ou Aldjâkir) (2), Ouontambéri, Mossogo, Famaba et enfin Diari fils d'Alfao.

Ce *Diari* eut une querelle avec le chef des Peuls établis dans le pays, qui s'appelait *Ibrahima-Saïdou* ; une guerre s'ensuivit, qui se termina par la victoire d'Ibrahima : ce dernier chassa Diari du Liptako et s'empara du pouvoir. Les Peuls du Liptako

---

(1) Les renseignements concernant l'histoire du Liptako que je reproduis ici sont empruntés à un manuscrit arabe recueilli à Dori par M. le lieutenant Marc, qui a bien voulu me le communiquer en m'autorisant à en faire usage. Le manuscrit donne ces renseignements comme émanant d'un certain Nouha fils de Diogol fils d'El-hadj fils de Baouligo de la tribu peule des Yaté, qui vint s'établir au Liptako en venant du Haoussa, et qui les tenait lui-même de divers docteurs et savants du Liptako, du Haoussa, du Songaï et d'autres pays.

(2) Ce mot peut être un surnom arabe signifiant « le Réfléchi » (ou « le Taquin »).

conservèrent depuis lors l'autorité, mais leur indépendance prit fin vers 1800, lors des conquêtes de *Ousmân-dan-Fodio*, qui, une fois maître de Sokoto, établit sa suzeraineté au moins nominale dans le Liptako.

Les premiers Peuls qui firent leur apparition dans la région de Dori étaient commandés par un nommé Bir-Mâri, du clan ou de la tribu des Faté ou Paté. Ce Bir-Mâri fut remplacé par son fils Yaro ou Yoro, auquel succéda son propre fils Yamé-Dikko ; ensuite vint Saïdou, fils de Yamé-Dikko, qui conserva le pouvoir deux ans et fut remplacé pendant dix-sept ans par son frère Oumar ; à celui-ci succéda, pendant quatorze ans, Hamma, fils de Saïdou ; c'est après lui qu'Ibrahima, autre fils de Saïdou, devint le chef des Peuls du Liptako et c'est sept ans après son avènement qu'il s'empara du pouvoir sur les Gourmantché vers 1690 (1).

Ibrahima-Saïdou (1690-1714), après avoir refoulé les Gourmantché au Sud du Liptako, eut à lutter contre des bandes — songaï probablement — qui étaient venues à Tibaré (2) sous le commandement d'un nommé Daouda-Bengaï ; il repoussa ces bandes. Ensuite le pays fut envahi par des Touareg, dirigés par un nommé Kâoua, qui fut également vaincu et chassé par Ibrahima, lequel, au retour de cette expédition, s'installa à Kamfat (?). Sur ces entrefaites, un esclave nommé Yobi-Kâta s'en fut dans le Mossi d'où il ramena une armée pour attaquer Ibrahima, mais cette armée fut mise en déroute. Ibrahima vainquit ensuite un chef gourmantché nommé Bâbou-Binoï, qui avait envahi le Liptako, et le tua. En 1710, un nommé Korandi, chef du village de Sébong (peut-être Zebba, chef-lieu du Yagha), s'avança vers Boloï, au Sud de Dori ; Ibrahima envoya contre lui deux cents hommes, qui le surprirent et le mirent en déroute. Quatre ans après cet événement, Ibrahima mourut, au bout d'un règne bien rempli de 31 ans, dont 24 ans depuis la défaite du dernier roi gourmantché.

(1) Cela placerait l'arrivée des Peuls au Liptako cent ans à peu près avant la prise du pouvoir par Ibrahima, c'est-à-dire vers la fin du xvie siècle, ce qui est conforme aux traditions recueillies d'autre part.
(2) A l'Est et près de Téra, sur la route de Dori à Sansan-Haoussa.

Salihou, fils de Hamma-Saïdou, régna de 1714 à 1730 ; attaqué, quelques jours après son avènement, par un conquérant dioula ou soninké nommé Daïkara, fils de Do Kouroubari, il le mit en déroute et le tua ; la même année, il vainquit un chef touareg, Ouentag fils d'Assoua. La paix ne cessa pas de régner ensuite au Liptako jusqu'à la mort de Salihou.

Sous *Ibrahima-Hamma* (1730-58), frère de Salihou, un chef mossi nommé Diamondi envahit le Liptako et vainquit les Peuls à Boureï, à une vingtaine de kilomètres dans le Sud-Ouest de Dori ; les Mossi pillèrent Boureï, tuèrent le chef du village, qui s'appelait Béda-Hamma, et partirent en emmenant avec eux tous les bœufs. Sept ans plus tard, un parti de Touareg Logomaten, dirigé par le chef Soudara, vint razzier une localité du Liptako appelée Adyidi, tuant 47 hommes et enlevant les bœufs. Ce fut ensuite le tour de Boundoubâbou d'être pillé par des gens du Yagha, qui tuèrent un grand nombre de personnes, dont Bouido-Ali-Bangal, chef de Boundoubâbou. A cette période de revers pour le Liptako succéda une période de victoires : Ibrahima-Hamma, ayant réussi à constituer une cavalerie, se débarrassa de ses ennemis et dirigea même de fructueuses expéditions jusque sur Boromo et sur Salaga, vers 1750.

Sékou, fils de Salihou (1758-79), eut comme principal lieutenant Hamadou-Aïssata, qui fit plusieurs expéditions heureuses contre Boromo et divers villages mossi dépendant de Ouagadougou et du Yatenga.

Hamadou-Aïssata (1779-83) s'empara du pouvoir à la mort de Sékou ; après lui régnèrent *Aboubakari* (1783-84) et *Hamma-Taoua* (1784-1803). C'est vers la fin du règne de ce dernier que le Liptako fut incorporé à l'empire de Sokoto, récemment créé par le cheikh Ousmân, fils de Mohammed-ben-Ousmân, plus connu sous le nom de Ousmân-dan-Fodio.

VII. — Les petits Etats de la haute Volta.

1° *La principauté dioula de Loto* (cercle actuel de Gaoua). — Un dioula de Bobo-Dioulasso, nommé *Bé-Bakari Ouatara*, conquit, vers le début du xix° siècle, le pays des Gan et des

Fig. 53. — Maison habitée par René Caillié, à Tombouctou.

Fig. 54. — Maison habitée par Barth, à Tombouctou.

Lorho, dans le Sud-Ouest du cercle actuel de Gaoua, et fit un moment de Lorhosso son centre d'action. Appelé par les Dian et les Pougouli de la région de Diébougou pour les soutenir contre les Dagari-Oulé, il transporta sa résidence à *Loto,* non loin du poste actuel de Diébougou, et s'empara de tout le pays environnant. Il voulut même pousser ses conquêtes sur la rive gauche de la Volta et s'avança dans le Gourounsi, mais, vaincu par les Sissala, il s'empoisonna.

Son fils *Karakara,* qui se trouvait à Bobo-Dioulasso lorsqu'il apprit la mort de son père, vint recueillir sa succession à Loto ; les Gan s'étant révoltés contre son autorité, il marcha contre Obiri, leur capitale, massacrant tout sur son passage ; mais il ne put s'emparer d'Obiri et les Gan conservèrent leur indépendance.

Ansoumana, fils de Karakara, lui succéda et fut lui-même remplacé par son frère *Dabila,* qui régnait vers 1850. Dabila, comme ses prédécesseurs, résidait habituellement à Bobo-Dioulasso, mais il avait un pied-à-terre à Loto et y établissait son quartier-général chaque fois qu'il organisait une colonne dans sa principauté. Comme il avait expédié de Bobo-Dioulasso des envoyés à Da, chef des Dian, pour s'assurer de ses intentions, ses envoyés furent massacrés à Bapla par des Oulé ou par des Birifo, qui firent remettre à Da les têtes de leurs victimes ; Dabila fit réclamer les têtes à Da qui les lui envoya, en l'informant que cet acte de déférence de sa part allait lui attirer la haine des Oulé et des Birifo et en suppliant le chef ouatara de venir à son secours. Dabila se rendit donc à Loto et repoussa les Oulé jusque vers Gaoua, d'où les Lobi les chassèrent du côté de la Volta, faisant un grand nombre de prisonniers qu'ils expédièrent à Dabila en priant ce dernier de ne pas s'avancer dans leur pays. Dabila se tourna alors vers le Nord, combattant successivement les Oulé et les Pougouli, mais, vaincu par une coalition de ces deux tribus, il s'empoisonna.

Son fils et successeur *Koutoukou* se maintint à Loto, où il fut remplacé par *Karamorho,* frère de Dabila. Celui-ci essaya d'aller recruter des partisans à Bouna, échoua dans son entreprise et mourut à Lorhosso lors de son retour.

Son fils *Barkatou*, qui l'accompagnait, ramena la colonne à Loto, mais ne put conserver son autorité, en raison des attaques sans cesse renouvelées des Oulé et des Birifo. Ces derniers vinrent même mettre le siège devant Loto en 1890, puis se retirèrent en 1897. Peu après, le commandant Caudrelier occupait le pays au nom de la France ; Barkatou, réduit aux proportions d'un simple notable, mourut paisiblement en 1907.

2° *La principauté soninké de Ouahabou* (cercle actuel de Koury). — Un musulman soninké de la région de Boromo, nommé *Mamadou-Mori*, ayant acquis une certaine réputation à la suite d'un pèlerinage à La Mecque, se constitua vers 1850 une petite principauté dans la Boucle de la Volta Noire ; il résidait habituellement à Banga (canton de Safané), au centre de cette boucle. Vers 1860, il s'empara de Boromo, battit les Nounouma et les Niénigué à Téharako, fonda *Ouahabou*, au Sud-Ouest de Boromo, et en fit sa capitale politique et religieuse, prit Oury et Pompoï dans le Nord-Ouest de Boromo, s'avança jusqu'à Dédougou, près et au Sud de Koury, revint en arrière pour razzier Bagassi (à l'Ouest de Ouahabou), franchit la Volta et alla guerroyer à Poura (au Sud-Est de Boromo) contre les Nounouma. Revenu à Ouahabou, il fixa sa résidence tout près de cette localité, à Sahirou, où il mourut en 1878.

Il fut remplacé par son fils *Moktarou-Karamorho* qui, venant de Ouahabou et se dirigeant vers le Sud, attaqua les Pougouli et en réduisit un grand nombre en esclavage. Au cours d'une deuxième colonne, il razzia les Oulé et les Dian de la province de Dano (cercle actuel de Gaoua) ; mais, embarrassé par son butin et ses captifs, il se laissa surprendre près de Dano par les Oulé alliés aux Pougouli ; son armée fut anéantie et lui-même ne dut son salut qu'à la rapidité de sa fuite. Vers 1882, menacé par les Bobo, il contracta alliance avec le conquérant zaberma Babato, dont il sera question un peu plus loin, et vint avec lui mettre le siège devant Safané ; cependant, un chef bobo nommé Londané, ayant réussi à rassembler une armée nombreuse, repoussa Moktarou-Karamorho jusqu'à Ouahabou et obligea Babato à repasser la Volta. Douze ans plus tard, nous occupions Ouahabou, où Moktarou-Karamorho, mis désormais hors d'état de dévaster le pays, était maintenu comme chef de canton.

3° *La principauté peule de Barani* (cercle actuel de Koury).

✕ — Vers 1830, un chef peul nommé *Malik Sidibé* était parvenu à établir son autorité sur les Bobo-Oulé de Ouonkoro, Kouna et Kossidéré, à l'Ouest du coude du Sourou. Sékou-Hamadou, qui régnait alors au Massina, envoya dans ce pays une colonne commandée par Alfa-Samba ; celui-ci prit Ouonkoro, chassa Malik à l'Est du Sourou et repartit au Massina après avoir laissé, comme gouverneur du pays bobo, un nommé Ousmân-Oumarou. Quant à Malik Sidibé, il s'établit du côté de Louta, auprès des Samo.

Lorsqu'El-hadj-Omar se fut emparé du Massina et eut fait périr Hamadou-Hamadou (1862), Ousmân-Oumarou se rendit à Tombouctou pour s'entendre avec Ba-Lobbo, oncle du dernier roi peul du Massina, au sujet de la conduite à tenir vis-à-vis des Toucouleurs. *Dian Sidibé*, qui venait de succéder à son père Malik, en profita pour repasser le Sourou et vint s'établir à *Barani*, à une cinquantaine de kilomètres dans le Sud de Ouonkoro.

Cependant Ba-Lobbo, rejeté vers 1872 au Sud de Dienné par Tidiani, neveu d'El-hadj et son successeur au Massina, avait détaché son lieutenant Boubakar chez les Bobo-Oulé du Sud ; à la suite d'une colonne, Boubakar confia le commandement de la région à un Peul nommé *Demba Bari* ou Demba Sangaré, qui établit sa résidence à *Dokuy*, dans le Sud-Ouest de Koury. Dian Sidibé ne tarda pas à faire alliance avec Demba Bari.

Vers 1875, *Ouidi Sidibé*, frère de Dian, chercha à enlever le pouvoir à ce dernier avec l'aide de Soninké établis à Tissé ou Tissi, sur la route de Barani à Koury ; n'ayant pu réussir, il alla demander une armée à Tidiani, auquel il fit acte de soumission ; Tidiani lui confia des troupes, grâce auxquelles Ouidi s'empara de Barani et en chassa son frère. Celui-ci alla se réfugier à Dokuy auprès de Saloun, fils de Demba Bari, et y mourut peu après (1878).

Une fois maître de Barani, Ouidi s'empara de Ouarkoy et étendit peu à peu son autorité sur la majorité des Bobo-Oulé. Avec la complicité des gens de Sono (près et au Nord de Koury), il réussit à passer le Sourou, pilla le pays samo et alla jusqu'à Biban (à mi chemin entre Koury et Yako) pour châtier un chef peul qui avait refusé de reconnaître sa suzeraineté. Mais, lorsque la puissance des Toucouleurs fut anéantie à Ségou par l'occupation française (1890) et commença à s'effriter au Massina, les Soninké riverains du Sourou se révoltèrent contre Ouidi, à la voix d'un marabout qui avait fait le pèlerinage de La Mecque et qu'on appelait à cause de cela *Lagui* (pour El-hadj). Lagui parvint à battre Ouidi et à affranchir de son joug la région de Lanfléra et celle d'Ira (1891). En 1894, un an après la prise du Massina par le général Archinard, un autre pèlerin soninké appelé aussi Lagui prêcha à Boussé la révolte contre Ouidi, rassembla tous les Soninké épars de Ouaninkoro à Sono, ainsi que les Peuls de Dakka et de Téri, et devint rapidement maître de tout le Souroudougou (rive gauche du Sourou en aval de son coude). Ouidi marcha contre lui, mais fut repoussé à deux reprises, à Oué et à Kassoun.

A ce moment intervint le commandant Destenave, qui maintint Ouidi comme chef de province à Barani et dirigea une expédition contre les Soninké du Souroudougou. Ouidi mourut vers 1900 ; son fils Idrissa est actuellement chef du canton de Barani.

4° *La principauté zaberma de Sati* (Gourounsi). — Vers 1880, un Zaberma ou Songaï du Sud-Est, nommé *Gandiari*, ayant recruté une armée de partisans dans le Kebbi et le Gando, traversa le Niger à Say et, de proche en proche, s'avança jusque dans le Gourounsi dont il s'empara, installant à *Sati*, près de Léo, le siège central de ses opérations. Ses principaux lieutenants étaient *Alfa-Haïnou* ou *Alfa-Himé* (1) et *Babato*. Ayant voulu conquérir aussi le Kipirsi, Gandiari fut tué par le chef de Réo, au cours d'un combat au Sud de Tialgo, en 1885.

Babato alors prit le commandement de l'armée et, pour se ménager un allié en cas de besoin, envoya des présents à Sanom, alors empereur de Ouagadougou, et lui offrit son amitié. Puis, poussant ses conquêtes vers le Nord-Ouest, à travers les Nou-

(1) Certains prétendent qu'Alfa-Himé aurait conquis le Gourounsi vers 1870 et que Gandiari lui aurait succédé vers 1880.

nouma et les Yilsé, il remonta la rive gauche de la Volta jusqu'à hauteur de Koury, pénétrant dans le pays des Samo du Sourou au moment où le commandant Destenave y arrivait lui-même pour combattre les Soninké (1894). Babato retourna alors au Gourounsi, puis se porta vers le Sud, pillant les villages dagari situés entre Léo et Oua et se heurtant près de cette dernière ville, en 1896, à Sarankièni-Mori, fils et lieutenant de Samori. Les deux conquérants se firent peur l'un à l'autre et, après un court essai de lutte, firent la paix dans une entrevue qui rappela, par certains points, la fameuse entrevue du Camp du Drap d'Or. Sarankièni-Mori repassa sur la rive occidentale de la Volta Noire. Quant à Babato, menacé du côté du Nord par les colonnes françaises et du côté du Sud par les Anglais, il traversa la Volta Blanche et se refugia du côté de Sansanné-Mango, où il mourut vers 1899.

La domination des Zaberma dans le Gourounsi avait été de courte durée, mais elle avait cependant réussi à ruiner ce pays riche et peuplé, pour lequel la fuite de Babato marqua le début d'une véritable renaissance.

VIII. — Le royaume de Sikasso.

Vers le début du xix° siècle, un métis de Dioula et de Sénoufo nommé *Tapri Taraoré*, originaire de Kankira (circonscription actuelle de Banfora), vint s'établir à Finkolo, à 18 kilomètres de Sikasso, et arriva à exercer une sorte d'hégémonie sur les Siénérhè du Kénédougou. A sa mort, il fut remplacé par son fils *Massa-Toroma*, auquel succédèrent l'un après l'autre ses frères *Famorhoba*, *Nagnama* et *Daoula*. Ce dernier quitta Finkolo et s'établit à Bougoula, à 8 kilomètres de Sikasso ; il obtint la soumission des Samorho de l'Ouest, réduisit à l'obéissance les Sénoufo du Koursoudougou et du Sonondougou, organisa une sorte d'armée permanente et devint le maître absolu, non seulement des Séniérhè, mais aussi d'une partie des Tagba et des Folo. Attaqué par les Samorho de l'Est, il fut tué dans le combat qu'il leur livra.

Son fils aîné *Molo*, surnommé Kounansa, lui succéda. Ce

prince, par ses cruautés et ses vexations, excita contre lui une grande partie de ses sujets. Fafa, chef de Kinian, profitant du mécontentement général, se mit à la tête d'un mouvement d'insurrection et vint mettre le siège devant Bougoula vers 1875. Molo fit appel à Ahmadou, qui régnait alors à Ségou et qui envoya à son secours une armée commandée par un Toucouleur nommé Yahia. Cette armée battit Fafa près de Natié ; Fafa pourtant parvint à s'échapper à la faveur de la nuit et se rendit dans le Sonondougou, où il organisa une nouvelle révolte.

Cependant Molo, délivré par Yahia, fut obligé de se convertir à l'islamisme, condition qu'Ahmadou avait imposée en envoyant une armée à son secours, et quelques notables sénoufo, pour se faire bien venir de leur roi et de Yahia, devenu son conseiller tout puissant, embrassèrent la religion nouvelle ; celle-ci n'était pratiquée jusqu'alors que par les Dioula établis dans le pays, notamment à Sikasso et à Kinian. Molo fut tué dans une embuscade en allant de nouveau combattre Fafa.

Son frère *Tièba* lui succéda et, aidé de Yahia, passa les premières années de son règne à lutter avec Fafa et ses partisans, sans remporter d'ailleurs aucun succès définitif. Il transféra la capitale de Bougoula à *Sikasso* (1), où était née sa mère, et y construisit une forteresse. Par la suite, il fit la conquête du Ganadougou afin de s'emparer des troupeaux des Foulanké, dirigea des razzias dans le Folona (cercles actuels de Bobo-Dioulasso et de Koroko) et en ramena de nombreux captifs qu'il employa à élever autour de Sikasso un double mur d'enceinte. Cette précaution devait lui être de la plus grande utilité : en effet, en 1887, Samori venait mettre le siège devant la ville, et c'est certainement grâce à ses fortifications comme à ses approvisionnements judicieusement préparés que Tièba put obliger son adversaire à se retirer au bout de seize mois d'investissement, en août 1888. Pendant que Samori, de 1889 à 1892, était aux prises avec les colonnes françaises dans la région du haut Niger, Tièba profita de l'amitié que nous lui témoignions pour

(1) *Sikasso* est le nom donné par les Dioula à cette ville, que les Sénoufo appellent *Sikokana* ou *Sikokaha* (village de Siko).

agrandir ses Etats vers le Sud : son rêve était de constituer un empire sénoufo assez puissant pour s'opposer à l'extension de l'empire mandingue de Samori. Chaque fois qu'il avait obtenu la soumission d'un chef de canton, il réclamait à ce dernier l'un de ses fils à titre d'otage ; tous ces fils de chefs étaient élevés à Sikasso auprès du roi, qui leur faisait donner une éducation militaire et administrative conforme à ses vues.

Cependant Fafa demeurait toujours indépendant à Kinian et il avait étendu son autorité sur une fraction importante des Minianka du cercle actuel de Koutiala, notamment sur ceux des cantons du Sao et de Konséguéla. En 1890, Simogo Koné, chef de ce dernier village, fatigué des exigences de Fafa, fit offrir son alliance à Tièba contre le chef de Kinian ; grâce à l'appui de Simogo et surtout à l'intervention du capitaine Quiquandon et du lieutenant Spitzer, Tièba parvint enfin à s'emparer de Kinian (mars 1891) et à annexer à son royaume les provinces qui jusque là étaient soumises à Fafa. Cependant les Minianka du Sao, sous la conduite de Baki Ounogo, résistèrent victorieusement à Tièba et ne se soumirent à lui qu'après la prise de Tiéré par ce dernier (1891) ; ceux des cantons d'Ourikéla et de Molobala n'acceptèrent jamais complètement la suzeraineté du roi de Sikasso.

Celui-ci avait installé à Koutiala un membre de sa famille nommé Sinali Taraoré, qu'il avait chargé d'administrer le pays minianka ; dans un but analogue, il avait placé à Bougounso, comme gouverneur militaire, un nommé Bérété Kourouma, et à Ntossoni résidait Fo Taraoré, l'un des fils du roi.

Tièba mourut le 28 janvier 1893 et fut remplacé par *Babemba*, son frère — ou son neveu selon certains témoignages —, qui étendit plus loin encore l'autorité royale, achevant la conquête du pays minianka en s'emparant de Yorosso et en y installant un gouverneur nommé Zanga Piré, puis soumettant à peu près toutes les tribus sénoufo répandues entre le haut Bagbé et le Bandama dans le cercle actuel de Korhogo (Côte d'Ivoire). C'est dans cette région qu'il se heurta aux bandes de Samori vers 1894 ; la lutte entre les deux conquérants dura jusqu'en 1898, avec des chances variables.

Babemba avait perfectionné le système militaire et administratif organisé par Tièba : une garde de 200 hommes environ formait une petite armée permanente ; de plus, au commencement de chaque saison sèche, le roi levait tous les hommes valides et partait en expédition pour ramasser des captifs et des troupeaux. Chaque province était administrée par un chef d'armée ou *kélétigui* choisi par le roi, qu'assistait parfois un chef civil (*diamanatigui*) dont l'autorité s'effaçait devant celle du premier. Les jeunes gens devaient travailler aux plantations du roi ; tous les ans, à l'époque des grandes fêtes musulmanes de la rupture du jeûne et de la journée des sacrifices, chaque village devait apporter au souverain un tribut consistant en bœufs, moutons, poulets, miel et cauries ; on percevait de plus une taxe sur les colporteurs.

Cependant Babemba, en même temps qu'il combattait Samori, cherchait à se dégager du protectorat français que Tièba avait accepté (1) et qui gênait le nouveau roi dans son désir d'expansion territoriale. Après avoir fratchement accueilli le capitaine Braulot en 1897, il reçut plus mal encore le capitaine Morisson l'année suivante et même l'expulsa de Sikasso et le fit dépouiller, ainsi que son escorte, à quelque distance de la capitale (janvier 1898). A la suite de ce renvoi insultant du représentant de la France, Babemba poussa l'audace et la provocation jusqu'à envoyer attaquer des villages voisins du poste que nous avions établi à Bougouni. Une colonne fut alors organisée à la hâte sous le commandement du lieutenant-colonel Andéoud et du commandant Pineau, au moyen de détachements prélevés sur les garnisons des postes et de nombreux auxiliaires ; elle se concentrait le 9 avril 1898 à Ouo, sur le Bagbê, s'emparait de Kinian et arrivait le 15 avril en vue de Sikasso. La ville, défendue par 10.000 fantassins et 3.000 cavaliers, était protégée par deux murs concentriques d'une épaisseur de cinq mètres à la base et d'une hauteur de quatre à cinq mètres. Du

---

(1) Tièba avait eu auprès de lui, comme résident temporaire représentant le gouvernement français, d'abord le capitaine Quiquandon, puis le lieutenant Marchand.

16 au 30 avril, Babemba organisa de nombreuses sorties et nous livra quatorze combats, qui nous coûtèrent 18 tués (dont le lieutenant Gallet) et 58 blessés sur un effectif de 1395 hommes dont 95 Européens (officiers, sous-officiers et artilleurs). Le 30 avril, le lieutenant-colonel Audéoud fit ouvrir trois brèches à l'aide des pièces de siège et, le 1er mai, on donna l'assaut au lever du jour, pendant que 3.000 ennemis, sortis de la place pendant la nuit, attaquaient notre camp : cette attaque fut repoussée par nos armes et l'assaut ne fut pas ralenti ; mais nos colonnes, exposées, une fois dans la ville, au feu partant des maisons et de la forteresse royale, se trouvaient dans une position critique. On bombarda alors le réduit central où se tenait le roi et, vers trois heures, le commandant Pineau y pénétrait par une brèche. Babemba se fit tuer d'un coup de révolver par son lieutenant Tiékoro Sarhanorho et, à 3 heures et demi, Sikasso était à nous : nous avions eu un officier tué (lieutenant Loury), deux officiers et cinq sous-officiers blessés, 36 indigènes tués et 85 indigènes blessés.

Au moment de son apogée, c'est-à-dire vers 1893, le royaume de Sikasso avait compris tout le cercle actuel de Sikasso, la majeure portion du cercle actuel de Koutiala (1), une fraction de celui de Bobo-Dioulasso (Tagbana ou pays des Tagba et Folona ou canton de Ngorho) et, dans la Côte d'Ivoire actuelle, tout le Nord du cercle de Korhogo (districts de Tombougou et de Korhogo).

IX — Le Loudamar ou royaume des Oulad-Mbarek.

Nous savons qu'au début du xviie siècle, après la mort de Osmân-ould-Barkani-ould-Makhfar, chef de l'invasion arabe des Beni-Hassân en Mauritanie, son frère *Mbarek* s'avança vers le Sud-Est, soumettant les Zenaga du Hodh, refoulant les

---

(1) Une partie des Minianka et la plupart des Bobo de ce cercle étaient demeurés indépendants, notamment dans les cantons de Zangasso, Karangasso, Mpessoba et Kinntléri, ainsi que les Soninké et les Banmana de Dougbolo. Les Minianka de Yorosso, soumis par Babemba au début de son règne, s'étaient révoltés par la suite contre son autorité.

Soninké de la lisière saharienne vers le Sud et vers l'Est et établissant au Nord du Kingui et du Bakounou sa tribu, qui prit le nom d'*Oulad-Mbarek*. La famille royale des Oulad-Mbarek se recruta dans la fraction des *Ahl-ould-Amar* et c'est à cause de cela que le royaume arabo-berbère fondé par Mbarek fut désigné par les Noirs du Soudan et par les voyageurs européens sous le nom de *Loudamar*, corruption de celui de l'ancêtre de la famille royale (Ould-Omar).

J'ai signalé à plus d'une reprise, en relatant l'histoire du royaume de Diara, de l'empire du Kaarta et de la conquête de Nioro par El-hadj-Omar, les interventions des Oulad-Mbarek dans les évènements qui se déroulèrent au Kingui et au Bakounou.

Le premier des successeurs de Mbarek dont la tradition nous ait conservé le nom fut *Hannoun*, qui conquit le Bakounou sur les Peuls et mourut vers 1755. Son fils *Omar* régna de 1755 à 1762 et eut pour successeur son propre fils *Ali* (1762-1800). Vers la fin du XVIIIe siècle, l'autorité du roi du « Loudamar » se faisait sentir jusqu'à Diara et les Diawara du Kingui s'appuyaient sur elle pour résister aux Banmana-Massassi. C'est, semble-t-il, sur les ordres émanant du roi des Oulad-Mbarek que le major Houghton fut tué en 1791 à Simbi, à une trentaine de kilomètres au Sud-Sud-Ouest de Nioro ; la chose d'ailleurs n'est pas certaine, car, d'après certains témoignages, Houghton serait mort de privations et de maladie. En 1796, l'explorateur Mungo-Park fut arrêté à Diara sur l'ordre de Ali, qui résidait alors à *Bénoum*, à peu de distance au Nord-Est de Diara (1) ; retenu prisonnier durant quatre mois à Bénoum, Mungo-Park réussit à s'échapper en profitant du désarroi causé dans l'entourage du roi par l'attaque dirigée contre Diara par Dassé Kouloubali, empereur du Kaarta. Ali mourut peu après, vers 1800, après 38 à 40 ans de règne.

J'ignore qui commanda les Oulad-Mbarek de 1800 à 1840. Vers cette dernière date se place l'avènement de *Ammar-ould-*

---

(1) D'après Mungo-Park, on se rendait en dix jours de Bénoum à Tichit et on mettait le même temps pour aller de Bénoum à Oualata.

Ousmân, qui engagea la lutte avec les Idao-Aïch, vainquit Bakar-ould-Soueïd, chef de la fraction des Abakak de cette dernière tribu, et étendit l'autorité du « Loudamar » sur la majeure partie du Hodh et du Nord du Sahel, arrivant à se faire payer tribut par Sinakoré Doukouré, alors chef de Goumbou et du Ouagadou. Lorsqu'El-hadj-Omar s'empara de Nioro en 1854, il trouva un très sérieux adversaire en la personne de Ammar ; ce dernier, ayant trouvé un concours précieux chez les Peuls Sambourou, battit El-hadj à Sampaka et à Bassaka (ou Bassatcha) dans le Bakounou et l'obligea à reculer jusqu'à Diongoï, au Sud-Ouest de Ouossébougou ; rejeté ensuite dans le Hodh, à Mantiouga, par Alfa-Oumar, lieutenant d'El-Hadj, Ammar y mourut vers 1859.

Son successeur *Baddi-ould-Mokhtar* vint attaquer Moustafa à Nioro et parvint à pénétrer dans cette ville et à la piller ; comme il s'en retournait dans le Nord, il fut rejoint à Ouarguetta par Moustafa, qui lui reprit tout son butin et lui infligea une déroute complète. Mais Baddi rassembla tous les guerriers de sa tribu et reprit l'offensive, pour être battu de nouveau au puits de Tini. Alors, voyant son pouvoir réduit considérablement et craignant d'autre part d'être attaqué par les Mejdouf, qui s'étaient ralliés à El-hadj-Omar grâce aux conseils des Taleb-Mokhtar, Baddi se rendit à Ségou, dont El-hadj venait de s'emparer, pour faire sa soumission. Il mourut lors de son retour en son pays (1861).

Ali, fils de Baddi, essaya quelque temps après de secouer le joug des Toucouleurs, mais il fut battu à Touroungoumbé par Lantaro-Samba, lieutenant de Moustafa : ce fut la fin des hostilités des Oulad-Mbarek contre les Toucouleurs et aussi la fin de la puissance du royaume maure du « Loudamar ».

CHAPITRE XIV

L'exploration européenne.

Ainsi que je l'ai dit dans la première partie de cet ouvrage, la portion du continent africain dont nous nous occupons ici ne fut pas visitée par les Anciens, dont les explorations — pour autant que nous sommes documentés sur le sujet — ne dépassèrent pas les rivages de l'Atlantique d'une part ni le Sahara proprement dit de l'autre. Nous n'avons donc pas à reparler ici du voyage des Nasamons ni de celui de Hannon, pas plus que du périple entrepris sous Néko II ni des tentatives d'Eudoxe de Cyzique. Les expéditions romaines du début de notre ère, si elles atteignirent des pays que l'on peut considérer comme se rattachant au Soudan (1), ne pénétrèrent pas en tout cas dans les territoires qui font l'objet de notre étude.

L'exploration du Haut-Sénégal-Niger par des voyageurs européens ou tout au moins méditerranéens ne commença qu'au xe siècle de notre ère et fut pendant longtemps monopolisée par des Arabes ou des Berbères de l'Espagne, du Maghreb et de l'Ifrîkia. La plupart de ces premiers explorateurs du Soudan sont d'ailleurs demeurés anonymes ; quelques-uns seulement ont eu la chance d'avoir leurs noms transmis à la postérité par les historiens et les géographes qui ont utilisé leurs renseignements ; ces historiens et géographes, qui ont ainsi tiré profit d'explorations le plus souvent anonymes, sont : Bekri, Zohri, Edrissi, Yakout, Ibn-Saïd, Aboulféda, Gharnati, Ibn-Khaldoun, etc.

(1) Expédition de Julius Maternus dans l'Aïr entre 80 et 90 après Jésus-Christ.

Deux seulement, parmi les voyageurs arabes qui ont visité le Soudan du xᵉ au xivᵉ siècles, ont écrit des relations dont le texte est parvenu jusqu'à nous : *Ibn-Haoukal* et *Ibn-Batouta*.

Le premier (xᵉ siècle) ne parcourut que l'extrême Nord du Soudan, visitant Aoudaghost et Ghana, pour retourner ensuite au Maroc, et on doit le considérer surtout comme le premier explorateur du Sahara soudanais. Ibn-Batouta, qui se rendit de Oualata à Mali et passa au retour par Tombouctou et Gao (1352-53), peut être cité au contraire comme le premier explorateur du Soudan occidental ; sa relation d'ailleurs ne se borne pas à une sèche nomenclature de gîtes d'étape, ainsi qu'on peut s'en rendre compte à la lecture du chapitre VII du présent volume.

Vers la même époque, des navigateurs européens commençaient à aborder à la côte occidentale d'Afrique (1), mais ils ne pénétraient pas à l'intérieur du continent. C'est seulement vers la fin du xvᵉ siècle, semble-t-il, que les *Portugais*, établis en Mauritanie, sur la basse Gambie et la Côte d'Or, envoyèrent des missions dans les pays qui forment aujourd'hui le Haut-Sénégal-Niger. Mais nous ne savons rien de ces missions ni des voyages qu'elles accomplirent, en dehors des brèves mentions qu'en a faites Joao de Barros : c'est ainsi qu'aux environs de 1481 le roi Jean II, qui venait de monter sur le trône du Portugal, envoya à l'empereur de Mali deux ambassades, dont l'une, partie de la Gambie, se composait de Rodriguez Rabello, Péro Reinal et Joao Collaçao, et dont l'autre fut mise en route par le gouverneur d'Elmina. Nous ignorons ce qui advint de la première ; quant à la seconde, dont nous ne savons pas la composition, elle parvint effectivement à Mali et constitua sans doute la première reconnaissance du Niger faite par des Européens.

Quelque vingt ans plus tard, vers 1507, *Léon l'Africain* exécutait à travers le Soudan un voyage mémorable qui devait être

(1) Le premier voyage accompli par des Européens à l'embouchure du Sénégal date vraisemblablement de 1292 : il fut exécuté par des Italiens, les frères Vivaldi. Ce voyage fut suivi de quelques autres au xivᵉ siècle, faits par des Espagnols et des Normands. Les Portugais se montrèrent surtout à partir du xvᵉ siècle.

mis à contribution pendant plus de deux siècles par tous les géographes, cosmographes et polygraphes de l'Europe et constituer ainsi la base de toutes nos connaissances relatives au pays des Noirs jusqu'au temps de Mungo-Park. A vrai dire, les observations faites par Léon ne sont pas toutes d'un intérêt considérable ni d'une nouveauté bien sensible, et l'on peut se demander s'il a visité personnellement toutes les contrées et les villes qu'il nous décrit : Oualata, Dienné, Mali, Tombouctou, Kabara, Gao, Gober, Agadès, Kano, etc. Les jugements qu'il porte sur les indigènes du Soudan sont assez contradictoires, et l'on serait en droit de supposer qu'il les a recueillis de diverses bouches et qu'ils ne résultent pas de ses propres observations (1).

En 1534 se place un nouveau voyage à Mali d'un ambassadeur portugais : celui-ci se nommait *Péroz Fernandez* ; il était envoyé par Joao de Barros et accrédité par le roi Jean III. Nous ne savons rien des détails ni des résultats de son voyage, sinon qu'il parvint à la cour de l'empereur de Mali et fut très bien accueilli par lui. Les Portugais qui, vers 1550, s'emparèrent des mines d'or du Bambouk, ne nous ont laissé non plus aucun renseignement sur leurs faits et gestes.

Un siècle se passa ensuite sans que s'accomplît aucune nouvelle exploration européenne dont le souvenir se soit conservé (2).

(1) Comparez notamment ces deux curieux passages : « Les Noirs meinent une bonne vie, sont de fidele nature, faisans volontiers plaisir aux passans, et s'etudient de tout leur pouvoir à se donner tous les plaisirs de quoy ils se peuvent aviser à se resjouir en danses, et le plus souvent en banquets, convis et ebas de diverses sortes. Ils sont fort modestes, et ont en grand honneur et reverence les hommes doctes et religieux, ayans meilleur temps que tout le reste des autres peuples lesquels demeurent en Afrique. » (Édition Schefer, 1er vol., page 118). Et plus loin : « Ceux de la terre noire sont gens fort ruraux, sans raison, sans esprit ny pratique, n'estans aucunement experimentez en chose que ce soyt, et suivent la maniere de vivre des bestes brutes, sans loy, ny ordonnances. Entre eux y a une infinité de putains, et par conséquent de cornars, et sont bien habiles ceux qui en peuvent echaper, sinon aucuns de ceux qui sont aux grandes cités ayans meilleur jugement et sens naturel que les autres. » (*Ibid.*, page 121).

(2) Vers la fin de la première moitié du xvıı^e siècle (1640 à 1650), Sa'dí, l'auteur du *Tarikh-es-Soudán*, fit plusieurs voyages de Tombouc-

Puis, vers la fin du xviie siècle, apparurent sur le haut Sénégal les premiers voyageurs français. Nos commerçants trafiquaient au Cap Vert et à l'embouchure du Sénégal depuis 1558 et avaient des établissements permanents sur le bas fleuve depuis 1638.

En 1667, 1682 et 1685, des tentatives furent faites, par les différentes compagnies commerciales françaises qui se succédèrent au Sénégal, pour remonter le fleuve jusqu'à la Falémé, mais toutes échouèrent par suite du mauvais vouloir des gens du Fouta. Le voyage de 1682 fut accompli par Dancourt, directeur de la Compagnie, et par le chirurgien Lemaire, et celui de 1685 par le directeur Chambonneau. Ce dernier fut plus heureux l'année suivante et parvint au Galam, à l'Ouest de la Falémé.

En 1687, un commis nommé *Bazy* réussit à faire de fructueuses opérations de traite au Galam et à remonter « au plus haut du Sénégal, jusqu'au Rocher », c'est-à-dire jusqu'aux barrages rocheux voisins de Kayes ; ce commis obscur fut ainsi sans doute le premier Français ayant pénétré librement dans la colonie actuelle du Haut-Sénégal-Niger. Trois ans après, *La Courbe*, inspecteur général de la Compagnie du Sénégal, poussait à son tour jusqu'à la chûte du Félou (1690) ; c'est au retour de cette exploration que, le premier, il affirmait que le Sénégal et le Niger ne pouvaient constituer un seul et même fleuve, comme on le croyait encore à l'époque (1).

C'est en 1697 qu'*André Brue*, directeur de la Compagnie du Sénégal, se rendit pour la première fois au Fouta et visita le roi de ce pays, qui résidait alors non loin de Matam ; mais il ne poussa pas cette fois jusqu'à l'embouchure de la Falémé et se

tou à Dienné et Sansanding et de Tombouctou à Gao, mais sa qualité de natif de Tombouctou empêche de le classer parmi les explorateurs européens et même maghrébins. C'est un peu plus tard, entre 1660 et 1670, que se place le voyage que fit à Tombouctou, comme captif des Maures, un matelot français nommé Paul Imbert ; ce voyage, pour d'autres raisons, peut difficilement être rangé parmi les explorations du Soudan.

(1) On attribue souvent à tort à André Brue, sur la foi du Père Labat, le mérite de cette exploration : or André Brue ne fit aucunement partie de l'expédition du Félou. (Voir à ce sujet l'*Histoire du Sénégal* du professeur Cultru).

contenta d'envoyer au Galam un commis chargé de porter au *tonka* ou *tounka* (roi du Galam) les cadeaux que la Compagnie s'était engagée à lui remettre comme une sorte de tribut annuel. En 1698, lors d'un nouveau voyage, Brue parvint à Dembakané, alors capitale du roi de Galam, qui se trouvait sur la rive gauche du Sénégal, à 200 pas du fleuve et, très vraisemblablement, en amont de l'embouchure de la Falémé ; il visita le roi Boukari, qui venait de s'emparer du pouvoir sur son prédécesseur Maka. Poursuivant son voyage un peu plus en amont, Brue atteignit Dramané (près du village actuel d'Ambidédi), le 1er septembre 1698 ; cette localité était peuplée de marchands soninké, qui professaient l'islamisme, comme le roi du Galam. Brue fonda près de Dramané et à quelques kilomètres en aval, à Makhana ou Makhané, un comptoir qu'il laissa à la garde d'un frère convers de l'ordre des Augustins nommé *Apollinaire*. Ce moine était en même temps chirurgien. Animé de l'esprit d'entreprise, il chercha à pénétrer au Bambouk, mais n'y put parvenir ; en échange, il explora le Khasso, visita les chûtes du Félou et remonta ensuite une partie du cours inférieur de la Falémé.

En 1710, La Courbe, envoyé en voyage d'inspection au Galam, alla visiter l'île de Cagnou, située près de Médine, qu'il baptisa « île Pontchartrain » ; l'année suivante, le Rouennais *Mustellier*, l'un des membres associés de la nouvelle Compagnie du Sénégal, se rendit aussi à l'île de Cagnou, et, lors de son retour, mourut à Touabo, près et en aval de Bakel. Des établissements furent créés de 1712 à 1714 sur le Sénégal, entre Kayes et la Falémé, et sur la partie inférieure de ce dernier cours d'eau.

C'est peu après, en 1715-17, que se placent les explorations du maçon *Compagnon*, qui était employé au fort Saint-Joseph (entre Makhana et Tamboukané) ; Compagnon se rendit d'abord du fort Saint-Joseph au fort Saint-Pierre (à Kaïnoura, sur la basse Falémé, non loin du point terminus de la reconnaissance du frère Apollinaire) ; puis, remontant la rive droite de la Falémé jusqu'à la hauteur de Naye (près et en aval de Sénoudébou), il revint sur le Sénégal et alla ensuite visiter les districts aurifères du Nettéko et du Tambaoura (Bambouk), d'où il rapporta de précieuses observations et des échantillons de minerais que Brue fit analyser.

En 1719, Brue envoya en mission un sieur Tinstall de la Tour, dans le but d'obtenir des renseignements sur Tombouctou et son commerce, mais il ne semble pas que Tinstall ait jamais dépassé le Khasso.

De 1730 à 1732, les minéralogistes *Pelays* et *Legrand* firent deux voyages au Bambouk et visitèrent les exploitations d'or établies par les indigènes ; Pelays fut assassiné par ces derniers au cours de son second voyage. De nouvelles reconnaissances furent faites sur la Falémé et dans le Bambouk en 1744 par Delabrue, en 1748 par Duliron et en 1756 par Aussenac.

L'occupation du Sénégal par les Anglais interrompit l'exploration du pays. Elle fut reprise en 1786, sous le gouvernement du chevalier de Boufflers ; à cette époque, Durand, directeur de la Compagnie du Sénégal, envoya l'un de ses employés nommé *Rubault* au Galam, par la voie de terre. Après avoir traversé le Cayor, le Diolof et le Boundou, Rubault atteignit la Falémé à Kaïnoura, puis le Sénégal à Tamboukané, près des ruines de l'ancien fort Saint-Joseph. Il fut assassiné l'année suivante par les esclaves qu'il avait achetés pour le compte de sa compagnie.

L'exploration française subit ensuite un nouveau temps d'arrêt, tandis que, pour la première fois, les Anglais allaient faire leur apparition au Soudan occidental : quatre grands noms les y représentèrent à cette époque, ceux de Houghton, de Mungo-Park et de Laing, morts tous trois en Afrique martyrs de la science, et celui de Dochard.

Le major *Houghton*, venant de la Gambie, pénétra au Bambouk, traversa le Sénégal du côté de Kayes et se dirigea vers le Nord-Est avec l'intention de gagner Tombouctou ; mais, parvenu à Simbi, à 35 kilomètres environ au Sud-Sud-Ouest de Nioro, il fut arrêté par ordre du roi des Oulad-Mbarek et mourut, assassiné disent les uns, d'épuisement et de dysenterie disent les autres (1791).

En 1795, l'Ecossais *Mungo-Park* partait aussi de la Gambie ;

après avoir traversé le Boundou, il atteignait le Sénégal près de Bakel et le suivait jusqu'à Kayes, où il arriva le 28 décembre 1795 ; de Kayes, il se rendit à Koniakari, où il visita Demba Séga, roi du Khasso, en janvier 1796 ; puis il se rendit à Guémou, à la frontière du Lankamané et du Kingui, où il arriva le 12 février et où il fut bien accueilli par Dassé Kouloubali, empereur du Kaarta. Ce dernier, qui était en hostilités avec l'empereur de Ségou, ne crut pas pouvoir donner à Mungo-Park la route de l'Est, et le voyageur obliqua vers le Nord-Est, pour contourner au Nord les pays où régnait l'état de guerre. Prenant donc la route de Nioro, il passa à Simbi, où il recueillit les bruits relatifs à la mort de Houghton, puis parvint à Diara. Mais là, il fut arrêté par des Oulad-Mbarek et conduit à Ali, roi du « Loudamar », qui résidait alors à Bénoum, à une cinquantaine de kilomètres au Nord-Est de Nioro. Ali le garda prisonnier dans son camp ; après quatre mois de captivité, Mungo-Park profita d'une attaque de Diara par Dassé Kouloubali, attaque qui jeta le désarroi au camp de Ali, et il parvint à s'échapper ; au prix de fatigues inouïes, en butte à des dangers sans nombre, il réussit à gagner Ouossébougou et à atteindre le Niger en face de Ségou, en juillet 1796. L'empereur Monson, qui ne pardonnait pas au voyageur écossais d'avoir été bien accueilli par son ennemi Dassé, lui refusa l'autorisation de traverser le fleuve ; descendant alors la rive gauche du Niger, Mungo-Park poursuivit sa route jusqu'un peu au-delà de Sansanding ; puis, continuant son voyage en pirogue, il parvint jusqu'à un village situé à deux jours de Dienné et sur la rive droite du Niger (29 juillet 1796) : ce village, qu'il appelle *Silla*, était probablement Sélé, en amont de Diafarabé. Malade, dénué de tout, en butte à l'hostilité de tous les indigènes, cet homme pourtant si tenace dut s'avouer vaincu et, renonçant à pousser plus loin, il revint sur ses pas. Il repassa par Sansanding, évita le voisinage de Ségou, passa par Niamina et Koulikoro, arriva le 23 août à Bamako et traversa le Manding, où il dut s'arrêter assez longtemps pour cause de maladie. Le 11 mai 1797, il atteignait Satadougou, d'où il revint à la côte en suivant le cours de la Gambie, après dix-huit mois de souffrances dont ceux qui voyagent aujourd'hui au Soudan peuvent difficilement se faire une idée exacte.

L'année suivante, l'Allemand Hornemann, parti de Tripoli, atteignait le Niger du côté de Say et, descendant la rive gauche du fleuve, allait mourir dans le Noupé (1798).

En 1805, *Mungo-Park* voulut renouveler son expérience ; mais sa seconde exploration fut bien différente de ce qu'avait été la première. Au lieu de partir seul, il emmenait avec lui 40 Européens et un très fort convoi. Ce fut un voyage lamentable, qui se termina de la façon tragique que l'on sait. Venant de la Gambie, l'expédition atteignit la Falémé le 8 juin ; le chef de la mission avait comme assistants principaux *Anderson*, *Scott* et le lieutenant *Martyr* ; ce dernier commandait un détachement de soldats anglais. On longea les montagnes du Konkodougou et du Tambaoura, puis, traversant le Bafing et le Bakhoy et passant près de Kita, l'expédition arriva à Bangassi, d'où elle atteignit le Niger le 19 août en amont de Bamako, après avoir perdu par suite de maladie ou abandonné 29 Européens sur les 40 partis de la Gambie avec Park. Les survivants étaient à Bamako le 21 août ; s'embarquant sur des pirogues près de Toulimandio, ils arrivaient le 14 septembre à Niamina et le 16 à Somi, en face de Ségou, ayant perdu encore quatre d'entre eux depuis Bamako. Monson ne voulut pas recevoir Mungo-Park, mais il l'autorisa à poursuivre son voyage. Partant de Somi le 26 septembre, Park arriva le lendemain à Sansanding et y demeura sept semaines, qu'il employa à faire transformer une grande pirogue en schooner ; trois Européens, dont Anderson, périrent durant ce séjour à Sansanding. Le 16 novembre 1805, Park s'embarquait sur son bateau avec les quatre Européens qui lui restaient : Scott, Martyr et deux soldats ou ouvriers. Postérieurement à cette date, on n'eut plus aucune nouvelle de l'expédition.

En 1810, Maxwell, alors gouverneur anglais du Sénégal, se décida à envoyer aux informations un Noir nommé Isaac, qui avait été interprète de Park et que ce dernier, avant de quitter Sansanding, avait renvoyé à la côte avec des lettres et son journal de route. Isaac revint au Sénégal en 1811, rapportant la nouvelle que Park et ses derniers compagnons avaient péri dans les rapides de Boussa environ quatre mois après leur départ de Sansanding, c'est-à-dire vers fin mars 1806. Par des documents recueillis à Sokoto en 1827 par Clapperton, on sut que les cinq voyageurs avaient abordé à Tombouctou et y avaient séjourné (1) ; ayant fait escale à Gao, ils furent attaqués par les Touareg, qui tuèrent trois des quatre compagnons européens de Park ; ce dernier et Martyr étaient les seuls survivants au moment de l'arrivée aux grands rapides de Boussa : attaqués au moment le plus dangereux par des indigènes massés sur les roches et se voyant perdus, les deux voyageurs se jetèrent à l'eau et y périrent noyés.

En 1818-19, le chirurgien anglais *Dochard*, venant lui aussi de la Gambie par le Boundou, explora le Bambouk, le Gangaran, le Fouladougou, le Bélédougou, et atteignit le Niger à mi-chemin entre Koulikoro et Niamina, d'où il gagna Bamako (janvier 1819). Revenant ensuite à Bangassi (Fouladougou), il traversa le Kaarta et fut recueilli près de Bakel par des officiers français.

Le major *Gordon Laing*, parti de Tripoli par Ghadamès et le Touat, atteignit Oualata, puis Tombouctou en 1826 ; obligé de retourner sur ses pas en raison de l'hostilité de Sékou-Hamadou, il fut étranglé par des Bérabich sur la route de Tombouctou à Araouâne le 24 avril (ou le 24 septembre) 1826. Ses restes, retrouvés tout récemment par M. Bonnel de Mézières, ont été déposés à Tombouctou par les soins de l'autorité française (2).

(1) Selon d'autres témoignages, Park et ses compagnons n'auraient pas pénétré dans la ville de Tombouctou.
(2) On a souvent attribué la priorité de la découverte de Tombouctou à un matelot américain nommé Robert Adams, qui aurait atteint cette ville en 1810 et y aurait séjourné dix mois. Ce matelot, qui avait fait naufrage près du Cap Blanc et avait été capturé par les Maures avec ses compagnons, parvint ensuite à Tanger, y fut recueilli par le consul anglais et prétendit avoir été emmené à Tombouctou par son maître durant sa captivité et en être revenu par Taodéni et Fez. Son récit fut mis en doute par ses compagnons de naufrage et on s'accorde généralement à le considérer comme apocryphe. Fût-il véritable d'ailleurs, le voyage involontaire d'Adams serait à classer dans la même catégorie que celui du matelot français Paul

Après Laing, nous rencontrons (1) le nom d'un explorateur français qui, malgré ses origines modestes et son manque absolu de ressources, effectua au Soudan l'un des plus beaux voyages du XIXᵉ siècle et l'un de ceux qui firent faire les plus grands pas à la science géographique : je veux parler de *René Caillié*. Parti de Kakoundi (Rio-Nunez) le 19 avril 1827 déguisé en Maure, et se faisant passer pour un Egyptien capturé par des Français puis affranchi par son maître au Sénégal et désireux de regagner son pays, il réussit à traverser le Fouta-Diallon, atteignit le Niger à Kouroussa, visita le Ouassoulou, tomba gravement malade à Timé ou Kiémé, près et à l'Est d'Odienné qui n'existait pas encore (Côte d'Ivoire actuelle), se rendit de là à Tengréla, d'où il passa dans le Haut-Sénégal-Niger actuel, atteignit Dienné, entra à Tombouctou le 20 avril 1828 et arriva enfin à Tanger le 18 août de la même année, ayant accompli seul, en seize mois, un voyage de plus de 4.500 kilomètres et rapportant des masses de renseignements précieux.

Entre temps, les reconnaissances parties du bas Sénégal avaient repris leur cours dans la région de Kayes. En 1822, le capitaine de frégate Leblanc avait visité le Galam, et Groux de Beaufort, en 1824-25, puis Duranton en 1828, avaient exploré le Bambouk, le Khasso et le Sud du Kaarta. Bouet-Willaumez, gouverneur du Sénégal, remonta en 1836 le fleuve jusqu'à Médine et visita les chûtes du Félou. Sur son ordre, en 1843, une mission composée du pharmacien Huart, du commis de marine Raffenel et du traitant Pottin-Paterson remonta la Falémé et fit une nouvelle exploration du Bambouk et du Khasso. En 1846, *Raffenel* fit un second voyage au Soudan et explora le Kaarta.

Imbert, lequel du reste aurait incontestablement l'avantage de la priorité. A mon avis, ce serait plutôt à Mungo-Park que doit revenir l'honneur d'avoir, parmi les voyageurs européens, atteint le premier Tombouctou, bien que Lenz affirme, d'après les dires des indigènes, que Park aurait passé en vue de Kabara sans s'y arrêter et ne serait pas entré à Tombouctou.

(1) Je n'ai pas mentionné les belles explorations de Denham, Oudney, Clapperton et Lander (1823-30), qui n'intéressent qu'indirectement les pays dont j'ai à m'occuper ici.

Ensuite se place la plus belle exploration soudanaise, celle du docteur allemand *Barth* : il faisait partie d'une expédition scientifique dirigée par Richardson et comprenant en outre Overweg ; partie de Tripoli en 1850, la mission visita Rhât et Agadès, atteignit en 1851 le Haoussa, où mourut Richardson, et explora le Bornou et les rives du Tchad. Overweg étant mort à son tour, Barth, demeuré seul, assuma tout le labeur. Ayant visité l'Adamaoua, le Kanem et le Baguirmi, il revint au Haoussa, séjourna à Zinder, Katséna, Sokoto et Gando, atteignit le Niger en face de Say, le traversa, visita le Yagha, gagna Dori, puis Hombori, arriva le 7 septembre 1853 à Tombouctou où il séjourna sept mois (1853-54), suivit la rive septentrionale du Niger jusqu'à Gao, regagna le lac Tchad et enfin rejoignit Tripoli en 1855, après un voyage de plus de cinq ans dans le cœur de l'Afrique. Durant le séjour de Barth à Tombouctou, Hamadou-Hamadou, alors roi du Massina, avait donné l'ordre de faire chasser l'explorateur hors de la ville ; ce dernier dut en en effet partir, protégé d'ailleurs par Ahmed-el-Bekkaï.

En 1858, Brossard de Corbigny complétait l'exploration du Khasso et du Logo et, en 1859-60, le sous-lieutenant *Pascal* achevait celle des bassins de la Falémé et du Bafing (1). En 1860 le lieutenant indigène *Alioune Sal* partait du Sénégal et, de 1861 à 1862, explorait le Tagant et le Hodh, visitait Oualata, Araouâne, et parvenait à Bassikounou ; arrêté là et fait prisonnier par un détachement de l'armée d'El-hadj-Omar, il parvint à s'échapper et put regagner Bakel.

De 1863 à 1866 s'accomplit le voyage du lieutenant de vaisseau *Mage* et du docteur *Quintin* à Ségou. Partis de Saint-Louis, les deux explorateurs s'acheminèrent par Médine — qui était depuis 1855 notre poste le plus avancé vers l'Est —, Bafoulabé et Kita, traversèrent le Fouladougou, passèrent par Banamba, atteignirent le Niger à Niamina le 22 février 1864 et arrivèrent à Ségou, où ils furent reçus par Ahmadou, le 28 fév. suivant. Ils étaient chargés par Faidherbe de négocier un traité

(1) En 1859, un juif d'Akka (Maroc) nommé Mardochée se rendit à Tombouctou en passant par Araouâne et renouvela plusieurs fois ce voyage durant les années suivantes.

avec El-hadj-Omar et d'obtenir de lui l'autorisation de créer un poste français à Bafoulabé. Mais El-hadj guerroyait alors au Massina et Ahmadou ne voulut pas mettre les voyageurs en communication avec lui ; tout en les traitant avec courtoisie, il les garda, en fait, prisonniers à Ségou durant deux ans et deux mois. Les explorateurs mirent à profit ce séjour forcé pour récolter des quantités de renseignements sur l'histoire du Soudan et l'organisation de l'empire d'El-hadj-Omar ; ils eurent aussi l'occasion d'assister de près aux opérations de guerre d'Ahmadou, qu'ils accompagnèrent dans ses expéditions contre Sansanding et contre Koulikoro. Ayant enfin obtenu l'autorisation de quitter Ségou, ils partirent de cette ville dans la nuit du 5 au 6 mai 1866, passèrent par Touba (Touba-koura), Ouossébougou, Bagoïna, Nioro et Koniakari et atteignirent Médine le 28 mai 1866.

Comme on était resté fort longtemps au Sénégal sans avoir de nouvelles des deux voyageurs, l'officier de spahis *Perraud* et le docteur *Béliard* furent envoyés en mars 1864 à leur recherche ; partis de Médine, ils s'avancèrent jusqu'à Nioro, mais ne purent aller plus loin, la route de Nioro à Ségou étant coupée par les Banmana révoltés contre les Toucouleurs, et ils durent revenir à Médine.

Le premier Européen qui pénétra dans Ségou et y rendit visite à Ahmadou, après Mage et Quintin, fut *Paul Soleillet*, qui, venant de Saint-Louis et passant par Koniakari et le Kaarta, atteignit le Niger à Niamina le 20 septembre 1878, fut reçu à la cour du roi toucouleur, et revint au Sénégal en 1879.

Le 1er juillet 1880, Tombouctou recevait la visite de l'explorateur autrichien *Oskar Lenz*, qui venait du Maroc par l'Oued-Draa, Tindouf et Araouâne ; après avoir séjourné 18 jours à Tombouctou, Lenz se rendit à Bassikounou en passant par Ras-el-Ma, visita Sokolo, Goumbou, Bagoïna, Nioro et Koniakari, et arriva à Médine le 2 novembre 1880.

A la fin de la même année, le capitaine *Galliéni*, accompagné des lieutenants Vallière et Piétri et des docteurs Tautain et Bayol, quittait Médine, passait à Kita, était attaqué à Dio dans le Bélédougou par le chef de Daba, traversait le Niger au Sud de Bamako à Touréla et s'avançait sur la rive droite jusqu'à Nango, à 35 kilomètres de Ségou, sans pouvoir obtenir d'Ahmadou l'accès de sa capitale. Après dix mois d'attente, il recevait enfin de ce dernier, le 10 mars 1881, la signature d'un traité, et ralliait le poste de Kita, qui venait d'être fondé le 27 février par le colonel Borgnis-Desbordes.

En 1883, le docteur *Collin* visitait Satadougou, Dabia et Tembé, où il était reçu par Dabakoutou, alors roi du Konkodougou, et lui faisait accepter le protectorat français.

Cette même année, un nommé Buonfanti prétendit que, avec le docteur américain Van Flint, il avait atteint Kouka, venant de Tripoli, était allé à Say, avait remonté le Niger jusqu'à Tombouctou, était allé de là au Mossi et était arrivé à Lagos par le Dagomba et le Dahomey. Il raconta son voyage en 1884 à la Société de Géographie de Bruxelles, disant que, ses bagages lui ayant été volés, il avait perdu toutes ses notes. Les invraisemblances de son récit et l'identité de quelques passages exacts avec les passages correspondants de Barth ont fait suspecter fortement la véracité de Buonfanti, qui mourut au Congo en 1887.

Après notre installation sur le Niger et la création du poste de Bamako (1883), on songea à faire le lever du grand fleuve soudanais d'une façon sérieuse. En 1884, l'enseigne *Froger* amena du Sénégal au Niger une canonnière démontable, le *Niger*, qu'il mit à flot en aval des rapides de Bamako et ancra à Koulikoro ; en 1885, le lieutenant de vaisseau *Davoust* s'embarquait sur cette canonnière et explorait le fleuve jusqu'à Diafarabé. En 1887, le lieutenant de vaisseau *Caron* construisit à Bamako une nouvelle canonnière, le *Mage* ; ne recevant pas de France la machine qui lui était destinée, il s'embarqua à Manambougou sur le *Niger* et, escorté de deux chalands, le *Manambougou* et le *Titi,* il poussa jusqu'à Mopti, alla visiter Tidiani à Bandiagara, continua son voyage malgré le mauvais vouloir manifeste du roi toucouleur et mouilla le 16 août 1887 à Kabara ; empêché d'entrer à Tombouctou par l'hostilité des Touareg, qui le prenaient pour l'allié de Tidiani, il fit machine en arrière et regagna Koulikoro.

A la même époque, le lieutenant *Binger* commençait la merveilleuse exploration qui l'a mis, avec Barth et Nachtigal, au premier rang des découvreurs de l'Afrique et lui a assuré, de façon incontestable, la première place parmi les explorateurs français du continent noir. Ayant traversé le Niger à Bamako le 1ᵉʳ juillet 1887, M. Binger, seul et sans escorte, visitait d'abord Ouolossébougou, Ténétou et Bougouni, parvenait sous les murs de Sikasso qu'il trouvait assiégé par Samori, demeurait quelque temps l'hôte du fameux conquérant, atteignait Tengréla, traversait le Folona et entrait le 20 février 1888 à Kong, dont il révélait l'importance à l'Europe, tout en démontrant l'inexistence de la chaîne de montagnes de même nom, qui figurait alors sur toutes les cartes. Après un long et fructueux séjour à Kong, il visitait Bobo-Dioulasso, pénétrait au Mossi, était reçu à Ouagadougou (1) par le *ndba* Sanom, revenait au Sud, traversait le Gourounsi et le Dagomba, visitait Salaga et Kintampo, atteignait Bondoukou et revenait fermer son itinéraire à Kong, le 5 janvier 1889 ; il y rencontrait Treich-Laplène, venu de Grand-Bassam par Bondoukou, et achevait son voyage en se rendant avec lui à nos comptoirs maritimes de la Côte d'Ivoire. Non seulement il avait reconnu le bassin supérieur de la Volta et la partie occidentale de la Boucle du Niger, jusqu'alors inconnue — si l'on excepte les renseignements recueillis presque à la même époque par Krause —, mais il rapportait une masse d'informations si abondantes et si précises et d'itinéraires par renseignements si exacts qu'aujourd'hui encore on trouve à s'instruire en lisant sa relation de voyage.

Pendant que s'accomplissait l'exploration de M. Binger, en 1888-89, le lieutenant de vaisseau *Jayme* reprenait les tentatives de reconnaissance du Niger et parvenait à Korioumé sur

---

(1) Ouagadougou avait été visité déjà en 1886 par le voyageur allemand G. A. *Krause*, qui, venant du golfe de Guinée, s'était avancé jusqu'à San, Dienné et Bandiagara, voyageant seul et portant lui-même son léger bagage. Arrivé à Douentza, sur la route de Tombouctou, il revint au Mossi, traversa le Gourounsi, passa par Sati et arriva à Kintampo en 1888. Il convient de rendre justice à cet explorateur modeste qui, le premier, acquit une idée à peu près exacte du cours de la Volta. En 1887, le lieutenant allemand Von François s'était avancé par Salaga jusqu'au Sud du Mossi, à Sourma, sans pouvoir y pénétrer.

le *Mage*, sans pouvoir entrer à Tombouctou ni pousser son voyage en aval de ce point.

Dans le bassin du Sénégal d'autre part, le capitaine *Oberdorff* explorait le Konkodougou et mourait à Tembé (1888), tandis que le lieutenant *Plat* continuait la mission.

En 1890 le docteur *Crozat* visitait San et le Yatenga et entrait en relations, à Ouagadougou, avec le *nâba* Bokari-Koutou (1).

De fin décembre 1890 à août 1891, le capitaine *Monteil*, accompagné de l'adjudant Badaire, traversait de l'Ouest à l'Est la Boucle du Niger, de Ségou à Say, passant par San, Kinian, Sikasso, Bobo-Dioulasso, le Dafina, Koury, Yâko, puis, n'ayant pu pénétrer à Ouagadougou, par Dori, où il arrivait le 22 mai 1891, reliant ainsi les itinéraires de M. Binger à ceux de Barth ; il était le 19 août à Say, franchissait le Niger, gagnait le Tchad par Sokoto et parvenait à Tripoli avec son compagnon après des fatigues excessives.

En 1891-92, le lieutenant *Marchand*, qui avait été nommé résident auprès de Tièba, roi de Sikasso, explora les cercles actuels de Sikasso et de Bougouni, ainsi que le Nord de la Côte d'Ivoire.

En 1894, la majeure partie de ce qui constitue aujourd'hui le Haut-Sénégal-Niger était explorée, et les reconnaissances qui furent effectuées à partir de cette date appartiennent plutôt au domaine de la conquête et de l'occupation. Cependant, il convient encore de signaler l'exploration du Sud-Est de la Boucle du Niger, qui fut faite ou complétée en 1894 par le mulâtre anglais *Fergusson* (2), lequel visita Bitou, Tenkodogo et Ouagadougou, et, en 1895-96, par les lieutenants *Baud* et *Vergoz* (région de Say), le commandant *Decœur* (région de Fada-n-Gourma), la mission allemande du docteur *Grüner* et du lieute-

(1) Deux ans plus tard, le docteur Crozat accompagnait à Kong la mission du capitaine Binger, du lieutenant Braulot et de M. Monnier, puis, cherchant à gagner Sikasso, mourait de maladie à Tengréla, où se trouve son tombeau.

(2) Fergusson dressa d'excellentes cartes de la partie nord de la Gold-Coast et des régions voisines ; il fut tué en 1897 près de Dokita (cercle actuel de Gaoua) au cours de la défaite d'un détachement anglais par Sarankièni-Mori.

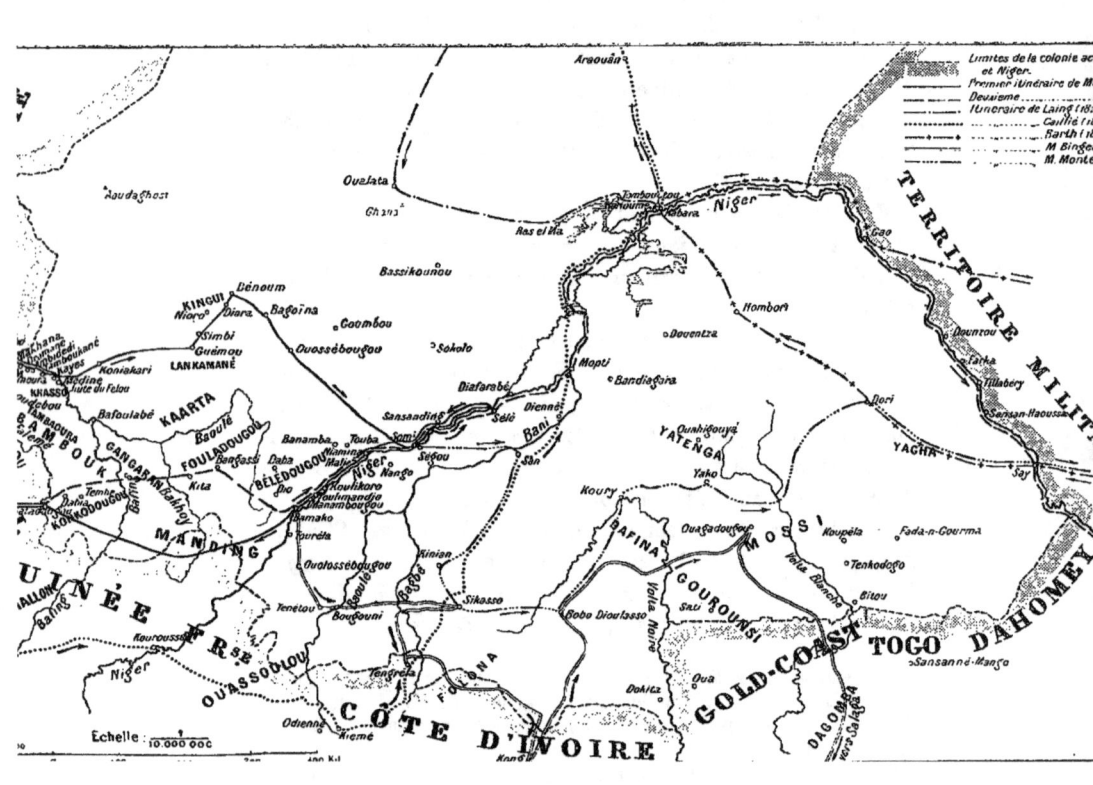

nant *Von Carnap* (Fada-n-Gourma, Tenkodogo et Koupéla), et le capitaine *Toutée*, qui remonta le Niger de Boussa à Farka (entre Tillabéry et Dounzou). En 1895 également, les lieutenants Baud et Vermeersch, venant du Dahomey par Gambaga et Oua, arrivaient à Bouna (Côte d'Ivoire) et l'administrateur *Alby*, venu aussi du Dahomey par Sansanné-Mango, poussait jusqu'à Ouagadougou, sans d'ailleurs obtenir l'accès de la ville, tandis que le capitaine *Destenave*, alors résident à Bandiagara, faisait de nombreuses reconnaissances en pays mossi.

L'année suivante (1896), l'exploration du Niger était achevée depuis Tombouctou jusqu'au golfe de Guinée par le lieutenant de vaisseau *Hourst*, accompagné de l'enseigne Baudry, du lieutenant Bluzet, du docteur Taburet et du Père Hacquard. Ayant quitté Kabara sur le chaland *Jules-Davoust*, cette mission atteignait Say le 7 avril 1896 et en repartait le 15 septembre pour arriver quelque temps après à l'embouchure du Niger.

En 1899, la science comptait encore un martyr en la personne du géologue *Lejeal*, assassiné par les Touareg tandis qu'il explorait les falaises de Hombori.

Pour terminer cette revue d'ailleurs trop incomplète de l'exploration du Haut-Sénégal-Niger, il convient encore de citer les voyages de MM. *E.-F. Gautier* et *R. Chudeau* qui, en 1904-05, firent faire un pas décisif à la connaissance du Sahara soudanais, et celui du lieutenant *Desplagnes* qui, en 1905-06, parcourut et leva de façon précise la région lacustre située au Sud de Tombouctou et le pays montagneux des Tombo.

Bien d'autres voyages auraient mérité de trouver place dans ce chapitre et bien d'autres noms auraient dû y être mentionnés : que l'on veuille bien m'excuser de les avoir négligés, non par dédain ni par oubli, mais parce que la liste complète de tous ceux qui ont contribué à la connaissance du Soudan Français formerait à elle seule un volume.

CHAPITRE XV

L'occupation française

I. — Les débuts de l'occupation du haut Sénégal (1698-1854).

C'est à la fin du xviie siècle qu'il fut procédé à l'installation du premier poste permanent sur la partie du haut Sénégal qui relève aujourd'hui de la colonie du Haut-Sénégal-Niger.

Depuis le xive siècle, des navigateurs français étaient en relations avec les indigènes de la côte, mais ce n'est qu'à partir du milieu du xvie siècle que nous possédons des renseignements sur ces voyages, qui avaient surtout pour but les îles du Cap Vert. Le premier navire français ayant abordé à l'embouchure du Sénégal et dont le nom nous ait été conservé est la *Gallaire*, qui mouilla en 1558 vers l'emplacement où s'élève aujourd'hui Saint-Louis. Ce vaisseau venait de Dieppe et, à partir de cette époque, durant une trentaine d'années, des Dieppois remontèrent le fleuve dans des barques, échangeant des produits avec les riverains, sans dépasser vraisemblablement Podor. En 1588, la reine Elisabeth donna à des marchands anglais, pour une période de dix ans, le privilège de trafiquer sur le Sénégal, mais, après cette période, les Normands recommencèrent leurs voyages.

En 1626, des armateurs de Dieppe et de Rouen formèrent une compagnie privée pour l'exploitation du Sénégal et de la Gambie ; ce fut la première tentative régulièrement organisée de l'implantation française au Sénégal ; en 1633, cette compagnie obtenait de Richelieu un privilège et, cinq ans après, en 1638, le capitaine dieppois Thomas Lambert et le gentilhomme Jeannequin de Rochefort construisaient à la pointe de Bieurt, sur les bords du fleuve et à trois lieues de son embouchure, le premier établissement français, passant des traités d'amitié avec les rois du Cayor et du Oualo et remontant le Sénégal jusqu'à 280 kilomètres de la pointe de Bieurt. Le poste construit par Lambert ayant été enlevé par un raz-de-marée, le commis Louis Caullier, qui gérait les affaires de la Compagnie du Cap Vert et du Sénégal — laquelle venait de remplacer la compagnie normande —, en construisit un autre en 1658 ; le nouvel établissement fut également détruit par l'action de la mer et la Compagnie du Cap Vert, en 1659, transporta le siège de ses opérations dans l'île de Ndar et y construisit un fort qui fut la première maison de la ville de Saint-Louis.

En 1664, la Compagnie du Cap Vert était expropriée par Colbert au profit de la Compagnie des Indes Occidentales ; cette dernière fut mise à son tour en liquidation en 1672 et l'établissement du Sénégal fut vendu en 1673 aux sieurs Egrot, secrétaire du roi, François et Raguenet, bourgeois de Paris, qui formèrent une société nouvelle sous le nom de Compagnie du Sénégal. Cette société fut, en 1681, remplacée par une autre qui conserva le même nom. En 1693, les Anglais installés à la Gambie s'emparaient de nos comptoirs du Sénégal et en étaient chassés la même année par le capitaine Bernard, commandant le vaisseau le *Léger*. En 1696, une troisième Compagnie du Sénégal se formait et envoyait en Afrique, comme directeur, *André Brue* ; celui-ci fit enfin procéder à l'occupation du haut fleuve, qui avait été reconnu jusqu'aux environs de Médine par Bazy (1687) et La Courbe (1690).

Ainsi que nous l'avons vu au chapitre précédent, c'est à la fin de l'année 1698 que, sous la direction de Brue, fut fondé sur la rive gauche du fleuve, à côté du village de Makhana, c'est-à-dire à quelque distance en amont de l'embouchure de la Falémé et en aval d'Ambidédi, le premier poste français du Soudan : on lui donna le nom de fort *Saint-Joseph* et le commandement en fut confié au moine augustin *Apollinaire* ; une convention avait été passée à cet effet entre André Brue et Boukari, roi du

Galam. Le poste ne fut achevé d'ailleurs qu'en 1700 et il fut emporté dès l'année suivante par la crue du fleuve ; Brue le fit reconstruire aussitôt (1701), dans les mêmes parages mais sur un point plus élevé. Mais, en 1702, alors que Brue, retourné en France, était remplacé par Lemaître comme directeur de la compagnie en Afrique, les Mandingues du Bambouk, armés de flèches empoisonnées, investirent le nouveau fort et l'attaquèrent avec une telle impétuosité que les employés de la compagnie durent se sauver en pirogue à la faveur de la nuit ; le lendemain, les Mandingues envahissaient le poste, le mettaient au pillage et s'en allaient après l'avoir incendié.

Les relations avec le Galam furent reprises en 1706 par La Courbe, qui avait remplacé Lemaître. En 1709 se constituait une quatrième Compagnie du Sénégal, la première qui fut composée uniquement de commerçants et la seule qui fit de bonnes affaires ; les associés étaient tous des Rouennais : Mustellier, veuve Cardin, veuve Morin et ses fils, François et Charles Planterose. Mustellier se rendit en personne au Sénégal, prit la direction des affaires et conserva La Courbe en lui donnant les fonctions d'inspecteur ; ce Mustellier mourut en 1711 près de Bakel, à Touabo. La nouvelle compagnie avait décidé de rétablir le comptoir du Galam : en 1710 La Courbe avait voulu bâtir un poste dans l'île de Cagnou, près de Médine, mais l'hostilité des Khassonkè l'obligea à renoncer à ses projets ; au cours du voyage qui précéda sa mort, Mustellier avait fait choix d'un emplacement sis sur une colline, près de Médine ; sa maladie l'ayant empêché de donner suite à ses intentions, Richebourg, qui le remplaça, en tint pour la région choisie par Brue quatorze ans auparavant et fit commencer en 1712 l'érection d'un fort près de Dramané, entre Makhana et Tamboukané, à quelques kilomètres de l'ancien fort Saint-Joseph. Le nouvel établissement fut baptisé du même nom que l'ancien. Richebourg se noya l'année suivante dans la barre du Sénégal et fut remplacé par André Brue, dont la compagnie rouennaise avait tenu à utiliser la compétence. Ce dernier fit achever en 1714 le nouveau fort Saint-Joseph, et en fit construire un autre, appelé fort *Saint-Pierre*, par le commis Corniet à Kaïnoura, sur la rive droite de la basse Falémé, entre Naye et Sénoudébou, de façon à tenir en respect les Mandingues du Bambouk et à faciliter l'exploration de ce pays, dont les mines d'or avaient depuis longtemps attiré l'attention de la compagnie.

En 1718, les membres de la quatrième Compagnie du Sénégal, ayant fait fortune, vendirent leurs établissements à la Compagnie des Indes, qui conserva provisoirement André Brue comme directeur en Afrique. L'année suivante, Brue, revenant au projet de La Courbe, voulut faire occuper l'île de Cagnou — appelée successivement « île Pontchartrain » et « île d'Orléans » — mais son projet ne reçut aucun commencement d'exécution. Quelques années plus tard (1723), sur l'ordre de Du Bellay, qui avait remplacé Brue au Sénégal, un agent nommé *Levens* fonda deux comptoirs en plein territoire du Bambouk : l'un était situé à Farabana, à l'Est de la Falémé, et l'autre — achevé seulement en 1724 — à Samarina, près des mines du Tambaoura. Ce même Levens cependant ne paraissait pas très confiant dans l'avenir de l'exploitation aurifère du Bambouk, estimant que les frais dépasseraient les profits. De fait, l'exploration méthodique des richesses minières de ce pays, commencée en 1715 par Compagnon et poursuivie, de 1730 à 1756, par divers voyageurs, ne fut suivie d'aucune exploitation sérieuse. Quant aux postes de Farabana et de Samarina, ils avaient été évacués dès 1732, à la suite de l'assassinat du minéralogiste Pelays.

Tous nos établissements du haut fleuve, y compris les forts Saint-Joseph et Saint-Pierre, furent évacués en 1759, au moment de la guerre entre la France et l'Angleterre. Les Anglais se rendirent maîtres de l'embouchure du Sénégal, mais ne s'occupèrent aucunement du Galam ni du Bambouk. A la suite de la paix de Paris, la Compagnie des Indes ne réoccupa que l'île de Gorée ; elle entra d'ailleurs en liquidation en 1767 et, la même année, le roi de France prenait possession de Gorée et de la péninsule du Cap Vert, tandis que Saint-Louis et le Sénégal demeuraient anglais. Enfin, en 1779, l'expédition du marquis de Vaudreuil et du duc de Lauzun enlevait Saint-Louis aux Anglais, et le bassin du Sénégal devenait une colonie française qui eut, à partir de cette époque, des gouverneurs nommés par le roi (1).

Dumontet, premier gouverneur du Sénégal, fit reconstruire en 1780 le fort Saint-Joseph par Gauthier de Chevigny, choisissant cette fois un emplacement plus voisin de l'embouchure de la Falémé, emplacement situé entre Gousséla et Makhana, sur la rive gauche du Sénégal, et que les Soninké du pays appelèrent *Toubaboukané*, c'est-à-dire « escale des Européens ». Il avait également l'intention d'établir des postes sur la rive gauche de la Falémé, à Sénoudébou et à Dentilia (près de Sansanding), mais il ne donna pas suite à ce projet. Dès 1782 d'ailleurs, le fort Saint-Joseph de Toubaboukané fut à peu près abandonné et tomba en ruines. Il fut réédifié en 1786 par Rubault, sous le gouvernement du chevalier de Boufflers, et abandonné de nouveau l'année suivante, après l'assassinat de Rubault.

Au moment de la chûte de la monarchie, nous ne possédions donc plus aucun établissement au Soudan. Après plusieurs alternatives d'occupation française et anglaise du bas Sénégal, notre colonie nous fut rendue en 1814 par le traité de Paris et elle fut réoccupée le 25 janvier 1817.

En 1818, le baron Portal, alors ministre des Colonies, dressa un plan méthodique d'occupation du haut Sénégal, mais des difficultés de divers ordres — difficultés financières entre autres, ainsi que le naufrage d'une partie de l'expédition avec la *Méduse* — empêchèrent alors la réalisation de ce plan. Cependant, en 1819, le capitaine de frégate de Meslay avait remonté le fleuve jusqu'à Bakel et y avait fondé un poste, mais son rapport concluait à l'inutilité des sacrifices qu'exigerait une occupation permanente du haut pays.

Pourtant les relations avec le Galam et le Khasso se trouvèrent renouées du fait de notre installation à Bakel ; en 1820, le capitaine de frégate Leblanc poussait jusqu'en amont de l'em-

(1) Une nouvelle compagnie privilégiée se fonda en 1783, sous le nom de « Compagnie nouvelle du Sénégal et dépendances », mais le gouverneur de la colonie n'en demeura pas moins nommé par le roi.

bouchure de la Falémé et, en 1824, des négociants de Saint-Louis fondaient la *Société de Galam*, qui dura jusqu'en 1840 ; en 1825, cette société établissait un comptoir à Makhana (fort *Saint-Charles*), un dépôt à Sansanding (sur la Falémé) et envoyait un bateau stationner devant Médine. Ces diverses stations furent abandonnées successivement : il n'en demeurait plus trace en 1841 et Bakel était alors le poste le plus avancé sur le haut fleuve.

En 1844, le gouverneur *Bouet-Willaumez* traçait un remarquable programme de pénétration du Soudan ; mais il ne parvint pas à le faire adopter par la métropole et l'exécution n'en devait être commencée que dix ans plus tard par *Faidherbe*. Ce dernier, après s'être distingué à Podor comme capitaine du génie sous le gouvernement du commandant Protet, était promu en 1854 au grade de chef de bataillon, à l'âge de 36 ans, et appelé la même année au gouvernement du Sénégal, sur la demande des habitants de la colonie.

Avec lui va cesser la période de tâtonnements qui durait depuis plus de cent cinquante ans et c'est en réalité sous sa direction énergique et prévoyante que va commencer la nouvelle phase, celle de la conquête et de la véritable occupation du haut bassin du Sénégal.

II. — La marche au Niger (1854-1880).

Cette nouvelle phase correspond à la période durant laquelle les gouverneurs du Sénégal s'occupèrent directement des affaires du pays que l'on appelait alors tantôt le « Haut-Fleuve » et tantôt le « Soudan ». Voici la liste de ces gouverneurs, titulaires ou intérimaires, dont les noms resteront attachés à la conquête du haut Sénégal : Faidherbe (1854-61), Jauréguiberry (1861-63), Faidherbe (1863-65), Pinet-Laprade (1865-69), Valière (1869-76) et Brière de l'Isle (1876-81).

Dès 1855, *Faidherbe* concluait un traité d'amitié avec le roi du Khasso, occupait *Médine*, résidence de ce prince, au terminus extrême de la navigation sur le Sénégal, et y construisait une forteresse dont les restes sont encore visibles aujourd'hui.

C'est le 12 septembre 1855 qu'une colonne, commandée par le gouverneur en personne assisté du lieutenant de vaisseau Desmarais, débarquait à Kayes ; le lendemain, Faidherbe arrivait à Médine, que les bandes d'El-hadj-Omar venaient d'évacuer, et y était reçu avec de grandes démonstrations d'amitié par Kinnti-Sambala, roi du Khasso. Le 22 septembre, le gouverneur visitait les chûtes du Félou et il repartait le 6 octobre pour Saint-Louis (1), laissant le fort de Médine à peu près achevé : on avait travaillé avec une activité fébrile et la construction du blockhaus coûta la vie à un grand nombre de sapeurs européens, terrassés par la fatigue et la maladie. On n'en était pas encore arrivé, en effet, à n'employer que les indigènes pour les gros travaux et ce n'est qu'après une série de cruelles expériences que la main-d'œuvre européenne devait être abandonnée sous ces climats débilitants et meurtriers.

Nous avons vu que, deux ans après la construction du poste, en 1857, El-hadj-Omar vint mettre le siège devant Médine. La place était alors commandée par un mulâtre de Saint-Louis, *Paul Holle*, assisté de sept Européens (le sergent Desplats, les soldats d'infanterie de marine Sacrais, Marter, Chevant et Gravanti, et les artilleurs Deshayes et Marot), de 22 tirailleurs sénégalais (2) et de 34 « laptots » ou matelots indigènes. Le 20 avril 1857, El-hadj donna l'assaut : ses hommes se servaient d'échelles en bambou qu'ils appliquaient contre l'enceinte du village khassonkè et contre les murailles du fort lui-même ; ils ne reculèrent qu'après des efforts opiniâtres et renouvelés de la part des assiégés et en laissant plus de 300 cadavres au pied des murs ; de notre côté, nous n'avions perdu que six hommes. Après plusieurs jours durant lesquels on échangea de part et d'autre des coups de feu sans grand résultat, le 11 mai dans la nuit, 200 Toucouleurs se rendirent maîtres de l'îlot situé en face

---

(1) Faidherbe avait profité de son voyage pour signer, avec les chefs du Khasso, du Kaméra et du Guidimaka, des traités nous autorisant à naviguer librement entre Bakel et Médine.

(2) Le corps des tirailleurs sénégalais venait alors d'être créé par Faidherbe : il se composait d'un bataillon comprenant quatre compagnies ; le nombre des compagnies fut porté à cinq en 1860 et à six en 1861.

de Médine. Au matin, le sergent Desplats, s'embarquant avec onze tirailleurs dans un canot recouvert de peaux de bœufs, tourna l'îlot et en chassa les Toucouleurs ; ceux-ci perdirent une centaine d'hommes, tués par les feux croisés du fort, du village khassonkè et du canot. Dans la nuit du 4 juin, un contingent ennemi, venu de la rive droite pour renforcer les troupes d'Elhadj, tenta en vain l'assaut du fort.

Cependant la garnison et les quelques six mille indigènes enfermés dans le village de Kinnti-Sambala commençaient à souffrir de la famine. Girardot, qui commandait un poste créé récemment à Sénoudébou, sur la rive occidentale de la Falémé, partit avec quelques volontaires noirs pour tâcher de débloquer Médine ; abandonné de ses volontaires à Diakandapé, un peu en aval de Kayes, il ne put qu'envoyer aux assiégés cinq hommes portant chacun dix paquets de cartouches et dont deux seulement arrivèrent à Médine.

Paul Holle avait convenu avec Desplats de faire sauter le fort avec ses défenseurs au cas où l'ennemi parviendrait à s'en rendre maître, et il conservait dans ce but, dissimulée dans un réduit, une petite provision de poudre dont le sergent et lui-même étaient seuls à connaître l'existence ; les Khassonkè venaient continuellement réclamer des munitions et Paul Holle, ne voulant pas avouer qu'il n'en avait plus de disponibles, afin de ne pas détacher de lui ses alliés, usait de subterfuges pour éluder leurs demandes. Le 15 juillet, les Toucouleurs avaient établi leurs travaux d'approche à 25 mètres du fort, et il ne restait plus aux assiégés que deux cartouches par homme et deux gargousses pour chacune des quatre pièces d'artillerie. La situation semblait désespérée, car les eaux du Sénégal étaient basses et il paraissait impossible que des secours pussent arriver de Saint-Louis en temps utile.

Non loin de Médine se trouvait bien un aviso, le *Guet-N'dar*, ayant à son bord l'enseigne des Essarts, deux sous-officiers européens et 25 laptots, mais cet aviso était lui-même dans une situation extrêmement critique. Vers la fin de l'année précédente, au début de la baisse des eaux, il s'était échoué à Diakandapé, entre Tamboukané et Kayes, et des Essarts attendait tranquillement la crue pour se dégager lorsque lui parvint la nouvelle du siège de Médine ; alors, dès les premières pluies, en juin, il avait essayé de remettre son bateau à flot pour se porter au secours des assiégés, mais l'aviso était venu s'enferrer sur les roches de Sontoukoulé, à hauteur de Kayes ; depuis un mois, à demi englouti, le *Guet-N'dar* tenait pourtant en respect les Toucouleurs, mais son commandant était réduit à l'impuissance. Frappé d'un accès pernicieux, des Essarts mourut au moment même où Faidherbe arrivait à son secours, le 16 juillet 1857.

Le gouverneur en effet, profitant d'une hausse du niveau des eaux dans le bas fleuve, avait réussi à remonter jusqu'à Kayes sur le *Podor*, avec 80 soldats européens et 140 tirailleurs sénégalais. La crue, attendue depuis si longtemps, se produisit subitement et, le 18 juillet au matin, le *Basilic*, venant de Matam avec un renfort de 20 Européens et de 100 Noirs, parvenait à franchir les rapides de Sontoukoulé et venait mouiller à trois kilomètres de Médine.

Faidherbe concentre aussitôt tout son monde en ce point. S'apercevant que les « kippes », ces énormes rochers entre lesquels le Sénégal se fraie un passage en face de Médine, étaient garnis de guerriers toucouleurs dont le feu plongeant interdisait l'accès du fort, il passe sur la rive droite avec sa troupe, enlève le « kippe » du Nord à l'arme blanche et, s'étant ainsi rendu maître d'une position éminemment favorable, il crible de balles le « kippe » du Sud, que l'ennemi ne tarde pas à évacuer. La colonne repasse alors le fleuve sur les canots du *Basilic*, refoulant les Toucouleurs vers Médine et les prenant entre son propre feu et celui de Paul Holle, venu à la rencontre de Faidherbe. L'armée d'El-hadj se débanda en désordre : Médine était sauvé, mais il était temps, car les assiégés mouraient littéralement de faim ; aussitôt que les Khassonkè du village indigène se furent rendu compte de leur délivrance, ils se ruèrent hors des murs pour dévorer de l'herbe et des racines. Ce siège, héroïquement soutenu par Paul Holle et ses compagnons, avait duré trois mois (1).

(1) Paul Holle mourut à Médine en 1862 ; Faidherbe, lorsqu'il vint, en

Dès le lendemain de son entrée à Médine, le 19 juillet, Faidherbe brûlait le village de Kounda, situé un peu en amont et où les Toucouleurs s'étaient retranchés. Le 23, une bande de partisans d'El-hadj tenta de reprendre l'offensive, mais fut rapidement mise en déroute. Faidherbe put en toute tranquillité repartir pour Saint-Louis, où il arriva le 27 août. L'année suivante (1858), il faisait occuper Kéniéba, dans le Bambouk, et confiait l'exploitation des mines d'or au capitaine du génie Maritz, mais les pertes furent si grandes que l'on dut abandonner l'entreprise dès 1860.

J'ai raconté au chapitre XI comment nous parvinmes à nous débarrasser définitivement d'El-hadj-Omar, au moins dans la région de Bakel et de Médine, par la prise de Guémou dans le Guidimaka en octobre 1859. L'année suivante, El-hadj nous faisait offrir, par son envoyé Tierno-Moussa, de traiter avec nous et de nous céder les pays situés entre la Falémé et le Bafing, comprenant la rive gauche du Sénégal de Médine à Bafoulabé, ainsi que le Guidimaka ; El-hadj entendait par contre se réserver le Diomboko, le Kaarta, le Fouladougou, le Bélédougou, le Manding et toutes les contrées au Nord et à l'Est de ces pays. C'est pour répondre à ces propositions qu'en revenant au Sénégal, en 1863, Faidherbe envoya à Ségou Mage et Quintin (1). Nous avons vu au chapitre précédent que ces derniers n'avaient pu entrer en relations avec El-hadj, mort d'ailleurs au Massina durant leur séjour à Ségou, et qu'ils étaient revenus à Saint-Louis en 1866 sans avoir obtenu aucun résultat au point de vue politique, mais en rapportant des car-

---

1863, comme général, reprendre le gouvernement du Sénégal, fit élever dans l'enceinte du fort une pyramide portant une inscription qui rappelle les hauts faits et la mort de Holle, de des Essarts et du lieutenant Descemet ; ce dernier, aide-de-camp de Faidherbe, avait été tué lors de la délivrance de Médine.

(1) La même année, Faidherbe avait conclu à Saint-Louis, avec un envoyé d'Ahmed-el-Bekkaï, nommé Mohammed-ben-Zine, un traité garantissant la sécurité des Européens qui voudraient aller commercer chez les Kounta de Tombouctou, du Hodh et de la Mauritanie. La conquête du Massina et de Tombouctou par El-hadj-Omar rendit ce traité pratiquement nul.

tes et des renseignements que l'on devait mettre à profit pour pousser en avant l'occupation.

La marche vers l'Est ne fut d'ailleurs reprise avec vigueur que dix ans plus tard, sous le gouvernement de *Brière de l'Isle*, qui arriva au Sénégal en 1876. En 1878, il faisait enlever par la colonne *Reybaud* la position de *Saboussiré*, que les Toucouleurs occupaient encore, à 16 kilomètres en amont de Médine, annexait le Logo et le Natiaga, faisait fonder en 1879 le poste de *Bafoulabé* et parvenait à faire demander au Parlement les crédits nécessaires à la construction d'un chemin de fer de Médine à Bafoulabé, amorce d'une ligne destinée à relier le Sénégal au Niger ; les crédits étaient votés le 13 novembre 1880, à la requête de l'amiral Cloué, alors ministre de la Marine et des Colonies.

La même année (1880), le gouverneur Brière de l'Isle envoyait le capitaine *Galliéni* vers Ségou, dans le but d'obtenir d'Ahmadou un traité reconnaissant notre protectorat ; la mission Galliéni, en s'acheminant de Kita vers Bamako, fut attaquée à *Dio*, au Sud de Daba, par deux mille Banmana que commandait le chef de ce dernier village, lequel pensait servir les intérêts de son peuple en empêchant les Français de faire d'Ahmadou leur allié : l'attaque fut d'ailleurs repoussée, mais le capitaine Galliéni comprit que l'état d'esprit des Banmana ne lui permettrait pas de fonder à ce moment un poste à Bamako, comme il en avait eu l'intention, et, passant au Sud de cette ville, il franchit le Niger à Touréla et poursuivit sa marche jusqu'à Nango, à une quarantaine de kilomètres de Ségou. Là, il reçut d'Ahmadou l'ordre de ne pas s'avancer plus loin ; il fit porter alors au roi de Ségou le traité qu'il était chargé de lui faire signer, mais Ahmadou conserva ce document sous prétexte de l'étudier et dix mois se passèrent en pourparlers qui paraissaient sans issue, la mission se trouvant dans une sorte de demi-captivité qui rappelait celle de Mage.

Cependant le lieutenant-colonel *Borgnis-Desbordes*, nommé commandant du Haut-Sénégal en 1880, fondait un poste à *Kita* le 27 février 1881 et Ahmadou, impressionné par la nouvelle de ce pas en avant, se décidait, le 10 mars suivant, à retourner au capitaine Galliéni, après l'avoir revêtu de son sceau, le traité qu'il détenait depuis si longtemps ; mais le texte arabe du document, rédigé sous la dictée d'Ahmadou, ne correspondait pas au texte français et ne comportait qu'une simple autorisation de commercer accordée aux Européens : aussi le traité ne put-il pas être appliqué.

III. — La grande conquête (1880-99).

A partir de 1880, le commandement des territoires du Soudan fut confié à un officier supérieur relevant du gouverneur du Sénégal et ce dernier n'intervint plus directement dans les affaires du « Haut-Fleuve ». En fait, la fondation du poste de *Kita*, que j'ai signalée à l'instant, appartient à cette nouvelle période de l'histoire politique et militaire du Soudan Français. Les gouverneurs du Sénégal, durant cette période, furent, après Brière de l'Isle, d'abord Lanneau (1881), puis Canard (1881-82), ensuite Vallon (1882) ; à ce dernier succédèrent des gouverneurs civils : Servatius (1882-83), Bourdiaux (1883-84), Seignac-Lesseps (1884-86), Genouille (1886-88), Clément-Thomas (1888-90) et enfin M. de Lamothe (1890-95), après lequel se place le premier gouverneur général de l'Afrique Occidentale Française, M. Chaudié (1895-1900).

Quant au commandement supérieur du Haut-Fleuve — appelé commandement supérieur du Soudan Français à partir du 6 septembre 1890 —, il fut successivement confié à ces grands acteurs de l'épopée soudanaise qui ont nom Borgnis-Desbordes (1880-83), Boylève (1883-84), Combes (1884-85), Frey (1885-86), Galliéni (1886-88), Archinard (1888-91) et Humbert (1891-92). A partir de 1892, le titre de « commandant supérieur » fut changé en celui de gouverneur et le Soudan Français, érigé en colonie autonome, releva directement de la métropole de 1892 à 1895 : le général Archinard fut le premier gouverneur du Soudan (1892-93) ; puis, après deux intérims remplis successivement par les colonels Combes et Bonnier en 1893, M. Grodet reçut la direction de la colonie de 1893 à 1895.

Avec l'institution du Gouvernement Général (décret du 16 juin

1895), le gouverneur du Soudan Français n'eut plus que le titre de lieutenant-gouverneur et fut placé sous la haute direction du gouverneur général : ce fut le colonel de Trentinian qu'on appela à ce poste en 1895 ; remplacé momentanément en 1898 par le colonel Audéoud, il revint au Soudan comme général la même année et quitta la colonie en 1899, en en laissant pour quelques mois le commandement au colonel Vimard. On procéda ensuite à une réorganisation du Gouvernement Général de l'Afrique Occidentale Française, ainsi que nous le verrons plus loin.

J'ai dû me borner à tracer, de cette période héroïque que j'appelle « la grande conquête », un résumé succinct et déplorablement sec ; pour les détails, je renvoie le lecteur aux chapitres précédents concernant les empires d'El-hadj-Omar et de Samori et l'histoire des Etats secondaires, ainsi qu'au beau livre publié récemment par MM. Terrier et Mourey.

Le 9 janvier 1891, le colonel *Borgnis-Desbordes* quitte Médine à la tête d'une colonne et occupe *Kita*, où il crée un poste le 27 février. Puis il transfère la capitale du Soudan de Médine à *Kayes*, la navigation entre Kayes et Médine étant rendue impossible par les rochers la majeure partie de l'année.

Nous avons vu au chapitre XII qu'un nouvel adversaire venait à ce moment de se dresser contre nous en la personne de Samori, qui était en train de conquérir le Manding. Le lieutenant indigène Alakamessa est envoyé auprès de lui, au Ouassoulou, mais ne peut rien en obtenir. Sans hésiter davantage, Borgnis-Desbordes franchit le Niger près de Siguiri au début de 1882, dégage Kéniéra que Samori assiégeait et revient à Kita, harcelé par les bandes du conquérant. En novembre 1882, il s'empare de Mourgoula, triomphe en janvier 1883 de la résistance du chef de Daba et installe un poste à *Bamako* le 1er février suivant ; nous avons vu plus haut quelles luttes il lui fallut soutenir aux portes mêmes du nouveau poste pour y maintenir notre autorité contre les attaques de Fabou, frère de Samori ; enfin, après plusieurs combats sanglants, Fabou était mis en déroute par Borgnis-Desbordes et le capitaine Piétri et repassait sur la rive droite du Niger à Bankoumana, à 60 kilomètres en amont de Bamako (avril 1883).

Durant la campagne de 1883-84, le colonel *Boylève* travaille à maintenir Samori en arrière de notre ligne de ravitaillement. Après lui, le commandant *Combes* (1884-85) dégage les abords de Bamako et le Manding et installe des postes provisoires à Koundou (Fouladougou) et à Niagassola (Birgo). J'ai dit plus haut comment ce dernier poste avait été attaqué par l'armée de Samori, comment le capitaine Louvel avait été bloqué dans Nafadié et comment une intervention rapide du commandant Combes avait sauvé la situation (juin 1885).

En 1885-86, le colonel *Frey* doit de nouveau dégager Niagassola, après quoi il inflige à Samori, du 17 au 18 janvier 1886, une défaite telle que l'*almami* implore la paix, signe le traité que lui présente la mission Péroz et remet à cette mission, comme otage, son fils Karamoko. Le traité n'ayant pas été ratifié en France, un autre est présenté en 1887 par le capitaine Péroz à la signature de Samori, qui acquiesce le 25 mars aux conditions imposées par le gouvernement français.

Cependant, tranquillisé momentanément du côté de Samori, le colonel *Galliéni* se tourne du côté d'Ahmadou, auquel il fait accepter un traité de protectorat le 12 mai 1887, au moment où le prince toucouleur venait de s'emparer de Gouri, chef-lieu du Diafounou. Ce traité ne fut d'ailleurs accepté par Ahmadou que dans le but d'éviter une attaque à laquelle il n'était pas alors en mesure de répondre, et il demeura en fait lettre morte. La même année, le lieutenant Reichemberg avait obtenu un traité de Garan Sissoko, dernier représentant des rois du Bambouk, et le Kaméra, qui s'était révolté en 1886 à la voix de Mamadou Lamine, fit sa soumission.

Le colonel *Archinard*, en arrivant au Soudan en 1888, sentit la nécessité d'en finir avec Ahmadou et les autres princes qui régnaient sur les provinces conquises par El-hadj-Omar. Aguibou, qui résidait alors à Dinguiray, s'était avancé jusqu'à Koundian, dans le Bambouk ; le colonel Archinard dégage Koundian en 1889, établit un poste à Kouroussa et rejette sur le Milo Aguibou, qui ne tarde pas à se soumettre, tandis que le capitaine Quiquandon asseyait notre autorité dans le Konkodougou. Puis, après avoir refoulé les Toucouleurs hors du Kaarta, il achève la conquête du Fouladougou et du Bélédougou et fait occuper Niamina par le lieutenant Morin. Le 6 avril 1890, à la tête d'une colonne qui, pour la première fois, était presque exclusivement composée de troupes indigènes, il arrive en face de *Ségou*, traverse le Niger sur des pirogues amenées de Bamako par l'enseigne Hourst, et entre à Ségou, que Madani évacue sans résistance ; il y installe le 11 avril comme roi Mari Diara, l'héritier des derniers empereurs banmana de Ségou, en plaçant auprès de lui, pour le protéger et le surveiller en même temps, le capitaine Underberg. Puis, se portant vers le Sahel, il s'empare de *Ouossébougou* le 26 avril, malgré une vigoureuse résistance de la part de Bandiougou Diara, chef de la garnison ennemie, qui se fait sauter dans son réduit après nous avoir tué un grand nombre d'hommes : le capitaine Mangin était parmi les morts.

Les bandes d'Ahmadou, après la prise de Ouossébougou, se rejettent sur notre ligne de postes et attaquent *Talari*, *Mahina* et *Bafoulabé*, s'avançant même jusqu'à proximité de Kayes et de Bakel. Elles sont repoussées (1) et, le 16 juin, le colonel Archinard prend *Koniakari* et y installe le lieutenant Valentin ; ce dernier, attaqué par les Toucouleurs, les refoule vers le Nord. Une fois les pluies finies, vers la fin de 1890, le colonel prépare sa marche sur Nioro, après avoir installé le commandant Ruault à Koniakari avec du canon et envoyé le lieutenant Marchand attaquer l'Est de Nioro avec l'aide d'auxiliaires banmana.

Le 10 décembre 1890, les Toucouleurs viennent razzier Oualia, près de Koniakari : le lieutenant Laperrine les poursuit avec 18 spahis et des auxiliaires et leur reprend leur butin. Le 15 décembre, le gros de notre colonne est rassemblé à Koniakari, malgré les difficultés résultant de l'épizootie qui décime les animaux de transport. Le colonel Archinard quitte ce poste le 17 décembre avec un détachement d'infanterie de

(1) Bafoulabé fut défendu par le capitaine Ruault, assisté des lieutenants Valentin et Lagarde et de 124 hommes ; les Toucouleurs, qui avaient marché sur le poste après avoir attaqué un convoi conduit par le capitaine indigène Mamadou Racine, furent mis en déroute en laissant 250 des leurs sur le terrain ; de notre côté, nous eûmes six tués et 37 blessés.

marine, six compagnies de tirailleurs, des spahis, douze pièces de canon et 300 voitures Lefebvre. La colonne suit le Kolembiné pour se ravitailler en eau. Le 21, elle arrive, par Bangassi et Gouri, à Sambakané ; le colonel abandonne la route du Guidioumé (route sud), propice aux embuscades, et prend celle du Kéniarémé (route nord) : le 22, il campe à Yélimané, sans avoir rencontré d'autre résistance que des feux d'avantgarde ; le 23, il revient sur *Niogoméra* avec huit canons, trois compagnies et les spahis, trouve les Toucouleurs en position à 4 kilomètres de Yélimané et les met en déroute après un certain flottement dû à la molle ardeur des tirailleurs auxiliaires : les Toucouleurs évacuent Niogoméra. Puis la colonne reprend sa marche. Le 30 décembre, elle traverse *Koriga* et aborde bientôt une masse de 10.000 Toucouleurs que l'artillerie débande sans trop de peine. On est obligé de laisser le convoi en arrière. Le colonel forme une colonne légère avec trois compagnies, quelques canons et des spahis ; il enlève *Katia* le 30 décembre et arrive le 1er janvier 1891 à *Nioro*, que les Toucouleurs ont évacué.

Ahmadou, à qui la route du Massina est coupée par le lieutenant Marchand, s'est réfugié à *Kolomina*, à 30 kilomètres au Sud de Nioro. Le colonel Archinard s'y porte le 3 janvier et rencontre à la tête des Toucouleurs Ali-Bouri, Ahmadou s'étant enfui ; Ali-Bouri se retranche dans le lit d'un marigot desséché et se laisse canonner durant deux heures sans lâcher pied ; enfin la position est enlevée à la tombée de la nuit et la colonne rentre le 5 janvier à Nioro avec 1.500 prisonniers.

Cependant Ahmadou avait réussi à gagner le Hodh et, passant par Néma, s'était réfugié au Massina.

Le Guidimaka, plus ou moins insoumis depuis 1886, accepte définitivement notre autorité en nous voyant maîtres de Nioro.

La situation, d'autre part, n'était pas merveilleuse à Ségou : Mari Diara n'avait pas réalisé les espérances que l'on avait fondées sur lui ; bien plus, il avait ourdi un complot contre la vie du capitaine Underberg, qui avait dû le faire fusiller le 29 mai 1888. Le colonel Archinard avait cru lui trouver un excellent remplaçant en la personne d'un chef banmana du

Kaarta, nommé Bodian Kouloubali, qui nous avait rendu des services lors de nos opérations contre les Toucouleurs. Mais les Banmana de Ségou, et particulièrement les parents et partisans de Mari Diara, n'avaient pas accepté de gaîté de cœur ce roi qui appartenait à la famille des Massassi, ennemie héréditaire des princes de Ségou. La révolte n'avait pas tardé à éclater sur plusieurs points, notamment chez les Peuls résidant entre le Niger et le Bani et chez les Minianka, qui, ayant résisté victorieusement à la domination d'Ahmadou, se refusaient à se plier devant les exigences des *sofa* de Bodian. C'est ainsi que les Minianka de la région de Mpessoba bloquèrent dans Sido, l'un des faubourgs de Diéna, le lieutenant de vaisseau Hourst et le docteur Grall. Après la prise de Nioro, le colonel Archinard devait se porter en toute hâte sur la rive droite du Bani pour secourir ces deux officiers; *Diéna* fut pris le 24 février 1891, après une résistance acharnée qui nous coûta 13 tirailleurs tués et 142 blessés dont 8 officiers et 4 sous-officiers européens.

Cependant, à l'autre extrémité du Soudan, Samori était redevenu menaçant, et, sans prendre de repos après cette rude campagne, le colonel Archinard se rendait au Ouassoulou, où il occupait Kankan et Bissandougou en mars 1891, et refoulait l'*almami* vers l'Est.

Une autre nomination de chef indigène fut plus heureuse que celle de Bodian. Un commis des postes et télégraphes du Sénégal, nommé *Mademba*, s'était distingué dans la colonne contre les Toucouleurs et notamment lors de la prise de Ouossébougou. Le colonel Archinard l'installa en 1891 à *Sansanding*, constituant, avec cette ville comme capitale, une sorte de petit royaume dont Mademba devint le chef, avec le titre indigène de *fama*, et qu'il administre encore aujourd'hui. En décembre 1891, Mademba se vit attaqué dans Sansanding par une bande de 700 fantassins et 400 cavaliers que dirigeait un marabout du Sahel nommé El-hadj-Bougouni, soutenu par un lieutenant d'Ahmadou nommé Oumar-Samba-Dondèl ; le 10 mars 1892, après un siège de plus de deux mois, Mademba parvenait à mettre ses assaillants en déroute.

Quant à Tièba, roi de Sikasso, il avait accepté notre protectorat et on avait placé auprès de lui, comme résident, le capitaine Quiquandon (1890-91). Tièba soutenait alors une guerre pénible contre son ennemi Fafa ; il avait réussi à prendre Koulila et Loutana, mais assiégeait vainement Kinian. En mars 1891, soutenu par des auxiliaires banmana que lui avait amenés Bodian, appuyé par le chef Simogo Koné et aidé surtout par le capitaine Quiquandon et le lieutenant Spitzer, Tièba parvint enfin à réduire Kinian par la famine, après un blocus de plusieurs mois.

Le lieutenant-colonel Humbert consacra toute la campagne de 1891-92 à combattre Samori dans la partie du Ouassoulou qui se trouve incorporée aujourd'hui dans la Guinée Française.

En juillet 1891, le lieutenant Marchand, remplaçant le capitaine Quiquandon comme résident auprès de Tièba, chercha à engager ce dernier à nous aider dans notre lutte contre Samori, mais Tièba refusa de se lancer dans cette aventure. Le capitaine Péroz, envoyé plus tard à Sikasso dans le même but, fut assez mal reçu par Tièba.

Cependant Ahmadou, qui avait pris le commandement du Massina, soulevait contre nous la rive droite du Niger, poussant ses attaques jusqu'en face de Sansanding, ainsi que nous l'avons vu plus haut. Il se trouvait d'ailleurs soutenu en la circonstance par les Peuls, les Banmana et les Minianka, unis avec lui dans la haine que leur inspirait notre protégé Bodian.

Les Sénoufo-Minianka, excités par des émissaires d'Ahmadou, se révoltèrent contre le lieutenant de Bodian appelé Mamadi-Dian, qui fut attiré dans un guet-apens à *Bla* et y trouva la mort le 12 février 1892. Le capitaine *Briquelot*, en tournée dans les environs, apprit cet événement le 14 février, arriva à Bla le 20 et y installa un poste provisoire. Les Sénoufo se présentèrent le 22 devant Bla au nombre de 1.200 environ ; Briquelot n'avait qu'un sergent et un clairon européens, onze tirailleurs et 268 auxiliaires dont 208 cavaliers ; après un jour de combat, les assiégeants se retirèrent ; Briquelot sortit le 23 de la place et dut revenir à Ségou, n'ayant plus de cartouches. Le 28, les Sénoufo, conduits par Mamourou, chef de Dougbolo, s'emparèrent de Bla sur la garnison des 268 auxiliaires de Bodian, qui furent tous massacrés.

Les pasteurs peuls de la province de Ségou, mécontents des réquisitions constantes de Bodian, ruinés de plus par la peste bovine, se soulevèrent à leur tour, et, en mars 1892, la situation était très critique : Mademba bloqué à Sansanding, Bodian et Briquelot bloqués à Ségou, et autour, tous les pays, tous les peuples soulevés contre nous et nos protégés, fruit de l'erreur commise en imposant à des gens, sous prétexte de les délivrer du joug étranger, un chef aussi étranger que l'avaient été les chefs toucouleurs et beaucoup plus malhabile.

Le lieutenant *Huillard*, parti de Ségou pour tâcher de faire avorter le mouvement des Peuls révoltés, fut attaqué le 19 avril près de Souba et tué. Le capitaine Briquelot, partant le lendemain même de Ségou avec une petite troupe, recueillit les restes du lieutenant Huillard, puis se dirigea sur Barouéli, qu'assiégeaient les révoltés ; il fut attaqué le 22 et réussit à mettre en déroute ses assaillants, mais fut blessé, ainsi que les deux officiers qui l'accompagnaient (lieutenant Poitevin et enseigne Biffaud). En juin, le commandant Bonnier arriva à Barouéli et battit les Peuls révoltés à *Nougoula* et à *Ouo* ; les vaincus franchirent le Bani et se réfugièrent au Miniankala.

Les Banmana révoltés du Kaminiadougou furent battus à *Koïla* le 22 juin et, le 26, Bonnier dispersait à *Dosséguéla*, sur la rive gauche du Niger, les bandes d'El-hadj-Bougouni, dégageant définitivement Sansanding. La tranquillité put enfin régner sur les deux rives du fleuve, mais, dans le Baninko et le Bendougou, les habitants réclamaient toujours le départ des chefs massassi installés par Bodian, et ils ne firent leur soumission qu'à condition d'avoir affaire directement aux Français.

Le Miniankala demeurait un foyer de révolte : les Sénoufo du pays, ainsi que les *tondion* (1) qui avaient servi la dynastie des Diara et les Peuls mécontents, y entretenaient des relations avec Ahmadou. En décembre 1892, le lieutenant Cailleau vint attaquer Dougbolo, centre de la révolte, mais, après plusieurs

---

(1) Voir page 284 du présent volume.

Fig. 55. — Poste de Gaoua.

Fig. 56. — Bandiagara; Résidence de l'Administrateur.

assauts infructueux et meurtriers et malgré sa pièce de montagne, il dut se replier sur Bla avec onze tués et soixante blessés sur 420 hommes environ, dont 300 auxiliaires de Bodian. Le chef des rebelles, Mamourou, avait eu la main emportée par un boulet et il mourut peu après de sa blessure.

Le général Archinard, revenant au Soudan comme gouverneur, vers la fin de 1892, confie au lieutenant-colonel Combes le soin de continuer la lutte contre Samori et expédie auprès de Tièba le commandant Quiquandon qui, comme capitaine, avait rendu de grands services à ce roi et avait gagné son amitié, mais le roi de Sikasso mourut le 26 janvier 1893 avant même l'arrivée du commandant, et son successeur Babemba ne se montra pas disposé plus que ne s'était montré Tièba à prendre l'offensive contre Samori.

Cependant le général avait repris personnellement la direction des opérations contre les Toucouleurs. Après avoir pacifié le Bélédougou et le Ouagadou, installé un poste à *Goumbou* sous le commandement du capitaine indigène Mamadou Racine (27 février 1893), puis supprimé les fonctions royales de Bodian (1) et créé à Ségou un poste régulier avec le système de l'administration directe (mars 1893), il poursuit en pays minianka les derniers chefs de la révolte, s'empare de *Kenntiéri* et de *Mpessoba* grâce à son artillerie (27 au 29 mars), soumet *Dougbolo* et fait fusiller à Gantiesso Samba-Li et Baba-Demba-Diallo, chefs des Peuls révoltés.

Une fois le pays minianka ainsi pacifié, le général Archinard se rend par San au Massina, mais est arrêté à *Dienné* par Alfa-Moussa, qui commandait la ville au nom d'Ahmadou, et est obligé de la prendre d'assaut, perdant dans cette opération le capitaine Lespieau et le lieutenant Dugast (12 avril 1893). Se rendant à Mopti, il y fait reconnaître Aguibou, fils d'El-hadj-Omar, comme roi du Massina, puis s'empare de *Bandiagara* qu'il trouve évacué par Ahmadou (28 avril) et installe Aguibou à la place de son frère Ahmadou, lequel avait pris la fuite vers l'Est.

---

(1) Bodian, rendu à la vie privée avec une pension de retraite, alla se fixer à Sambagoré, près de Nioro.

Le capitaine Blachère était laissé comme résident auprès d'Aguibou et le lieutenant de vaisseau Boiteux était placé à Mopti pour protéger les relations commerciales entre Dienné et Tombouctou. Hamadou-Abdoul, fils de Ba-Lobbo et chef des Peuls du Massina, avait immédiatement fait sa soumission au général Archinard. Ahmadou chercha à soulever contre nous les Tombo de *Douentza*, mais sa résistance fut brisée en cet endroit le 19 mai par le capitaine *Blachère* et il dut s'enfuir à Hombori, puis à Say.

Rien ne subsistait plus de l'ancien empire d'El-hadj Omar et Samori était définitivement délogé du Ouassoulou et refoulé à l'Est d'Odienné. Le général Archinard pouvait rentrer en France satisfait de l'œuvre qu'il avait accomplie. Le colonel Combes l'y suivit de près, laissant le commandement du Soudan au lieutenant-colonel *Bonnier* (fin 1893).

Ce dernier dut se porter, en novembre 1893, au secours de Ténétou et de Bougouni, dont Samori venait de s'emparer, faisant un retour offensif vers le Nord (1) ; un poste fut créé à *Bougouni* et les bandes de l'*almami* furent rejetées dans la Côte d'Ivoire.

A la même époque, des événements graves se préparaient à *Tombouctou*. Le 16 décembre 1893, le lieutenant de vaisseau *Boiteux*, après avoir poussé une reconnaissance par eau jusqu'à Kabara, entrait à Tombouctou sans rencontrer aucune résistance ; mais, peu après, le 28 décembre, l'enseigne *Aube*, qu'il avait laissé à la garde de ses embarcations, était massacré entre Kabara et Tombouctou par les Touareg. Le lieutenant-colonel Bonnier, informé de ces événements à Sansanding tandis qu'il revenait de son expédition contre Samori, accourut en toute hâte à Tombouctou, où il faisait son entrée le 6 janvier 1894 et d'où il repartait le 12, se dirigeant sur le lac Faguibine, pour rechercher et châtier les Touareg auteurs du meurtre de l'enseigne Aube. Dans la nuit du 14 au 15 janvier, son détachement était surpris à *Takoubao*, entre Tombouctou et Goundam, et massacré entièrement à l'exception du capitaine Nigotte, du

---

(1) Les spahis du capitaine Laperrine, au cours de cette expédition, faillirent mettre la main sur Samori, que le capitaine Vuillemot avait surpris à Faragaran et battu à Koloni.

sous-lieutenant Sarda, du sergent-major Béretti, d'un sergent et de quelques tirailleurs indigènes, qui purent dépister les Touareg en traversant un marigot et regagner Tombouctou. Outre le colonel Bonnier, nous avions perdu dans cette malheureuse affaire le commandant Hugueny, les capitaines Regad, Livrelli, Sensarric et Tassard, les lieutenants Garnier et Bouverot, le docteur Grall, le vétérinaire Lenoir, l'interprète Aklouch, huit sous-officiers européens et 200 tirailleurs indigènes.

Le commandant *Joffre*, arrivant de Nioro, vengea toutes ces morts : suivant la limite de la zone inondée, il livrait bataille aux Touareg à *Niafounké* (24 janvier) et sur les bords du marigot de *Goundam*, où il créait un poste, passait le 8 février à Takoubao où il recueillait les restes des victimes, entrait le 12 à Tombouctou et y construisait une forteresse qui reçut le nom de Fort-Bonnier ; puis il élevait un fortin à Kabara et un autre à Korioumé, recevait la soumission de Mohammed-Ould-Mohammed, chef des Bérabich, et infligeait des pertes sérieuses aux Tenguéréguif et aux Kel-Antassar. En mars, le capitaine *Gautheron* repoussait les Irréghanaten près de *Koura* et le commandant Joffre mettait en déroute, à *Koïratao* et près du lac *Fati*, un fort parti composé d'Iguellad, de Tenguéréguif et d'Irréghanaten ; le 28 mars, le commandant recevait la soumission des Chorfiga, des Imededrhen, des Kel-Nchéria et des Kel-Nkounder : d'avril à juin, il luttait contre Ngounna, chef des Kel-Antassar, et ensuite contre les Kel-Témoulaï ; enfin, le 6 septembre 1894, il recevait la soumission définitive des Irréghanaten et des Kel-Témoulaï : seuls des Touareg de la région de Tombouctou, les Kel-Antassar et les Tenguéréguif continuaient la résistance (1).

Des instructions de l'autorité supérieure ayant interrompu les opérations de répression, la soumission de ces derniers se trouva retardée de quelques années. L'achèvement de la grande conquête, interrompu pendant le passage au pouvoir du

(1) En 1894 également, Ali-Kari, imâm de Bossé (Massina), leva l'étendard de la révolte contre nous et contre notre protégé Aguibou ; ses bandes furent anéanties par le capitaine Bonaccorsi.

gouverneur Grodet, qui donna surtout ses soins à l'organisation financière et administrative de la colonie, fut repris sous le commandement du colonel, ensuite général, *de Trentinian*, en 1895.

Durant cette dernière année, le capitaine *Destenave*, alors résident à Bandiagara, conclut à un traité *Ouahigouya* avec Bagaré, qui venait d'être proclamé empereur du Yatenga ; il chercha vainement à entrer à Ouagadougou, puis, par une série d'heureuses randonnées, obtint la soumission des Samo et des Bobo du Nord, étendant notre autorité dans la vallée de la Volta jusqu'à *Ouarkoy* et dans l'Est de la Boucle du Niger jusqu'à *Dori*. Il fut obligé aussi d'intervenir dans les affaires intérieures du Massina, où Aguibou ne pouvait arriver à se faire obéir des Peuls ni des Tombo. En 1896, les Tombo du Dakol et les Peuls de la même région se soulèvent à la voix du marabout Hamidou-Koládo, qui est battu à *Sangha* et tué peu après par un spahi auxiliaire, au moment où il cherchait à s'enfuir dans la montagne (1).

La même année (1896), les lieutenants *Voulet* et *Chanoine* durent batailler au Yatenga pour soutenir notre protégé Bagaré contre la révolte de ses sujets ; puis ils pénétrèrent dans l'empire de Ouagadougou, s'emparèrent de *Yáko*, mirent en déroute — avec une cinquantaine de tirailleurs seulement — les deux à trois mille cavaliers du *ndba* Bokari-Koutou, entrèrent à *Ouagadougou* (août 1896) et y établirent un poste. Ensuite Voulet se porta au Gourounsi, refoula vers le Sud-Est le conquérant zaberma Babato et conclut à *Sati* un traité avec le chef indigène Hamaria. Puis, revenant à Ouagadougou, il fit pro-

(1) Aguibou ne cessa d'éprouver des difficultés de plus en plus grandes à gouverner le royaume que nous lui avions octroyé ; il n'y avait que des adversaires, soit parmi les Peuls ennemis de sa famille, soit parmi les populations autochtones, soit même parmi les Toucouleurs, qui ne lui pardonnaient pas d'avoir trahi la cause de son frère Ahmadou. Aussi, par arrêté du 26 décembre 1902 rendu sur la proposition de M. Ponty, le Massina fut transformé en pays d'administration directe et Aguibou, relevé de ses fonctions royales, reçut une pension qui l'aida à finir ses jours d'une façon honorable. Il mourut en 1908.

clamer *nâba* Kouka et imposa le protectorat français à l'empire de Ouagadougou (20 janvier 1897).

Dans le Sud-Est de la Boucle, le lieutenant *Pelletier* établissait en 1897 un poste à *Say*, où les lieutenants Baud et Vergoz avaient, en 1895, obtenu la soumission des chefs indigènes. Dans l'Est et le centre, le commandant Destenave soumettait définitivement Dori et entreprenait la pacification du Yatenga, où les Samo s'étaient révoltés : après avoir occupé *Louta*, il était attaqué à *Karémanguel* par six mille guerriers que commandait un nommé Daka et parvenait à les mettre en déroute. Le 14 mars 1897, avec l'aide de partisans gourounsi, le lieutenant Chanoine battait Babato à Gandiaga. En avril, le capitaine *Scal*, alors résident à Ouagadougou, procédait à l'occupation du Gourounsi et recueillait près de Léo le lieutenant anglais Henderson, que Sarankièni-Mori avait fait prisonnier près de Dokita et que Samori avait relâché, et le capitaine *Hugot*, opérant à l'Ouest du Mossi et attaqué à *Mansara* par les Bobo, les mettait en déroute après un combat fort dur ; ce dernier officier, un peu plus tard, battait définitivement Babato à Doussé.

Le commandant *Caudrelier*, de son côté, installait le lieutenant Spiess à *San*, fondait un poste à *Sono* et un autre à *Boromo* et prenait possession de la haute Volta ; puis le capitaine *Braulot* établissait des postes à *Diébougou* et à *Lorhosso*, et se rendait de cette dernière localité à Bouna pour y trouver la mort dans les circonstances rapportées au chapitre XII (20 août 1897). Le mois suivant, le commandant Caudrelier occupait *Bobo-Dioulasso*, puis, au début de l'année 1898, il soumettait définitivement les Bobo du Sud, après une vive résistance.

Le 1er mai 1898, le colonel *Audéoud* s'emparait de *Sikasso* sur Babemba, dans les circonstances que j'ai relatées plus haut (chapitre XIII) et, le 29 septembre de la même année, le sergent *Bratières*, qui faisait partie du détachement des capitaines Gouraud et Gaden, faisait prisonnier Samori près du haut Cavally : les deux principaux adversaires de notre expansion vers le Sud avaient disparu. D'autre part, des conventions passées avec l'Allemagne en 1897 et avec l'Angleterre en 1898 limitaient vers le Nord les zones d'extension du Togo et de la Gold-Coast.

Cependant la conquête n'était pas encore achevée définitivement. L'occupation des pays lobi, oulé et birifo, commencée en 1898 par le lieutenant *Modest* au cours de rudes combats, était poursuivie en 1899 et 1900, pour être complétée en 1901 et 1902 par le capitaine *Ruby*, puis par le capitaine *Pelletier* et le lieutenant *Schwartz*, qui fondaient le poste de *Gaoua*. Le lieutenant-colonel *Pineau*, en revenant de Kong en 1899, pacifiait le pays minianka et créait le poste de *Koutiala* ; à la même époque, le poste de Sono était transféré à *Koury* et un poste était créé à *Hombori*. Au Yatenga, le capitaine *Bouticq* complétait notre prise de possession et installait un poste définitif à *Ouahigouya*, puis le capitaine *Bouvet* achevait de soumettre les Samo réfractaires (1899).

D'autre part la lutte avait repris avec les Touareg et certaines fractions maures, du côté de Tombouctou, dès le mois de juillet 1895, avec l'envoi dans cette ville du commandant *Réjou*, muni des instructions fermes et précises du colonel de Trentinian. Le 4 août, le capitaine *Florentin* avait été attaqué à *Farach*, près du Faguibine, par les Kel-Antassar, et avait dû se replier sur Goundam ; les Kel-Antassar poussaient à ce moment l'audace jusqu'à venir tuer des gens aux portes mêmes de Tombouctou : le capitaine *Gouraud* les dispersa et dégagea les abords de nos postes, qui furent augmentés d'un fort élevé à *Soumpi*. En décembre, à la suite d'une vigoureuse colonne dirigée par le commandant Réjou, une fraction des Kel-Antassar, commandée par Loudagh, frère de Ngounna, fit sa soumission, mais Ngounna lui-même, soutenu par les Tormoz et une partie des Allouch, demeurait irréductible.

En mars 1896, des Hoggar venus du Sahara central razzièrent des troupeaux appartenant à nos alliés les Bérabich, au Nord-Est de Tombouctou ; ils furent surpris à *Akenken* et mis en déroute par le capitaine *Laperrine*. Du côté de l'Ouest, au contraire, la situation s'améliorait sensiblement : nous occupions *Ras-el-Ma* en mai 1896, puis *Néré*, et le colonel de Trentinian, s'étant transporté à Goundam, y recevait la soumission définitive de Sobo, chef des Tenguéréguif ; en janvier 1897, le lieutenant *Wirth* pacifiait les pays situés entre Niafounké et Goumbou et occupait temporairement *Bassikounou*.

En juin 1897, les lieutenants *de Chevigné* et *de la Tour*, opérant une reconnaissance sur la rive gauche du Niger en aval de Tombouctou, furent massacrés par un parti de Hoggar à *Sériri*, près de Rhergo, avec la plus grande portion de leur détachement, et, à la même époque, le capitaine *Menvielle* avait à repousser de nombreuses attaques des Kel-Antassar et des Kounta, attaques dont l'une coûta la vie au lieutenant *Bellevue*, à Diagourou. Abiddine, chef de la famille des Bekkaï, ayant opéré la réconciliation des Kounta avec les Kel-Antassar insoumis, était devenu le meilleur allié de Ngounna et dirigeait des attaques jusqu'à six kilomètres seulement de Kabara : le commandant Goldschen, en juillet 1897, le poursuivit sans pouvoir le joindre ; le commandant Klobb, venu de Nioro, poussa une pointe jusqu'à Bamba sans rencontrer l'ennemi, qui se dérobait sans cesse ; enfin, au mois de novembre, le commandant *Goldschen* parvint à surprendre Abiddine à *Gourdjigat* et lui infligea une sérieuse défaite.

En 1898, le lieutenant *de Gail* organisa à Tombouctou le premier peloton de méharistes, qui fut, dès ses débuts, utilisé avec succès pour la poursuite des Touareg et des Kounta. En juin, le commandant *Klobb* battait les réfractaires à *Bourem* et le lieutenant *Delestre*, attaqué à *Zenka* par les bandes d'Abiddine et les Igouadaren, les repoussait d'abord, puis les mettait en déroute le 24 juillet à *Dongoï*. Au mois de novembre, le lieutenant Meynier installait le poste de *Bamba* ; un autre poste était créé peu après à *Gao*, Ngounna était tué par le lieutenant *Gressard* et son fils venait à Tombouctou offrir la soumission de la fraction jusque là irréductible des Kel-Antassar.

Quant à la zone saharienne habitée par les Maures du Hodh, elle était visitée en 1898-99 par *Coppolani* qui, accompagné de M. Arnaud, parcourait tous les campements dispersés entre Kayes et Soumpi et obtenait la soumission des Idao-Aïch, des Oulad-Mbarek, des Oulad-Nasser, des Mejdouf, des Allouch, et de toutes les tribus maures répandues jusqu'à Tichit et Oualata. Il ne put cependant pénétrer à *Araoudne*, que traversa en 1900 le lieutenant *Pichon*, en revenant d'une reconnaissance à *Bou-Djebiha*, dans la région de Mabrouk.

IV. — L'organisation et la mise en valeur (1899-1911).

Au moment où allait s'achever le xix° siècle, on pouvait considérer comme terminée la rude conquête des territoires qui forment la colonie actuelle du Haut-Sénégal-Niger. Il ne restait plus qu'à préciser l'occupation du pays, à supprimer les derniers éléments de trouble, à réprimer çà et là de petites révoltes locales, et surtout à compléter l'organisation administrative et politique de la colonie, dont les bases avaient été jetées déjà par le général de Trentinian d'une façon remarquable et solide, ainsi qu'à poursuivre avec ténacité la mise en valeur d'une conquête si chèrement achetée. Ce fut l'œuvre de M. *Ponty*, depuis la fin de l'année 1899 jusqu'en 1908, et c'est encore celle à laquelle se dévoue M. *Clozel* depuis cette dernière date.

Un décret du 17 octobre 1899 supprima le Soudan Français en tant que colonie autonome. La zone sud fut répartie entre la Guinée Française, la Côte d'Ivoire et le Dahomey ; les pays du haut Sénégal, du Sahel et du haut Niger furent rattachés à la colonie du Sénégal, avec un délégué résidant à Kayes et chargé de l'administration directe de ces régions ; enfin les provinces de Tombouctou et de la Volta formèrent deux territoires militaires (1) placés chacun sous le commandement d'un officier supérieur relevant du gouverneur général. Ce dernier conservait l'administration directe de la colonie du Sénégal proprement dite ; son représentant à Kayes, chargé de l'administration des « Territoires du haut Sénégal et du moyen Niger », fut M. Ponty, ancien collaborateur des généraux Archinard et de Trentinian.

Trois ans après, le décret du 1ᵉʳ octobre 1902 réorganisait sur de nouvelles bases le Gouvernement général et reconstituait à peu près l'ancien Soudan Français — moins les cercles réunis

(1) Un troisième territoire militaire fut créé en 1900, celui de Zinder ; c'est le seul qui subsiste aujourd'hui.

aux colonies côtières — sous le nom de « Territoire de la Sénégambie et du Niger » ; le délégué de Kayes devenait permanent et relevait du gouverneur général, lequel était désormais distinct du gouverneur du Sénégal et avait sa résidence à Dakar et non plus à Saint-Louis.

Enfin un décret du 18 octobre 1904 faisait de l'ancien Soudan Français, dénommé cette fois *Haut-Sénégal et Niger*, une colonie analogue aux autres colonies du groupe, transformait le délégué de Kayes en lieutenant-gouverneur et plaçait sous son autorité les commandants des territoires militaires.

Fort heureusement pour l'avenir du Soudan, ces multiples transformations n'affectèrent que la forme extérieure de l'administration du pays ; ses destinées demeurèrent confiées, sous des titres divers, à M. Ponty qui, de 1899 à 1908, fut le véritable gouverneur de la colonie, pour être remplacé, lors de sa nomination au poste de gouverneur général, par M. Clozel [1], lequel transféra le chef-lieu de la colonie de Kayes à Koulouba, près Bamako.

Les seuls points noirs qui se dressaient encore à l'horizon politique au début du xx° siècle étaient la turbulence des Lobi, l'opposition latente des Tombo et la résistance de quelques fractions de nomades (Touareg et Kounta).

Nous avons vu tout à l'heure qu'un poste fut fondé à Gaoua en 1901-02 : à partir de cette date, sans que l'on puisse dire que la soumission des Lobi soit absolument parfaite, on a pu administrer leur pays sans incident réellement grave.

En ce qui concerne les Tombo, ce n'est que récemment que notre autorité put être définitivement établie dans la région montagneuse qui s'étend en arrière de Bandiagara : à la suite d'hostilités sans cesse renaissantes, le *hogon* de Pesséma dut être arrêté en 1908 et interné à Nioro ; la révolte continuait cependant à couver dans certains villages : l'administrateur d'Arboussier fut attaqué en 1909 dans les gorges de Pélinga et,

---

[1] Je rappelle ici pour mémoire les noms des quatre gouverneurs généraux de l'A. O. F. qui se sont succédé depuis la création du Gouvernement général : MM. Chaudié (1895-1900), Ballay (1900-1902), Roume (1902-1908) et Ponty.

un peu plus tard, l'adjoint des affaires indigènes *Veyres* était assassiné au cours d'une tournée ; le commandant *Cazeaux* fut chargé en 1909-10 d'une colonne de répression au cours de laquelle il fut grièvement blessé, mais qui se termina par la pacification complète du pays, l'évacuation, par les indigènes jusque là insoumis, de leurs repaires de la montagne et la création du poste de *Sangha*. En septembre 1910, le gouverneur Clozel visita toute la région qui s'était insurgée l'année précédente et y ramena définitivement le calme.

Quant aux Touareg, les derniers récalcitrants sont venus peu à peu à nous. C'est ainsi qu'en 1903 Firhoun, chef des Oulmidden de la région nigérienne, faisait sa soumission au lieutenant-colonel Dagneaud. Notre ennemi le plus tenace, Abiddine, se livra en 1909 à des razzias sur nos protégés, avec la complicité des Kounta de sa famille et de quelques fractions d'Irréghanaten dissidents ; battu enfin à une centaine de kilomètres au Nord de Mabrouk, au combat d'*Achourat*, où périt le capitaine *Grosdemange* (novembre 1909), il s'enfuit au Tafilelt. En s'y rendant, il fut attaqué par nos troupes du Touat, qui lui infligèrent une nouvelle défaite. La partie saharienne de notre domaine soudanais paraît maintenant aussi tranquille et paisible que peut l'être une région désertique propice aux lointaines randonnées et de surveillance difficile ; en tout cas, les incidents qui pourraient s'y produire encore ne sauraient plus guère avoir que l'importance d'actes de brigandage isolés.

TABLE DES MATIÈRES
CONTENUES DANS LE SECOND VOLUME

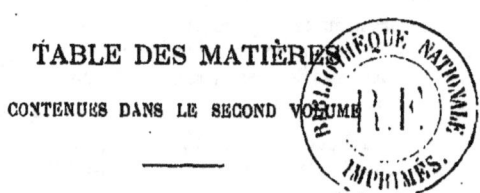

	Pages
QUATRIÈME PARTIE : L'HISTOIRE	1
Chapitre premier : le Soudan occidental avant notre ère	3
Chapitre II : l'empire de Ghana (IV⁰ au XIII⁰ siècles)	12
L'emplacement de Ghana	12
Le nom de Ghana	20
L'hégémonie judéo-syrienne (iv⁰ au viii⁰ siècles)	22
L'hégémonie soninké (viii⁰ au xi⁰ siècles)	25
Les Almoravides (xi⁰ siècle)	32
L'empire de Ghana vers 1065	40
Décadence et fin de l'empire de Ghana (1076-1240)	53
Chapitre III : l'empire de Gao (VII⁰ au XVI⁰ siècles)	60
Goungouia siège de l'empire (690-1009)	60
La dynastie berbère des Dia à Gao (1009-1335)	64
La dynastie berbère des Sonni (1335-1493)	72
La dynastie soninké des Askia (1493-1591)	84
Chapitre IV : les empires mossi et gourmantché	122
L'empire de Ouagadougou	124
L'empire du Yatenga	138
L'empire de Fada-n-Gourma	149
Chapitre V : le royaume de Diara	154
La dynastie des Niakaté (xi⁰ au xiii⁰ siècles)	154
La dynastie des Diawara (1270 à 1754)	155
Chapitre VI : l'empire de Sosso ou du Kaniaga	162
Chapitre VII : l'empire de Mali ou empire mandingue (XI⁰ au XVII⁰ siècles)	173
Chapitre VIII : le royaume peul du Massina	223

	Pages
Dynastie des Diallo (1400-1810)	223
Dynastie des Bari (1810-1862)	231
Chapitre IX : la domination marocaine à Tombouctou	240
Les pachas nommés par le sultan (1591-1612)	240
Les pachas nommés sur place (1612-1660)	253
La fin de la domination marocaine (1660-1780)	261
Histoire des villes de Tombouctou et de Dienné	268
Chapitre X : les empires banmana de Ségou et du Kaarta	282
L'empire de Ségou (1660-1861)	282
L'empire du Kaarta ou des Massassi (1670-1854)	297
Chapitre XI : l'empire toucouleur d'El-hadj-Omar	305
Les débuts d'El-hadj-Omar (1797-1848)	305
Les premières conquêtes d'El-hadj : de Dinguiray à Nioro (1848-54)	307
De Nioro à Ségou (1854-61)	310
De Ségou à Hamdallahi (1861-62)	318
La mort d'El-hadj-Omar (1864)	321
Ségou sous le commandement des Toucouleurs (1861-90)	323
Nioro sous le commandement des Toucouleurs (1854-91)	332
Le Massina sous le commandement des Toucouleurs (1862-93)	335
Chapitre XII : l'empire mandingue de Samori	341
Chapitre XIII : l'empire de Tekrour et les Etats secondaires	352
L'empire de Tekrour	353
Le royaume du Galam ou Gadiaga	358
Royaumes du Bambouk, du Konkodougou et du Gangaran	359
Le royaume du Khasso	363
Le Tombola	364
Le Liptako	366
Les petits Etats de la haute Volta	368
Le royaume de Sikasso	373
Le Loudamar ou royaume des Oulad-Mbarek	377
Chapitre XIV : l'exploration européenne	380
Chapitre XV : l'occupation française	398
Les débuts de l'occupation du haut Sénégal (1698-1854)	398
La marche au Niger (1854-1880)	403
La grande conquête (1880-99)	409
L'organisation et la mise en valeur (1899-1911)	424

LAVAL. — IMPRIMERIE L. BARNÉOUD ET Cie.

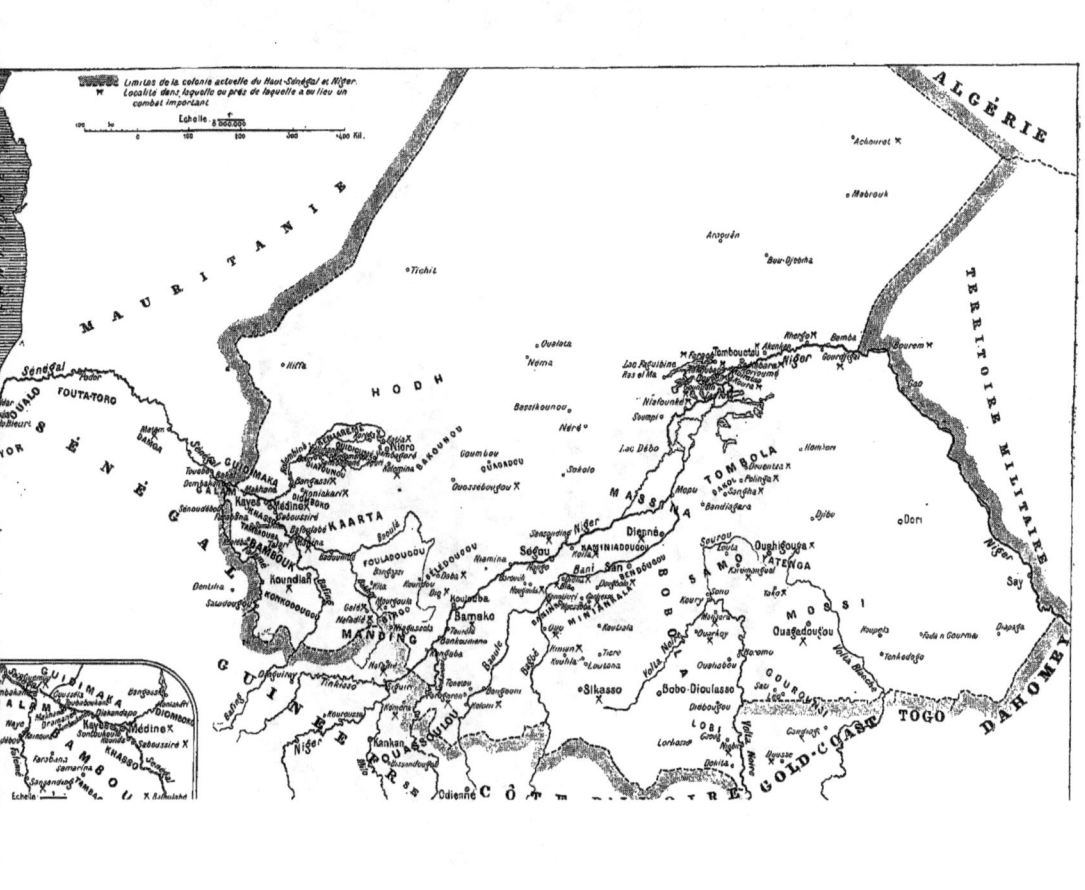

Cliché Fortier

Fig. 57. — Mopti, la Maison des Passagers.

Cliché Froment

Fig. 58. — Bantchandé, roi des Gourmantché.

A LA MÊME LIBRAIRIE

Notre Colonie du Dahomey, *sa formation, son développement, son avenir*, par G. FRANÇOIS, rédacteur principal au Ministère des Colonies, préface de M. LUCIEN HUBERT, député (ouvrage honoré d'une souscription officielle du Ministère des Colonies). Illustré de 52 reprod. photogr. — 1906. Un vol. in-8° de 284 pages . . . . 6 fr.

L'Expansion Coloniale au Congo Français, par F. ROUGET, sous-chef de bureau au Ministère des Colonies, avec une introduction par Emile GENTIL, commissaire général du Gouvernement au Congo Français, illustré de 28 reprod. photogr., 12 cartes et croquis et une grande carte en couleurs. — 1906. Un vol. in-8° de 942 pages . . . . 10 fr.

L'Afrique Equatoriale française *(ancien Congo français)*. Son organisation administrative, judiciaire et financière, par J. GOULVEN, docteur en droit. 1911, in-8 . . . . 5 fr.

Documents scientifiques de la Mission Tilho (1906-1909) :
  TOME PREMIER. 1910. Un fort volume in-8 jésus de 412 pages, avec illustrations, cartes, graphiques . . . . 20 fr.
  TOME II. 1911. Un fort volume in-8 jésus de 627 pages, avec illustrations, cartes, graphiques . . . . 25 fr.

Mission Tilho : Grammaire et contes haoussas, par M. LANDEROIN, officier interprète de première classe et J. TILHO, capitaine d'Infanterie coloniale. 1910. Un volume in-12 de 292 pages . . . . 4 fr. 75

Mission Tilho : Dictionnaire haoussa comprenant haoussa-français et français-haoussa, par M. LANDEROIN, officier interprète de première classe et J. TILHO, capitaine d'Infanterie coloniale. 1910. Un vol. in-12 de 172 et 163 pages . . . . 10 fr. 50

La Pacification de la Mauritanie, par le colonel GOURAUD, (1911). *Ouvrage couronné par l'Académie française. Prix Montyon.* Un vol. in-16, avec cartes et figures . . . . 3 fr. 50

Législation minière des Colonies françaises et Pays de Protectorat : *Afrique continentale (Algérie et Tunisie exceptées). Afrique occidentale française. Congo français. Côte des Somalis* — 1909. Brochure rédigée par les soins du Comité central des Houillères de France, in-8 . . . . 2 fr. 50

Les chemins de fer et tramways des Colonies. — *Historique, organisation administrative et financière*, par Ch. ROTTÉ, docteur en droit, rédacteur au Ministère des Colonies, 1910, in-8° . . . 6 fr.

Le Budget Local des colonies, par G. FRANÇOIS, sous-chef au Ministère des Colonies, préface de M. LUCIEN HUBERT, député. 3° édition, revue et augmentée. Ouvrage honoré d'une souscription du Ministère des Colonies. — 1908. In-8° de 380 pages . . . . 6 fr.

Aux Colonies. *Impressions et Opinions*, par CH. HOARAU-DESRUISSEAUX, inspecteur général des Colonies. 1911, in-18 . . . . 3 fr. 50

Les Etats d'âme d'un colonial, par MAURICE DELAFOSSE. Un vol. in-16 de 120 pages, 1910 . . . . 3 fr.

Guide de l'Officier méhariste au Territoire militaire du Niger, rédigé sous la direction du lieutenant-colonel VENEL, commandant le Territoire, par le capitaine BOUCHEZ, de l'Infanterie coloniale, adjoint au Commandant du Territoire. Préface de M. CLOZEL, lieutenant-gouverneur du Haut-Sénégal-Niger. — 1910. Un vol. in-8 de 807 pages . 6 fr.

Le Karité et ses Produits, par J. VUILLET, directeur d'agriculture coloniale, chef du service de l'agriculture du Haut-Sénégal-Niger (1911). Un vol in-8° illustré . . . . 5 fr.

LAVAL. — IMPRIMERIE L. BARNÉOUD & Cie.

www.ingramcontent.com/pod-product-compliance
Lightning Source LLC
Chambersburg PA
CBHW070604230426
43670CB00010B/1397